金融瞭望 译丛

"十二五"国家重点图书出版规划项目
当代财经管理名著译库
2013年度国家出版基金资助项目

[美] 乔尔·斯莱姆罗德 乔恩·巴基哲 著
刘蓉 刘洪生 彭晓杰 译

课税于民 公众税收指南 (第4版)

TAXING OURSELVES
A Citizen's Guide to the Debate over Taxes
(fourth edition)

Joel Slemrod Jon Bakija

东北财经大学出版社
Dongbei University of Finance & Economics Press
大连

图书在版编目（CIP）数据

课税于民：公众税收指南／（美）斯莱姆罗德（Slemrod，J.），（美）巴基哲（Bakija，J.）著；刘蓉，刘洪生，彭晓杰译．—大连：东北财经大学出版社，2013.7
（金融瞭望译丛）
书名原文：Taxing Ourselves：A Citizen's Guide to the Debate Over Taxes
ISBN 978-7-5654-1168-7

Ⅰ.课… Ⅱ.①斯… ②巴… ③刘… ④刘… ⑤彭… Ⅲ.税收政策-美国-指南
Ⅳ.F817.123.2-62

中国版本图书馆 CIP 数据核字（2013）第 078373 号

辽宁省版权局著作权合同登记号：图字 06-2013-17

东北财经大学出版社出版
（大连市黑石礁尖山街 217 号 邮政编码 116025）
教学支持：（0411）84710309
营 销 部：（0411）84710711
总 编 室：（0411）84710523
网 址：http：//www.dufep.cn
读者信箱：dufep @ dufe.edu.cn
大连图腾彩色印刷有限公司印刷 东北财经大学出版社发行

幅面尺寸：170mm×240mm 字数：316 千字 印张：22 1/4 插页：1
2013 年 7 月第 1 版 2013 年 7 月第 1 次印刷

责任编辑：李 季 王 玲 张士宏 责任校对：赵 楠 王 娟
封面设计：冀贵收 版式设计：钟福建

ISBN 978-7-5654-1168-7
定价：49.00 元

前　言

阿尔伯特·爱因斯坦有一句名言："人世间最难理解的东西就是所得税。"① 但是我们还必须理解它，因为它是美国政府影响所有美国人民生活的一个关键领域。不过，令人感到遗憾的是，当税制改革进入政治家的议事日程之后，这些关键问题的微妙之处往往在自利的争论与误导性的简化中消失殆尽了。针对这一主题的学院式处理方式，对于人数众多的且对经济学行话和方法不甚熟悉的公民来讲，几乎没有什么助益。

本书尝试着在那些电视新闻节目中插入的、与选举有关的录像片段和专题论文之间搭起一座沟通之桥。书中阐述了税收到底如何影响经济活动的已知和未知方面，为人们提供了评价税制的基本思想，并为人们评价当前的所得税制，要求取消它或要求对其进行改革的各种政策建议提供了充足的信息。我们尝试着用一种以文字叙述的、非技术性的方式为读者呈现这些信息，并努力避免由于过度简化而误导读者。对于到底应该如何改革美国的税制，我们并没有以自己的偏好给出任何结论性建议。因为我们的偏好不仅要求应用我们基于税收经济学的学术判断，而且还涉及我们自己的价值判断。不过，本书确实为读者们对于到底应该如何对自己征税这一问题做出合理判断提供了充分的信息。

读者们，尤其是那些使用本书作为经济学、会计学和法学课程的教材或者补充读物的师生们，对于《课税于民：公众税收指南》前三版的肯定性

① 在本书第一版的前言，我们用了爱因斯坦这句被广为引用的话作为开头儿，但事后得知，爱因斯坦或许并没有说过这句话。即便这句话确系讹传，但它仍然表达了一个众所周知的观点，这便是所得税税制已经复杂到连人中龙凤都难以理解的地步。

回应使我们踌躇满志。我们收到的那些有所心得的读者发来的肯定性邮件同样使我们备受鼓舞。在麻省理工学院出版社，先是特里·沃恩（Terry Vaughn）后是约翰·考威尔（John Covell），对本书成书的全过程给予了始终如一的帮助，他们还对我们推出本书新版本给予了通力支持。我们呈献给读者的本书第 4 版已根据截至 2007 年 4 月的最新数据、经验研究证据和税法进行了大范围的修订，其涵盖了（例如总统顾问委员会关于联邦税制改革的 2005 年度报告等）税制改革的最新进展，并且沿着多个维度做出了改进。

密歇根大学的税收政策研究所（the Office of Tax Policy Research, OTPR）欣然允许我们使用了其全部资源，我们深感荣幸。本书的作者之一乔尔·斯莱姆罗德（Joel Slemrod）（关于乔尔·斯莱姆罗德教授的更多个人信息，可参见 http：//webuser. bus. umich. edu/jslemrod/——译者注）是密歇根大学斯蒂芬·罗斯（Stephen M. Ross）商学院经济系的教授，而本书的另一位作者乔恩·巴基哲（Jon Bakija）在写作本书第 1 版时是该校的博士研究生。乔恩毕业后前往威廉姆斯学院（Williams College）的经济系任教，现在他在那里任副教授（乔恩·巴基哲已于 2011 年 7 月荣升为威廉姆斯学院经济系的教授。关于乔恩·巴基哲教授的更多个人信息，可参见 http：//econ. williams. edu/people/jbakija——译者注）。我们特别感谢我们的同事杰拉德·布雷南（Gerard Brannon）、雷纳德·伯曼（Leonard Burman）、丹·福勒尔顿（Don Fullerton）、路易斯·卡普洛（Louis Kaplow），他们阅读了本书的初稿并做出了广泛深入的评论，这一特别感谢同样致以三位匿名评审人。我们还要感谢那些对本书的第 1 版和第 2 版给出极富洞见性的评论和建议的朋友们，尤其是戴维·布拉德福德（David Bradford），其所给出的评论和建议中的许多内容，我们已经设法补充到这一最新的版本之中。税收政策研究所的研究项目协调人玛丽·塞坎尼斯（Mary Ceccanese）（先后四次！）录入并整理了本书的全部手稿，并由始至终地给予了我们鼓励和建议。朱莉·斯凯尔顿（Julie Skelton）、布伦特·史密斯（Brent Smith）和莫妮卡·扬（Monica Young）帮助我们更新了信息和引用的内容，税收政策研究所的瓦莎·温卡泰什（Varsha Venkatesh）帮助我们更新了第2版和第3版的内容。布鲁金斯协会（the Brookings Institution）的克瑞丝·蕾蒂（Chris Lyddy）和马库斯·考德哈里（Marcus Choudhary）、亚历山大·格里伯夫（Alexander Gribov）分别为本书的第3版和第4版提供了无法用价值来衡量的研究助理工作。最后，乔尔要感谢艾娃（Ava）、安妮（Annie）和乔尼（Jonny）的支持以及他们对个人与国家之间的关系提出的极具挑战性的问题。乔恩要感谢瑞贝卡（Rebecca）、米里亚姆（Miriam）和裘德（Jude）以及自己的父母给予他的爱、支持和理解。

目　　录

1

导　言

在20世纪最后的25年，税收政策一直是美国经济政策的重要组成部分。这是不足为奇的，因为没有其他经济问题（并且或许根本就没有其他问题）像税收政策这样清晰地界定了美国两大主要政党的分歧。开启税收政策新纪元的是罗纳德·里根（Ronald Reagan）总统。在其总统竞选的过程中，里根把大幅减税当作了其竞选纲领的关键内容；1981年，里根主持了美国历史上最大规模的减税运动；在里根的第二个总统任期内，其通过了美国历史上规模最大的一次税收改革方案——《1986年税收改革法案》（the Tax Reform Act of 1986），该法案废除了多种税收减免，堵塞了多项税制漏洞，显著扩大了税基，并且实行了更低的税率。低税方案不可避免地造成了预算赤字，为了尽量降低赤字水平，美国1990年和1993年的税收改革提高了高收入纳税人的税率。到20世纪90年代中期，越来越多的政治家和专家学者要求对美国税制进行根本性的反思，他们甚至提出完全废除所得税并且关闭美国国税局（IRS）。要求以“统一税”或者国内销售税取代所得税的建议，开始出现在国会的议案或参选总统的演讲词中，并且获得了公众空前的关注。

乔治·W. 布什（George W. Bush）在其任期内延续了里根总统的做法，于2001年颁布法案逐步对所得税和遗产税实施了大幅度的减税措施；2003年，布什政府对股息税和资本利得税进行减税，加速实施《2001年减税法案》；2004年，对《2001年减税法案》所通过的多样减税方案颁布了扩展实施细则。到2004年，联邦税收只占美国国内生产总值（GDP）的16.1%，这是美国45年以来的最低水平。①

由于布什政府任期内通过的所有税收改革法案按照日程都会在2011年到期，届时那一届议会将不得不做出哪些改革需加以保留，哪些改革需被迫放弃的决定，因此，立法机构须尽快结清账目。此外，除非有所变化，非常规最低税额（AMT）将很快普遍施行。非常规最低税额是指要求纳税人使用一种与普通个人所得税完全不同的规则组合来重新计算税单，然后按照两种方法中计算出来的金额较大的那一种来纳税。还有，人口老龄化问题及医疗费用问题日趋严重，意味着社会保障和政府医疗保险支出将远远超过预定税收额度，即未来的税收改革必然会将大规模增税（已向公众承诺收益的）与相当程度的减税相结合。

人们对于当前这场税制变革的前景，有着迥异的观点。保守派评论家布鲁斯·巴特利特（Bruce Bartlett）认为，从2001年到2003年的税制改革已将美国税收体制逐步推向“统一税制”。② 城市协会的勒恩·伯曼（Len Barman）的观点则较为悲观，他认为这一时期的税制变革只是把所得税弄

① OMB（2006b，表2.1。OMB是美国行政管理和预算局，即Office of Management and Budget的简称，它是美国总统办事机构之一，是美国总统维持对政府财政计划控制的机构——译者注）。2004财政年度联邦总收入占GDP总额的16.3%，这是自1959年以来的最低水平，其时该项收入占GDP总额的16.1%。

② Barlett（2003）。

成了一团乱麻，而这团乱麻将会“在自身的重压下轰然坍塌”。[①] 另一派观点则认为，真正根本性的税制变革必然是艰难的，而且会涉及在政治上不受欢迎的利益权衡（而且不可避免地要产生赢家和输家），以至于这些改革要配上明显的减税措施作为“甜味佐料”。然而，通过在税制改革前实施减税措施以及通过在税法条文上添加更为具体的、能够获来更多选民支持的特殊优惠措施，对配得上“根本性改革”这一标签的任何变革的愿景而言都可能显得有些“黯然无光”。

2005 年，布什总统任命了一个顾问团来为联邦税收体制改革提供建议，11 月，该顾问团提出了两种备选的税收体制——一个是重新修订所得税，另一个是实施由所得税和消费税构成的混合方案。该报告并没有引起公众多大的兴趣，其建议也没能推动税制改革的立法进程。

税收制度之所以会引起所有这些关注，其实并无神秘之处，因为它是政府所有活动中对公众生产、生活影响最大的。人们收入的近 1/3 会被各级政府以税收的方式取走。虽然对于许多人来讲减税政策或许是最有吸引力的，但美国的公众同样拥有深入理解税收体制所发生重大变革的权利，他们会担心减税将造成巨额的财政赤字，政府只是用眼下的好时光换取未来更高的税收或者是一场金融危机。另外，还有人会担心根本性的税制改革可能只是将其所依赖的税收减免和税收抵免换成更低的税率，而这些税率在不久之后将会恢复到原来的水平，从而使他们的福利状况变得更糟。鉴于此，美国公众进而会担心税收负担分配将会越来越不合理。然而，即使没有这些担心，现有税收体制仍然存在着诸多方面的缺憾，我们的税制应该能够做得更好。

1.1 对当前税制的各种抱怨

公众对税收最普遍也是最为直接的抱怨是税收负担过高。从某种程度上讲，此类抱怨只是反映了人们的利己主义动机，正如没有人喜欢缴纳物业费

---

① Burman（2003a，p. 1c）。

一样，没有人情愿交税。但是我们每一个人都从政府的活动中受益，而政府活动的资金是以税收的方式筹集的。正如美国最高法院首席大法官小奥利佛·温德尔·霍姆斯（Oliver Wendell Holmes, Jr.）曾经指出的，“税收是我们对文明社会支付的代价”。

一般而言，公众对税负总水平的不满来自以下两个方面：一是反对政府对社会活动干预得太多，二是关于政府只是在浪费钱财的信念（belief）。许多选民希望看到的是一个相对较小的政府，以及与此对应的较低的税负。[①]此类问题自然会引起诸多争议而且难以解决。但是，即使公众从政府规模角度对税收规模能够达成一致意见，但是如何征税的问题也难以解决。同样道理，那些对政府的适当规模持不同观点的人们也许会对如何设计税制问题达成默契。在以税负水平差异为主的政治争议中，税制设计有时并未引起足够的重视，但它的确是一个至关重要的问题。

1.1.1 税制太过复杂

美国税制广受诟病的另一个问题是它太过复杂。对于大多数公众来讲，遵循着类似于迷魂阵的税收条例行事使他们充满了挫败感，他们深感成本过高。在美国，人们每年涉税的时间成本要以10亿小时计，这些时间成本包括保留完税记录、依照纳税指南完成全部登记工作、搜寻税收豁免与税务递延项目，以及为规避不必要的税务负担和利用税收优惠对个人或企业财务事项进行安排。

美国税制复杂性的代价之高昂是令人惊愕的。美国的个体纳税人花费在涉税事务上的时间总共要达到30亿小时，平均下来，每人每年大约需花费27个小时。[②] 这超过了美国国税局150万个全职雇员的工作量（但

① 有些人希望实行更低税负，即便是建立在减少政府项目这一代价的基础之上。关于这部分人在总人口中所占的比例，调查研究尚未给出准确的结果，并且该结果高度依赖于就这一问题的提问方式。2003年3月，一项由美国全国公共广播电台（National Public Radio, NPR）、恺撒家庭基金会（Kaiser Family Foundation）、哈佛大学肯尼迪政府学院共同开展的民意调查结果显示，有48%的受访者坦诚“即使公共服务会更少，也希望税负更低些”，而另有44%的受访者则“宁愿得到更多的公共服务，即使这意味着需要承担更多的税负。”另外，有80%的受访者认为“维持诸如在教育、医疗保健和社会保障等国内公共基础服务项目上的支出水平”要“比降低你的税负重要得多”。

② Blumenthal and Slemrod（1992, p. 185）。

这是隐蔽的且不付报酬的）！许多人需要买书或诸如 TurboTax（Borland 公司开发的系列软件——译者注）之类的计算机软件程序来帮助他们顺利度过缴税季节。此外，一大半儿的个体纳税者还需求助于专业的会计师、律师或者其他咨询顾问来帮助他们计算应纳税所得额。① 企业也同样需负担此类重负，一家普通的全球 500 强企业每年在涉税事务上的花费竟高达 460 万元。每年用于缴纳所得税的总成本高达 1 350 亿美元甚至更多。这超过了年度财政收入的 10%，② 它包含了纳税人本来可以更好支配的数十亿小时光阴的价值。

当然，并不是对每一位纳税人来讲，缴税过程都如此繁杂，因为数以百万计低收入家庭无需缴税。对于 1.32 亿申报缴纳个人所得税的纳税人来讲，其中 16% 的人可以使用非常简单的 1 040EZ 纳税申报表格，22% 的人则可以使用非常简明易懂的 1 040A 表格。③ 总而言之，调查表明在所有纳税人中有 45% 的人每年花费在涉税事务上的时间略高于 10 个小时，④ 但对于企业和那些从事较为复杂的金融活动的个人来讲，税制复杂性所带来的负担恐怕确实是很繁重的。

1.1.2 税收征管的艰巨性

2005 年度，美国国税局的成本预算为 102 亿美元。⑤ 一年之中，美国国税局处理了 1.74 亿笔应纳税所得额，其中包括 1.34 亿笔个人应纳税所得额，它对大约 130 万笔应税所得额进行了审计或者“检查”，并且对那些被怀疑已误报纳税义务的纳税人发出了 350 万份由计算机自动生成的通知书。美国国税局还对 15 亿份诸如银行、股票经纪人和抵押贷款者的经营业绩报

① 2004 年，全部个人所得税返还中的 59.7% 搅乱了税务代理机构的信号。正如 8.2% 的纳税人填报 1 040EZ 表格和 9.9% 的纳税人填报 1 040A 表格都通过付费税务代理进行申报这些事实所揭示的那样（IRS，Statistics of Income Division，*Statistics of Income Bulletin*，Spring 2006，table 23），许多使用专业税务代理机构的纳税人只有简单的返还。我们假设许多纳税人通过税务代理申报纳税并非因为他们的返还情况复杂，而是因为他们希望能尽快获得税款返还。

② Slemrod（2004）。

③ IRS，Statistics of Income Division，*Statistics of Income Bulletin*（Summer 2006，table 1）。

④ Blumenthal and Slemrod（1992，p. 189）。

⑤ OMB（2006a，p. 236）。这一数字是 2005 财政年度美国国税局的实际支出总额。

告文件与其报送的应税所得报告这两类数据资料进行了比对。①

美国国税局的税收征管费用如此之高，然而这笔巨额费用是由公众埋单的，被美国国税局调查的纳税人承受着不堪之苦。尽管如此，在美国，大量的税务欺诈行为仍层出不穷，具体数字难以精确衡量。最近，美国国税局评估个人和企业所得税应缴而未缴金额近似达 3 450 亿美元，大约占所得税总额的 16%；其中的 2 900 亿美元则永远无法收缴。② 在其他条件相同的情况下，这对于众多诚实的或者极少有机会实施税务欺诈的纳税人来讲，则意味着更高的税率和更重的税务负担。

偷税漏税背后的原因是美国国税局时常使用强硬手腕执行税法。20 世纪 90 年代后期，电视节目全程转播国会听证会内容，观众清楚地看到美国国税局执法时做出逾越行为。之后，美国通过了新的法案设立监察委员会以监管国税局，并且将税务法庭案件中的举证责任转移给美国国税局。自此，美国国税局开启了现代化、改进纳税服务以及改善形象的新纪元。但是伴随着一系列改革，美国国税局分内的审计与强制执行活动的数量锐减，有些人开始关注如何应对非法纳税案件。③ 因此，最近税收征管的“钟摆”看来已经指向另一个方向，如安然公司（Enron）之类的企业及其高管滥用税盾的事件对其产生了影响，布什政府在 2003 年建议为美国国税局增加费用预算，包括为主动改进对高收入纳税者的服务和对企业进行税收征管所增加的一些经费。④ 但是，诸多税收征管指标仍明显低于其十几年前的水平。

1.1.3 税制对经济有害无益

对税制优劣的政治争议通常围绕着税收到底如何影响经济这一话题。税制改革或减税的支持者几乎总是鼓吹他们期望从变革中获得经济利益，但反对者则认为这种想法其实只是痴人说梦。衰退时期，人们关注的焦点是减税

① 已申报并已经检查的税款返还的数据为 2005 日历年度数据，且来自于美国国税局（2006b，表 10；2006c），由计算机自动生成的通知和信息报告的数据为 2005 财政年度数据，且来自于美国国税局（2006b，表 25）。

② IRS，Office of Research，Analysis，and Statistics（2006）。

③ 参见本书第 5 章和美国审计总局（General Accountability Office，2003）。

④ OMB（2003，p. 242）（2003 年 6 月 16 日查询）。

能否恢复疲软的经济；其他时期，人们关注的焦点则转向税制设计何以保持经济的长期繁荣。

2005 年，联邦税总规模是 2.2 万亿美元，这相当于美国国内总产值的 18%，同时各州和地方税种则另外占据了 9.5%，这表明后者对美国经济的运行方式也具有重大影响。① 然而，除了税额大小，税收还影响着每个人或者企业制定经济决策的几乎每一个方面。税收影响着并且在极大程度上减少着人们从储蓄、努力工作、兼职以及投资于教育或培训中获得的回报。缴纳所得税挤占了人们用于慈善捐款、购买房屋或把孩子送日托的花费。企业是否在新技术上进行投入以及投资多少，或者到底是在美国当地还是在印度投资设厂等经营决策也大受此类行动税收后果的影响。因为税制改变了个人和企业与上述行为相关的激励并改变了人们对其他决策的评价，所以它必将影响人们的行为选择。而经济正是由所有这些行动集合而成的。

某些批评者对当前所得税制的指责主要集中在对富人课以高税率将阻碍其努力工作、创新以及发挥企业家才能这些能使经济获得勃勃生机的必要活动上。另有批评者则强调税收体制过度地“惩罚”了储蓄和投资，而这些正是维持和改善这个国家长期生活标准的根本要素。他们认为，税收体制对储蓄和投资的过度“惩罚”至少构成了美国的国民储蓄率无论从国际标准还是历史标准都处于低水平的部分原因。还有一派批评者认为，把整套个人和企业所得税税法弄得一团糟的优惠和处罚政策将显著地扭曲人们的经济选择。这种意见指出，各种各样的行为和投资的相对成本和收益本该由自由市场决定，但由于税收体制随意改变了其相对比例，从而导致人们将资源投入到错误的领域，这不仅阻碍了经济效率，而且束缚了经济增长。

1.1.4 税制的不公平性

2003 年，一项民意调查表明，美国人对美国税制是否具有公平性所持相反看法的比例几乎正好是一半对一半。只有 4% 的美国人认为联邦税制

① 美国商务部经济研究局（U. S. Bureau of Economic Analysis，2007，表 1.15、表 3.2、表 3.3 和表 5.10）。这些数字包括当年的税收收入、政府社会保障基金的缴款以及遗产和赠与税收入。

“非常公平”，另有47%的人认为它“相当公平”，这样，只有略微超过半数的人认为它在某种程度上是公平的；相反，有32%的人认为它“不太公平”，而另有16%的人觉得它“极不公平”。[①] 舍去统计误差因素，这很接近50%比50%。

到底是税收的哪些方面使人们产生了判断上的分歧呢？首先，人们对处于不同富裕程度的家庭如何分配税负就存在异议。当前的个人所得税是“累进式的”，这意味着收入较高的人们要将其收入的更大一部分用于缴税，他们显然要比收入较低的人们缴更多的税。对某些人来讲，税制的“公平性”应当意味着维持这种累进税制，或许还应当提高那些高收入者的税负。但是另一些人则将此视为“向富人多征税”或者“社会各阶层间的冲突”，因此，他们宁愿支持一种更低累进水平的税率结构。可以想见，税制对人们各自家庭产生冲击的强度强烈地影响了他们对税制公平与否的看法。

不过，即便是收入水平相当的家庭之间，其税负也可能存在很大差异。这主要取决于其家庭成员是否已婚、他们需要抚养几个孩子、他们捐赠给慈善团体的捐款额度、他们的现有住房是自购的还是租赁的，以及他们的主要收入是来自工资性收入、薪金性收入还是资本性利得。一个人的家庭的上述以及其他特征和选择是否会影响其税务负担，是一个存在争议并且常常引发分歧的问题，而且这一问题还是一个关于政府在鼓励或是惩罚特定类型的人群时以及进行特定类别的选择中应该充当何种角色的根本性问题。

最后，许多人深信某些个人和企业因为聘用了优秀的税务顾问、律师和会计师便可以操纵税法条款，并且可以利用税法漏洞和税收优惠政策来规避“分内的”税收。此类信念将促使人们支持对税制进行改革以减少避税的机会，或者促使人们支持建立一种更为有效的税收征管体制以防止将税收负担转移给那些不具影响力、没有逃税机会或倾向的人们。

---

① 该项民意调查的详细结果请参见美国全国公共广播电台、恺撒家庭基金会、哈佛大学肯尼迪政府学院（2003）。

1.2　另一种课税途径

应对上述问题的办法之一是推倒重来。确实有那么几位国会领袖、某些共和党总统候选人、一两位脱口秀节目主持人以及若干顶尖经济学家，曾经鼓吹要废除现有的个人和企业所得税制，并代之以完全不同的内容。比方说，最近退休的美国众议院筹款委员会主席比尔·阿彻（Bill Archer，R-TX得克萨斯州共和党参议员）就曾声称：“我们必须将所得税制连根拔除，必须把美国国税局完全清除出美国人的生活。”① 曾经两度获得共和党总统提名的史蒂夫·福布斯（Steve Forbes）也曾宣称：“与国税局此等‘野兽共舞’，我们唯一要做的就是‘杀死’它”。②

阿彻、福布斯以及其他人则希望用某种对消费者征税的方式完全取代征收个人和企业所得税——也就是说，只对人们所花费掉的那一部分收入而非储蓄征税。绝大多数人将其目光投向两种形式的消费税——一个是国内零售税，另一个则是所谓的统一税。

这两种消费税中，人们更熟悉零售税，因为它已经在美国51个州中的46个州得以推行。最早提出征收零售税建议的是议员约翰·林德（John Linder，R-GA佐治亚州共和党参议员）和考林·彼得森（Collin Peterson，D-MN明尼苏达州民主党参议员）。另一位支持征收零售税的官员是前共和党总统候选人、参议员理查德·鲁格（Richard Lugar），他曾提出一套以17%的国内零售税取代公司和个人所得税的计划。③ 鲁格认为，如果实施国内销售税，则可以考虑分拆目前的美国国税局，而当前税法面临的那些令人感到困扰的、低效率的并且征管成本高昂等问题也可得到化解。此外，在销售税税制下，“美国国民（可以）通过免征所得税政策从全世界吸引投资来激增生产率，获得可得到更高收入的工作岗位，促

① Gray（1995，p.18）。
② Rieschick（1997，p.1661）。
③ 我们将在本书第7章讨论以下问题：使用17%的税率是否能征收到与现有所得税税率条件下一样多的税收收入。

进经济繁荣”。①

所得税的另一种替代方案——“统一税”是由斯坦福大学的罗伯特·霍尔（Robert Hall）和胡佛研究所（Hoover Institution）的阿尔文·拉布什卡（Alvin Rabushka）提出来的。史蒂夫·福布斯在1996年和2000年的两轮共和党总统角逐中都宣称支持实施税率为17%的统一税制。参议员理查德·谢尔比（Richard Shelby，R-AL阿拉巴马州共和党参议员）和前众议院多数派领袖理查德·阿来（Richard Armey，R-TX得克萨斯州共和党参议员）也在国会提出了类似建议。在统一税下，绝大多数人仍需申报纳税，其与当前税制的主要不同之处在于：首先，税基只包括工资、薪金和养老金收益，而其他个人收入诸如利息、股息和资本利得等将被全部排除在应税所得之外；其次，所有以家庭规模计算的高于免税收入水平上限的应税所得将适用一种简单的、“均一”的税率；再次，不再设有税收减免或其他税收优惠政策，如抵押贷款利息、慈善捐款或儿童保育豁免以及奖学金抵免等。统一税制的支持者们强调，统一税的最大优点在于其拥有明确清晰的税基，简化了税制。本书第7章将进一步解释，统一税实质上并不是一种所得税，而是一种消费税，接近于零售税或欧洲式的增值税。

统一税的支持者们如霍尔和拉布什卡等学者认为，统一税的潜在收益主要体现在以下几方面：首先，统一税可以对工作、储蓄、投资和企业家创新产生极大的激励效应，从而推动美国经济的发展；② 其次，统一税是公平的，因为统一税设有免税补贴；③ 再次，统一税可以直接或间接地为纳税人节省数以千亿美元的纳税成本。④ 一言以蔽之，实行统一税可以避免美国公众对现有税制有所抱怨。

① Lugar（1995，p. 3）。
② Hall and Rabushka（1995，p. vii）。
③ Hall and Rabushka（1995，p. vii）。
④ Hall and Rabushka（1995，pp. vii，52）。

1.3 反对根本性税制变革的理由

虽然几乎每个人都对美国税制的某些方面提出了批评意见，但是并非每个人都全盘否定现行税制。全美税收协会（National Tax Association，集中了来自全美学界、政界和商界各路税务专家的顶级专业团队）超过80%的会员都认为应该维持一种累进的个人所得税制度。① 他们认为彻底推翻现有的所得税制度将不利于普通纳税人。公民税收正义组织代表人物罗伯特·麦金泰尔（Robert McIntyre）也认为，除非将国内销售税辅之以某种形式的抵扣方案，否则用统一税取代累进所得税将会把大量税负由富人转嫁给中产阶级和穷人，但是一般而言，这种抵扣方案很难实行。②

难道我们要承担税负变化所带来的巨大成本以换取税制改革的潜在利益吗？在公众看来，这样的情况真是进退维谷。民意调查发现：一方面，绝大多数公众总是希望向高收入者征更多的税，而不想把税负转嫁给中产阶级和穷人；另一方面，统一税的支持者通常也支持累进所得税，并且这一结果是真实民调结果。这就说明一个问题，即许多人都认为目前美国的所得税并不是累进的，这也许是因为他们认为对富人的征税普遍存在着诸多漏洞。这项调查所得到的证据还澄清了以下问题：绝大多数人对当前的税制或者进行税制改革的建议所知甚少，所以一旦强力推进改革，公众观点可能会随着人们对细节了解的深入而发生变化。

针对税制根本性改革的另一个普遍性的批评是，认为对这些根本性变革的支持都过分夸大了变革所带来的潜在收益。虽然税制改革在推进长期经济增长以及简化纳税程序方面具有潜在优势，但是否能够以及多大程度上能够实现这些目标则取决于经济学家之间的口舌之争。与其鼓吹者所宣称的结果相比，税制改革的积极经济后果还存在着诸多不确定性。

即便是对统一税持完全怀疑态度的人们也承认这一税种确实比当前税制

---

① Slemrod（1995b，p. 134）。
② McIntyre（1995，p. 1）。

简化得多。但是，统一税所允诺的绝大多数简化特征是以放弃累进制和税制的某种人格化特征为代价的，而这些正是许多美国人所偏爱的。尽管国内零售税从表面上看起来很简单，但是许多专家担心它并不足以取代当前所得税，公正地获取相同的财政收入水平，如果要公正地获得相同的财政收入水平，恐怕国内零售税的税率要超过30%。

最后，有些统一税的怀疑者还担心我们正在开启一个潘多拉之盒。他们深信裹挟各方利益的税收政策大混战可能会造成更为糟糕的立法后果。类似地，一旦我们追踪考察改革进程，它不可避免地又会乱成一团糟，这是某些税制改革的批评者和倡导者所担心的。因此，大多学者都认为任何一次性的税制变革都应该辅之以政策过程自身的改革，以防止其滑入复杂性、低效性和不公平性的泥潭。

1.4 当前税制已然出现的变化

你可千万别屏息敬候国会将所得税像垃圾一样倒掉并推倒重来。因为税制中巨大的——即使不是根本性的——变革始终处于争议之中，所以其尚未成为法律得以施行。政治家们一贯争来吵去，他们总是把所得税率、储蓄激励、资本利得的税收待遇以及专项税收减免和抵免之类的政策替换成政治上各种各样讨巧的项目。他们的这些争吵的最终结果是不会把现有税制推倒重来的，但是其所带来的税法上的变化对国民经济和税制的公平性和复杂性等特征却具有重要意义。应当承认对于进行一次彻底的税制改革，通过上述方式可以全然不必废弃现有所得税制，并使其更加公平合理、高度简化、对经济更为有利。

1.5 客观分析的必要性

对于公众来讲，要把减税、增税抑或是对税制改革的建议正反两方面主张分门别类是一项艰巨的任务。虽然那些从税制改革中获益最多或者损失最大的利益团体都会站在自身的立场痛陈观点，但是他们都把强调经济增长、生产能力和美国梦的实现作为共同观点。而那些税制改革的潜在利益受损者出于隐藏其观点的考虑，绝少谈及他们对政策的反对态度，而是会从国家利益受损程度、改革将提高失业率以及新税制的不公平程度等方面表述他们的异议。

要想对税收政策做出明智的判断需要洞悉这些争议背后的利益指向，以厘清其中所纠结的问题。但是，判断政策的可行性并不能奢望等到各种争议都有了清晰明确的答案之后再一锤定音。比方说，对于减税 10% 到底会使国内生产总值提高 2%，还是降低 2%，抑或全无影响这一问题，虽然经济学家们可能做出透彻、精辟的分析并排除某些稀奇古怪的主张，但其确切的结果恐怕永远无人知晓。对于诸如到底何谓“公平”之类的问题，最终还是要依赖于个人的价值判断来给出答案。

1.6 本公众指南的主要内容

本书围绕公众对税收政策的持续争议提供了一个指南，并试图帮助关注此事的公民在信息充分的基础上做出判断。我们的目标在于绕过专业术语、官方政治辞令和出于自身利益的争论来探讨税收政策制定过程中内在的根本选择和问题，其中绝不涉及我们自身关于税收问题的主张。

本书的第 2 章从历史和全球视角两个维度考察并简要描述了美国现行的联邦税制。从第 3 章到第 5 章分别用税收政策的制定、税负分配的公平性、税收对经济的影响效应及其简易性和可执行性等基本判断标准对税收政策进行了考察。在列举这些标准背后的基本原则的同时，我们还探讨了由此引发的争议和难题，并详细检视了诸如我们的税制如何分配税收负担以及我们对税收的经济效应所知多少等关键问题的证据。此类证据对于评估各式各样政策建议以及权衡各税制的衡量标准都是至关重要的。第 6 章详细讨论了根本性税制改革的要素，包括清晰的税基（剔除现行税法中的减免与例外）、统一税率和消费支出而非收入基础。虽然这些改革建议通常要包含一个以上的要素，但它们确实是可以分解的问题。原则上讲，我们可以不必全盘接受所有这些要素而只是采用其任意几种的组合。第 7 章详尽地考察了用消费税替代所得税这一具体建议。第 8 章介绍了如果保留现行税制一般框架，主要税收政策变化将呈多样性特征。第 9 章用一个简短的税收政策投票者指南结束全书，它概括了当我们考虑应该如何向公众征税时应当谨记于心的若干基本要点。

2

美国税制总览

在讨论应该如何向公众征税之前，先思考一下现有税制的历史及其基本特征对我们是大有裨益的。首先，我们来看一下美国税制的全景图，纵览一下各级政府到底征了多少税、它们使用了哪些税种以及如何将美国的税制与其他国家的税制进行比较。其次，为了正确地看待当前的争议，我们提供了美国税制的若干历史背景。再次，我们概览了目前联邦政府所使用的主要税种的运作机制，其中重点强调了所得税制。

2.1 美国各级政府取得资金的方式

表 2.1 列示了美国联邦、各州和地方各级政府使用的主要税种，说明了

表 2.1　　2005 年度美国各级政府的税收来源

	10 亿美元	占本级政府税收的百分比（%）	占 GDP 的百分比（%）
联邦税总额	**2 247**	**100.0**	**18.0**
个人所得税	928	41.3	7.4
社会保障税的个人缴纳部分	855	38.1	6.9
企业所得税	326	14.5	2.6
消费税与进口关税	101	4.5	0.8
遗产及赠与税	25	1.1	0.2
其他联邦所得	11	0.5	0.1
各州与地方税总额	**1 185**	**100.0**	**9.5**
营业税	394	33.3	3.2
财产税	350	29.6	2.8
个人所得税	251	21.2	2.0
企业所得税	58	4.9	0.5
社会保障税的企业缴纳部分	25	2.1	0.2
财产和赠与税	5	0.4	0.0
州与地方政府的其他所得	101	8.5	0.8
联邦、各州与地方税总额	**3 431**	**100.0**	**27.5**

数据来源：美国经济分析局（U. S. Bureau of Economic Analysis，2007）

其各自的相对重要性。总体来看，2005 年，美国的各级政府共征收税款 3.4 万亿美元。审视这一巨额税款的途径是将其与通常由国内生产总值（GDP）衡量的国民经济总规模进行比较。GDP 测度了一年中一国国内所生产的产品和提供的服务总价值。2005 年，联邦、各州和地方政府的全部税收占到了当年 12.5 万亿美元 GDP 的 27.5%。其中，联邦税占 GDP 的 18%，而各州和地方政府的税收占 GDP 的 9.5%。

联邦政府最大的税收来源是个人所得税。2005 年，其总额为 9 280 亿美元，占联邦总收入的 41.3%。当年的企业所得税为 3 260 亿美元，占联邦总收入的 14.5%。个人所得税和企业所得税两项合计就占到了 2005 年联邦总收入的 56%。

鉴于这两大税种的较大比重，假使我们真的对税制进行根本改革，用其他税种替代了这两个税种，则显然会出大乱子。

联邦税的另一个主要来源是“个人缴纳的社会保障税”，占联邦税总额的38%。以工资和薪金为基础为老年人和伤残人士筹集退休金和健康福利费所征收的社会保障税占社会保障税总额的89%。① 其余则为失业保险税以及其他一些较小的税收项目。

联邦税还包括其他几个税种。诸如对香烟、酒、汽油等商品所得征的消费税以及对进口商品课征的进口税，其占2005年联邦税收的4.5%；遗产及赠与税只占联邦税的1.1%。

各州和地方政府财政收入来源于联邦政府所不征收的两类税：零售税和物业税。2005年，零售税占到了各州和地方税收收入的33%，而物业税则占30%。在各州和地方税种中，所得税只占比较小比重，其中，个人所得税占21%，而企业所得税则只占5%。

2.2 国际比较

表2.2比较了美国和其他经济发达国家的税制。从税收占其经济总规模比重的角度看，美国的税收比重是相对较低的。在2004年颁布了两项主要的减税法案后，美国成为经济合作与发展组织30个成员国中税收占GDP比重第三低的国家，该组织是北美、欧洲、亚洲及太平洋工业化国家所组成的集团。

2004年，经济合作与发展组织各成员国的税收占其GDP的比重平均为35.9%，而美国该比重仅为25.5%。在较富裕的其他5个国家中，只有日本最接近美国的低水平，其税收占GDP的比重为26.4%；瑞典最高，达到了50.4%。

美国与其他主要发达国家在税制上的差别倒不是因为其所得税和社会保

① U. S. Bureau of Economic Analysis（2007，table 3.6）。

表 2.2　　2004 年度税收占 GDP 百分比的国际比较

	美国	经济合作与发展组织各成员国平均[a]	日本	英国	加拿大	德国	瑞典
税收总额	**25.5%**	**35.9%**	**26.4%**	**36.0%**	**33.5%**	**34.7%**	**50.4%**
所得税	11.1%	12.5%	8.5%	13.2%	15.6%	9.5%	19.0%
个人所得税	8.9%	9.1%	4.7%	10.3%	11.7%	7.9%	15.8%
企业所得税	2.2%	3.4%	3.8%	2.9%	3.4%	1.6%	3.2%
消费税[b]	4.0%	10.8%	4.7%	11.1%	8.2%	9.8%	12.6%
增值税	—	6.5%	2.5%	7.0%	3.3%	6.2%	9.1%
营业税	2.2%	0.1%	—	—	1.7%	—	—
社会保障税	6.7%	9.4%	10.0%	6.8%	5.1%	14.1%	14.3%
其他税	3.7%	3.2 %	3.2%	4.9%	4.6%	1.3%	4.5%

数据来源：OECD（2006）

注释：横线（—）代表该国不征收此税种。包括各级政府的税收。

a. 经济合作与发展组织所有 30 个国家的非加权平均数。

b. 包括增值税、营业税、消费税、进口税与其他消费税种。

障税，因为就这两个税种而言，美国的税收占 GDP 比重与整个经济合作与发展组织平均数相差无几。其最大的差别在于美国有着极低的消费税——美国消费税只占其 GDP 的 4%，且美国是其中唯一一个不征收增值税的国家，而经济合作与发展组织各成员国的消费税占其 GDP 比重的平均水平则为 10.8%，增值税占其 GDP 的比重则平均为 6.5%。对于增值税，它与统一税和零售税很接近，是世界上最为普遍的消费税类型，目前已被超过 120 个国家采用，这一点我们将在本书第 7 章展开详细讨论。[①] 而零售税这一美国各州所普遍征收的消费税税种在美国之外则鲜有采用。

其鼓吹者所倡导的那种用消费税完全取代美国的个人和企业所得税，将成为各主要工业国空前的变革。经济合作与发展组织各成员国在其增值税之

① Ebrill et al.（2001，p. 8）。

外都还有着重要的所得税。但是，如果取消美国税收中的所得税部分，则其所得税数额将远低于已然实行增值税的其他国家从增值税中征收的税额。况且其他各国从没征收过如此规模的零售税。个中缘由，我们也将在本书的第7章中加以讨论。

2.3 历史视角下的美国税制

2.3.1 税收总水平

图2.1描绘了1900年以来美国政府税收占经济总量比重的变化情况。或许最引人瞩目的特征是20世纪前半叶联邦政府角色的极度强化。联邦税收占GDP的比重从1900年的2.8%跃升至1943年的19.5%。

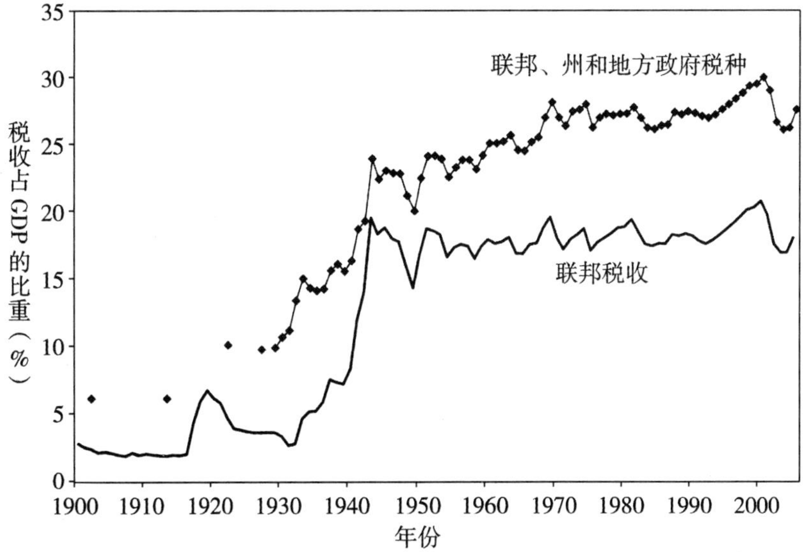

图2.1 1900—2005年美国的各种税收占GDP的比重

数据来源：Carter et al.（2006）；U. S. Bureau of Economic Analysis（2007）

注释：1929年之前，各州及地方政府只有部分年份的税收收入数据。

20世纪30年代，虽然新政时期的各年份税收占联邦总税收比重的变化情况也很重要，但是第二次世界大战（以下简称“二战”）后的几年，该比重的激增显然更为抢眼。20 世纪 30 年代，不仅联邦税收占 GDP 的比重呈现出显著增长趋势，而且政府还实行了诸如社会保障体系（the Social Security system）等后续需要高税收支撑的多项社会政策。

同样引人瞩目的是自从 20 世纪中叶以后，联邦税占 GDP 的比重几乎没有多大变化。自 1950 年至今，联邦税占 GDP 的平均比重为 18.1%，并且很少偏离这一水平。对于所有与联邦政府规模扩张或缩小截然不同的观点来讲，在这 60 多年的时间里税收占经济总量的份额并没有发生多大变化是相当不寻常的。不过最近也出现了某种异样，从 20 世纪 90 年代后期开始，联邦所得税收入出现了暂时性激增现象，这主要源于经济条件的变化，与税法变化的关系不大。2005 年，由于减税和经济衰退的缘故，联邦税占 GDP 比重又恢复到了 18.0% 的水平。

州和地方各税种的情况要稍微复杂一些。20 世纪初期，各州和地方政府征的税要高于联邦政府。1932 年，各州和地方政府的税收占 GDP 的比重达到 10.8% 的最高值，同期联邦政府税收只占 GDP 的 2.7%，前者相当于后者的 4 倍之多。随着联邦政府经济职能的扩展，部分地区由于各项新政计划的实施，州和地方政府税收占 GDP 的比重骤降，到 1944 年降到了 4.1% 的历史最低水平。这一水平在整个 20 世纪五六十年代持续反弹，到 20 世纪 70 年代达到了 9.0%。此后，这一比重一直保持在 8% ~10% 之间。

将联邦、各州和地方政府的税收放在一起看，其呈现以下特征。税收获得了巨大增长，它由 20 世纪初占 GDP 的 6.2% 上升到二战中期的 24%，从那时起到 1969 年，则持续、缓慢地增长到占 GDP 的 28.2%。到 21 世纪初的这几年，其又有所降低。到 2005 年，税收占 GDP 的比重处于 27.5% 的水平。简言之，尽管上个世纪美国的税收总额呈现巨幅增长态势，但最近 35 年来，各级政府税收占国民收入的份额并未出现太大的变化。当然，由于经济增长的缘故，即便是 GDP 的某一固定比例，它在今天所能买到的东西比其 30 ~50 年前所能买到的东西也要多得多。比方说，2005 年各级政府经通货膨胀调整的税收总额已达 1969 年的 3.25 倍。但是，从长期来看，相对于我们的收入来讲，我们的总体税收负担还是相当稳定的。

2.3.2 美国个人所得税的历史

美国最初开征所得税是将其作为内战期间使用的一项临时性紧急措施，它于1861年颁布实施，并于1871年到期。19世纪后期，人们普遍反对关税、特种消费行为税和物业税，因为他们认为这些税种对美国工人阶级来讲是显失公平的税务负担，但是这些税种后来成了联邦税收的主要来源。现有税收结构的众多批评者把个人所得税，尤其是可以扣除某些所得的分级所得税看作是对人们具有吸引力的替代方式，因为它可以采用累进制，从而使富人比穷人承担更大比例的税负。国会在1894年通过了一项所得税法案，但一年以后美国最高法院宣布该法案违反了宪法的第一条第9款的内容，宪法称："除非按本法所规定的人口调查或统计之比例，否则不得征收任何人头税或其他直接税。"① 直到1913年2月通过了《美国宪法第16号修正案》，征收所得税的障碍才得以扫清。1913年10月，伍德罗·威尔逊总统签署了这项现代意义上的个人所得税法案。②

与现行税制一样，1913年的个人所得税采用的是分级税率，但它们只从1%排到7%。但这些即使与当今相比依旧很低的税率，还是引起了反对者的极大义愤。马萨诸塞州参议员亨利·卡伯特·洛奇指出，超过免征额水平所征收的分级税率将"某一阶层分离出来或者说使其遭到掠夺，他们的财产被没收了"。③ 当前许多最重要的税收减免和扣除在1913年就已经存在了，这包括对住房抵押贷款利息的减免、对州和地方政府纳税额的减免以及州和地方政府债券利息可以从应纳税所得中扣除。1917年，又加上了慈善捐赠的减免规定。④ 或许1913年所得税与现行所得税的最大区别是对个人

---

① 关于阻碍了所得税的最高法院裁决，来源于波洛克诉农业贷款及信托有限公司案（*Pollock v. Farmers Loan and Trust Company*，158 U. S. 601（1895））。

② 有关美国个人所得税历史的讨论，来源于 Brownlee（1989）、Goode（1976）、Pechman（1987）以及 Witte（1985）。

③ "1913年联邦所得税法"（"Federal Income Tax of 1913"，2007）。

④ Goode（1976）讨论了个人所得税税基的扣除与免征的历史。后续新增的个人所得税扣除与免征包括标准扣除（1941）、医疗开支扣除（1942）和儿童与限制民事行为人开支的扣除（1954），所有这些后来都被个人所得税法案采纳并成为法定税收抵免项目。

所得税征税对象的规定：前者规定只有那些收入极高的人才须缴纳个人所得税，但按现行税法规定应纳税者在所有有收入的群体中所占比重则要高得多。1914 年，即个人所得税法实施的第一年，申报个人应纳税所得额的总人数还不及美国总人口的 0.5%，但这一比重在今天已达 45%。①

图 2.2 描绘了 1913 年以来美国个人所得税的税收总额占 GDP 的比重和最高档税率两个方面的变化情况。从历史上看，个人所得税的征收状况与联邦政府税收类似。直到二战前夕，该项税收占 GDP 的比重只维持在不到 2% 的较低水平。即使是在最高税率很高，有时超过 70% 的条件下，情况也是如此，其原因是此等高税率只持续适用于为数不多的高收入者。自 1913 年至 1939 年，个人所得税申报人数从来没有超过美国总人口的 7%。

由于财政支出的迅猛增长，二战期间个人所得税急剧膨胀。个人所得税的免税项目骤减，旧日的“阶层税”变成了“大众税”。只在 1939 年到 1944 年的五年间，个人所得税的总额占 GDP 的比重就从 1% 飙升至 8%。同时，应纳税人数占人口总数的比重从 6% 急速扩展到 34%。

为了适应纳税人数的增加，1943 年实行了雇主代扣代缴工资与薪金所得税的做法。

自从二战期间个人所得税占 GDP 的比重升至 8% 以来，它就很少偏离这一水平。20 世纪 90 年代，所得税收入突然激增，到 2000 年开始骤降，达到之前占 GDP 的比重 10.2% 的最高水平。尽管 1991 年至 1993 年联邦所得税法调高了高收入纳税者的税率这一点对此起到了一定作用，但其更重要的原因则在于经济的繁荣和股市的高涨，尤其是绝大多数富裕家庭应税所得暴涨的拉动。当国民收入的更大比例落入那些本来就处于高档税率的应纳所得税者手中时，所得税占 GDP 的比重就自动上升了。由于 2001 年和 2003 年实施了减税法案，2005 年，个人所得税占 GDP 的比重又降到了 7.4% 的水平。

① 本节关于美国二战以前和二战期间的纳税申报额的历史记录来源于美国人口普查局（the U. S. Census Bureau，1975）。2004 年所得税纳税申报额达到了 1.322 亿美元（美国国家税务局，2006 年秋季《收入统计公报》，附表 3），而当时的美国人口为 2.937 亿（美国经济分析局，2007，表 7.1）。

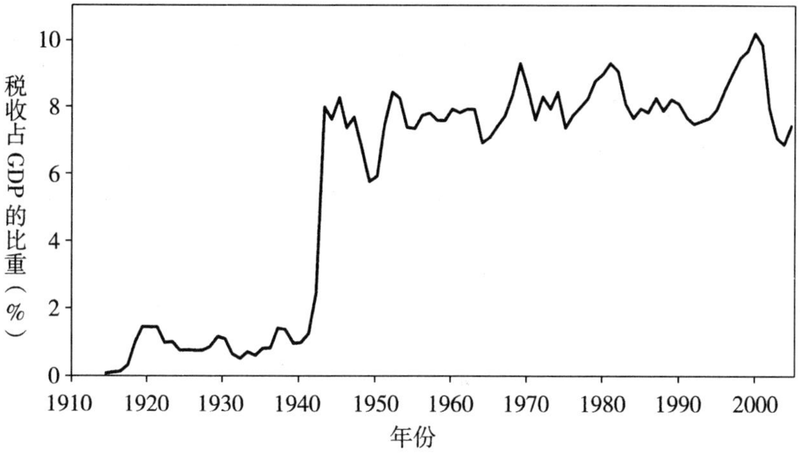

(a)

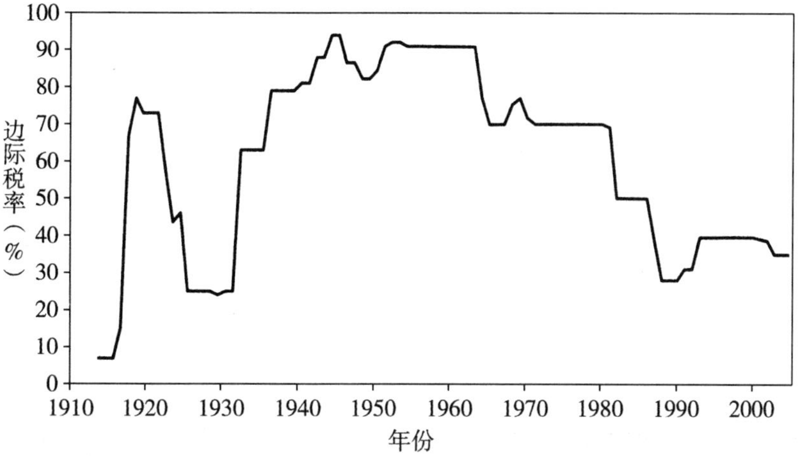

(b)

图 2.2　美国个人所得税：(a) 税收占 GDP 的比重；(b) 1913—2005 年的边际税率

数据来源：Carter et al.（2006）；U. S. Bureau of Economic Analysis（2007）；IRS, Statistics Of Income Bulletin（fall 2006，appendix table A）

图 2.2 的一个显著特征是，自从二战以来在个人所得税收入占 GDP 的比重相当稳定的同时，其最高税率却明显下降了。在 1944 年到 1945 年间，其最高税率达到 94% 的最高水平；从 1950 年到 1964 年，在肯尼迪—约翰逊实施减税政策之前，这一税率处于 91% 或者略高的水平；直到 1980 年之前，这一税率也维持在 70% 的水平。虽然由于 1981 年和 1986 年减税法案的

实施，1988 年个人所得税最高税率一路下降到 28%，但在 2007 年，它恢复到 35%，尽管从历史标准看这确实是一个很低的税率。

个人所得税最高税率一直是公众对税收争议的核心议题，最近这几年尤甚。但应该注意到只看最高税率会对作为一个整体的个人所得税产生一个错误的印象，在最高税率很高的那些年，它只会影响占总人口 1% 的很少的那么一部分人，其他人则几乎都处于明显较低的纳税等级。即使是对那些面对最高税率的纳税人来讲，它也只适用于他们超过最高纳税等级累进额度之上部分的所得；所有低于最高纳税等级以下的所得将归入较低的纳税等级，从而适用较低的税率。此外，历史上巨大的变革不仅体现在税率上，而且更体现在税基上。尽管如此，过去几十年中最高税率的下降仍构成了所得税发展史的重要组成部分。

2.3.3 美国企业所得税的历史

和个人所得税一样，美国最初对企业开征特种营业税也是在内战期间立法通过的临时性紧急政策。1909 年，企业所得税首次采用了持续经营基础。和个人所得税一样，其也是在对当时通行税种的反对声浪中以及该种税收负担将被不成比例地加诸于富人的信念中逐渐兴起的。此外，许多人认为，在那个财务报告制度极不严格的年代，它可以为公司管制提供便利。[①] 但与个人所得税有所不同的是，企业税可以逃避与宪法相关的问题，因此国会可以把它打包成“特种消费”税。[②]

联邦企业所得税总额的变化在二战之前也与个人所得税的情况类似。如

---

① Thorndike（2002）提到，1909 年美国最突出的问题是“股票掺水”，这导致了公众过分投资于那些资本化程度过低的企业。然而，“股票掺水”仅仅描述了公众普遍缺乏关于企业经营活动、盈利能力信息的更为广泛的问题。正如当时的美国总统塔夫脱（威廉·霍华德·塔夫脱，William Howard Taft，美国第 27 任总统，1909—1912 年在任）的候任司法部长乔治·威克沙姆（George Wickersham）在塔夫脱总统就职前夕所提到的，这种信息的缺失促使“企业请求财政援助事实的误传或者隐瞒”。支持者们认为，通过向投资者披露其做出投资决策所需的重大信息，新的公司所得税法及其公开披露能够解决上述问题。读者还可以参见 Kornhauser（2002）。在 21 世纪初，随着美国能源公司安然和当时美国第二大通讯集团 WorldCom 的丑闻的曝光，公众开始再度关注公司财务报告的诚信度问题，并由此引发了一些需对企业纳税申报情况向公众信息披露的倡议。关于这些提议的讨论，请参见 Lenter，Shackelford，and Slemrod（2003）。

② Brownlee（1989，p. 1615）专门研究了向企业征收的这种特别内战税。Pechman（1987，p. 135）围绕 1909 年的企业所得税讨论了其是否符合宪法的问题。

图 2.3 所示，该税收总额从 1939 年占 GDP 的 1.4% 飙升至 1942 年的最高点 6.9%。但自 1950 年至 20 世纪 80 年代早期，其占 GDP 的比重一直呈现下降趋势，到 1982 年这一比重已降到 1.5% 的水平。从那时起，企业税收总额随经济周期的波动而有所起伏：在经济繁荣的 1997 年，它达到 GDP 的 2.4 %；在经济疲软的 2002 年，它降为 1.4%；而到 2006 年，它又升至 2.6%，这主要是因为企业利润的暴涨抑或是因为企业较少积极利用税盾的缘故。然而需要注意的是，我们确实很难精确地识别 1950 年企业所得税总额骤降背后的主要原因。从根本上讲，那次骤降绝非缘于企业所得税基本税率的消减（这在图 2.3（b）中有明确显示），尽管自 1950 年至 1986 年间该项税收总额急剧下降，但企业所得税的基本税率几乎没有发生变化。更确切地讲，这种骤降主要反映出了企业应纳税总额的下降，企业应纳税总额占 GDP 的平均比重在 20 世纪 60 年代为 9.0%，70 年代为 9.1%，80 年代为 6.9%，90 年代则为 7.1%。在 2002 年，其占 GDP 的比重触及 5.7% 的低点后，2004 年企业应纳税总额占 GDP 的比重反弹到 7.2% 的水平。① 正如折旧免税额和投资税收抵免的不时调整所体现出来的各种特征那样，企业税的长期下降趋势反映了其税基的法定变化。最近几年，激辩的矛头直指税盾的滥用是否已然侵蚀了企业税收入。其部分是因为税盾是难以察觉的（或者难以得到精确界定），这一争议至今尚未解决。② 不过到 2007 年，以下观点已成为共识，即由于美国国税局的打击和《萨班斯—奥克斯利法案》为企业会计制定了若干新规则等联合举措，绝大多数声名狼藉的企业税税盾已经得到了遏制。这与最近几年美国企业税收收入呈上升趋势是吻合的，不过也许这并不是其唯一的原因。

2.3.4 最近的变化

人们对所得税的不满由来已久，自其施行起至今日，在课征水平还是税

① 本书中所说的“企业应纳税利润”引自美国国家税务局的《收入统计公报》（2007 年冬，表 15，第 3 列）中的“应税所得”（每一份所得统计资料）。

② 例如，可参见 Kies（1999）与 Sullivan（2000，2003）文中的思想交锋。

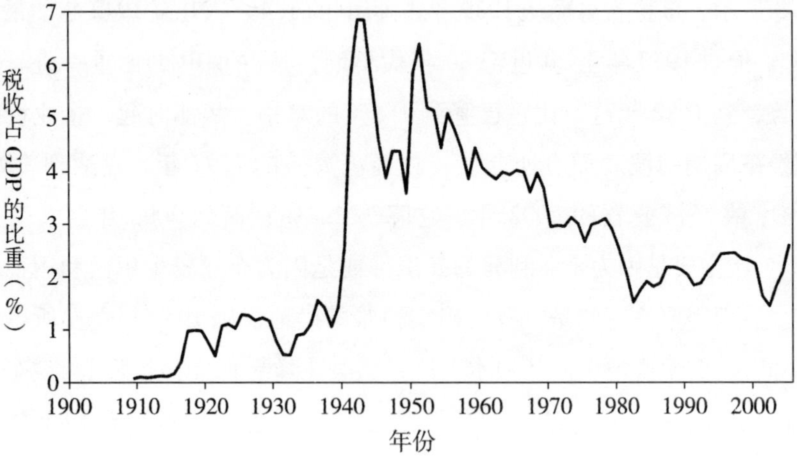

（a）

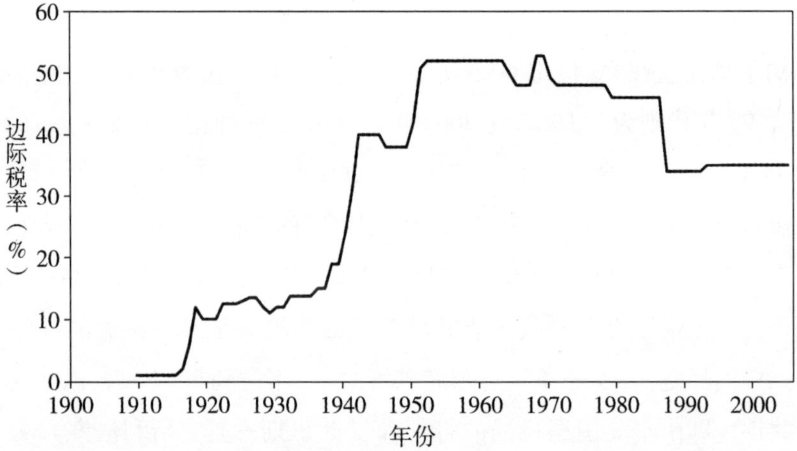

（b）

图 2.3　美国企业所得税：(a) 税收占 GDP 的比重；(b) 1909—2005 年大企业的边际税率

数据来源：Carter et al. （2006）； U. S. Bureau of Economic Analysis （2007）； IRS, Statistics of Income Bulletin （fall 2006， appendix table B)

制结构上都存在着激烈的争论，人们经常试图通过重新分配税收负担或者对经济施加预期的影响等方式来对其进行改革。

20 世纪 80 年代，美国的所得税制出现了两次重大的变化。虽然这两次变化都发生在里根总统主政期间，但其根本的哲学理念其实是大相径庭的，在某些方面甚至是完全对立的。这些变化带来的效果及其对当前以及未来改变税收政策努力的潜在影响，至今仍然是备受争议的并且是至关重要的问题。

1981 年，里根总统和国会联手通过了《经济复兴税收法案》。此时，里根刚刚由于在竞选中痛陈高税率对经济的负面影响以及承诺全面切实削减个人所得税税率而赢得了总统宝座。1980 年时，最高的个人所得税税率是 70%，即使是那些收入不太高的人也开始面对异乎寻常的高税率，这是因为通货膨胀正逐渐把人们推向越来越高的纳税等级，这被称为税级攀升。从图 2.2 中可以清楚地看到，从 1976 年到 1981 年的 5 年间，税收攀升宛如脱缰野马使税收收入一路走高。到 1981 年，联邦个人所得税占 GDP 的比重已经升至 9.3%，达到了这一时期内的最高水平。

《经济复兴税收法案》的显著特征就是降低税率。在个人水平上，1982 年时的最高税率将由 70% 减至 50%，在 3 年内，该法案还将所有其他纳税等级的税率在其原来的水平上削减了大约 23%。① 1984 年，为应对通货膨胀，开始实行纳税等级的自动调节机制，以阻止纳税等级的进一步攀升，同理，该法案还在个人和企业所得税中扩大或引入了若干新的税收减免项目。

《经济复兴税收法案》施行伊始，由此引发的巨额财政赤字就引起了公众的关注。作为回应，国会分别于 1982 年和 1984 年立法通过若干措施弥补了由《经济复兴税收法案》带来的一小部分税收损失。但在 1981 年实施减税方案后税收收入占 GDP 的比重仍在下降，一直从历史最高点降到接近战后的平均水平。从 1981 年到 1984 年，个人所得税收入占 GDP 的比重就由 9.3% 跌落到了 7.7%（参见图 2.2）。

到 20 世纪 80 年代中期，人们又掀起了对税收的另一轮争议，但这次争论的焦点不仅仅是降低税率，而且还包括了简化税制、公平税负以及减少其对经济的不良影响。1983 年，民主党人比尔·布拉德利和理查德·盖波哈特提出扩大税基和进一步降低税率的税收改革计划，引起了人们的

① 1982 年和 1983 年的时候，每种低于 50% 的税率都下调了 10%，1984 年的时候又追加下调了 5%。这意味着，1984 年的税率只相当于 1981 年水平的 76.95%（90% ×90% ×95%），因此总的减税比例为 23.05%。

广泛关注。1984 年，里根总统敦促美国财政部拟定了他们自己的税制改进计划，并艰难地获得了国会的通过，在 1986 年 10 月该计划由里根总统签署通过，并正式成为《1986 年税收改革法案》。这一改革法案的主要内容包括进一步降低最高税率、堵塞法律漏洞（诸如税盾之类的）等，以促进税制公平。这一法案的宗旨与民主党人的观点达成了默契，昭示着美国税收立法掀开了令人惊奇的新篇章。因为从传统做法上看，税法的调整一般都是加入越来越多的特殊优惠或是特别例外条款，尤其是 1981 年的那些税法调整，而《1986 年税收改革法案》则反其道而行之，采用了清理税基的策略。

与 1981 年的调整不同的是，《1986 年税收改革法案》的设计显然是维持了既有的税收水平以及各级税收负担的既有分配格局。至 1988 年，该法案的全部调整已逐步实施，最高个人所得税税率从 50% 降到了 28% 。虽然该法案降低了较高收入人群的适用税率，但是其同时也减少了同一人群原本广泛使用的若干种税收减免与扣除政策，其中包括对于州和地方营业税、夫妻双方均有收入以及消费信贷利息的税收减免政策。某些储蓄账户享有的税收优惠、医药开支、商务用餐和娱乐以及某些经营损失上的减免也受到了种种限制。此外，主要是那些高收入纳税人获取的“长期”资本利得的税率也提高了，因此，这些收益现在便需与其他所得一样适用相应的税率。同时，诸如个人免税额和标准抵免额度等有所提高，有利于降低中低收入者的税收负担。至于企业税方面，《1986 年税收改革法案》将税率从 46% 降到了 34% ，但由于限制了折旧减免、取消了“投资税收抵免”并且放宽了“替代性最低税负”等规定，其税基被大大拓宽了。

20 世纪 90 年代早期，美国实施了两项不起眼儿的旨在减少自 1981 年就业已存在的巨额预算赤字的法案。一是《1990 年法案》，其将最高个人税率由 28% 提高到了 31% ，这一增税法案是老布什总统政府颁布实施的，老布什总统也因此首次放弃了他的誓言——“看准我是怎么说的，绝不增税”。二是《1993 年综合预算和解法案》，其时于克林顿总统任上通过的。其将最高个人税率进一步提高到 39. 6% ，企业最高税率则只上升了一个百分点，达到35%。同时，它扩大了使所有工作的穷人都受惠的“劳动所得抵免”的适用范围。综合来看，《1990年法案》和《1993年综合预算和解法案》主要影响收入最高和最低两端的纳税人，处于中间收入水平的绝大多数纳税人则几乎没受什么影响。

1994年，共和党主持国会，主张对税制进行根本性改革，改革的主要内容包括大幅清理税基和简化纳税过程两方面。但接下来通过的主要税法——《1997年纳税人救助法案》却果断地新增了许多复杂的条款，包括新增了许多项可享受税收优惠的储蓄计划、扩大既有税收优惠的储蓄计划、若干种高等教育支出的新型税收扣除规定和给予需抚养儿童的新型税收扣除计划适用范围的新规定等。长期资本利得的税率降低了，并且废止了绝大多数住房销售资本利得的应税规定。遗产税的免税水平也提高了。这一时期极具讽刺意味的是：在税制囊括进众多扣除以及其他复杂特殊规定的同时，关于“整饬”税制的夸夸其谈也在急剧升温。

到2000年小布什（George W. Bush）当选总统时，财政预算出现的短暂盈余等各项指标在许多方面得到复归。2001年，美国通过了《经济增长与减税和解法案》。该法案是构成小布什总统竞选核心纲领的减税主张的一种变化不大的修正版本。这时，经济衰退的乌云已经“压境”。[①]《经济增长与减税和解法案》的显著特点在于实质性降低了边际所得税税率，以及将低收入家庭适用税率从15%降至10%。为了刺激疲软的经济，该法案设计了一种特殊的减税方案——“预付定金”机制，单身纳税人和已婚纳税人分别在2001年夏秋两季收到了通过邮局寄来的、高达300美元和600美元的退税支票。[②] 已婚夫妇的标准减免和累进纳税等级被减交“婚姻惩罚税”所取代。同时，提高了对于非独立子女和子女抚育费的税收抵免额度和储蓄产品的起征上限，增加了对高等教育支出的减免规定。遗产和赠与税的免征水平一直在提高，但到2010年后其税率将逐渐降低，之后，遗产税将被完全

---

① 关于《2001年经济增长与减税和解法案》的详细描述请参见 Kiefer et al（2002）与联合税收委员会（2003a）。

② 关于税款返还程序将如何成功刺激经济的证据请参见 Shapiro and Slemrod（2003a，2003b）。

取消。上述每一项措施将在未来10年之内逐步实施。

奇怪的是，《经济增长与减税和解法案》的上述规定在2011年“到期”（期满），也就是说，税法已恢复到2001年新法案实施前的水平。采取这一作法技术上的原因在于参议院的预算规则，从而增加了在法案实施10年后再施行预算赤字方案的难度。但该法案的逐步实施和到期规定策略也降低了征管成本，再考虑其对急剧增加的联邦债务利息的影响，该项成本在这10年间估计已达到1.73万亿美元，这几乎相当于这一期间各年GDP总和的1.2%。[①] 假如确实可以保持着减税后的税负水平，鉴于以往的巨额税收征管成本，我们可能低估了税收账单对预算产生的最终可能性影响。[②]

根据《2003年就业与经济增长减税和解法案》的规定，2001年法案的效果到2003年时已经完全显现了出来。此外，股利和资本利得的最高个人所得税税率则降到了15%。尽管资本利得长期以来一直适用低于普通所得的税率，但这是自1935年股利适用于一个特别的较低税率以来的第一次。2004年通过的一项税收法案延长了《经济增长与减税和解法案》和《2003年就业与经济增长减税和解法案》中某些已到期的规定的使用期限，2005年通过的一份税收法案则将《2003年就业与经济增长减税和解法案》中降低资本利得和股利税率的期限延长到了2010年。

行文至此，美国税收简史已经把我们带到了现在，本章接下来的内容将用来解释现行美国联邦税制的主要组成部分的基本运作机制。我们首先介绍个人所得税这一最大的联邦税种，接下来讨论企业所得税，最后简要概括社会保障税、遗产与赠与税以及联邦消费税。

---

① 这些估计数据是由联合税收委员会在2001年做出的，Gale and Potter（2002，p. 139）报告了这些数据。

② 2002年的时候，《创造就业与雇员援助法案》（The Job Creation and Worker Assistance Act）包括两项临时性的公司所得税减免规定。从2004年开始，根据一项临时性基础规定，公司资产折旧的税收扣除政策更为宽松了，并且，企业2001年和2002年的经营损失可以用此前5年之内的已缴税款弥补（亏损弥补时限通常为两年）。

2.4 个人所得税

2.4.1 经济学家对所得的定义

在弄清楚什么是所得税以及该税种是如何运作的过程中，首要的一步是精确地理解所得的含义。乍看起来，这好像很容易，事实上对于某些纳税人来讲计算应纳税所得额也确实是很容易的，但在许多情形下确认所得恐怕还是有很多窍门的。

我们暂且将如何依照美国税法计算应纳税所得搁置一旁，首先考虑所得这一概念的含义。经济学家们将黑格—西蒙斯所得作为所得的标准定义。黑格—西蒙斯所得是指“个人在一定时期内消费能力的增加部分”。换句话说，你的年度所得是你在一年内所消费的产品与服务的价值加上你的财富（储蓄）在该年度内发生的净变化额。后者反映了你选择今年不去消费但却能增加你未来消费产品与服务的能力的那一部分年度所得。这一所得的定义是关于一个人或一个家庭在某一特定时期内富裕程度的合理的但绝非完美的测度。

显而易见地，人们赚得的现金工资和薪水将提高其消费能力，并构成黑格—西蒙斯所得的一部分。你的雇主为你提供的诸如健康保险之类的非现金利益也构成所得的一部分。绝大多数人或许并不把雇主提供的健康保险看成所得，但它确实提高了人们对医疗服务的消费能力。那些由雇主提供健康保险的人们的福利状况确实明显好于那些获得等额现金收入而非健康保险的人们。由政府提供的诸如社会保障、医疗保险或失业保险等福利同样也会提高一个人的消费能力，因此，这些利益也被经济学家们定义为所得的一部分内容。

资本（财富）所有权的报酬，或称资本收益（capital income）也会提高你的消费能力，因此，它也被计入所得。资本性收益最普通的例子是储蓄利息、股息或者租金等。资本性收益的另一个例子是资本利得，是指个人或家庭所拥有的房产或公司股份等资产的增值部分，无论你是否出售这些资产都无关紧要，因为你所拥有的资产的增值将提高你的购买力。与此相对应地，资本损失则要从所得中扣除。在理想情况下，只有相对于通货膨胀而言的实际资本收益和损失才能计算在所得之内。例如，如果你今年得到 4% 的利息，但通货膨胀率也是 4%，那么你所得到的利息就虚增了你的购买力，因为它刚好弥补了你的财富由于通货膨胀所降低的那一部分购买力。

为获得收入所付的成本会降低消费能力，因此，应当将其从黑格—西蒙斯所得定义中扣除。比方说，如果一个农场主出售粮食收到了 50 000 美元，但为购买种子、化肥等支付了 20 000 美元，那么他的净所得只是 30 000 美元。另外，购置诸如拖拉机或粮仓之类的资本物品（耐用性高的投入品）的成本则不应该立即从所得税中全额扣除，因为此类资本物品在本年末仍具有价值，因此，立即全额扣除其买价就不能精确评价其购置者消费能力的变化。更确切地讲，所得的理想定义应该是每年只扣除实际发生的那部分折旧，其额度相当于该资本物品由于磨损或过时所带来的贬值部分。最后，如果你不得不借款购买获取所得必需的原材料或设备的话，借款过程中所发生的利息支付应算作费用予以扣除。

诸如住宅或家用小汽车之类的绝大多数耐用消费品能在许多年内为其拥有者提供消费服务，因此，按照经济学家的定义，这些服务的价值属于所得的一部分。比如说，购买一套住宅即属于一项投资，而这项投资的主要回报是它日复一日年复一年地为其拥有者提供遮风避雨之所。这种服务在价值上相当于你租用一套这样的住宅所应付的租金额度。正如股息代表着投资于公司股票的回报这样一种资本收益的形式，住宅的租金价值也代表着投资于房产的回报这样一种资本收益的形式。因此，按照经济学家的概念，此类租金价值应算作所得：拥有住宅确实反映着消费住宅服务的更大能力。与耐用生产性物品类似，耐用消费品的折旧和利息支出也应从所得中扣除，进而可得到与拥有住宅相关的净所得。

黑格—西蒙斯的所得定义仅涉及个人（或家庭），所以所有从企业中获得的净所得必须以某种方式分配给个人。此类净收入既可以支付给该公司的所有者，也可以再投资于该公司。就前者而言，很清楚地，支付给所有者的钱便构成了他们的所得，这虽然不是那么明确，但却是真实存在的；对于仍然留在公司内部的收入，其也代表着公司所有者的所得，能进一步增加公司的价值。

在某些经常要涉及所得取得的时间顺序的情况下，黑格—西蒙斯的所得定义并不能为此提供清晰的解答。例如彩票中奖者，乍看起来，一位百万美元的中奖者“消费能力”的剧增好像只是发生在其幸运号码从号码箱中取出来的一刹那。在美国绝大多数州的彩票发行中，登在广告上的奖金是由一定期间内一系列的等额支付构成的，威力球的支付期间就是 30 年。中奖者可以选择立即一次性支付，但这会远远低于每年支付简单相加的总额。2003 年，威力球累积奖金的两位中奖者都可以选择兑奖时即领取 7 000 万美元的税后奖金，或此后 30 年间每年领取 430 万美元。由于一次性支付具有赚取利息的能力，所以它只相当于分次领取 20 年期的奖金总额。

如果中奖者选择每年分次领取奖金的话，那么她在此后的 30 年间，每年的所得都会增加 430 万美元吗？或者说如果她选择一次性兑奖的话，在中奖年份将获得 7 000 万美元的收入，而在此后就一无所获吗？黑格—西蒙斯的所得概念建议采用后一种说法，这对大多数人来讲似乎是顺理成章的，并且中奖者将反对为一年中 4 100 万美元的所得交税，这一点是可以理解的，因为这样一来她的年现金收入就更少了。

当我们考虑某位发明家在某一天冒出个确实能给他带来惊人未来回报的金点子的时候，事情会变得更加复杂。按照黑格—西蒙斯所得概念的字面意思，它认为这位发明家的所得将在这一年有所增加，即使该项发明要过很多年之后才能实实在在地给他带来财富。此类时序问题经常出现在公司所得的会计处理中，而这是靠一套准则来处理的。税制必须处理此类问题，而所得的定义并非总是起决定作用的。

尽管在上文中我们给出了所得的概念性定义，但我们并不想对所得必然是税收的“正确”基础做出什么暗示。事实上，我们在本书接下来的部分将通过用基于消费而非所得的税收代替所得税的方式小心地检验这种情形。

我们也不想暗示如果其应税所得操作层面的定义更接近黑格—西蒙斯所得，那么现实层面的所得税一定就是更好的。比方说，黑格—西蒙斯所得的某些类型是很难测度的，因此，在应税所得中包括此类项目将使得税收负担的分布变得反复无常并可能推高征税成本。但是，只要我们对所得征税，那么，弄清税制关于所得的合理定义及“测度”就是很重要的。如果在税制中规定对某些形式的所得但不对其他形式的所得进行课征，则会激励纳税人改变他们的行为，这样，避税行为将会产生，从而造成相似纳税人之间税收负担的差异。所得税制中包括复杂性、扭曲经济决策以及某些可证实的不公平性等诸多问题，都肇端于黑格—西蒙斯所得与税制的所得测度之间的差异。因此，应税所得中包含哪些项目但不包含哪些项目的选择就会涉及诸多方面艰难的权衡。

在某些情形中，经济学意义上的所得与应税所得之间的分歧之所以会产生，是因为某些所得难以按照理想的方式进行测度。为此，我们的税制的解决之道是采用一种近似的方式，在诸多其他情形中，某些项目是被故意地认定为所得的，这可能是出于其特定的来源，也可能是出于为达到某些政策上的目的的特定意图。无论出于何种意图，这些例外的判定必须是建立在这项分析基础之上的具体估计，我们将在以后章节中更详细地探讨这些例外。正如我们接下来将说明的，美国现行的税制远非就所有经济所得课征综合所得税。某些人对这一说法的反应可能是认为我们应该努力趋近一种综合所得税。从总额上看，应纳税所得额远比经济所得额小得多，所以扩大税基的空间还很大，这使得我们可以在大幅度降低税率的基础上仍能确保原有的税收收入水平。但是，应纳税所得额和经济所得额之间的一部分差额的确是难以测度的，另一部分差额则源于我们不情愿就全部所得纳税而是想有所保留。有些人将此看作我们为什么应该全盘放弃就所得征税并转而就消费征税的一个论据。无论是就所得征税还是就消费征税，弄清我们接下来要讨论的现行所得税与黑格—西蒙斯所得税之间的分歧这一问题，都是我们考虑如何向我们自身征税的重要一步。

2.4.2 美国现行税制对所得的定义

无论是美国的所得税制，还是任何其他国家的所得税制，都没能精确地反映黑格—西蒙斯的所得定义。更确切地说，它只是列出了哪些交易和事件触及纳税义务。为了弄清美国的所得税制是如何运作的，让我们观察一下它的所得定义中所包含的项目。缴纳个人所得税的过程是由计算经调整的收入总额（AGI）开始的。到目前为止，在经调整的收入总额所包含的所有项目中，工资和薪金所得是最大的一块儿，占2004年美国国税局所报告的经调整的收入总额的73%。[①] 经调整的收入总额中其他项目中的绝大多数是资本所有权性的收益（股息、利息、资本利得、租金和版税等），或者是劳动与资本性收入的组合（诸如从小企业分得的利润之类的）。某些诸如绝大多数的工资与薪金之类的所得是以一种简单明了的方式包含在经调整的收入总额中的，几乎无需我们费神去分辨，但其他项目则要复杂得多，这就值得我们给予特别关注。

与理想化所得计量方法的一个主要区别是，我们现行的税制在计算所有的利息、股息和资本性收益时依据的是其名义价值，而非其（经通货膨胀调整的）真实价值。无论是在计算已获得的收入还是在计算诸如资本损失和耐用消费品及住宅贷款利息等税收减免时，都采用了此类计算方法。在理想状态下，通货膨胀补偿的这一部分本该从所有收入项目中剔除，但是这样将会使得纳税过程变得异常复杂。

依照税法所规定的免税条款，某些项目计入所得的途径与经济所得的定义是不同的，尤其是对资本利得来讲，对通货膨胀效应调整的失败只是这许许多多的途径中的一种。按照黑格—西蒙斯所得定义来计算资本利得时，每年都需计算和报告公司股票、住房、房地产等所有资产的价值的增加（或减少）。现行税制对资本利得的处理明显有别于这一理想状态。部分原因在于许多资产难以计算其以以前年度为基础自然产生的资本利得，此类资产的利得只在其实现时，通常是在出售资产时，才被记作经调整的总收入。此

---

① 美国国家税务局，2004年个人所得税纳税申报报告（2006a，表1.4，http：//www.irs.gov/pub/irs-soi/04in14ar.xls，查询日期2007年4月30日）。

外，其拥有者过世时仍然持有的资产的资本利得将从其个人所得税中全额免除。自从2003年以来，已实现的“长期”资本利得的法定最高税率被限定为15%，而固定所得则可能被课以35%的高税率。[①] 业主出售其自用住宅时，如果该业主是已婚人士，并且其住宅价款低于50万美元，那么此人就无须缴纳资本利得税；如果该业主是单身，并且其住宅价款低于25万美元，也无须缴纳资本利得税。对于（任意类型资产的）资本损失的减征仅被限定在超过任一年度已实现资本利得总额以上的3 000美元额度之内，未使用的部分可以递延到以后年度。过去几十年来，退休金和其他享受税收优惠的储蓄账户产生了巨额的资本利得。另外，如果由于企业将其部分利润进行再投资因而增加了其股票的资本利得，那么，在企业所得税制下，这部分税可能已经缴过了（同样的问题也适用于公司股票的股息，尽管这部分税可能也被按照不高于15%的个人所得税税率缴过了）。总而言之，资本利得有可能不会被征税，也有可能被重复征税，这要依具体情形而定。

定义个人所得过程中的某些最令人感觉棘手的问题来自对企业营业所得的课征。此类所得的绝大部分来自小企业，小企业的数目占到全美企业总数的93%，而这一所得是按照个人所得税课征的。[②] 这样的例子包括个人独资经营企业（只有一位所有者的小企业）、合伙企业（通常是股东人数不超过75人的小企业）。对于此类企业而言，其所有净所得被直接分配给其所有者，并且包括在其经调整的收入总额之中。净所得的计算是始于收入获取的，接着要减去企业的运作成本，这包括支付给雇员的工资和薪金以及计提的资本品折旧与应付利息部分。至于拥有众多股东的大企业，则要依照单独的企业税制来纳税，我们将在本章的稍后部分予以讨论。涉及诸如确定适度的折旧计提额度等定义企业应纳税所得的许多问题都普遍适用于所有企业。我们将在稍后讨论企业所得税时回答这些问题。

在表2.3中，我们列示了计人经调整的收入总额的所得的主要来源，而

---

① 正如本章稍后将要讨论的，一项旨在对高收入纳税人的某些法定减免税项目进行限制的条款，有效地提高了略高于本书中所列税率的资本利得与普通收入的最高边际税率。这是因为在这一限额起始的临界值以上，经调整所得总额每增加1美元收入都会导致一定量法定扣除的损失。

② 参见本章相应注释。

表 2.3　　2004 年度美国个人所得税中的扣除、减征、免征和所得来源　　单位：10 亿美元

A. 经选择的扣除项目	**2 880**
资本性收入扣除项目：	
利息	737
股息	180
自用住宅的估计租金	437
其他扣除项目：	
雇员缴纳保险费	559
经调整的总收入和（利息与股息等）未列入所得项目的经调整的收入总额的未报告部分	967
B. 已报告的经调整收入总额	**6 789**
工资和薪金	4 922
资本利得减去损失	476
营业收入	563
退休金、年金和个人退休账户（IRA）缴款	496
利息	162
股息	131
其他所得减去调整额	39
C. 逐项列记减征项目	**998**
已支付利息	356
已缴纳税金	363
慈善捐款	166
内科与牙科费用	62
其他	89
未达限额的逐项列记减征项目	-37
D. 标准减征额与个人免征额（减去未用减征与免征）	**1 120**
E. 应纳税所得额（B-C-D）	**4 670**

数据来源：Authors' calculations based on data from Ledbetter (2006); IRS, *Individual Income Tax Returns 2004* (2006a); U. S. Bureau of Economic Analysis (2007); and unpublished data provided by Mark Ledbetter of the Bureau of Economic Analysis

且还列示了构成所得和应纳税所得之间差额的一部分主要的扣除、减征和免征项目。

在此，我们估计了每个项目截至2004年的数据，这不仅可以使我们对各项目的相对重要性有一定的认识，而且也举例说明了现行税制的所得计算方法与经济所得之间的差异。表中的项目有的被略去而不予考虑，有的则要在得出应纳税所得额之前减去。依照表中项目的顺序一步一步得出应纳税所得额为我们理解个人所得税免除项目的绝大多数基本特征提供了一个很好的视角。

2.4.3　个人所得税中扣除了许多资本性所得

在获取纳税申报表格中经调整收入总额的过程中，我们已经剔除了大量的所得额，它们都被归类在扣除这一项下。表2.3的A部分列示了2004年2.9万亿美元扣除金额的主要内容，但对税收返还的列示并不清晰。其中，扣除内容绝大多数是各种形式的资本收益。本表的B部分列示了包括在经调整收入总额中的各种资本收益。请注意本表的数据从一开始就没有进行通货膨胀调整，所以，这里一部分从资本收益中扣除的项目和包含在资本收益中的项目仅代表着通货膨胀补偿，它们不应被记作经济所得。尽管2004年的通货膨胀率只有2.7%，但它仍值得我们谨记于心。①

2004年扣除的利息收入总额为7 370亿美元，而该年度实际计入经调整收入总额的利息收入仅为1 620亿美元，也就是说，美国只有大约18%的利息收入包括在经调整总收入之中，并因此成为潜在的应纳税所得额。② 被扣除的利息收入主要包括以下几类：一是从持有各种各样享受税收优惠的储蓄计划、养老金和人寿保险等资产中获得的利息；二是得自免税的各州和地方政府债券的利息；三是未向美国国税局申报的利息收入或者那些未进行纳税登记的人们收到的利息收入；四是从非营利机构获得的利息收入。另一部分

---

① 正如《总统经济报告》（2007，表B-60）中所报告的，通货膨胀的衡量标准是城市消费者总体的消费价格指数（CPI-U）。

② 经调整所得总额中的这1 620亿美元的利息收入包括直接以利息的形式计入的1 255亿美元（数据来源于美国国家税务局，2004年个人所得税纳税申报报告（2006a，表1.4），http://www.irs.gov/pub/irs-soi/04in14ar.xls，查询日期2007年4月30日），加上236亿美元与股利一起归并到本纳税申报表的从共同基金获取的利息收入（这一数据来源于Ledbetter，2006，表1，第19行"由投资受管制公司分派的利息"的"个人利息所得"一栏），以及51亿美元由信托基金分派并已由补充申报收入和损失的利息明细表E填报的利息所得（这一数据来源于作者与美国经济分析局Mark Ledbetter的个人交流）。

从应纳税所得中扣除的利息收入是市场利率与金融机构实际支付给存款人和储蓄者的利率之间的差额。从技术上讲，这是用于购买金融服务（诸如支票账户提供的便利性和安全性等）的隐含形式的经济所得，但是，试图对此类所得征税恐怕是不切实际的。

表 2. 3 中接下来所列示的扣除项目是得自于企业股票的股息，2004 年这一项共从经调整收入总额中扣除了大约 1 800 亿美元，占当年企业股票所支付股息的 58%。[①] 被扣除的股息主要包括支付给像养老金这种享受税收优惠的储蓄工具的股息、未向美国国税局申报的股息收入或者那些未进行纳税收入登记的人们收到的股息收入以及由非营利机构派发的股息。与利息不同的是，股息收入通常已然在一定程度上依法纳税。

正如我们在前文中已经讨论过的，业主自用住宅的租金也是资本所得的一种形式，据估算，2004 年其扣除总额为 4 370 亿美元。[②] 这部分收入将在所得税税基中全额扣除，部分是因为此类收入难以估算，还有就是因为它相当于对业主自用住宅的补贴，这在政治上是很难更改的惯例。

资本所得扣除的另一个重要内容涉及资本利得。尽管黑格—西蒙斯所得定义中包含着按照权责发生制已经实现的资本利得，但表 2. 3 中并没有列出这些项目。其原因在于从根本上讲，由于股票市场的跌宕起伏，资本利得在各纳税年度之间的波动是很大的。所以，并不能具体反映每一年度资本利得的估计难以提供充分的信息。事实也的确如此，在股市下跌的年份，计税的已实现收益往往会超过按照权责发生制应计的资本利得。从一个更长的期限来考察，我们估计 1980 年到 2004 年间按照个人所得税法全额课征的资本利得的实际额度仅为名义资本利得的 13%。这里的名义资本利得是指这一时

① 这些扣税股利数据来源于 Ledbetter（2006，表 1 中的第 6、7、8、28 行“个人股利所得”一栏），减去其中信托业分得并已由纳税人填报于程序单 E 的 78 亿美元的股利（这一数据来源于作者与 Mark Ledbetter 的个人交流）。表 2. 3 中 B 栏内包含在经调整所得总额（AGI）中这 1 310 亿美元的估计股利计算如下：纳税申报表中当作经调整所得额申报的股利为 1 468 亿美元（美国国家税务局，2004 年个人所得税纳税申报报告（2006a，表 1. 4），http：//www. irs. gov/pub/irs – soi/04in14ar. xls，查询日期 2007 年 4 月 30 日）。从这些数字中，我们减掉实际上是由共同基金支付的 236 亿美元的利息，另加上由信托基金分派并已由利息明细表 E 填报的 78 亿美元利息，即 1 310 亿美元 = 1 468 − 236 + 78。

② 这里所报告的业主自用房屋的租赁价是指减去房屋折旧后但未减去利息支付前的价值，因为这些利息支付接下来将作为法定扣减项目予以扣除。

期由家庭和非营利机构所持有的所有资产形成的利得。平均每年扣除的名义资本利得都刚好超过了1万亿美元。另外，已然按照企业所得税法缴过税随后又投回到原公司运作的利润构成了应计资本利得的主要来源，而1980年到2004年间的部分应计或者已实现的名义资本利得则代表着通货膨胀补偿。如果我们出于上述两种原因做出适当调整，那么，1980年到2004年期间包含在个人和企业应纳税所得额中的与资本利得相关的所得总额事实上就略高于按照经济所得基础上的综合所得税计算出来的应纳税所得额。①

这并非意味着资本利得税是经过全面权衡之后得到的一个八九不离十的结果。它仅仅是两个相反方向上（有关经济所得的）大量错误相互抵消后得出的最终结果，即最终对某些形式的资本利得很少课税，甚至根本不课税，而对于大量其他形式的资本利得却进行重复征税。此外，所有这些都没有考虑以下事实，即那些依据个人所得税法纳税的资本利得常常要在这些利得实现之后许多年才真正缴纳。这有效地提供了实质性的减税，其额度相当于这一时期累积的免税收益，否则的话，这部分财富要被用来缴税。

上述关于资本利得扣除的讨论表明，我们现有的所得税制事实上是一个不尽完美的所得税与一个支离破碎的消费税两者笨拙的混合体。一个对此种混合状况大有裨益的政策选择是从税收中扣除退休金和其他几类储蓄计划中产生的资本利得。我们接下来将转向这些讨论。

2.4.4 享受税收优惠的储蓄计划

储蓄收益能获得税收豁免是美国所得税制的一个重要特征。我们已在上文讨论了此类可扣除资本性收入的账户。一般来说，雇主提供养老金固定收

---

① 这一段的数字是作者在以下资料的基础上计算出来的：按照权责发生制计算的应计资本利得的估计值来源于美国联邦储备体系理事会（Board of Governors of the Federal Reserve System，2007，表R.100）；我们计算的资本利得的金额，在个人层面上是完全应税的，这是因为个人资本利得包含在经调整所得总额之内（来自美国经济分析局，2007，表7.19，第12行），再减去相当于个人资本利得的个人所得税优惠税率的部分（这一计算所使用的数据来自各年度美国行政管理与预算局（Office of Management and Budget，OMB）的《美国政府预算报告》，以及美国财政部的税收分析办公室，2007）。对于C类公司的应税未分配利润，我们是把它当作C类公司的应税收入（美国国家税务局收入统计公告，2007年冬，表15）与其所派发出去的股利（由美国经济分析局的Mark Ledbetter提供给作者的未公开的数据）之间的差异来计算的。关于上述问题的更多细节，读者可向作者索取。

益计划和养老金固定缴款计划所获得的储蓄收益，几乎都能获得合法所得税减免。在养老金固定收益计划中，企业向雇员承诺其退休后会得到一个固定水平的收益，比方说，这一收益水平可以定为该雇员在退休之前的若干年份内从企业赚取的平均工资和薪金收入的某一百分比。雇主定期向本企业整体集资基金缴款，基金将被投资于金融资产以积累足够的收益供未来向雇员支付收益。相比之下，在养老金固定缴款计划中，雇主通常也包括雇员，则定期向一个专属于特定雇员的账户缴款。一般情况下，雇员对基金的投资运作拥有一定的选择权，而到雇员退休时，该雇员的可用额度取决于该雇员退休时其专属账户的账面价值。养老金固定缴款计划的具体范例包括 401（k）计划（适用于营利性部门）和 401（b）计划（适用于非营利性部门和公共部门）。

通常情况下，用于退休金计划缴款的收入在雇主计算其应纳税经营所得额的过程中是可以扣除的，这与其支付给雇员的工资和薪金的处理方式是相同的。当然，工资和薪金收入并不包括在雇员的经调整收入总额之中。此外，能够从此类优惠性税务待遇中获益的所得账户是有限制的。就养老金固定缴款计划而言，对任何专属个人账户的雇主与雇员的联合缴款，有一个年度（每年经通货膨胀调整的）限额，2007 年规定的限额是 45 000 美元。就养老金固定收益计划而言，则是通过规定一个能在雇员退休后获得支付（也经通货膨胀调整）的最大年度收益来有效限制其减少交税，这一限额在 2007 年是 180 000 美元。在这两种计划中，当最终向退休雇员支付收益时，先前未列入应税所得的部分此时需包括在经调整收入总额之中，并需依照个人所得税法征税。

如果使用此类计划支付的边际税率与缴款时所适用的边际税率大致相当，那么，对那些面向退休人员制定的养老金计划所缴款项征收的税款，就会大体上抵消先前扣除的用于向养老金计划所缴纳款项作为给予劳动者补偿的收益。但是，平均来讲，人们退休期间的边际税率通常要低于其工作期间的边际税率。此外，养老金计划中产生的利息、股息和资本利得应在其产生期间从税额中扣除。由于上述原因，现行税制对养老金的处理大体上复制了与消费税一致的处理方法，至少对于能以此种方法合法避税的那部分所得是这样的。

个人退休金账户（IRAs）为资本性所得提供了另外一种合法避税的方法。2007 年，每人最多可以向个人退休金账户缴款 4 000 美元（50 岁及以上年龄的人可以缴到 5 000 美元）。上述缴款的额度限制到 2008 年已分别升至 5 000 美元和 6 000 美元，并且此后每年也依通货膨胀水平做出了调整。目前共有三类基本的个人退休金账户。从开始缴款直到提取款项的整个期间，账户中所累积的利息、股息和资本利得在这三类账户中都是扣税的，但其扣税方法因其在个人退休金账户中缴款与提款的税收处理不同而各有差异。在“传统”的个人退休金账户中，用于向账户缴款的收入是扣税的，但从该账户提取的所有款项都须缴税。如果一个人或其配偶已经享受了由雇主提供的养老金，那么，此人的传统个人退休金账户就会在其达到某一收入水平时被取消。在“罗斯”个人退休金账户中，任何缴款都不得抵扣税款，但是收益和提款则可以扣税。对于那些不符合上述两类个人退休金账户条件的人，他们可以向“不可扣除”的个人退休金账户缴款，不过用于向此类账户缴款的收入并不能扣税，并且从高于已缴款项任一基金提取的款项也仍需缴税。在上述三类账户中，如果个人在 59.5 岁之前提取款项的话将会受到处罚，除非这些基金被用于诸如首次购置住宅以及某些教育和医疗支出等经核准的特定用途。

上述讨论只触及了可供人们选用的一系列可享受税收优惠的储蓄选择及其复杂规则的表面。比方说，最近几年就增加了教育退休金账户等许多可享受税收优惠的教育储蓄计划。简言之，现行所得税制的显著特点在于：这些计划使得我们的“所得税”在某种意义上已经不再是对所得课征。

2.4.5 其他扣除

表 2.3 的 A 部分还列出了收入扣除的另外两个主要例子，它们都值得我们在这里做出更为详尽的说明。首先，在 2004 年的经调整收入总额中，扣除了用于支付与就业相关保险费的 5 590 亿美元收入。在这笔扣除中，总

共有 4 700 亿美元是由雇主提供的健康保险计划的缴款，其余部分则构成了由雇主提供的集体人寿保险和在岗工人补偿计划的缴款，以及自我雇佣者的可扣除健康保险的保费。

表 2. 3 中另外一项收入扣除的总额为 9 670 亿美元。它来源于两个方面，一方面是在所得税申报单中应申报却未申报纳税的经调整收入总额，另一方面则是无须申报纳税的那些人的经调整收入总额。[①] 这些人中的一小部分收入极低以至于无须申报纳税。但是，绝大多数低收入者即使他们无须纳税也要申报纳税，这是因为他们有资格申请我们将在下文讨论的各种各样的税收扣除。我们还要讨论对出于逃税的原因而未报告的收入的估计。

我们并未将税收扣除的另外一些通常来讲额度很小的变动列入表 2. 3，也未在上文中提及。上述扣除中有些被我们称为（资产负债表或利润表上的）账面项目减免，它们是在我们计算出经调整收入总额之前从计税总收入中扣除的。搬迁费用就是一例，这项费用在 2004 年为 30 亿美元。另一个例子是学生贷款利息，此类费用允许收入低于某一水平的人们免税，2004 年这项费用是 44 亿美元。2001 年，税法引入了一项新的高等教育学杂费减免。2007 年，此项减免的最高额度为 4 000 美元，但只适用于收入低于某一水平的人群。

2. 4. 6　减税和免税

在历数完经调整的收入总额中扣除的收入项目之后，剩下的部分则是以税收形式向美国国税局申报的经调整收入总额，2004 年约为 6. 8 万亿美元（见表 2. 3 的 B 部分）。另外的 2. 1 万亿美元则由于减征和免征已在我们计算出应纳税所得额之前就在经调整收入总额中扣减了。

首先，纳税人可以选择逐项扣税或者标准扣税两者中较大的一个。纳税人的收入越高，那么他们累积起来的逐项扣税总额就越可能比标准扣税总额高。经调整的收入总额不足 75 000 美元的纳税人中只有 25% 的人选择了逐

① 这里并不包含属于这些类别的利息与股利，因为上文已经计算过了。

项扣税，而经调整的收入总额超过 75 000 美元的纳税人中则有 85% 的人选择了逐项扣税。[①] 总体看来，逐项扣税在 2004 年减少了 9 980 亿美元的税基（见表 2.3 的 C 部分）。

2004 年，美国各州和地方税的最高逐项扣税总计达 3 630 亿美元。在计算所得税时，各州和地方所得税和财产税是可以从纳税人的所得总额中扣除的。从 1987 年到 2003 年，销售税是不得扣税的，不过，美国国会临时赋予了纳税者可以在其所在州与地方的销售税和所得税中选择额度较大的一种作为扣税基础的权利。目前这一规定只适用于 2004—2007 年度。

接下来的最大一笔逐项扣税是针对利息支付的，2004 年其总额达 3 560 亿美元，其中有 3 400 亿美元是住宅抵押贷款利息。一位纳税人可以就两套总价不超过 100 万美元的住宅在计算应纳税所得时连续扣除其抵押贷款利息。他也可以连续扣除总价 10 万美元的（第二抵押权）住宅净值贷款利息，这笔扣款额可以任由纳税人支配。不过，支付给信用卡或者诸如汽车贷款之类的消费者债务的利息是不能扣税的。用于金融投资的利息是可以扣税的，但是只限于利息冲抵投资所得余下的部分。

慈善捐款支出是下一个最大的逐项扣税项，其总额在 2004 年为 1 660 亿美元。医疗费用在其总额超过经调整收入总额的 7.5% 以上时是准予扣税的，2004 年此类扣税部分总额为 620 亿美元。逐项扣税还有一组总额为 890 亿美元的次要扣除项目，主要包括诸如差旅费等未补偿给员工的费用、意外伤害和失窃损失、博彩损失以及报税费用等。某些逐项扣除项目对高收入纳税人来讲有一个限额规定，我们在上文中已经提到，此类扣税的有效扣除在 2004 年是 370 亿美元。根据 2001 年税法，此类限额在 2006 年至 2010 年已按时间进度逐步取消。

在最终计算出应纳税所得额之前可以扣除的项目还有（针对未进行逐项扣税的纳税人的）标准扣除和个人免征两项（见表 2.3 的 D 部分）。表 2.4 列出了 2007 年这两项扣除的具体额度。2007 年，一对联合申报纳税的

① 作者的计算过程中采用的数据基于美国国家税务局的 2004 年《个人所得税纳税申报情况报告》（2006，表 1.2）。

表2.4　　2007年美国个人所得税中的个人免征与标准扣除　　单位：美元

	单身	户主（带两个小孩儿）	已婚夫妇（带两个小孩儿）
个人免征额（每个家庭成员）	3 400	3 400	3 400
标准扣除	5 350	7 850	10 700
个人免征与标准扣除总额	8 750	18 050	24 300

已婚夫妇的标准扣税额为10 700美元，作为一家之主的单身父亲或母亲的标准扣税额为7 850美元，而一位单身汉的个人标准扣税额则为5 350美元。如果纳税人为老年人或者盲人，则上述扣税水平则会稍有提高。此外，纳税人家庭的每一成员均可以享受一个个人免征额，这在2007年是3 400美元。个人免征和标准扣除可以看作是在收入范围的底部人为地创造了一个额外的税级，只不过这一税级的税率为零。比方说，对于一对有两个孩子的已婚夫妇而言，其收入抵扣额度为24 300美元（10 700美元的标准扣除加上四口人每人3 400美元的个人免征，即10 700+3 400×4）。这可以有效地冲抵低收入家庭的所得税纳税数额，并且对交纳此税的纳税人来讲，也有助于形成税率的递增特征。我们接下来将讨论后者。目前对高收入纳税人来讲，个人免税的利益正在逐步减少，不过此项规定已被取消。

2.4.7　税率结构

当我们经历所有这些磨难完成计算应纳税所得额的全部准备工作之后，接下来计算纳税义务就成了水到渠成的事情了。计税软件就可以自动进行这些计算了。不使用计税软件的纳税人可以在纳税指导手册后面所附的表格中查阅自己应该缴纳多少税。表2.5列示了这种表格中的累进式税率结构。

表2.5中各档税率的结构取决于纳税人的归类情况或者婚姻状况及其在家庭中的地位。在绝大多数情况下，对于等额的应纳税所得，一对已婚夫妇比一个单身的纳税人所缴的税要少一些。①

① 个中缘由以及到底哪一个才是最好的想法我们将在本书第3章加以讨论。

表 2.5　　2007 年度美国个人所得税中的扣除、减征、免征和所得来源　　单位：10 亿美元

申报纳税身份			
单身	户主	夫妻	边际税率（%）
0～7 825	0～11 200	0～15 650	10
7 825～31 850	11 200～42 650	15 650～63 700	15
31 850～77 000	42 650～110 100	63 700～128 500	25
77 000～160 850	110 100～178 350	128 500～195 850	28
160 850～349 700	178 350～349 700	195 850～349 700	33
349 700 以上	349 700 以上	349 700 以上	35

2007 年，对于每一位身处不同婚姻状况的个人规定了最低 10%、最高 35% 的五个纳税等级。每一税级分界点的数值每年将随通货膨胀率的上升而增加，使人们免得随着时间的推移被持续的通货膨胀推到更高的纳税等级（这种现象被称为税级攀升）。

为了说明应纳税额是如何计算出来的，让我们设想这样一对已婚夫妇的例子：他们采用标准扣税，有两个小孩儿，2007 年经调整后的收入总额为 90 000 美元。首先减去 24 300 美元的个人免税和标准扣除（见表 2.4），便得到 65 700 美元的应纳税所得额。尽管如表 2.5 所示，这个家庭处于 25% 的纳税档次，但其纳税总额要远低于其总收入的 25%。更确切地讲，获得最初的 24 300 美元的收入时，他们无须纳税，接下来获得的 15 650 美元所得只需按 10% 的税率纳税（即应纳税所得额的最初 15 650 美元），再接下来获得的 15 650 美元到 63 700 美元的应纳税所得也按 15% 的税率纳税，而余下的 2 000 美元则须按 25% 的税率纳税，这样这个家庭的应纳所得税总额为 9 272 美元（1 565+7 207+500）。

上述计算说明了一个非常重要的概念性问题——平均税率与边际税率之间的差异。边际税率是指在给定已经赚取收入的条件下你将赚取的另外一美元的税率。就上述这个家庭的例子来说，其边际税率为 25%。这一税率会影响所有将改变应纳税所得的边际决策。比方说，在税前每小时能赚到 12

美元但在税后只能拿到9美元（12×（1-0.25））的话，人们是否会多工作这额外1小时？

平均税率是指对所得总额所课以的纳税义务总额。这个家庭的平均税率（9 272÷90 000），或者说10.3%，要明显低于25%的边际税率。这种累进税率结构再加上个人免征和标准扣除，使所得税具有累进性，这意味着对于较高的收入而言，平均税率通常要略高一些。比方说，假如上述家庭的经调整收入总额为180 000美元的话，那么，其应纳税额将为32 588美元。这要比经调整收入总额为90 000美元时的应纳税额高了两倍还要多，其平均税率达到了18.1%。①

关于这份税率表的一个常见的谬论是，向下一个更高税级的移动一定会大大增加一个人的纳税义务，并最终会减少其税后收入。事实并非如此，因为边际税率只适用于相应税级之内的所得。比方说，一对应税所得为63 700美元的已婚夫妇，就处在15%税级的顶端。这时候如果再多赚1美元就会把这对儿夫妇推到25%的税级，但只会使其增加25美分的应纳税额；这样，他们多赚这额外的1美元只会使其增加75美分的税后收入。因此，并不需要避免那些会将你推倒更高税级的决策。

事实上，边际税率的真实结构要比表2.5中所列示的法定税率结构复杂一些。这是因为其有着各种各样的税收免征、扣除、豁免和抵免规定。在绝大多数情形下，如果我们只是通过针对同样的这些所得类别稍微提高边际税率的话，这些规定对将要发生的情况的影响将是上下相差无几的。比方说，在2003年的时候，对个人免征和逐项扣除通常会将这一家四口的有效边际税率从（250 000美元的经调整收入总额）33%推高到36.1%。② 在2001年

① 忽略像已获得收益税收抵免这样的逐步吸取因素，累进税制确保了纳税人的边际税率永远高于他或她的平均税率。

② 在经调整所得总额的临界值以上（2007年度的夫妻共同申报所得税的申报所得总额是234 600美元），经调整所得总额每增加2 500美元，就有1.33%的免税额度损失，但该损失不超过个税免税额的2/3。类似地，当个人经调整所得总额超过156 400美元时（截至2007年），所得税中的绝大多数类型的法定税前扣除的数值将在数量上减少2%，直到剩下的仅有46.7%的法定税前扣除为止。举例来讲，假如有一个四口之家，其经调整所得总额为250 000美元，适用33%的税级。该家庭每额外增加1美元的收入会损失2美分的法定扣除额度和7.3美分的个税抵免额度。在适用33%个税税率的情况下，1美元收入的增加将使该家庭多缴纳3.1美分的个人所得税，实际上使该家庭的边际税率在36.1%的基础上上升了3.1%。

的减税措施贯彻实施后，其中有两项规定列入议事日程并加以评估，但仍有诸如个人退休账户、学生贷款利息扣除以及各种各样的税收抵免等大量的其他此类税法条款未予置评，我们将在下文进行讨论。

个人所得税实行累进税率结构，不同于其他不考虑个人收入水平而实行比例税率的税种。诸如社会保障税等甚至对那些收入较高的纳税人只征收较低的平均税率，因为（除了税收中的老年保健医疗部分）这一税种只对低于某一临界水平的工资和薪金课税。① 确实，有着累进制税率结构或许被认为是所得税之所以会存在的原因。正如我们将在本书接下来的部分讨论的，如果我们并非钟情于累进制，则我们可以找到比所得税更为简单的税收收入获取途径。

2.4.8 税收抵免

对于大多数人来讲，计算其所得的过程并不止于此。下一步还要计算税收抵免金额。对比免征、扣除、豁免来讲，税收抵免可以直接实打实地减低你的税金账单，而这并不取决于边际税率。最近的这些年中，税法中的各类税收抵免已呈现出爆炸式增长态势。

在所有各类税收抵免之中，额度最大的是薪资所得税收抵免（EITC），这是一项旨在激励人们的工作热情以及改善低收入工人福利的计划。薪资所得税收抵免的基本理念包括两个方面，一是通过对超过某一水平的每一美元薪资所得提供税收抵免的方式对各类工作报酬给予补贴；二是对低收入家庭的贴补进行限制，因为它会在超过某一所得临界点的时候抵消了这些贴补的作用。与个人所得税制中其他税收抵免不同的是，薪资所得税收抵免是可退还的，这意味着如果其额度大于你的应缴所得税总额的话，你会得到一张面额为这一差额的支票。2004 年，薪资所得税收抵免的总额为 400 亿美元，

① 然而值得注意的是，社会保障福利金是与人们工作期间各年所缴纳的税款额度密切相关的，并且其所收到的福利金与收入的比例也会随着收入的增加而下降。作为一个整体，这种制度或许是略带渐进式的，否则的话会更低一些，这是因为平均来讲，收入较低的人们在退休之后能收到这些福利金的年份要更短一些。

其中的390亿美元为可退还部分。[①] 目前，薪资所得税收抵免是联邦反贫困计划最重要的一项内容，其额度超过了其他针对贫困家庭的联邦现金资助的总额，并且几乎与联邦政府花费在食品券和其他给予贫困人口的营养资助上的额度相当。[②]

2007年，对于一对有着两个小孩儿的已婚夫妇来说，其年收入在1美元到11 790美元上的每一美元都将获得40美分的薪资所得税收抵免。对于从11 790美元到17 390美元之间的年收入，其将可以获得最高4 716美元的薪资所得税收抵免。对于从17 390美元到39 783美元之间的年收入，税收抵免的作用通常都要以从每1美元中抽走21美分的比例被抵消。[③] 在赚到11 790美元的年收入之前所得到的收益中，薪资所得税收抵免对工作的补贴达到40%的水平。但是税收抵免作用在被抵消的过程中，薪资所得税收抵免对工作所得的实际边际税率只提高了21%。这样，处于10%法定税级的纳税人实际上面临着31%的边际税率，因为这时他们赚取的额外1美元收入不仅会产生额外10美分的纳税义务，而且还会缩减21美分的薪资所得税收抵免。[④] 因为税收抵免总是正的，它总会使得工作比完全不工作更具吸引力。但是，对于某些人来讲，工作的收益会提高他们的边际税率，从而会对这些人产生工作负效应。应该注意到，税收抵免及其被抵消的比率对于个人和较小的家庭都是较低的。

另外一种重要的税收抵免是儿童税收抵免，该项抵免是1997年引入税法的。从2007年开始，对于每一个抚养17岁以下儿童的家庭，可减少其1 000美元的纳税义务。在较高的收入水平上（从已婚夫妇110 000美元的年收入开始），儿童税收抵免是逐步收紧的。对于那些收入过低以至于无需

① 美国国家税务局，2004年《个人所得税申报情况报告》（2006，表2.5）。在这390亿美元的“可返还”部分，有40亿美元是用来冲抵除了个人所得税之外的其他税项的。

② 美国行政管理与预算局（2007，“历史表格”，表8.5；2007，“各方面分析视角”，表6.3）。在2006财政年度中，劳动所得税收扣除（Earned Income Tax Credits，EITC）所涉及的直接支出为361亿美元，税收收入减少为50亿美元。“食品和营养补助”（包括像食品券计划和“妇女、婴儿、儿童”（WIC）这样的计划）支出为483亿美元，以及“家庭和其他支持性补助”支出为240亿美元。

③ 对于未婚夫妇来讲，他们的劳动所得税收抵免逐步消失起始的所得临界值是15 390美元，这比已婚夫妇（17 390美元）要低2 000美元。

④ 2007年劳动所得税收扣除以及所有其他税法的经通货膨胀调整的各个参数，来源于美国国家税务局（2006c）的报告。

承担任何纳税义务的家庭来讲，他们赚到的超过 11 750 美元的年收入可以获得最高 15% 的儿童税收抵免退税。

薪资所得税收抵免、儿童税收抵免，再加上个人免征和标准扣除，这些都极大地促进了税制的累进性。如果将上述这四个因素都考虑在内的话，一对抚养两个孩子的夫妇只有在他们的家庭收入达到 42 850 美元以后才会出现正的所得税纳税义务。主要由于薪资所得税收抵免的缘故，许多收入最低的家庭事实上只面临着负的平均所得税税率。

其他税收抵免的长长的并且仍在日益加长的清单，还包括针对譬如交付给幼儿日托中心的费用之类的某些用于独生子女或者其他儿童的部分照管支出所规定的抵免。这适用于 13 岁以下的儿童，有时又适用于那些无力照顾自己的其他家庭成员。《1997 年税法》又加入了针对特定高等教育支出的希望奖学金抵免和终生学习抵免。《2001 年税法》推出了一项新的临时性对中、低收入储蓄者的抵免政策，此项抵免为存入个人退休金账户的每 1 美元提供最高可达 50 美分的税收抵免，并且在 2006 年转成了常规抵免项目。此项抵免对一对已婚夫妇介于 30 000 美元到 50 000 美元的经调整收入总额逐渐进行抽取。上述税收抵免以及许多其他类型的抵免反映了最近几年来通过税法贯彻社会政策的重大扩展。但是遗憾的是，这些税收抵免的政策设计遵从了一条使得纳税过程更为复杂化的路径，它要求纳税人应付通常会令人感到困惑的申报表格、工作底稿和纳税指南。对于那些直到最近才得到了一点点简化的应税收入和通常根本无需申报纳税的低收入者来讲，这些税收抵免使得其应纳税额的计算过程尤其细碎、繁复。除了身为一种筹集财政收入的制度体系之外，税制已经变成了一种为低收入家庭提供资助的重要工具，事实已是如此。

2.4.9 替代性最低税

为了将那些由于税收扣除和减免而完全逃避纳税责任的高收入纳税者的人数减至最低水平，国会于 1969 年设计了替代性最低税政策。1970 年，该税种只适用于所有纳税者中不足 0.3% 的人；到 1998 年，它所影响的纳税者人数仍低于1%。由于某些设计上的因素，预计在以后的若干年份中，它将影响数以千万计的中产阶层纳税者。①

替代性最低税是一种平行税制，它要求按照应纳税所得额的替代性定义对其进行单独计算、扣去免税额、找到适用税率和特定的税收抵免。替代性最低税的应纳税所得额排除了所有的个人免税额度、标准扣除、各州和地方税的法定扣减项目、一部分内科和牙科诊疗费用扣除以及若干杂项扣除项目。对于像从股票期权的实施中所遭受的资产贬值损失和资产升值利得之类的事项，它还要求运用有别于常规税制的规则重新计算其营业所得。替代性最低税的税级结构提供了一个免税额度，进而规定超过这一免税额度之上的最初175 000美元的税率为26%，再超过的部分的税率则为28%。② 在我们撰写本书的时候，即在2007年，每对已婚夫妇的45 000美元以及单身人士33 750美元的替代性最低税免税额度已然被列入时间表。但是，在以往几年中，国会规定了一项临时性的单年度替代性最低税免税额度，规定每对已婚夫妇应纳税58 000美元，而单身人士则应纳税40 250美元，这些都有效地阻止了适用于该税种的人数的大幅增加。如果由此计算的替代性最低税应纳税额大于相应纳税人的（在抵免之前所计算的）“正常”应纳税额的话，这一差额就要加到应纳税额之上。事实上，每一位纳税人必须按照替代性最低税与常规所得税两种方式所计算出的应纳税额中较高的额度来纳税。

2006年，据估计有350万的纳税人需按替代性最低税纳税，这一数字占所有纳税申报人数的2.6%。这一做法使得纳税过程更为复杂，其影响也非常之大：据美国国税局估计，在最近几年中，对于每一位确实适用替代性最低税的纳税人来讲，就有另外五个人需要阅读替代性最低税表格并且需要进行计算以确定他们是否会受影响。③ 出于以下几点原因，除非税法有所调

---

① 替代性最低税的纳税人数量来自Leiserson and Rohaly（2006b，表2），纳税申报总数来自美国国家税务局的《收入统计公报》（2007冬，表9和表22）。替代性最低税起初在1969年被称作“最低税”（minimum tax），从此之后它被多次推倒重新起草并且重新命名。

② 替代性最低税免税额度的逐渐降低使得替代性最低税的税率在某些特定区间（高于150 000美元的夫妻共同申报所得税额）实际上升了25%。

③ 这笔350万美元的数字来自于Leiserson and Rohaly（2006b，表2）。全美纳税人权益维护者组织（The National Taxpayer Advocate，2002）估计在1998年有640万份纳税申报需要进行替代性最低税计算，有440万份纳税申报须向美国国家税务局提交替代性最低税表格，有100万份纳税申报负有替代性最低税纳税义务。

整，替代性最低税将适用于收入激增的纳税人。首先，上文提到的替代性最低税免税额度的临时提高按照原定计划已在2007年到期废止。其次，有别于税法的其他特征，替代性最低税的免税额度和税级不会随通货膨胀情况的变化呈指数化变动，所以，通货膨胀会逐渐将越来越多的纳税人推入替代性最低税的适用范围。再次，《2001年减税法案》、《2003年减税法案》和《2004年减税法案》减轻了常规税种的纳税义务，但是除了临时性免税额提高之外，替代性最低税并未进行调整，这将使得越来越多纳税人的"正常"纳税义务被推到低于其替代性最低税的水平。

城市—布鲁金斯税收政策中心研究估计，截至2010年，《2001年减税法案》已完全得到贯彻，那么也就是说，替代性最低税已对超过3 200万的纳税人的应纳所得税额度产生影响，这其中包括经调整收入总额介于75 000～100 000美元的半数以上的纳税人口，以及经调整收入总额介于100 000～200 000美元的80%的纳税人口。相比之下，只有39%的百万富翁不会受到替代性最低税的影响，这主要是因为他们的适用税率仍然很高，以至于其正常的纳税义务仍高于替代性最低税的纳税义务。①

这样，由于现行税法的规定，不久之后，绝大多数的中产阶层和中产以上阶层的纳税者将适用这一复杂的平行税制。尽管据估计在2006年的时候替代性最低税只会增加240亿美元，但是，如果从2007年开始撤销它的话，2007年的财政收入就会减少700亿美元。如果任由布什政府减税法案到期废止的话，2007年到2017年的财政收入就会减少9 200亿美元，或者如果允许布什政府减税法案到2010年仍然有效的话，2007年到2017年的财政收入就会减少1.73万亿美元。事实上，如果在2007年撤销替代性最低税的话，将使美国政府减少更多的财政收入，这远比撤销常规所得税和将替代性最低税作为美国税制所要付出的代价大得多！②

① Leiserson and Rohaly（2006b，表2和表3）。
② Leiserson and Rohaly（2006b，表3以及第4页）。

2.5 美国企业所得税的基本特征

黑格—西蒙斯所得定义适用于个人，却不适用于企业，并且根本就没提到企业。不过美国和其他绝大多数国家都有一套独立的企业所得税制度。我们将在本书的第8章讨论这是不是一个好的作法。但是，它确实是所得税的一个关键内容。

在美国，小企业数量占据了企业总体数量的93%，这些小企业所赚取的利润是在其所有者之间分派的，并且构成了企业所有者个人应纳税所得的一部分。但是，倘若一家企业的所有者既想使得其在该企业的合法权益得到全面保护，又想通过股权形式提高筹集资金能力的话，那么他们很可能想将企业组建为公司。除非股东人数少于75人——这是所有公司取得上市交易股份资格的下限——否则这家公司就要缴纳企业所得税，并且通常被归类为C型公司（有此名称缘于它们要受国内税收法典C章节的规制），而且缴纳企业所得税。2004年的时候，C型公司的数目只占到全美企业总数的7%，但是由于美国绝大多数规模最大的企业都是上市公司，所以C型公司的收入要占到全美企业收入总额的51%。①

并不是所有的公司型企业都需缴纳企业所得税。那些股东人数只有75个人或者更少的公司型企业可以选择依照S型公司来纳税，这意味着这类公司自身无须缴纳企业所得税，而只需将其全部收入分派给股东，公司的股东则须将其这部分收入计入其个人应纳税所得之中。这样，对S型公司所得的计税就十分类似于诸如个人独资经营企业和合伙制企业等其他类型的非公司制企业。②

---

① 合伙企业和非农业独资经营企业的数据来源于美国国家税务局的《收入统计公报》(2007年冬，“节选历史和其他数据”)。非农业独资经营企业的数据来自表10中的“非农业企业的数量”和“净收入（减亏损）”条目。合伙企业的数据来自表11中的“经营中的合伙企业总数”和“净收入（减亏损）”条目。各家公司型企业的数据来源于美国国家税务局所得统计司的《2004年度公司资源报告》。所有公司型企业的数据来自表1中的“纳税申报数目”和“净收入（减亏损）”条目。S类企业的数据来自表3中的“纳税申报数目”和“净收入（减亏损）”条目。C类企业的数量和收入额则通过所有企业的数据减去S类企业的数据得出。

② 1997年，美国国家税务局颁布了若干种提供了一种我们称之为“复选规则”（Check-the-box Rule）的可选方式的规章，这使得特定的企业实体可以作为合伙企业或者公司来申报纳税。

2.5.1 税基的界定

从一般意义上讲，一家企业用于计税的净所得是用该企业的销售收入减去其各项经营成本所得到的收益。在本生产年度之内或者企业销售其所生产的产品的时候，许多生产的投入是可以扣除的。这些投入包括工资、薪金和雇员的各种津贴，投入原材料的成本，缴付给州和地方政府的税费，雇主向政府社会保障计划的缴款，维修费用，广告费用以及其他多种杂项费用。不过，像使用期限很长的设备与建筑物等资本品的投资成本的税务处理则要略微复杂一些。

2.5.2 折旧免税条款

投资于诸如生产性机器与建筑物等资本性资产的成本是不能在资产购入时全额扣除的。相反，与我们在上文所描述的经济学家关于所得的概念一致的是，折旧是可以扣税的。折旧是厂房或者机器等资产价值的贬损，它发生在资产用坏或者变得过时的时候。一家企业可以在若干年内每年预提一部分该资本性资产的买价，直到其最终被全额预提完结为止。对于企业来讲，在一般情况下，将折旧的预提费用分散在若干年度不如允许其在购入资产期间全额计提划算，因为从即期计提所得到的税收节约可以用于投资并且累计利息收入：早得到税收节约总比晚得到税收节约要好一些。

精确计量某一资本性物品的折旧是非常困难的，并且只有在存在完善的二手资本物品市场的情况下，这种计量才是切实可行的。[①] 税法中所规定的折旧免税条款只是对种类繁多的资本性设备与建筑物的平均价值变化的粗略近似。比方说，所有的设备分别被划分为六类使用年限中的一种——3 年、5 年、7 年、10 年、15 年或者 20 年。此外，为了鼓励投资，国会还会定期颁布条例推出加速折旧明细表。例如，2002 年就颁布条例允许 2005 年 1 月 1 日之前的任何一项投资的成本可以在当期计提 50%。

① 不过这个程序并不是完美无缺的，因为它并没有考虑企业联合后其条件比那些在市场上销售产品的企业的条件到底是变得更好了还是变得更糟了。

为了说明折旧规则在目前的运作状况，我们可以考虑下面的例子：有一家大型公司，2007 年时，该公司的一台归类为 5 年折旧期的复印机发生了一笔 1 000 美元的费用。假定该复印设备是在第一年的年中投入使用的，那么，在第一年（2007 年）可以预提这 1 000 美元的 20%，在接下来的 4 年中，每一年可以分别计提这 1 000 美元的 32%、19.2%、11.52%、11.52% 和 5.76%。小企业获得了更为宽松的临时性（直到 2009 年）投资税收优惠：它们可以将有限额度的投资（2007 年的上限为 112 000 美元，车辆的限额要略低些）作为费用冲抵（在当期一次性计提）。对于那些投资超过一定水平的（2007 年是 450 000 美元）的企业，这种小型企业税收优惠将逐步取消。

2.5.3 公司税率结构

美国的企业所得税使用的是累进税率结构。最低税率为 15%，最高税率为 35%，最高税率是对 1 000 万美元以上的净所得计征的。绝大多数企业的所得最终将适用 35% 的税率，尽管绝大多数企业的所得并没有高到适用 35% 税率的水平。①

2.5.4 利息的可扣除性与双重课税

倘若一家企业通过借贷的方式筹集资金的话，那么它所支付的利息通常可以从其发生年度的应纳税所得额中扣除。这样，企业以利息形式支付出去的收入就可以在企业水平上避免纳税。资金提供者所收到的利息须依照个人所得税法计入其应纳税所得额，尽管如上文所提到的，利息所得中的很大一部分会通过各种各样的方式从个人所得税中扣除。

另一方面，倘若一家 C 型公司通过发行股份的方式筹集资金的话，那么它以股息和资本利得的方式支付给其股东的盈利就不能从其公司所得税基中扣除。这样，作为股息分配给股东的或者能够带来资本利得的公司所得就

① 在较低的税级中，在某些收入范围内，低税率的福利金会随着收入的增加而逐步消失，这事实上导致了边际税率的提高。

可能被征两次税——第一次是在公司的水平上，第二次是在个人的水平上，后者是在将公司盈利作为股息分派给股东们的时候或者以资本利得的形式实现的。

只有很小一部分资本利得须按个人所得税法纳税，并且其适用税率通常不会高于15%的水平。并且，正如上文指出的，只有不足一半的股利须在个人水平上纳税，其余部分则是可以扣除的。比方说养老金或者其他有利于节省税负的账户。自从2003年开始，针对股利的个人所得税税率也被限定在15%的最低税率的水平上。就其产生的原因来讲，对公司所得的重复征税导致了一个棘手并且代价可能很高昂的分歧。它可能产生一个奇高的混合税率，并且会激励企业通过债务融资（出售债券）而避免通过权益融资（出售股份），因为重复征税只发生于后者。由于它也是C型公司与其他类型企业税务处理最重要的差别之一，所以，它还会影响企业组织形式的选择。关于税基、折旧、税收抵免以及利息的可扣除性的绝大多数规则是适用于所有企业的。但是，诸如个人独资企业、合伙制企业以及S型企业等企业只须在个人水平上纳税，因此它们都可以避免双重纳税。

2.5.5 税收抵免

目前，税收抵免也包括用于特定研究与实验的支出。基本的税收抵免使得研究支出超过某一平均基准水平的企业减少了20%的应纳税额，尽管还有其他两种替代性计算税收抵免的方法。从技术上说，税收抵免只是一种临时性规定，但是它已经历了多次延期。自从1962年以来，投资税收抵免已经生效了多次。尽管其最后一个版本在1986年就废止了，但是这些抵免为投入在资本性设备上每1美元的新投资支出减少了一定比例的纳税义务。

2.5.6 公司替代性最低税与损失的处理

与个人必须承担的税负一样，公司税制也有其替代性最低税（AMT），这一规定旨在阻止明显具有高盈利能力的公司“过度地”减轻其税收负担。公司的替代性最低税将一个较低的税率（20%）应用于一个更为宽泛的净所得定义之上，这牵涉到若干不那么宽松的折旧与记账规则。这样，企业应缴付替代性最低税或者常规税负两者中较大的一项。这一条款只会影响一小部分 C 型公司（2002 年是 0.6%）的纳税义务，并且极有可能成为那些规模最大的公司将要面临的问题（2002 年，有 16.1% 的资产规模超过 10 亿美元的公司就曾受到替代性最低税的影响）。① 在扣除了所有的税收扣除与免征之后，如果一家公司出现了净损失，那么该公司不会从美国国税局收到退税支票。取而代之的是，该公司可以将这一损失额度在规定的其他年度内进行前向递延或者逆向追溯，用以冲抵从这些年度内赚取的正的应纳税所得额。

2.5.7 跨国所得的处理

从原则上讲，一家总部设在美国的公司其全部所得都应向美国申报纳税，而不论其所得是从世界上哪个地方赚取的。但是，由于其他国家也会对其国界之内的所得课税，所以，为了避免繁重二次征税，美国税制给予美国公司已然向外国政府缴付的税款一定的税收抵免，这被称为国外税收抵免。

国外税收抵免的运作机理如下：倘若一家总部设在美国的公司在其他国家开展业务，那么它就要就在各东道国所赚到的利润向各国政府缴纳企业所得税。如果该公司在国外所缴纳的税款总额低于其依照美国税法应缴纳的税款总额，那么，它就要向美国政府缴纳这一差额。实际上，该公司需要先依照它在国外赚取的所得支付到期应纳税款，而后再依照美国税法计算应纳税额，二者之间的差额为该公司向美国国内上缴的税额。另外，如果该公司在国外所缴纳的税收总额高于其依照美国税法应缴纳的税款总额，那么，该公司的国外税收抵免就可以覆盖它可能承担的向美国政府缴纳的税款。因此，假如一家公司将其绝大多数投资投到低税率国家，那么它就要按照美国的税率向美国政府补缴税款（总额达到国外与美国的综合水平）。但是，如果该公司将其绝大多数投资投到高税率国家，那么它所缴纳的税款就要高于在美

① Carlson（2005，表 1 和表 6）。

国所需缴纳的税款。

现实中的情况要复杂得多，因为事实表明美国的公司毕竟可以通过向低税率国家投资的方式减轻其税收负担。首先，如果一家总部设在美国的公司在国外拥有一家子公司的话，那么，除非这一子公司将利润作为股利支付给其美国的母公司，否则该子公司不必向美国政府缴税。这样，这家母公司就可以通过无限期地将其在东道国所赚取的利润在该国进行再投资的方式，来避免向美国政府缴纳美国税率与低税国家税率的差异所带来的税款差额。此外，还可以采用异常复杂的账目设计使得子公司在低税国家的利润比其真实水平看起来更高些，并使得其母公司的利润看起来更低些。比方说，身处低税国家的子公司可以将产品以虚高的价格销售给母公司。美国国税局已经设计出相应的准则将此类作法限定在最低水平上，但是，这些准则很难得到强制执行，尤其是在关联企业之间进行专利权这种难以评估价值的无形商品交易的时候。

2.6 社会保障工薪税

尽管个人所得税能比社会保障工薪税为联邦政府筹集更多的财政收入（在2005年两者分别是9 280亿美元和7 630亿美元），但是大约有3/4的纳税人实际上缴纳的社会保障工薪税（包括雇主和雇员所缴纳的两部分税款）要高于其申报的个人所得税。[①] 2007年，社会保障税要占到年收入低于97 500美元的个人的工资和薪金总额的15.3%，占到年收入高于97 500美元的个人工资和薪金总额的2.9%（这2.9%是为联邦医疗保险的医院保险部分所征收的税款的一部分）。社会保障工薪税独一无二的特征是人们在退休之后最终所能拿到的现金收益与他们先前所缴纳的税款或者缴款存在明确的方程式关系。那些在其有生之年向社会保障缴纳巨额税款的人们通常会比那些只缴纳很少税款的人们从该税制体系中领取到更多的退休金，尽管这种

① 财政收入的数据来源于美国经济分析局（2007，表3.2和表3.6）。文中3/4的纳税人的数据来自Gale and Rohaly（2003），并且适用于2003纳税年度。

关系远没有达到成比例的水平。

围绕是否需要对社会保障税制进行改革，以及社会保障特别是联邦医疗保险令人悲观的长期融资前景的论战，提醒我们一定要有所行动，但如何处理这种财政的不平衡不在本书讨论的范围之内。但是，社会保障工薪税时常与关于所得税制的争议纠缠在一起。比方说，有些民主党人对共和党人在2001年和2003年的所得税提议的反应就是，提出了社会保障工薪税的临时性减税措施。降低所得税税率并不会给低收入者带来多少好处或者根本就不能带来什么好处，其原因在于他们通常并不具有所得纳税义务，所以，减少社会保障税才是减轻他们的税收负担的切实可行的途径。一般来讲，联邦税制对收入分布的全面影响可能会依社会保障税和联邦医疗保险税的纳税处理的差异而看起来大有不同。由于对工资和薪金的覆盖适用于社会保障税，所以这种税的负担呈现出非常明显的递减特征。但是，如果我们不恰当地单独考察社会保障税的话，我们就会忽略掉以下事实，即一个人最终从社会保障中所拿到的保障金是与这个人在岗年度内所缴纳的税款相联系的，因此，这种税与所得税是大不相同的。

个人所得税和社会保障工薪税两者之间也相互影响。比方说，社会保障税的雇主缴款部分是可以从公司所得税中扣除的，但是雇员的缴款部分却要缴纳个人所得税。此外，社会保障金缴款中的一部分对于收入超过某一临界值的人们而言也是要缴纳所得税的。有些人建议可以改变二者之间相互影响的方式，但可能会对财政收入和个人财富的分配产生重要的影响。其他那些特别雄心勃勃的改革建议，比方说某些国家零售税计划，就要将联邦所得税和工薪税两大税种统统换掉。

2.7 遗产与赠与税

现代联邦遗产税是1916年颁布实行的，自颁布实施起，其只是一个小税种，极少受到关注。但在小布什（美国第43任总统，任期为2001年1月20日至2009年1月20日）当选总统后，这一税种备受争议。2001年，小布什政府颁布实行减税法案，其中一项内容是逐步取消直至2010年彻底废止遗产税。但是，由于此项条款是该法案中到期自动废止的条款，遗产税已在2011年的时候按原计划恢复到其2001年的形式，这会产生某些与死亡时序相关的潜在的扭曲性激励。①

遗产税是一种针对有钱人在他们辞世的时候留给其继承人的资产的税收。从2007年开始，遗产的免征额为200万美元，超过这一水平的财富则须按照45%的税率缴税。留给其配偶或者捐赠给慈善机构的财产则可以完全免税。2002年，美国只有最富有的1.2%的逝者须缴纳联邦遗产税。② 这一免税水平从此时起明显上升，并且将依照原定计划继续攀升，因此，可以预期上述比例将会大幅度下降。

为了限制避税，遗产税已经与针对人们有生之年内发生的赠与合为了一体。2007年，允许每个人向每一位接受者赠与的最高限额为12 000美元（在后续年度内经过通货膨胀调整），所有出于教育和医疗目的的赠与，也都是免税的。除此以外的所有赠与部分就要按照上文提到的200万美元免税点以上的财富来缴税。如果超过12 000美元年度免税额的赠与总额达到了200万美元，那么赠与者即便仍在世也要缴纳赠与税。否则的话，超额的赠与就会减少该赠与者辞世时其遗产所适用的免税额度。

《2001年减税法案》分阶段地提高了遗产税的免税额度，2009年时达到了350万美元。其税率也将按计划下调，直到2009年时，达到45%的单一税率水平。2010年时，遗产税已废止，但是将保留终生扣除100万美元的赠与税，以及这100万美元以上的赠与所适用的35%的税率。保留赠与税是为了限制富人们将其财产转移出去，使其处于较低税级从而减轻其所得税负担。

与遗产税的废止结合起来考虑，对于那些非常富有的人来讲，从2010年开始，直到其辞世之时仍持有的资本利得收入的免税将按预定计划做出更

① Slemrod and Kopczuk（2003）对联邦遗产税纳税申报的历史数据进行了分析，并发现了如下证据：当联邦遗产税税率逐年下降时，在高税率年份里死亡率不寻常地降低，而低税率年份死亡率不寻常地提高，这意味着人们可能拖延了他们的死亡日期以为后代留下更多的税后遗产。

② 美国国家税务局，《收入统计公告》（2007冬，“节选历史和其他数据”，表17）。

改。目前，所有直到人们辞世时仍然持有的资本利得都将永久性地完全免除所得税税负。死者在其辞世时无须对这些利得缴纳所得税，而其遗产的继承人则被当作是在遗赠者谢世当时以市场公允价格购得了这笔通过继承得到的资产。从2010年开始，可以通过这种方式逃避所得税的资本利得的额度被限定在单笔遗产130万美元，再加上留给其配偶资产的额外300万美元。对于超过这些免税额的所有资本利得则无须立即课税。但是，假如这笔遗产的继承人已出售这笔资产的话，就要按照等于出售这笔资产所获得的收益的资本利得减去这笔资产的最初买价与分摊在这笔资产上的免税额度来缴纳所得税。所以，在这一计划之下，就需要在遗产赠与者和遗产继承人之间妥善保管各种资产买价的记录，但是这样的做法的确存在诸多问题。①

2.8 结　论

本书的前两章为读者提供的基本背景材料，将为我们深入讨论税收问题提供大有裨益的导论。第1章着眼于人们对当前税制的种种抱怨，概述了人们提出的种种替代性解决方案，并且针对所得税未来的争论提出了若干关键性问题。第2章从历史与国际两个视角解释了各种主要联邦税种得以有效运行的要害所在。在这两章中，我们多方面介绍了美国现行税制，尤其是该税制存在的令美国税制改革者们和公众深感困扰的诸多问题。在接下来的三章中，我们将探讨到底哪些原则可以用来指导税制，并指出我们需要在多大程度上遵循这些原则。

① 关于遗产税减免额逐步递减的细节请参见 Kiefer at al（2002）。

3

公　平

1990 年 3 月 31 日，伦敦发生了数十年来最大的暴乱，超过 400 名游行者和警察受伤，341 人因袭击、抢劫和纵火而被捕入狱。暴乱者纵火烧毁停车场里的保时捷和美洲虎，砸烂餐厅和商场的玻璃窗，还拆毁了一个雷诺的展厅。那么暴乱的原因是什么呢？导火索就是由首相玛格丽特·撒切尔所提议的一项拟在第二天开始生效的新税收法案。这项名为社区收费或人头税的新税种，旨在取代基于财产价值所征收的财产税制度，并对所有居住在辖区内的成年人征收相同数额的税款。公众的强烈抗议，不仅包括民众动乱，还包括普遍的非暴力抗议和不服从，这些都被认为是撒切尔保守党以及她作为保守党领袖必须面对的最大挑战。暴乱发生后不久，政府就取消了人头税。[①]

虽然公众对人头税的政治反响很强烈，但是相比以前的一些税收法案而言，他们的反应已经算是极其温和的了。比如 1381 年，也就是 700 多年以前，英国政府也曾试图对民众征收一个新税种。那一年，怒气冲冲的民众们从一个小镇闯到另一个小镇，刺杀了一些声名显赫的市民和税务官员，还洗劫了他们的房屋。一个不幸被派去征税的人不仅“被折磨得半死，连他的马也不能幸免于难，那些暴徒割掉马的尾巴和耳朵并将它们固定到颈手枷上，以供人们咒骂和嘲笑”。[②]

人们抗议人头税的主要原因是认为这一税收不公平。人头税旨在取代会随着房产价值变化而变动的财产税。在人头税税收制度下，既定辖区内的每一个成年人都要分期缴纳相同的年度税额。也就是说，有房产的公爵和居住在三居室公寓里的屠夫缴纳相同的税额。富人应缴纳最高数额的税收，许多人将这一观念视为税负是否公平的一个首要原则，而这正是人头税所违背的原则。

然而，关于公平税负的争议经历了很长一段时间才从英国蔓延到美国，原因是我们国家作为英格兰曾经的殖民地对其曾经强征的各种税收所持的愤慨至今还未完全消散。事实上，“波士顿倾茶事件”就是对英国税收政策的一种反抗。1794 年，对蒸馏酒征收的消费税激起了“威士忌叛乱”，导致数人死亡以及损失了大量财产；为了平息这场叛乱，华盛顿总统将 13 000 名民兵收归国有，这支军队的人数是他在大革命时期在福吉谷所率领的部队的人数的 3 倍。[③]

尽管关于公平税负的暴动已在很大程度上被平息了，但是税务争论上的花言巧语仍使战争“触手可及”。2003 年，布什政府通过了一项新的税收减

---

① Whitney（1990）描述了英国因人头税而引发的抗议和暴乱。Smith（1991）对英国人头税的失败进行了分析。

② McHardy（1992，p. xxiv）。对 1381 年农民起义的描述也由 McKissack（1959）and Powell（1894）给出。

③ Fisher（1996，p. 37）。

免政策，而这一减免政策使高收入家庭在不同程度上受益，因此很多民主党政治家持反对意见，认为这一政策不公平。布什总统回应说：“在华盛顿，你当然可以听到各种各样的说法，无外乎是这一政策会使某某人受益或者使整个社会阶层受益，诸如此类的政治阶级斗争言论……所有的纳税人都应该享受税收减免……这才算得上是一个真正公平的方案。”① 民主党首先挑起了争论。众议院少数党领袖密苏里州的理查德·格哈普特反对说：“总统的经济政策是反对所有社会阶层的阶级斗争。”众议院筹款委员会资深民主党人、纽约代表查尔斯·兰热尔进一步指出：“这就是一场阶级斗争，并且他们已经宣战了。总统一脚踢开处于水深火热之中的穷人，然后告诉民众，我们为这场阶级斗争感到内疚。”此外，《纽约时报》报道说，“兰热尔先生注意到阶级斗争这个词似乎带点‘隐约的反美’意味，他将这个词在税收论战中的使用方式与以前被称为共产主义感同身受者们发起的民权运动等同起来。他把其在税务辩论中的使用比喻为人们在民权运动中被称作共产主义的同情者。”②

通常情况下，任何人对一项被提议的新税种所提出的第一个问题就是“谁买单”，而对于一项税收减免政策则更可能会关心“谁受益”。政府机构和独立组织将会为国会所讨论的税收法案发布分配表，这些分配表试图展示这项被提议的税收变化所带来的负担和利益是如何在不同收入群体间分配和共享的。在最近几年里，随着收入阶层税负分配的经济假设遭到挑战，分配表本身开始沦为“政治足球”。更有甚者反驳说，由政府机构制作的分配表有选择地排除了一些确定的信息，而这些信息的缺乏使得政治对立方更难发表自己的观点。

税负是否被公平地分配不仅仅是收入群体间的分配问题。例如，当东北区居民抱怨取暖油上的增税或者当局考虑增加燃油税时西部居民就会提出反对，这种情况下税收跨地区分配也显得额外重要。人们可能通过年龄（社会保障福利上的税收就是这种情况）或者一些其他特征（比如卷烟税对于

① Curl（2003，p. A4）。
② Stevenson and Stolberg（2003，p. A18）。

吸烟者）来考虑税负的分配。①

公平在税收政策的讨论中显得尤为突出，而正是这一突出性使得必须明确理解其提出的相应问题。但是由于获得公平的成本应该是精确的，所以我们也需要密切关注公平问题。税法很多扑朔迷离的复杂性在公平的名义下被视为正当。毕竟人头税是所有税制中可论证地最简单的一种，并且几乎所有的人都认为它有失公平而明确地排斥它。稍微复杂些的税制（但仍然比我们现在的制度要简单得多）比如单一税就不允许税负随着个人情况而微调，但接受在收入群体间分配税负时有限的灵活性。在我们为了公平而听任税收具有这种扑朔迷离的复杂性之前，我们理应认真思考我们到底赋予公平什么含义，以及为了获得公平我们愿意做出多大的牺牲。

获得纵向公平（下文即将讨论）的尝试不可避免地对赚取收入产生抑制作用，从而抑制了经济增长。我们能忍受多大的经济成本取决于我们如何评价为了得到更多的累进税而减少所得的不公平，对这种减少的不公平估价越高，累进税带来的应该被看作是一种交易的经济成本就越高。

3.1 纵向公平和税收累进

税制在公平问题上存在两个不同的方面。第一，经济学家所描述的纵向公平，考虑有着不同福利水平的家庭应该承担的合适税负。如果我们通过收入来衡量福利水平，纵向公平就是关于收入分别为 20 万美元、5 万美元或者 1 万美元的家庭应该分别承担多少税负的问题。

第二，税制可以通过公平的另一个标准来评估——有着同一福利水平的家庭最终承担相同税负的程度。或者换一种说法，在什么情形下两个同等富裕的家庭承担不同税负是可以接受的。我们将会解决这一问题，即经济学家后来所描述的横向公平。

① 尽管假设年纪是重要问题，但任何明显的差距都并不那么重要，因为大多数的人在其一生中，并非居住过一个国家的所有地区，并且烟龄长短不一。

首先，我们来处理纵向公平和税收累进这两个独立的问题。当一个家庭总的纳税义务作为收入的一部分随着收入的增加而增加时，我们就称这样的税收结构具有累进性。① 例如，如果收入为5万美元的家庭的总税额为收入的20%，收入为10万美元的家庭的总税额是收入的30%，以此类推，这种税收结构就是累进的。另外，如果每个人按收入的相同比例纳税，而不考虑收入是多少时，这样的税就是比例税。最后，收入越高的家庭缴纳的税款占收入的比重越小时，这样的税就是累退的。

不严格地说，如果平均税率（应纳税额占收入的比重）随着收入较快地增长时，这一税收结构就比其他的税收结构更具有累进性。② 使用这一术语使纵向公平的问题通常简缩为，税负是否应该以累进的方式分配，如果是，累进的程度怎样。

在进一步深入之前，我们必须坦率地承认：公平最终不是一个经济问题。在经济学101课程上拿到A+、获得数理经济学博士学位或者是终生学习政治经济学理论，都无法揭示那个唯一真实的答案。税收上的公平问题，就像任何事情上的公平问题，涉及道德伦理和价值评定，由于其本质而无法被轻易地解决。

公平概念的难以捉摸并没有阻止人们做出绝对自信的简单断言，即什么是公平的、什么是不公平的。在1992年的总统竞选中，比尔·克林顿倡导将原本就具有累进性的美国所得税税制进一步累进化，以此来创造“一个新美国，在这里年收入超过20万美元的最富裕的家庭被要求支付他们的公平份额”。③ 他在任期间，曾经通过参加国会来提高特定人群的所得税税率。威廉·萨菲尔，一个善于使用精确的语言来坚持己见的著名的专栏作家，表达了对于税收公平含义的相似的观点，他说“我们大多数的人都按这样的原则看待‘公平’：穷人不应该纳税，中等收入者缴纳一小部分税款，富人

---

① 尽管在该描述中，我们将收入作为税基和生活水平的衡量指标，但该定义可适用于任何其他生活水平的衡量指标。

② 一种税制在某些收入阶层是累进的，在其他收入阶层则不是。同理，当比较两种税制时，我们可以说一种税制比另一种税制在某特定收入阶层累进程度更大，而在其他阶层并非如此。

③ Clinton（1992，pp. 644-645）。

则应该缴纳最高比例的税额。”① 萨菲尔显然认为累进的税收分配是公平的。

相反，其他人则反驳说，只有按相同的税率（如单一税）对每个人的收入征税，或者对确定数额的收入免予征税才是公平的。1995 年，单一税的创造者罗伯特·霍尔和阿尔文·布拉什卡出版了关于此主题的著作，在书中他们采取了这一立场：“在遵循规定和逻辑的前提下，均等、公平和平等的意义在单一税率的税收制度中能得到最大程度的体现，这是任何区别对待不同阶层的复合税率制度所无法比拟的。”②

有些学者赞成对税收公平含义的更加极端和更具累退性的解释。《华尔街》期刊编辑收到的一封读者来信认为，一项公平的税收应该具有这样的特征“对每一个公民征收相同的数额——就像每一个会员向俱乐部支付同样数额的固定会费，而无需考虑资产大小，”这在本质上说就是人头税。③被吉尼斯世界纪录列入“最高智商”名单的游行杂志专栏作家玛丽莲·沃斯·萨文特赞同说：“要求一些人比其他人缴纳更多的税款显然是不公平的，就好比要求一个人比别人花更多钱买同样一个汉堡一样（至少英国人显然不赞同）。”④ 另一封写给《华尔街》编辑的信中说“真正公平的税收是永远都不可能实现的，任何人都不可能制造一次公平的谋杀，毫无例外地，税收就是抢劫。”⑤

显然，对于税负的公平分配问题众说纷纭。经济学家们经常在国会听证会和新闻发布会上声明说这一税制优于其他税制，并对其他观点提出反对意见，这无疑又增加了各种看法的不一致性。为了做出这样的评论，经济学家都要毫不保留地将其价值观引入选择当中，而这样的价值观是国会或者大多数的美国人并不认可的。为此，任何经济学家小组在提出关于最优税制的观

① Safire（1995，p. A19）。Safire 支持一种税前扣除项目较少的所得税制；一种免税额范围大，免征额以上部分的收入至 150 000 美元收入适用于 25% 的税率，而 150 000 美元以上部分则适用于 30% 的税率。

② Hall 和 Rabushka（1995，p. 26）。固定税的政策支持者们倡议一种大范围的免征额，并且可以加上一些累进制度。但是他们试图反对复合税率，这意味着他们所倡导的税制对于高收入人群的税负会低于现有所得税制下的高收入人群的税负。经过讨论之后，Hall 教授现在偏向于采用一种累进税制，而不是固定税。

③ Higgins（1995，p. A11）。

④ Vos Savant（1994，p. 12），曾被 Miller 引用（2000，p. 529）。

⑤ Davies（1995，p. A11）。

点时，原则上都应该被一组提出有关税收公平观点的哲学家或伦理学家所追捧。当然，实际上，每次在考虑纳税义务上的调整时，我们并不会召集这样的专家小组，而是依靠政治制度来做出选择。谨慎的经济分析师能够阐明所涉及的问题，当税收公平问题正处于争论中时，他们还可以确定取舍。然而，在用一种税制取代另一种税制的选择中，即使这一转换的过程终有赢家和输家，经济推理都不可能是精确的。

3.1.1 受益原则和能力支付原则

经济学家就决定税负跨收入阶层的公平分配提出了两条原则。虽然这两条原则都没有为税负应该如何分配这一问题给出明确的答案，但它们确实有助于缓解有关税收公平的争论。第一条就是受益原则，它表明每个个体的税负都应该和他从政府获得的收益成比例。第二条能力支付原则则阐明税负应该和纳税人的经济福祉水平有关。

1. 受益原则

当我们在自由市场购买普通商品和服务的时候，我们普遍认为“得到我们已支付价款的东西”是公平的。① 税收的受益原则将这一相同的推理运用到为政府提供的商品和服务的筹资上。在某些情形下，运用这一原则是很容易的。例如，美国邮件收取邮资，一些当地政府对家庭用水和污水处理设施收费。当我们可以比较容易地确定每个人使用了多少政府提供的商品和服务时，使用费就可能是一项行之有效的政策。这样一种征税不仅是确定公平的（因为消费量和支付额之间是相符的），而且在经济上也是有效率的，因为它促使人们只在这些商品和服务所带来的价值超过花费的成本时才去消费它们。

这在饮用水上可能有效，但是对于很多像国防或司法系统这样重要的政府服务，要确定每个公民受益多少是很难的，甚至是不可能的。在这种情况

① 市场自主自愿交易的特性促进了一般货物和劳务价格的“公平”：如果价格过高，消费者便不会去买该高价商品。受益原则告诉我们，在自由交易的假设下，价格导致供给方会提供更多需求方意愿去购买的商品和劳务，而不愿支付的市场参与者将不会受益。

下，使用费是不可行的，所以受益原则的实施就要求在对每个人获得的受益进行粗略估计的基础上征税。

这是受益原则面临困境的第一个地方。你当然不可能就这样问人们：政府活动比如国防对你而言价值何在？可以设想，如果你收到一封美国国税局的邮件，要求你估量一下国防部对你的价值有多大，你会如何回应。如果你猜想你的纳税单取决于你的回答，你就有动机来虚报估值（这不同于政府可能会以不提供国防保卫来威胁那些宣称军队无用的情况）。而那些诚实回答的人可能正好已经拿到了自己的纳税单。如果政府承诺不会通过你的问卷答案来评估税额（比如承诺只是用这些信息来了解收入阶层的平均受益情况），那么人们可能会更加诚实地做出回复。但即使没有撒谎的动机，很多家庭也会发现很难对这样一个问题给出理智的回答。因为没有可靠的方法对政府给每个家庭提供的商品和服务、甚至对每个收入阶层所获得的平均收益进行估值，所以受益原则不能为税负应该如何分配提供实用的指引。

然而，受益原则的确表明，如果政府不再提供国防、司法、警察等，无政府状态就会盛行，而高收入和高财富家庭会由于安保的不足而损失更多，所以这些家庭就应该承担较高的税负。可是，受益原则并没有告诉我们纳税单应该高出多少。1776 年，自由市场经济之父亚当·斯密以此为据提出反驳，转而支持绝对会使较高收入者承担较大税负的比例税制（每个人都同等适用的比例税率）。① 威廉·盖茨（比尔·盖茨的父亲）最近开展了一项为累进税（尤其是遗产税）辩护的活动。他认为，美国那些富人都应该感激他们的祖国，如果他们生活在有着贫穷、腐败或者缺乏高效率的机构、基础设施，资金并不充足，缺乏科技创新和教育的国家中，他们就不可能积累如此多的财富。②

给定这些不同的考虑，受益原则所阐释的税负的合理分配是绝对不清晰

① 在《国富论》里，亚当·斯密阐述了他的第一个税收法则："一国国民，都须在可能范围内，按照各自能力的比例，即按照各自在国家保护下享得的收入的比例，缴纳国赋，维持政府。一个大国的各个人都须缴纳政府费用，正如一个大地产的公共租地者须按照各自在该地产上所受利益的比例，提供它的管理费用一样。"《国富论》在 1776 年首次出版，原文引自第 777-778 页，1937 年版本。

② Gates 和 Collins（2003）。Murphy 和 Nagel（2002）为类似的观点提供了一个新颖和相反的意见。

的。显然，如果受益原则支持累进税制，它就不会改善收入不平等情况或者进行收入再分配，而是对政府项目的累进利益准确“收费”。要观察这一点，可以想象一个情景，每个家庭从政府处获得的真实收益都可以确定，纳税义务也在此价值上得以精确设计，那么按净值计算，每个人都是“均等的”。我们没有办法通过给低收入者分配较少的税额或者对其免税来偏袒他们；每个人都应该承担一定数量的税收，而这些税收应该等同于从国防、警察、道路等中获得的个人收益。我们也没有办法通过提供类似食物券这样的福利来增加穷人的收入，因为食物券的价值应该由相应的纳税义务来精确地弥补。在弱势家庭里长大的儿童可能没有享受过免费的教育。社会保障也不能保证所有工人都能得到像现在这样的使其能够保持某种最低生存水平的退休保障。退休人员可以为他们终生所付出的一切得到退休金，即使这样意味着很多更加年老的人可能会因此而贫困潦倒。所以，受益原则的严格应用对政府如何筹资以及如何消费都具有基本意义：税收的设计应该能反映获得的受益，并且不会造成收入在群体或家庭间的再分配。

有学者认为，用这样的方式约束政府行为是公平的，因为只要决定（纳税前的）社会收入的经济体制是公平的（比如，盗窃不会有收入），产出就是公平的：人们理应保留他们所赚取的收入。这可能被称为公平的自由主义观，这一观点得到哲学家罗伯特·诺齐克、经济学家米尔顿·弗里德曼和弗里德里希·冯·哈耶克以及其他很多学者的支持（带有不同程度的灵活性）。[①] 在这一观点下，政府应该被限制为一个很小的角色，其只是提供类似刑事、司法和国防等服务，而这些服务对于阻止人们侵犯他人权利、避免混乱和无政府状态是十分必要的。

2. 能力支付原则

大部分的人，当然不是所有人，都拒绝严格遵守这种对政府适当角色的限制。相反，他们允许税负和个人的富裕程度相关联。在这一观点下，富人有能力较轻松地缴纳税款，这会影响税负的分配。这通常被称作能力支付原

① 例如，请见 Nozick（1977）。

则，用以决定税负的合理分摊。

根据能力支付原则，税负不应该和家庭从政府获得的收益相关，而应该和他承担税负带来的物质损失相关。从这个看似真实合理的观点推断，相比贫穷家庭而言，放弃 1 美元对于富裕家庭是较小的损失，损失均等化就要求富裕家庭缴纳更多的税款。毕竟，100 美元的税款可能只会使富裕家庭减少杂志的订阅，却会迫使贫穷的家庭吃得更少。让富裕家庭在和穷人家庭承受同样大的损失之前就放弃大量的杂志订阅是有道理的。

虽然这是个理智甚至是引人注目的命题，却同时也是不可能被证明的命题。我们没有办法在个体间定量比较由于财富较少而造成的损失，就像我们不可能比较针刺给两个人带来的疼痛一样。

然而，我们知道，当人们收入较高时，他们就会相对低估自己收入增加额的价值。例如，人们通常会购买保险，这样当他们可能会因为一些类似健康危机、火灾等不幸而变得穷困时，保险公司就会向他们支付赔偿金，即使个人在这笔交易上会赔钱（考虑到需要支付管理费和保险公司的利润）。这就意味着，当不幸发生时，相对于自己要支付的更一大笔钱而言，他们认为从保险公司获得的资金具有更高的价值。换句话说，他们通过自己的风险规避行为揭示了贫困时的 1 美元比富裕时的 1 美元更有价值。有学者认为这为通过税制分配收入提供了额外的基础理论：它提供了一种人们可能很重视的保险，但是在私人市场却不存在这样的保险。①

即使同时承认这两点，即税制应该对每个纳税人造成同等的损失，以及同样 1 美元的税款对穷人家庭而言是更大的损失，能力支付原则也没有明确地指明收入和税负之间应有的关系，因为没有客观的方法在每个人之间衡量和比较损失的程度。每个人按收入同等比重纳税，因此从富裕家庭拿走的钱要比穷人家庭多得多。的确，即使是累退税，比如收入的头 2 万美元按 25% 的税率征税，剩下的所有额外收入则按 10% 的税率征税，也会从富人家庭那里收取更多的税款。我们不可能知道这两种方案或其他的方案是否在

① 一种类似的观点是 Rawl（1971）关于公平性的重要组成部分。Varian（1980）也提出了类似的经济观点。

家庭之间摊派了相同数量的损失。

此外，为什么每个人都要承担相同的损失？为什么不要求富人比穷人承担更大的损失？接受这个前提意味着，实施能力支付原则涉及不确定性的两个独立层面——如何衡量从纳税人那里拿走1美元给其带来的损失，以及如何把损失的合适水平和福利水平相联系。这两个问题从分析层面都得不到解决。

我们总结出，能力支付原则无非是对这一概念的一个直观的具有吸引力的辩护，即个人的纳税义务应该和对他的福利的衡量有关，而不是和对从政府活动中获得的收益的估值有关。然而，当下比较引人注目的问题包括百万富翁是否应该将收入的70%、50%或者30%免于纳税，或者穷人家庭是否需要承担一些税负。对此，能力支付原则并没有给出具体的答案。

3.1.2 税收累进和经济诱因

大部分的经济学家已经放弃从税收的首要原则中来寻求关于税收累进的“合适”程度的业务指导（比如什么是纵向公平）。相反，他们已经集中于理解不同水平税收累进的经济后果或成本。成本产生于税收的抑制效应。如果所有的税款都通过人头税来征收，那么富人和穷人则承担了相同数量的纳税义务，税制就不会要求人们因为努力改善自我而付出种种努力而缴纳税款——努力工作、接受教育、开展新的业务等。相比之下，按收入的20%固定征收比例税就会对经过上述这些努力得到的报酬征收20%的罚款。累进税制在人们进一步努力时征收更高的罚款。相反地，努力限制税收强加给生产性经济活动上的罚款通常会导致富人税负的减少。正如保罗·克鲁格曼在他的著作《模糊数学》中的简洁阐述：“当你的目标是要增加成为富人的激励因素时，就很难避免使那些原本就很富有的人获益。”①

如果对“进步”征收的税务罚款会导致人们逃避努力工作、接受教育等，此时税制就存在隐性经济成本，这些成本并不会在所缴税款中得到直接

① Krugman（2001，p. 36）。

的反映。当一些收益大于成本的经济活动单纯由于税收原因而被放弃时，额外的成本就产生了。当对劳动所得征税减少了工作时间时，没有被生产出来的商品和服务的价值就超过了不再用于工作的额外时间的价值；当对手机征税减少了手机的供应时，对消费者而言，我们所放弃的原本应该被生产出来的手机的价值大大超过了用释放出来的资源生产其他商品和服务的价值（庆幸这只是假设）。

衡量这一成本促使我们提出了解决纵向公平问题所必须面对的关键的权衡——如何在一个更加公平的福利分配所产生的潜在社会收益和高度累进的税收所带来的经济损失之间达到平衡。正如1938年芝加哥大学的亨利·西蒙斯在他颇具影响力的著作《个人所得税》中所陈述的，“进步和正义是昂贵的奢侈品——对于彼此而言，尤为昂贵。”① 解决这一权衡部分依赖于社会给予更公平的福利分配的价值，也部分依赖于经济学家对生计的关注——个人和企业对于经济诱因如何反应。决定累进税制经济成本的行为反应的大小，将在下一章阐述。

3.1.3 收入分配有多不公平?

如果社会上的每个人都是同等富裕的，我们就没有理由担心税收累进制了。然在，在美国，最富者和最穷者的生活标准之间有很明显的巨大鸿沟，最富者和中产阶级之间也有很大的差别。此外，政府数据提供了大量的证明，从19世纪70年代以来，收入不平等的程度在日益加剧。

图3.1揭示了美国税前收入不平等的程度，以及美国国会预算办公室计算的最近几年的增长情况。② 在2004年，美国所有收入的54%流向了收入

① Simons（1938，p. 24）。

② 国会预算办公室（2006，表1c）。这里使用的衡量收入的工具是国会预算办公室“综合家庭收入”。根据国会预算办公室，“综合家庭收入等于税前现金收入加上其他来源的收入。税前现金收入由以下部分组成：工资、薪金、自雇收入、租金、应税和非应税利息、股息、实现的资本收益、现金转移支付，以及退休福利加企业为其支付的税款（企业所得税和雇主的社会保障份额、医疗保险和联邦失业保险工薪税）和员工向401（k）退休计划的缴款。其他收入来源包括所有实物返还式的福利（医疗保险、医疗补助、雇主支付人寿保险、食品券、学校早餐和午餐、住房援助和能源援助）。家庭的负收入被排除在收入最低的类别，但都包含在总计收入中”（国会预算办公室，2006，注释和表1c）。为调节由不同家庭住房大小造成的生活水平差异，家庭收入由国会预算办公室分析并将该家庭人数作为根数进行平方根计算。

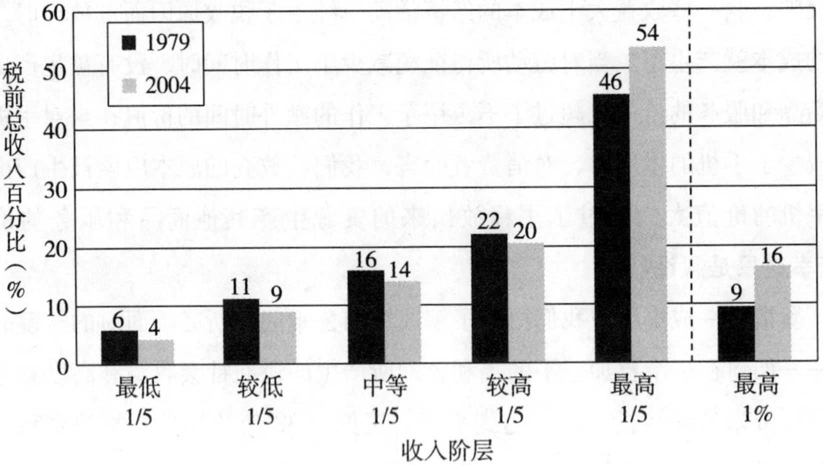

（a）

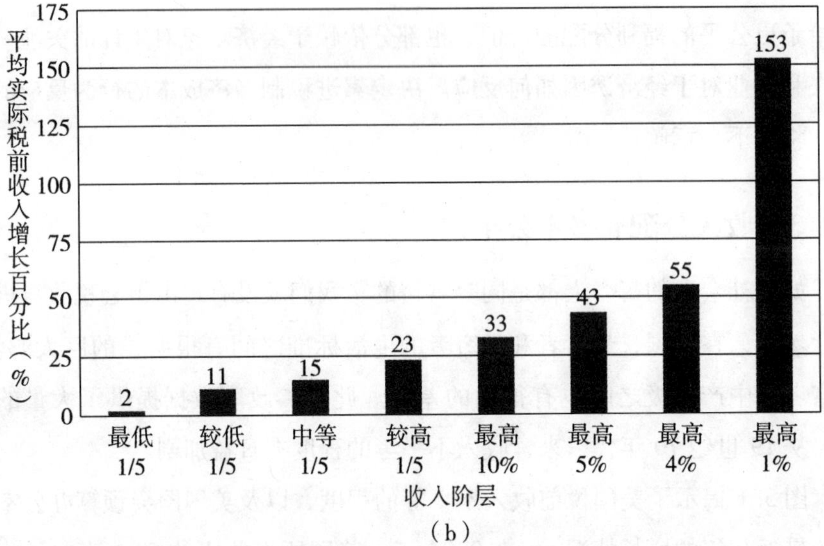

（b）

图 3.1　美国日益增长的收入不平等：(a) 1979—2004 年每个收入阶层获得的税前总收入的百分比；(b) 1979—2004 年每个收入阶层的平均真实税前收入的增长百分比

数据来源：笔者在美国国会预算办公室（2006 年，表格 1c）基础上计算得出的

最高的 20% 的人口，相比之下，1979 年则只有 46%。从图 3.1 的面板 B 可以看出，在 1979 年到 2004 年间，处于收入分配最底层的 1/5 的人口，其平

均真实收入（除去通货膨胀的影响）只增长了2%。中产阶级的收入增长缓慢，而高收入阶层的收入则增长迅速。而在同一时段，处于收入分配最高层的1%的人口的平均真实收入惊人地增长了153%！图3.1的面板A展示了这一时期总收入中流向收入最高的1%的人口的份额从9%跳到了16%。最高层的1%是个特有的群体，在2004年的国会预算办公室分析中，四口之家至少需要53.36万美元的收入才具备这样的资格，并且在这一群体中人均收入（按家庭大小调整）已达到126万美元。①

财富以更加不公平的方式分配，而且在最近几年似乎更加不公平。联邦储备理事会的亚瑟·肯尼科尔研究发现，在2004年，最富裕的1%的家庭掌握了美国所有净资产的33%，最富裕的10%的人掌握了70%的净资产。《福布斯》杂志的年终报告总结出，在1989年到2004年间，最富有的400个美国人的平均财富几乎翻了一番，从9.91亿美元增长到25.1亿美元（以2004年的不变价值计算），增长了153%。相比之下，肯尼科尔的研究数据表明，对于财富分配底部90%的家庭而言，其平均真实净资产在1989年到2004年间增长较少，从101 287美元增长到152 028美元（以2004年的不变价值计算），只增长了50%。②

当我们观察某一年的收入分配情况，并把它与前几年的情况进行比较时，正如我们在图3.1中所做的一样，收入毫无疑问十分不平等，且情况正在进一步加剧。但是在任一给定年份里，处于收入的每一个1/5段的人口并不一定还是20年或甚至5年前的那些人。观察单独一年的分配情况并不能捕捉到收入的流动性——人们在不同的收入阶层之间的流动。在单一年份里，一些明显的不平等代表了暂时的波动，比如商人经历利润颇丰的一年，

① 在2000年，列入收入最高的1%人群（即单身个人或家庭人均收入的最低额）的“税前调整后”最低收入为266 800美元。（国会预算办公室，2006，表1c）国会预算办公室将四人成员的家庭的收入分作两份（即4的平方根），这意味着该家庭的收入是一个单身纳税人达到同样生活水平的收入的两倍。因此，国会预算办公室对于一个四人成员的家庭被列入最高收入的1%阶层的最低收入额为266 800美元的两倍：533 600美元。

② 本段所有的数字都是作者基于Kennickell（2006，表1.5，11a和11b）的报告数据计算得出的。关于最富有的1%的家庭在总财富中占有的份额和中产家庭在总财富中的分布情况的信息是基于Kennickell对于消费者财务状况调查（SCF）的数据分析。SCF的数据告诉我们最富有的1%的家庭在总财富中占有的份额从1989年到2004年，由30%上升至33%。但Kennickell提出值得注意的是这样的差异存在合理的统计误差，并且福布斯公布的全美最富有的400人从未被包括在SCF的数据中。

或者仍在上学的年轻人突然有一天挣了一大笔钱。如果我们可以观察到终生收入，那分配就不会像图 3.1 那样不公平。原则上，即使每个人一生最终赚取相同的总收入，其年收入之间也会存在大量的不平等。

已有的最好的证据表明，长期收入分配只比单一年份的收入分配公平一点点而已。美国财政部搜集的从 1987 年到 1996 年过去十年的个体纳税人的大量样本表明，当根据十年的平均收入对个体纳税人进行排序时，排在最前面的1%的人获得了12%的收入，正好和1987 年最富裕的1%的人获得的份额相同。前20%的纳税人获得了48.7%的收入，只比1987 年的49.4%少一点点。① 此外，对于所有的纳税人而言，收入不再集中在年长的群体手中。② 如果在某一时点观察到的大多数不平等都可归因于收入的生命周期模式，那我们应该可以预见同一年龄段的人口之间较少存在不平等现象，但事实并非如此。

也有证据表明，过去几十年日益增长的年收入的不平等已经在某种程度上和终生收入的日益不平等相配比。例如，年收入日益增长的不平等必须暗含着终生收入也在变得越来越不平等，除非在同一时期存在日益增加的收入流动。Wojciech Kopczuk、Emmanuel Saez 和 Jae Song 在进行有关这一问题的新研究时考察了 1937 年到 2004 年的社会保障管理收益记录，这允许他们跟踪连续几年大量（不可鉴别的）个体工人的收入情况。他们总结出，自 20 世纪 50 年代以来，美国的收入流动性是很稳定的，这就意味着，过去三十年里年收入不平等的增加是和终生收入不平等的增加相匹配的。③ 来自加拿大的数据提供了关于收入分配上游信息的确实证据。和美国相比，虽然没那么明显，但是在最近几十年里加拿大也经历了单一年份收入不平等的类似递增，这包括在高收入阶层中表现出来的趋势。最近一项研究表明，1982 年

① Cilke 等（2001 年）。值得注意的是，这些估计结果和前文引用的国会预算办公室的数据分析没有直接的可比性。因为比起国会预算办公室的数据，Cilke 等人使用是一个不同的、不够全面的收入衡量方法；因为他们的分析对象是以个人而不是以家庭为单位的；因为他们的分析对象仅包括填报了联邦所得税纳税表的人，而国会预算办公室是以总人口为基数进行分析的。

② 这种说法是基于由美国财政部税收分析办公室提供的 1994 年和 1995 年的个人所得税纳税申报表。1995 年，收入最高的 1% 人群所拥有的收入占调整后总收入的 14.8%。对于年龄介于 45 ~ 54 岁之间的纳税人，收入最高的 1% 人占 15.3%。对那些年龄介于 55 ~ 64 之间的纳税人，该比例为 18.2%。收入比重在低于 45 岁的年龄组并不集中。

③ Kopczuk，Saez 和 Song（2007）。

到2000年间，加拿大收入分配最高的0.1%的人口，其无论是单一年份还是五年的平均收入，看上去几乎都是相同的。这表明，高收入阶层的收入增长反映了富裕人群长期收入的增长。①

不平等为什么会愈演愈烈是个颇具争议的课题。图3.1的数字都是税前收入，所以税收累进的变化并不和更大的不平等趋势直接相关。然而，一些经济学家提出了反驳意见：自1980年以来，适用于高收入人群的税率的降低可能要对报告中收入分配顶端的一些收入剧增间接负责。他们认为较低的边际税率增加了富人更加努力工作和加大投资的动机，而减少了向美国国税局隐瞒收入的动机。这个看似合理的论据我们会在下一章进一步考察。但是很多其他的因素也可能促成这一剧增，比如对一小群技术高度熟练人群（如律师、医生、投资银行家和影视明星）的服务需求的增加，而这类人可以哄抬他们的服务费。这一增长的需求可能应部分归因于将这些技术推向国际市场而不只是美国市场的容易程度日益增加。在收入分配的另一端，在一些地区，例如东南亚、中国和印度，制造业的发展有效地将十多亿技术相对不那么熟练的工人推向了世界，这使美国技术相对不熟练的工人面临着工资不得不被下调的压力。

如果由于市场力量，比如全球化和技术进步，而使得富人更富，穷人和中产阶级的收入停滞不前，那么就会出现一种引人注目的情况，一些增长的不平等应该被一个更加累进的税制所抵消，而不是因为减少了所得税的累进度而进一步恶化。② 这并不是因为高技术性职业的较高收入本身是不对的，而是因为利用原本就富裕的人群的剧增的收入来以这样一种方式重新安排税

① Saez和Veall（2005）。最近一项Krueger和Perri（2006）根据消费者开支调查报告的数据的研究指出，在1972—1998年期间，消费不均等性的增长比收入不均等的增长要小得多。消费部分取决于期望的生命周期收入，而并不仅仅是现在的收入。因此，他们得出的结论适用于如下情况：当发生大幅度的暂时性的收入波动，但生命周期中的收入不均等并未出现多大变化时。然而，他们提出他们的结论很大程度上考虑了中、低收入人群获得贷款、信用卡消费的情况，这使得人们在收入波动的年份内能够平滑地、均匀地消费。因此，他们的结论无法提供关于最高收入的1%的人群的收入分配情况的信息，同时其使用的样本数据也存在局限性。

② 总的来讲，为何收入会不均衡，这个问题在我们争论税制该如何进行改革时是至关重要的。举个例子，假如运气成分是主导因素，那么一种累进税制的负激励效应就不那么令人担忧，按理论来说税收提供的社会保障抵消了负面结果。另外，假如收入不均衡的主要因素是人们对努力工作的意愿的差别，那么高级差的累进税就不是那么令人信服。这种情况下，相同工作能力下，努力工作的人比“偏好闲暇”的人缴纳更多的税，并且税制是根据偏好而不是纳税能力来对纳税人区别地进行缴税。事实上，运气因素（包括受赠遗产和其他）和工作努力程度都是收入的重要决定因素。

负是行得通的，即就“幸福牺牲”而言，在不使富人境况变差的前提下使很多人的境况变得更好。事实上，耶鲁大学的罗伯特·希勒已经建议，所得税税率结构应该自动和收入不平等的程度挂钩，这样不需要必要的国会行动和更加累进的税率结构就可以触发更多的收入分散。① 此外，鉴于大量证据显示美国存在日益增长的不平等，作为“单一税”创始人之一的罗伯特·霍尔开始在他的税收提案中降低了“单一税”的重要性。在2005年，他写道“在过去三十年里，随着美国家庭之间消费分配差异的戏剧性扩大，很多人现在感觉到单一税率的税收结构不能足够公平地分摊税负……适合时代的税收设计应该在个人水平上有两个甚至三个不同的税率。”②

另外，如果开始于20世纪80年代早期的税率缩减使得富人收入剧增，因此释放出了一股创收热潮，我们就应该更加认真地对待减少税收累进所带来的经济利益，并对累进税少一些支持。

不考虑增长的不平等的最初起因，人们偏好的累进度必须部分依赖于价值判断。对于任何给定的关于公平的一系列价值观，如果获得公平的经济成本较高，那么合适的累进度就较低。

3.1.4 美国人眼中的公平

任何关于公平的首要原则都为税负合理分配上的不一致预留了很大的空间。为什么不能抛开首要原则而只是基于人们自己的价值观和原则来考察什么是公平呢？大量的民意测验和学术研究都这样尝试过。公众民意调查也普遍给予了累进税强烈的支持。但是有时候，结果表现出不一致或者很难诠释，也可能随着问题的不同架构而发生显著变化。在一些情况下，这些结果似乎表现出公众对于美国税制的运作感到困惑不已。

2006年4月的盖洛普民意测验发现，67%的人认为“上层收入者”缴纳了“太少”的税款。同样的民意测验对这一发现给予了强烈的支持，但

① Shiller（2003）。
② Hall（2005，p. 75）。实际上，本书的其中一名作者曾听过Hall教授谈到他个人偏好一种多税率的税收制度。

是支持率从 1992 年的 77% 稳步下降。[①] 在 2003 年关于美国人对税收的看法的一个谨慎而宽泛的调查中，57% 的应答者认为高收入家庭缴纳的税款“少于他们的公平份额”。此外，51% 的应答者认为税收困扰他们最多的是“感觉一些富人逃避支付自己的公平份额，”而不是“税制的复杂性”（32%）和“缴的税太多”（14%）。[②]

由于联邦税制原本就是相当累进的，所以表面上这些民意测验似乎都给了累进度大量的公众支持。然而，我们并不清楚美国人是否相信既存的税制实际上就是累进的。例如，在同样的调查中，51% 的人认为“中产阶级”缴纳了“收入的最高比例”的联邦所得税，而只有 26% 的人认为是“高收入群体”缴纳了最高比例的税款。[③] 正如稍后我们在这一章中要演示的，这一印象可能大错特错。就像官方数据所显示的，高收入人群在所得税上确实比其他人支付了要高出很多的收入份额。在 1989 年的调查中，一个关于这个普遍误解的鲜明的插图说明，人们一般相信 45% 的百万富翁根本没有缴纳所得税。然而，美国国税局的数据显示，真实的数字应该是少于 2% 的。[④]

给定人们也同样表达了对富人日益增长的税收的强烈支持，关于现行税制下谁承担税负的误解，可以帮助解释对单一税不同水平的支持上的明显不一致，而单一税可以降低高收入群体的适用税率。1999 年 4 月的一份美联社民意测验发现，51% 的应答者赞成“对每个人征相同比例的单一税”要比“高收入人群适用有着较高税率的现行税制”公平得多。[⑤] 在 2003 年的调查中，对于究竟是累进所得税制还是单一税率的所得税制更公平这一问题，应答者给出的答案几乎各占一半。但是明显地，在后一个民意测验中，41% 的人回答说在单一税制下，高收入者会比现在缴纳更多的所得税（35% 的人认为会缴纳更少的税款，18% 的人认为他们会缴纳相同的数额，6% 的人不知道）。数据统计分析表明，即使保持其他因素不变，如家庭收

① 盖洛普（Gallup，美国民意抽样调查的统计学家——译者注）的民意调查请见<http：//www. pollingreport. com/budget. htm>。
② （美国）全国公共广播电台、恺撒家庭基金会以及哈佛大学肯尼迪政府学院（2003）。
③ （美国）全国公共广播电台、恺撒家庭基金会以及哈佛大学肯尼迪政府学院（2003）。
④ McKee 和 Gerbing（1989），曾被 Roberts，Hite 和 Bradley 引用（1994）。
⑤ 美联社民意调查，1999 年 3 月 26 日至 30 日。

人、政治党派、年龄、性别、关于公平和现行所得税复杂性的既存信念等，如果人们认为高收入者在单一税下要比现在缴纳更多税款时，人们赞成用单一税代替所得税的可能性要高出 24 个百分点。① 这样，误解就可以毫无疑问地解释对于单一税率的支持，如果人们了解更多的信息，这种支持可能就会减弱。

其他最新发展引起了人们更深的疑惑，即大部分美国人是否需要税制上更多或者更少的累进度。其中，最近一个调查发现，大多数人支持取消遗产税，而在 2007 年，遗产税只适用于遗产超过 200 万美元的个人，这是最富有的 1% 或 2% 的人才能达到的财富水平。② 客观地说，绝大多数人只有相当小的几率来变得足够富裕以至于要缴纳此税。大部分的人依旧反对遗产税的事实似乎是强有力的证据——当考虑到税收公平时，人们不只是关注自己的个人税负，并且反对累进税。但是，给定由反对者所称的“死亡税”的独特性以及公众对于它的运作或者自己沦为纳税人的可能性的明显不足的理解，我们从这一“插曲”中得到的教训并不明显。

我们都知道，调查结果对于问题的措辞甚至是问题安排的顺序都是很敏感的。在这种情况下，当被问及公平时，人们是否考虑到更多或更少累进的税收结构的经济后果就会存在额外的不确定性。他们的回答是否涉及在累进没有成本或者考虑到这些成本情况下他们所认为的公平？我们不能给出确定的回答。

但是我们能确定，税收公平是个只要有不同价值观的理性人都会持不同意见的模糊概念。税负的累进度取决于公平观，也取决于通过累进税阻碍生产性经济行为以试图实现公平的程度，以及在简洁方面获得更精细的公平度所耗费的成本。在考虑所有情况之后，公众看法上的证据表明，大部分的美国人更偏好于累进的税制，但是由于他们基本不知道现行税制的累进程度，所以对于他们是否希望所偏好的税制要比现行的更多或更少累进就不那么清

① Slemrod（2006）。
② 请参见福克斯新闻观点动态民意调查，2003 年 1 月 14 日至 15 日（Blanton，2003）和（美国）全国公共广播电台、恺撒家庭基金会以及哈佛大学肯尼迪政府学院（2003）。公众关于遗产税的观点讨论请见第 8 章。

晰了。有的人显然满足于这样一种税制，即通过对一定水平的收入免税，然后使在这一水平之上的所有收入适用一个单一税率来实现累进。其他很多人似乎倾向于对连续递增的收入实行逐渐增长的较高税率这样一种更加累进的税制。人们在进行经济成效和简洁度之间的权衡时是否会表明他们的这些偏好是个开放而有趣的问题。

3.1.5 税收归宿：谁承担了税负?

在美国，决定由谁承担税负是个很难的问题。这是因为使用最直接的办法——将人们每年交给国税局的税款加总，然后将数字按收入群制表，并不能得到正确答案。它通常只会给出一个非常具有误导性的结果，因为去国税局开支票的人可以通过税制引起的市场价格的变化将负担转移给别人。例如，如果一个企业的所有者可以通过提高价格对一项特别征税作出回应，那么即使他是向国税局开支票的人，这个公司的顾客也承担了部分的税负。要理解税负的落脚点以及税负是否被公平分摊，我们要观察的不只是谁给支票签字。

如果“缴纳”税款就意味着向国税局开支票，则大部分工薪收入者没有权利抱怨所得税，因为他们根本就没有纳税！当然，所有这一切都意味着工资薪金税被他们的雇主从支票簿里“扣留”出来然后再由雇主转交给了国税局。4 月 15 日（或者延长的最后期限）之前，雇员必须向国税局缴纳他们的应纳税额和已经从收入中扣缴——由雇主代替缴纳的税款之间的差额。[①] 因为对于差不多 3/4 的纳税人而言，工资的扣缴部分超过了应纳税款，他们有资格获得退款，这样，如果纳税只是指向国税局开支票，那么绝大多数的美国人从未“缴纳”过任何所得税。美国工人对雇主扣缴已经足够熟悉，以至于他们本能地知道，他们很有可能或者已经无需向政府开支票就承担了税负。一些保守的评论家显然不认为纳税人如此精明，他们辩驳说

① 准确来说，个人纳税人所纳税款为其纳税义务大小减去预扣税款（预扣税款是美国现收现付制中（PAYE），雇主从雇员工薪收入中扣除并直接上缴税务机关的款项——译者注）加估计应纳税款之差。

工资扣缴模糊了真实税负应该予以取缔，这样雇员就能通过自己缴纳所有税款来“感受纳税之痛”了。

一项税收的取名和谁承担税负无关。想象一下，如果对工资和薪金征收税款变成企业雇佣员工的唯一合法责任，且该税种被重新命名为劳动力使用税而不是劳动力所得税，则对工人所得征税就会变成对企业征税，那么触发税收的起因就会保持不变。虽然工资单上的措辞会改变，但是谁真正承担了税负并不会有所改变。过去，一份周工资单会写清楚600美元工资，由200美元联邦所得税和400美元拿回家的薪水组成，现在却变成只简单地写上400美元工资，因为雇主会单独支付200美元的“劳动力使用费”。最后一行都是工人拿回家的工资400美元。改变税种的名字不会突然使雇主变得更慷慨，公司仍然会试图在保持他们所希望的劳动力规模和质量的情况下尽可能地减少支出。无论是提供劳动力服务的购买方（公司）还是出售方（工人）具有提交税款的法律义务，最终都会得到同样的结果。这一点相当重要，但是通常在接下来的很多分析中这一点会被误解。

一般规则是提交税款的法律义务的落脚点，其并不影响由谁承担税负，当然，也有一些例外。例如，假定雇主扣缴制被废除，则国税局不得不从雇员处征收所有的所得税。如果这开辟了新的避税和逃税机会，就会影响劳动力市场的供给和需求，因此会进一步影响均衡条件——雇佣合同的工资率。在这种情况下，税款提交机制就会起作用，因为它影响了工人和雇主的动机。但是，这一资格并不和人们必须超越谁提交税款来考察理解税收的最终结果这一重要概念相矛盾。

到目前为止，我们已经解释了如何不通过计算谁提交税款或者谁承担向国税局提交税款的法律责任来衡量税负，但是却没有解释该怎么正确地完成这一任务。对劳动力所得征税会减少工人拿回家的薪水，从而使得他们的境况变差，或者由于增加了劳动力成本而使雇主的福利减少吗？对卷烟征税会增加吸烟者、卷烟公司所有者以及为这些公司工作的人或者是烟农的负担吗？

表面上对一群人征收的税可能最终由其他人承担的这一现象被称做税负

转嫁，最终承担税负的人被经济学家叫做税收归宿。对于任意给定税种，这些都是很难精确回答的问题，对于其他一些税种，经济学家对于事实仍然存在很多不一致的看法。

当税收改变了人们购买或销售的商品和服务的税前价格时，税负就可以被转嫁。比如，当某人一小时挣 10 美元需要再交纳 20% 的所得税时，可以考虑接下来会发生什么。税收使工人的境况变差的程度取决于征税是否会引起工人的税前工资上涨以及上涨了多少。如果税前工资增加到每小时 12.5 美元，那么税后工资仍然是 10 美元（12.5×（1−0.2）），税负就完全从工人身上转移走了。如果税前工资增加到 11 美元，那么并不是全部的税负都可以转嫁。

什么决定了转嫁是否发生？一个有效的经验法则就是，一个人对征税物的替代性越强，这个人就越不可能承担税负。① 一些例子可以帮助解释这个观点。对每罐可口可乐征收 5 美分的税是否会引起价格上升并由可口可乐消费者来承担？答案是不会。如果大部分的消费者并不能区分可口可乐和百事可乐之间的区别，也就是说如果其对于被征税的商品有较好的替代品，那么消费者所应支付的价款就不会上升。② 如果两类商品一样好，那么在百事可乐只卖 50 美分一罐时，市场就不会简单地允许可口可乐按每罐 55 美分（含税）销售：在这一价格下没人会购买可口可乐。在这种情况下，可口可乐还是会按 50 美分销售，生产可口可乐的工人就会承担税负；如果其除税净收入不能覆盖其成本，则其可能不得不停产。另外，如果百事可乐或者其他任何饮料都不被看做是可口可乐的良好替代品，可口可乐的市场价格就有可能上涨到 55 美分，这样税负就得由可口可乐的消费者承担。

供给被征税商品的替代品也同样重要。假设农民早上抵达你们当地的农贸市场，忽然对每个西红柿征收 10 美分的税，则考虑此时的税收归宿。由

① 流动性在逃避税负中的重要性是一个被称作“The Who”（其实是英国的一个摇滚乐队——译者注）的“税收学术团体”提出的。他们这样在歌中“Goin’Mobile”写到：“警惕警察啊！税务人员好想我啊！因为我是流窜人员！”

② 即使不是所有的消费者闭上眼睛都能尝出（分辨出）百事可乐、可口可乐这样的类似商品，由于广告宣传效应，许多人偏向于消费其中的一种。该例子表明消费者在选择同类商品时首先考虑的是价格因素。

于西红柿很快就会变坏，农民没有替代品而不得不当天就在那个市场将西红柿卖完。在这种情况下，可能的结果就是市场价格并不会比没有征税前的普遍价格高出多少，农民因为不得不实行较低的除税价格而大量亏损。然而，如果西红柿税在几个月前提前公布，农民就可以选择种植其他的作物，或者是提前几天公布，他们也可以把西红柿运到其他地方去卖。随着这个市场上售卖的西红柿越来越少，西红柿的价格就会被哄抬，引起税负从农民身上转嫁到喜欢在那个市场买东西的人身上，他们会发现西红柿比其他东西都贵。我们可以观察到，那些喜欢新鲜西红柿的人并没有向税务当局缴纳税款，但是他们确实承担了税负。

同样的逻辑也适用于对劳动力所得的征税。正如已经讨论过的，对工资薪金的征税会从工人身上转出的程度取决于税收引起税前工资率上升的程度。如果工资上涨得足够多，以至于税后工资不会低于不征税时的情况，那么税负就会被完全转嫁。如何将转嫁的经验法则运用于这种情况？如果工人对于工作比雇主不得不雇佣工人而言具有更好的替代品，那么转嫁就可能发生。对于工人而言，有工资的工作的替代品就是休闲，或者是在家从事没有工资的工作；对于雇主，雇佣劳动力的替代品就是通过转向资本密集型或者自动化的生产模式来节约工人的使用量。

正如我们在第 4 章讨论的，大量证据表明劳动力供给对税后工资并不是高度敏感的，一般情况下人们并不知道除了工作他们还有其他的选择。通常，企业在找到劳动力替代品方面更具有灵活性。企业相比工人的灵活性表明，很少且几乎为零的所得税可以通过迫使工资上涨来从工人身上转出的，税负大部分由工人自己承担。注意到这一推理适用于任何由劳动力所得引发的税收，无论它是被叫做对劳动力使用的企业税，还是被叫做个体劳动所得税，也不管是不是必须由企业或者雇员去税务当局缴纳税款。

在一些情况下，税收将会给未征税但和征税商品在某种程度上相关联的商品或服务的消费者或生产者带来负担。例如，对黄油征税会使人们在吃吐司和进行烹饪时选择人造黄油，这样就会推涨人造黄油的价格。如此一来，部分税负就被转嫁给了人造黄油的消费者。另外一个例子适用于州和地方政府债券。这些债券的利息是免于缴纳联邦税的，而联邦和企业债券的收益是完全应税的。鉴于这一税收优势，人们对州和地方政府债券的需求较大。这就提高了它们的价格，换句话说，就是降低了它们的利息率。由于在其他投资上的缴税，州和地方债券的持有者——不需缴纳任何税款，却支付了隐性税收，而这一税收等同于他们收到的利息率和在一项有相似的成熟性和风险性的征税债券上获得的更高利率之间的差额。

3.1.6 企业不纳税，而百姓要纳税

全国步枪协会备受争议的口号——“枪支不会杀戮，而人会”——可能看上去像语义的细点，但从税收角度看则似乎是简单的错误。公司确实缴纳了大量的税款。据估计，在 1999 年，公司和非公司制企业缴纳了所有联邦、州和地方政府税收的 84%。这包括 2 310 亿美元的企业所得税、1.7 万亿美元扣缴的个人所得税和工资税，以及其他大量的税收。[①] 此外，很多人支持对企业征收较高的税，希望这意味着他们或他们的选民可以避免承担任何税负。例如，在 2006 年 4 月的盖洛普民意测验中，70% 的应答者都认为企业缴纳的税款少于他们的“公平份额”。[②]

然而，在某种重要意义上，企业不缴纳税款。通用电气公司的出纳签署向国税局开具的支票这一事实，并没有告诉我们任何关于哪些美国人承担了税负的信息。当然，出纳并不承担他雇主的企业所得税税负，那么到底由谁承担？应由通用电气的股东、雇员或者顾客来承担？不管这个问题的答案是什么，我们也没有足够的信息来得出结论通用电气公司这个法律实体会因为缴纳企业所得税而变得贫困。相反，我们需要准确地弄清楚到底是哪些人承担了税负。

哪些人承担了企业所得税？要回答这个问题我们可以先想象一个场景，公司税在没有预先警告的情况下就在一个之前从未有过类似税种的经济体中执行，这个经济体包含了很多企业，有的是公司，有的则不是。在短期内，由于预期到较低的税后收益，股票价格下跌，公司股份的持有者，即公司的

① Christensen，Cline 和 Neubig（2001，p. 498）。
② 盖洛普的民意调查请见<http：//www. pollingreport. com/budget. htm>。

所有者遭受了损失。尽管这样，故事还没有结束，因为公司的新投资相对于非公司的投资而言不再那么诱人。公司投资枯竭而非扩大。但是因为最赚钱的投资机会都被利用了，较少利润的还在被追捧着，越多的人追求非公司投资将不可避免地促使这些领域的税前回报降低。由于更激烈的竞争，非公司制企业将一部分税负转嫁给了这些其他形式的财富所有者。长期来看，这些非公司制企业投资风险调整后的税后回报将和公司投资一样，税负也将在拥有企业资本的所有者之间分摊。

鉴于这是个比较难的经济推理，下面的类比应该会有所帮助。假设有两条从郊区通向城市中心的公路。两条公路使通勤者花费相同的时间往返，并且几乎每个人都已经习惯了定期走这条路或者另一条路。现在假设在其中一条路上建造了一个过路收费亭，那么谁的境况会变差？一开始，那些习惯了采用新征税路径去工作的人其福利会变差。然而，随着时间的推移，越来越多的通勤者会转向走不征税的那条公路以躲避缴纳通行费，但这就会增加拥挤程度和通勤时间。这样一来，在一条道路上征收的通行费就会转嫁给那些通常采用另一条不征税路径的人。一旦尘埃落定，所有的通勤者可能会同等地负担通行费（如果不是，人们会继续改变他们的通勤习惯）。通过类比得出，对公司所得征税会扩展到所有形式的资本所得的获得者，否则投资到公司的资金可能就会流入非公司领域。

3.1.7 工人承担了资本税?

一些经济学家反驳说，转嫁并没有就此结束，企业所得税的部分税负，或者对资本投资回报征收的任一税将会由财富的所有者转嫁给工薪阶层。他们的论据如下。资本所得税（包括但不局限于企业所得税）降低了储蓄的回报率，反过来降低了人们储蓄的价值。因为储蓄为资本投资提供资金，随着时间的推移，储蓄的减少意味着经济体资本密集度的降低，劳动力的生产力也会降低。通过这一推理可以看出，当工人的生产力降低时，他们的工资也会下降，因此工人最终承担了资本所得税的部分税负。

这一论点备受争议，因为它取决于一系列关于美国经济运行方式的颇受争论的假定。首先，它要求个人储蓄行为对他们得到的税收回报的变化很敏感。20世纪八九十年代的经历使其对该命题提出了质疑，当时储蓄的税后回报率猛涨，但是储蓄率却在逐渐下降。

其次，这一论点要求如果美国的储蓄下降，那么国内投资就必须减少。由于投资不完全是靠美国居民的储蓄提供资金的，全球经济体减弱了国内储蓄下降对国内投资的影响。如果对美国公民资本所得征税、预算赤字或者其他什么原因引起了国家储蓄的减少，外国储户已经被证明只是太高兴去收拾这个烂摊子，为我们的一些投资提供资金。① 在这种情况下，美国工人的未来生产力和我们自己的投资回报之间的联系被弱化，在储蓄回报上的更多税负将由美国储蓄者（美国的财富所有者）承担。国家之间的国内储蓄率和国内投资率是紧密联系的事实表明，国内储蓄的减少可能只是被国外流入的储蓄部分抵消。②

我们已经讨论过，外国人在美国投资的可能性使得对美国居民储蓄的征税更加不可能转嫁给美国工人。然而，美国公民对外投资的可能性会使对美国国内投资征税更有可能会部分转嫁给美国工人。对外投资是国内投资的替代品，它限制了投资者在美国接受更低投资回报的程度。这样，对美国本土投资征税的尝试会在一定程度上促使投资流向境外，从而使美国工人面对生产力更低的工作机会以及具有向下压力的工资水平。

全球化市场的教训是，任何一个国家都会发现很难对收入机会跨国界移动的个人征税。当下，资本比劳动力更具有流动性，这暗指对特定地区的资本收入征税会倾向于转嫁给在当地居住的工人。然而，有证据表明，对一个大国比如美国而言，资本跨国界流动仍然远非那么完美，但是即便是这样，资本所有者依然有可能承担税负的绝大部分。③

19世纪法国作家、自由贸易运动领导者 Frédéric Bastiat 写过，差劲的经

① 正如哈佛大学的 Martin Feldstein（1994）所说，尽管在短时间内存在国外投资，但在长期条件下一个国家的投资水平仅仅取决于其居民储蓄水平。假设该观点成立，那么国内储蓄与国内投资的关系将被重新设定。

② 例如，Feldstein and Horioka（1980）和 Coakley，Kulasi，and Smith（1998）皆提出了关于这个话题的后续的文字评论。

③ Gravelle and Smetters（2001）和 Baldwin and Krugman（2002）为如下理论提供了令人信服的理论上和经验上的论据：多数的企业所得税税收负担都由国内资本所有者承担。

济学家和优秀的经济学家之间只有一个区别：一个优秀的经济学家不仅考虑看得见的政策效果，还会考虑那些看不见的政策效果，而差劲的经济学家则只考虑可以轻易看得见的政策效果。[①] 因为个人和企业可以通过改变行为对税收做出反应，真实税负可以通过没有被政策制定者预见和计划的方式转嫁。我们已经讨论过原则上资本所得税是如何转嫁给工人的。对来自创新的利润征税原则上可以转嫁给愿意享用创新产品的消费者，而税收会阻碍这些产品进入市场。虽然我们不可能确切地知道税负被转嫁了多少，但是优秀的经济学家在他们所了解的关键因素的基础上提供答案，又在一系列合理假定的基础上理想地提供了一套可能的结果。

3.1.8 谁承担了美国联邦税?

那么在美国，谁承担了联邦税？最近几年，城市布鲁金斯税收政策中心和美国国会预算办公室已经给出了最为彻底的分析。他们都使用了一套相似的方法并得出了相似的结论。表 3.1 呈现了城市布鲁金斯税收政策中心对 2006 年联邦税的分布的估计，以及 2001 年到 2006 年执行的联邦税缩减对收入分配中不同点的联邦税负的影响估计。

这些估计都假设个人所得税的全部负担都落在有法律义务的家庭身上，完全不存在对劳动力或资本所得征税的转嫁。这一假设和这样一种情景保持一致，即劳动力供给或储蓄对税后回报都不敏感。企业所得税的负担在全部资本所得而不只是公司股权所得或所有权的基础上被分配给了家庭。这和资本在公司和非公司领域之间的完全流动相一致，但是不考虑对全部储蓄和资本以致最终对工资率征收资本所得税的长期效应。工薪税根据工资或自雇而被归于家庭，而不管纳税被看作雇员还是雇主的贡献，这样，法律义务在公司和个人之间的分配（以及谁应该向国税局提交税款）就被忽略了。遗产与赠与税被假定由死者承担。联邦消费税和关税不包括在分析之内。[②]

---

① Bastiat（1964，p. 1）。
② 分配的估计数据来自城市布鲁金斯税收政策中心（2006）与 Leiserson 和 Rohaly（2006a）。该种包括税负归宿假设的方法，Rohaly，Carasso，and Saleem（2005）曾在相关著作中讨论过。

表 3.1 **城市布鲁金斯税收政策中心对联邦税的分布和最近税收变化情况的值测**

	2006 年平均税率						
	占经济收入的百分比（%）			占现金收入的百分比（%）	2001—2006 年税收减免		
	所有联邦税	个人所得税	企业所得税	所有联邦税	占现金收入的百分比（%）	每个家庭的平均税收减免（美元）	占联邦税的百分比（%）
收入百分比	(1)	(2)	(3)	(4)	(5)	(6)	(7)
总收入	18.7	8.5	2.8	21.3	2.5	1 628	10.7
收入的最低五分之一	2.2	−7.6	1.4	3.5	0.3	20	7.1
收入的较低五分之一	7.2	−2.1	0.8	7.2	1.8	349	19.7
收入的中等五分之一	13.4	3.2	1.0	14.3	2.1	744	12.7
收入的较高五分之一	17.6	6.2	1.1	18.6	2.0	1 232	9.6
最高 10%	19.6	8.4	1.3	21.0	2.7	2 595	11.2
最高 5%	20.5	10.0	1.9	22.8	2.8	3 932	10.9
最高 4%	20.6	12.0	3.1	24.8	2.8	6 497	9.7
最高 1%	24.7	15.2	7.3	30.8	3.5	44 212	10.3

数据来源：城市布鲁金斯税收政策中心（2006）；Leiserson and Rohaly（2006a）

税收政策中心对表 3.1 中列 1 到列 3 的平均税率的估计使用经济收入作为分母，这是对收入的一个综合衡量，而这一收入接近于第 2 章讨论过的经济收入。然而，据税收政策中心报告，2001 年到 2006 年的减税的影响只与"现金收入"有关，这是对收入略微狭隘的定义，它与表 3.1 国会预算办公室使用的概念更为相似，所以表 3.1 也在这种收入的衡量基础上给出了一些估计。①

表 3.1 的列 1 表明联邦税的整体分布是相当累进的，平均税率从收入分配最低的 1/5 的 2.2% 上升到中等 1/5 的 13.4%，进而到最高 1% 的 24.7%。尽管分析使用收入的综合衡量，即试图列入任一可能形式的收入，但其真实性不可否认。根据这一分析，较高收入群体可以利用漏洞、避税等类似方法比其他任何人缴纳更少税收的想法绝非真实。表明联邦税平均税率

① 这些分析中关于经济收入与现金收入的阐释请见 Rohaly，Carasso，Saleem（2005）和 Cronin（1999）。

且和“现金收入”有关的列4也给出了类似的结论。

从表3.1第2列的估计可以看出联邦个人所得税尤为累进。按经济收入计算的平均所得税税率在最低1/5的7.6%到中等1/5的3.2%和最高1/5的15.2%之间变化。最低1/5的平均税率为负值应归因于所得税中的税收抵免和儿童抵免的退还部分。对于这个收入群里的很多人而言，按净值计算，他们通过联邦政府得到了补偿。通过比较整体联邦税（列1）和个人所得税（列2）估计值可以使得所得税几乎成为联邦税制全部的累进税这一事实更加清晰。在分配中，其他很多联邦税要不是比例税，要不是累退税。

表3.1的列3显示了公司税分配的估计值。在税收是按资本所得的比例分摊这一假定下，潜在税负被估计成相当累进的。比如，中等1/5的人群的税负累计只达到收入的1%，而最高1/5的人群的税负累计则达到了收入的7.3%。然而，正如之前提到的，谁真正地承担了企业所得税的税负是一个备受争议的问题。关于这一问题的合理替代假设可以使整体联邦税制看上去稍微不那么累进，但是在更多合理的假设下，它依旧保持着累进性。例如，如果我们假设公司税的负担是和全部经济收入成比例的，那么全部联邦税将达到中等1/5人群收入的15.2%以及最高1/5人群收入的20.2%。

列5到列7展现了2001年到2006年间执行的所有联邦税减税对整体联邦税负的影响。几个重要的观点尤为突出。第一，很明显，这是一次大规模的减税。列5到列7的第一排表明，减税大体上达到了现金收入的2.5%，每个家庭1 628美元，占整体联邦税负的10.7%。第二，从列5可以看出，对于较高收入的人群而言，平均税率的缩减幅度更大。根据城市布鲁金斯分析，最贫穷的20%的人在减税的形式下获益很少，只达到了收入的0.3%。减税用税前所得的一定比例来衡量，在较高收入水平上是较为公平地分配的，而使收入最高的人获益最多。例如，中等1/5人群获得的减税等于收入的2.1%，而收入最高的1%的人群适用的平均所得税税率则下降了3.5%。在这个意义上讲，2001年到2006年的减税毫无争辩地使整体联邦税制的累进性下降，尽管列1和列4的数字表明，即使考虑了最近的减税效应，它依旧是相当累进的。

当以美元计算时，正如列 6 那样，减税带来的好处的差异性也呈现出了不同的一面。例如，收入分配中中等 1/5 人群的平均减税额达到了 744 美元，而来自收入最高的 1% 的人群的一个纳税人的平均减税额则达到了 44 212美元，后者几乎是前者的 6 倍!

分配的影响无论是取决于将减税按美元计算，还是取决于按收入的百分比计算，差异似乎都很大。布什总统更加强调分配影响的另一个指标，他认为，相比高收入人群，减税对于中等收入者而言代表了更多的联邦纳税义务。[①] 的确，列 7 就证实了这一点。收入群在第二贫穷的 1/5 中的人群获得的减税等于其联邦税的 19.7%，而收入最高的 1/5 人群获得的减税则等于联邦税的 10.3%。这单纯因为以美元衡量时，较高收入者一开始就比低收入人群缴纳了更多的税款。

表 3.1 也表明，所有收入阶层的人都拥有可支配收入，而这一收入至少和 2001 年到 2003 年减税后的可支配收入一样高，并且大范围居民确实得到了减税。所以批评者抱怨减税不公平可能对某些人是很粗鲁的。但是表 3.1 给出的有关减税的赢家和输家的描述是不完整的。减税并非免费的，并且它要求的额外的借款不得不在未来某个时点支付。最后，要么政府消费不得不在原本基础上减少，要么未来税收将比计划增加，要么就会发生这两种的综合体。我们会在下一章更加详细地解释这一点。那些认为减税不公平的人坚信，减税使得高收入的纳税人不成比例地获益，而明天的纳税人和那些无论政府消费减少后会发生什么他们都会亏损的人就成为了减税的替罪羊。

从历史角度看，图 3.2 阐释了对处于收入分配不同点的人在 1979 年到 2004 年间，其平均联邦税率是如何变化的。这是以国会预算办公室的分析为基础的，它使用的方法和之前讨论的税收政策中心的研究方法相似但不相同。情境假设相似，衡量的收入粗略地等同于“现金收入”。[②] 最大的区别

① 例如，在 2003 年 1 月，美国总统布什谈及税收减免政策时，说道：“我们这样讲，在该计划下，一个收入在 40 000 美元左右的四人成员的家庭在计算联邦所得税时会获得其应税收入 96% 的扣除额。”详见 Stevenson 和 Stolberg（2003）。

② 国会预算办公室（2006，表 1a）。关于国会预算办公室分析中对该项收入的阐释请见相应注释。

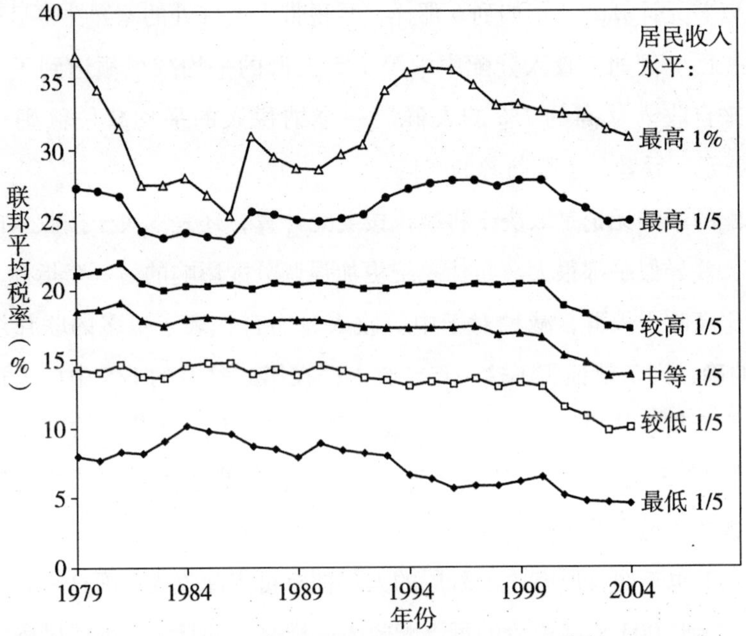

图 3.2　1979—2004 年有着不同收入水平的人群适用的平均联邦税率

数据来源：CBO（2006，table 1A）

就在于国会预算办公室的分析包括消费税，却排除了遗产与赠与税，而税收政策中心的研究则正好相反，这一区别使在国会预算办公室的分析中，自 2000 年以来的减税对于高收入人群来说变得更少。

图 3.2 的显著特征是在 1979 年到 2000 年间，尽管税法的几次主要修改导致了大量的政治争议，但是收入分配中间 60% 的人群适用的平均联邦税率几乎没有改变。然而，2001 年和 2006 年执行的减税几十年来第一次给税率造成了巨大的缺口。尽管如此，1979 年到 2004 年这一时期，税负整体上最显著的变化发生在收入分配最底层和最高层。由于里根减税政策，在 1979 年到 1986 年，收入最高的 1% 的人群适用的平均联邦税率从 37% 大幅下降到 25.5%，直到 1995 年才有较好的恢复，到 2000 年达到 33%。连续的减税将这一数字推低至 2004 年的 31.1%，其相对于 1979 年和 20 世纪 90 年代中期而言较低，但仍然超过里根时期的水平。最底层的 1/5 人群见证了平均税率从 1984 年的 10.2% 逐渐下滑到 2004 年的 4.5%，这大部分应归因

于收入的税收抵免、个人豁免、标准扣除的增加以及儿童税收抵免的引进。

正如经常被指明的那样，即使在2004年高收入者缴纳的税款占收入的比重比1979年低，他们缴纳的总税额还是有所增加。例如，国会预算办公室的分析表明，收入分配中最高的1%的人群在1979年缴纳了联邦税的15.4%，在2004年缴纳了25.3%。[①] 最主要的原因其实很简单：正如图3.1显示的，富人获得的税前收入在同一时间段内戏剧性地增长了。相对而言，对更高收入而言略微偏低的平均税率带来了更多的税收收入。

20世纪90年代早期进行的详细调查表明，当"公平"税单被受访者分摊给每个收入水平的家庭，然后被转化成平均税率时产生了一种模式，而这种模式和不同收入水平平均税率的实际模式惊人地相似。[②] 实际分配和期望分配之间的普遍相似点表明如下两种可能有可能都存在：它可能意味着我们大体上成功地将税负按美国人的希望进行分配；同样地，它也可能意味着当人们被问及偏好时，其总倾向于模仿现行的制度。一个同样详细的调查最近没有重新进行，所以我们不能确定这一惊人的相似点是否还会保持不变。

3.2 横向公平：条件相同者的公平待遇

3.2.1 每个人的特殊权限

在Garrison Keillor虚构的沃布根湖小镇中，所有儿童的生活水平都在一般水准之上。类似的矛盾也适用于美国所得税制度：每个人都享有特殊权限。如果你有小孩，如果你是老年人，如果你把钱捐给了自己支持的慈善机构，如果你建立了一个个人退休账户，如果你从雇主那得到了额外的补贴等，你都可以得到特殊的税收减免，而这个优惠清单还可以继续列下去。

当然，要每个人都得到平均水平以上的税收减免要比使得每个孩子的生活水平都超过一般水准还要不可能。记住，我们在向自己征税。要增加给定

---

① 国会预算办公室（2006，表1b）。
② 请见，例如Hite和Roberts（1991）。

数量的收入，税收特权长长的清单会要求更高的税率。允许大家庭获得额外的独立豁免津贴降低了他们的税款，但又不可避免地增加了较小家庭的税款。按揭利息可扣除这一事实降低了借款买房者的税款，但不可避免地增加了租房者的税款。只有当一个家庭比有着同等收入水平的家庭获得更多的税收减免时，这个家庭才能从税收减免的整体制度中获利；否则，其在税收优惠中节省的税款就会被更高的税率所抵消。但是，有的人获益，有的人则会亏损。事实上，因为单一税而出名的阿尔文·拉布什卡把税法称做“一国范围内最具歧视性的法律主体，而这一主体试图消灭社会其他地方存在的歧视。”①

要揭露我们所得税制度的“沃布根湖现象”，就需要略微“改装”一下我们的税收制度。现行制度下，首先计算你调整后的毛收入，再减去扣除以及你享受的特权中的抵免，而这些都需要废除。新的制度以所有税率彻底的降低为特征，但是——这里必须有一个“但是”，对于具体特点和活动就有特殊的税收罚款，而不是税收特权。例如，年龄在65岁以下、给慈善机构的捐款少于收入的1%、没有建立个人退休账户以及获得的劳动补偿是现金而不是附加福利形式，这些情况都要缴纳税收罚款。换句话说，没有从事被支持的活动就会被罚款，而不是因为从事了就有税收减免。如果这次税收重新设计可以被足够谨慎地完成，那么它就相当于复制了纳税义务的现行模式，以至于每个人都可以准确地回到现在所处的位置。它也可以复制奖励和补贴的既存模式：有捐款行为的人比没有捐款行为的人缴纳较少的税款，老年人比年轻人缴纳较少的税款，以此类推。

我们并不建议去体验将高税率和赋予每个人特权的税制转化成低税率和有着特殊罚款的税制的痛苦过程。关键点就在于我们都处在税收游戏中，对一群人赋予特权最终会通过较高的税率变成对其他每个人进行罚款。

是否存在一些正当的理由来实行特殊的税收罚款——对一些家庭赋予特权而造成的不可避免的后果？或者说，这些罚款暗指获得经济学家所说的横

① Donmoyer（1997，p. 1305）。

向公平的失败尝试？而这一原则表明对于两个福利水平相同的家庭，其应该承担相同的纳税义务，即同类人应有同等待遇。①

当然，我们可能都会赞同将纳税义务建立在一些特征基础之上是不合适的，比如种族和宗教。虽然在今天的美国，种族和宗教不会将你引向较高的税率，但是一些其他的个人特征和选择却可以这样。如果真的存在，那么哪些才是惩罚一些人和奖励另外一些人的正当理由呢？

让我们从消费模式开始。仅仅因为哈特菲尔德家的人喜欢去看电影而麦考伊家的人更偏好看电视而使哈特菲尔德家承担较高的税负，这公平吗？因为阿斯特家的人偏好游艇而范德比尔特家的人更喜爱私人小火车就对阿斯特家多征税，这又公平吗？这种基于个人消费“品味”的区别看上去很武断，在税制中也并无地位可言。如果你赞成这一点，那么基于消费模式的所得税罚款或优惠是不恰当的，此外，对特殊商品和服务征收的消费税由于对有这种消费行为的家庭产生了歧视也显得不合理。对电影征税歧视电影爱好者，对游艇征税歧视了游艇爱好者，以此类推。② 我们也可以注意到，对一些商品而不对其他商品征税对于横向公平而言并不是主要问题，前提是被征税的商品占据了绝大多数人的总收入的相同比例。例如，如果所有家庭将收入的20%花在食物上，那么对食物征收5%的消费税并不会比征收1%的所得税更加横向不公平。如果大部分但绝非全部的家庭将其收入的20%花在食物上，那么食物税可能是接近公平的但不是相当公平的。品味不同的事实为横向公平提供了一项政策，那就是将税负与消费品位挂钩。

美国所得税税制的很多方面都可以被看做是仅仅因为品味不同而对一些特定人群的歧视。例如，房贷利息的减除可以看做是对那些偏好租房而不是买房的人的罚款。慈善捐款的扣除就是对那些没有从事慈善事业的人的罚款。州税和地方税的减少惩罚了那些偏好居住在公共服务水平较低的地方的

---

① 对于之前提到的纵向公平的理论，我们还可以考虑其横向公平。该理论是关于有着不同生活水平的家庭的税收负担之间的合理关系的。

② 现在，联邦政府并未对电影业特别征税。但在1990年，联邦政府对购买价值超过10 000美元的皮草和珠宝、价值超过30 000美元的汽车、价值超过100 000美元的船只和价值超过250 000美元的飞机征收了税率为10%的“奢侈税”。该奢侈税现已被废除。

人，受援助者抵免有效地惩罚了那些孩子较少的家庭。

是否存在一个比较积极的方法来观察这些被我们描述为歧视特定行为的税收特征？答案是肯定的，如果这一活动以某种特殊方式直接使其他美国人受益——经济学家所说的正外部性——特殊的税收待遇本质上可以通过资助那些为他人提供福利的纳税人来为某个合法的社会目的服务。这一观点和特殊税收待遇的横向不公平并不矛盾。相反，为了获得一个更加有效率的经济体制，横向不公平通常是可以忍受的。下一章将探索如何评价这些观点。

税收优惠或罚款也可能被认为是正当的，理由是，收入是对家庭福利水平的一个并不完美的衡量，为了使它更合理就需要对收入做出特定的调整。根据这一观点，这些税收特征提高了税制的横向公平性。当然，这一观点也适用于既存的对巨额医疗费用的扣除。比较两个收入相同的家庭，非自愿地花费 1 万美元的医疗支出的家庭显然没有另一个没有医疗支出的家庭富裕，并且也没有合理地少纳税。这种情况不同于哈特菲尔德和麦考伊案例的原因主要不在于品位问题：你并非是自愿选择生病的。[①] 允许医疗费用扣除帮助那些被环境而不是品味挑选出来的家庭解决困难，因此其也不太可能是横向不公平的源头之一。然而，即使在这样的情况下，一些由品位造成的歧视还是悄然而生。那些偏好购买他们所能找到的最好的医疗保健产品而不是对其进行节约使用的人，就可以获得额外的税收优惠。

3.2.2 误导性不公平

在一些存在潜在横向不公平的情况下，很难区分涉及的是环境还是品位。比如因地震损害赔偿的伤亡损失扣除。如果地震确实是一个随机事件，完全不能根据地点预测，那么这种扣除作为调整纳税义务的方式就是行得通的，这一纳税义务反映了地震受害者减少的支付能力：他们是自然环境的受害者。然而，事实上，地震更有可能在某些特定的地方发生，比如加利福尼亚。居住在错误的地方是一种选择，而这种选择在某种程度上被较低的房价

① 正是出于这个原因，医疗开支的扣除限制于“自然的”开支，并特别剔除了如可选择的整容手术的开支。

所补偿。在这种情况下，允许伤亡损失扣除实际上为那些愿意承担地震风险的人提供了报酬，这无疑是品位问题，也惩罚了其他每个人。当私人地震保险存在的时候，这一观点就变得更加含糊了。此时，扣除就奖励了那些选择住在风险地带又不为自己买灾难保险的人。在这个例子中，较低的房价已经为承担地震风险的人提供了部分补偿，弱化了支持税收优惠的观点。

在其他很多情况下，纳税义务在不同人群间的变化这一事实并不代表不公平，因为受支持的活动的市场价格抵消了全部或部分的税收优惠。比如，一些投资者不需要为他们从州和地方债券中获得的利息纳税，但这并不表示横向的不公平，因为这些债券由于享受联邦税抵免，其市场利息率比应纳税债券的利息率要低得多。如果工人总的税前补偿偏低，即使他们的绝大部分补偿是免税的福利补贴，他们的福利也不会比其他工人好。在这些例子中，税收优惠使这一行为活动（购买免税债券或者选择有福利补贴的工作）更具有吸引力，同时也改变了它的市场价格。由于税收豁免，免税债券的价格上升，同时也降低了市场利息率。具有高福利补贴的工作的市场工资下降，因为越来越多的人想找这样的工作，其他事情也一样。

如果享受税收优惠的行为活动是广泛可取的，那么市场价格的抵消变化就更有可能发生。当这一行为活动被限制在特定人群内时，那些收益就没那么可能被价格变化所抵消。免税债券当然就落在了前一种类别里。① 赋予给某一个公司的税收特权，有时也被称做一次性条款，自然是属于后一种类别。一个立法者、想要支持一项重要运动的捐款者或是在自己管辖范围的某个指定公司，就会将条款在投票通过之前悄悄地插进一个内容很多的法案中，这时很少有人会注意到细节部分，于是就可以成功地将这一条款写进法律中。

3.2.3 谁是同等条件者：家庭或个人？

如果横向公平要求“同等条件者的同等待遇”，那么究竟应该把谁看做

① 然而，免税和应税债券的利率均显著地低于个人所得税最高边际税率，因此，适用于个税最高税级的投资者们通过投资那些证券，实质上获得了较高的税后返还。实际上，假如贷款的利息支出可以税前扣除，那么投资者通过贷款去购买那些免税债券是有利可图的。有关当局可以通过相关法规以制止该行为，但相关的法规却复杂而又难以执行。

是同等条件者——个人还是家庭？这一选择不可避免地提出了一些复杂而具有争议的政策问题，从所谓的婚姻税到决定家庭大小规模时政府的合适角色。

美国所得税制度将家庭作为纳税单位，但是在同等对待有着相同条件的个人和家庭时选择了妥协。要弄清楚这一过程是如何运作的，首先要考虑家庭中子女的个数是如何影响纳税义务的。在现行税制下，家庭的税款随着子女数量的增加而下降，因为每个受援助者使家庭有资格获得一份额外的豁免津贴，其价值在 2007 年达到了应纳税收入中的 3 400 美元的扣除。另外，每一个 17 周岁以下的儿童使纳税人有资格获得价值 1 000 美元的税收抵免，而那些收入足够低且有儿童的家庭还有资格从所挣收入的税收抵免中获得更大的收益。基本原理似乎是，对于毛收入为 5 万美元的家庭，六口之家中每个成员的个体福利要比三口之家差。所以我们的税制根据能力支付原则对大家庭更慷慨，赋予了他们较低的纳税义务。

这听上去很有道理，因为在大家庭里 1 美元不得不延伸得更远。但另一个问题是，父母的境况是否会因为每多一个孩子而变得更糟糕。从父母的角度看，抚养子女大部分是一种资源的选择，甚至可以被看做是一种个人消费偏好，或者说是“品位”。一些成年人喜欢把钱存起来，然后每年去一次拉斯维加斯消费，而其他的人则偏好和孩子在一起时的愉悦，虽然要伴随着食物、尿布、视频游戏，甚至还有上大学等成本。用较低的税收来奖励那些偏好子女多的成年人，而以偏好用其他方式花钱的人的福利为代价，这公平吗？①

毫无疑问，有些人会反对将抚养子女和生活在拉斯维加斯混为一谈，并作为两种可比的消费方式，他们认为前者是一种神圣的责任，而不只是一种选择。是选择还是责任，并不是经济学家可以解决的问题。此外，从子女的角度看，父母选择抚养几个孩子并不是子女自愿的。所以出生在一个六口之

---

① 值得注意的是，受益原则提示我们大家庭应负担更大的纳税义务，这是因为如义务教育这样的由税收提供资金的公众福利项目会随着家庭人数的增加而增长。这是由 Kaplow（1999）提出的。

家的孩子可能确实在经济上要比有着同样收入水平的三口之家的孩子的境况差很多。

我们仍有一些棘手的问题有待解决，但这些在任何税制下都是不可避免的。一些税制，例如零售税，在家庭规模的基础上消除了任何的税收优惠。其他的，如单一税，可以通过增加受援助者津贴使这些优惠更加慷慨。

常识表明，一个奖励有孩子的家庭的税制也同样会奖励——至少不会惩罚——婚姻。然而，在美国税制中常识可能是错误的。有时候，结婚可以增加一对夫妻所应缴纳的总税款。这种税收上的增加通常被叫做结婚罚款或婚姻税。事实上，这并不是一个单独的税，而是所得税制度的一种后果。它的产生并不是因为政治家们想劝阻人们不要结婚；相反，而是因为我们坚持所得税制度的两点要求，即税制应该是累进的（比如平均税率一般会随着收入的增加而增加），纳税义务应该建立在家庭总收入的基础上，而不是收入如何在配偶之间分配的基础上。结果是，这两点要求和婚姻中性原则不相容，即结婚不应该有税收后果。

一个例子可以解释这是如何发生的。芭比和肯正在考虑结婚，但是又很实际地担心这一决定的税收后果。现在，他们每个人挣 3 万美元。在这一例子中，假设 3 万美元收入适用的平均税率是 15%，6 万美元收入适用的平均税率是 20%。也就是说，税制是累进的。这样，肯和芭比现在每个人需单独纳税 4 500 美元。然而，作为已婚夫妇，他们将缴纳 12 000 美元的税款，婚姻税达到了 3 000 美元。可以发现，如果所有的收入都是芭比或肯一个人挣的，就根本不会有婚姻税。这时，他们总的纳税义务，不管其是单身还是结婚，都是 12 000 美元。

在这个例子中，婚姻税的发生并不是因为有人认为它是好政策，而是累进性和以家庭为基础的税收意想不到的后果。有人辩驳婚姻税在能力支付原则上是合理的，因为它反映了婚姻提供的生活成本的节省——共享厨房、洗衣机等。然而，这种节省也可以和室友而不是配偶来实现，没有人建议纳税义务应该以你有几个室友为标准。

如果这些都不是婚姻罚款的有力论据，那么应该做什么来减轻它呢？解决这一问题的方法之一，正如我们在美国实行的，为每一个纳税人和每一对夫妇建立单独的税率表。每个时间表都可以根据自己的主张保持累进性，这样，单个纳税人和已婚夫妇的应纳税的部分所得就会随着收入的增加而增加。如果已婚夫妇同一收入水平上的应纳税款比单个纳税人的低，那么就可以降低或完全取消婚姻税。让我们回到芭比和肯的例子上来弄清楚这是如何实现的。对于单个纳税人，假设 3 万美元收入的平均税率仍然是 15%，6 万美元的平均税率是 20%。税收保持累进。对于已婚夫妇，假定 3 万美元的税率是 10%，6 万美元的税率是 15%。税收同样是累进的（至少只考虑已婚夫妇时是这样）。这一方案就消除了芭比和肯的婚姻税，因为他们单身时每人缴纳 4 500 美元的税款，作为已婚夫妇则共同缴纳 9 000 美元的税款。

然而，当我们试图用这种方式逃避婚姻税时，一些重要的后果就会出现。首先，它对单身者强加了罚款，因为这一税制下，收入为 6 万美元的单个纳税人要缴纳 12 000 美元的税款，而一对个人收入同为 6 万美元的已婚夫妇则只需要交 9 000 美元。这种情况就提供了 3 000 美元我们通常所说的婚姻奖金，但对于单身者它同时也是一种罚款。

只要我们偏好以家庭收入为基础的累进税制，就没有办法同时保持婚姻中立。任何税率表都会因为税率表本身以及涉及的纳税人的具体情况，而以婚姻奖金（单身罚款）、婚姻罚款（单身奖金）或者奖金和罚款的结合为特征。

在美国，我们在众多方法中选择了妥协。历史上，一对双收入夫妇一般都面临着婚姻罚款，尽管罚款额并没有所有家庭和个人在同一税率表下缴纳的税款多。只有一份收入的夫妇一般可以通过结婚来获得一笔税收奖金。当然同时也有单身罚款，因为一个单身者要比有着同等收入但只有一个人挣钱的已婚夫妇要缴纳更多的税款。根据国会预算办公室在 1996 年的报告，这一妥协意味着几乎有 2 100 万对夫妇遭受了平均数额为 1 400 美元的婚姻罚款，将他们全部的税款提高到 290 亿美元。另外 2 500 对夫妇得到了平均数额为 1 300 美元的婚姻奖金，帮他们节省了 330 亿美元的税款。[①]《2001 年

① 国会预算办公室（1997）。当时并未对婚姻的罚金和奖金作出全面的研究——这反映了 1996 年后改革的问题。

税收法案》中囊括的条款试图减少一些人的婚姻罚款。例如，由已婚夫妇共同申请，标准扣除和 15% 级距的最高限制将会逐渐增加，直到它们达到单身者适用的数额的两倍。《2003 年法案》加速了这些条款的分阶段实施，并在那一年开始全面生效。Adam Carasso 和 C. Eugene Steuerle 研究了《2001 年税法》变化对婚姻罚款的影响，并得出结论：新的立法将“显著减少大部分家庭的婚姻罚款或增加婚姻津贴”。然而，他们也注意到很多婚姻罚款还是会一如既往地存在。①

如果纳税义务以个人收入而不是家庭收入为基础，我们就可以实现税收中性，一些欧洲国家就是这种情况，美国征缴所得税的早期时候也是如此。② 在这一税制下，结婚就不会有任何税收后果。但此时，家庭的纳税义务取决于谁挣取了哪些收入。总收入被等额分割的一对夫妇将缴纳较少的税款，相比另一对有着同等总收入但只有一个人挣钱的夫妇而言。这也引起了将收入从高收入的家庭成员向低收入成员转移的动机。已婚夫妇就可以操控夫妻双方由谁来获取资本性收入，从而发生可扣除费用，这些都是国税局很难掌握的。③

3.2.4 公平的终生观和代际观

我们可以设想一下下面假设的税收转移项目。在第一年，一半的纳税人都面临着 1 000 美元的新税，另一半纳税人每人获得了 1 000 美元的特殊补助金。在下一年，被征税的人会获得补助金，原本获得补助金的人则面临着缴税。我们相信几乎每个人都能理解在两年范围内，净收益为零，即使对一年的分析可以揭示明显变化无常的横向不公平：有的人收钱，有的人交钱。此外，当比较两种税制要求纳税时间不相同，但在更长的时间范围内合计达

---

① Carasso 和 Steuerle（2002）。

② 另一种减少这种横向不均衡的方法是减少税率结构的累进程度，但是这是以牺牲许多人心中理想的纵向公平为代价的。

③ 放弃早期的对夫妇双方分别征税的税收制度的原因之一是居住在“夫妻财产共有州”的夫妇对所获得的家庭收入由双方平等地拥有，因此这减少了夫妇的总纳税额。美国许多州都采用夫妻财产共有法（在美国一些州采用夫妻共有财产法，如加利福尼亚州、亚利桑那州、新墨西哥州、华盛顿州等。在夫妻共有财产州，每个配偶在婚姻存续期间所挣收入，以及用该收入购买的所有财产，都被认为是夫妻共有财产，由夫妻双方平等地拥有。这样，在婚姻存续期间所产生的债务一般也为双方共有债务——译者注），因此那些州的居民可以从中获益。

到了相同的负担时，不被一份年分析报告得出的不公平结论所误导是很重要的。例如，当每个人最终都是老年人时，对老年人的特殊抵免就不会得出显著的公平结果。人终其一生，所得税在工作年份征收，销售税的缴纳显然更均匀地分散在消费年份里，包括退休，这一事实并不是本身就和横向不公平相关的。即使是在任一年份里，两个收入相同的个体的税款支出也会随着年龄的不同而显得有所不同。在第 6 章和第 7 章里，我们会回到这一问题上，届时会讨论用消费税制度取代所得税制度的相关价值。

一些税收政策问题要求我们跨过一生用多代的角度来观察。这一角度对于讨论政府开支的赤字财政是很有必要的，因为借款推迟了由谁来承担税负的详细说明，还倾向于将这一负担强加给后代。这一问题也导致进入了对是否要用消费税取代所得税的讨论，因为依赖于如何处理这一转换过程可以将大量的税负转移给老年人，并且减少后代的税负。

3.3　过渡性公平

不管什么时候，税制一旦发生变化，有的人就会亏损，而有的人则会获益。不管这一变化最终是否会使税制更加公平，这都是事实。亏损者之所以会有所损失，部分是因为他们面临着一些长期承诺，而这些承诺只有在旧税制下才行得通。他们可能指望通过抵押贷款利息扣除来购房，而如果这一制度被废除他们就会亏损。他们可能会接受离家很远的工作，指望着通勤时便宜的油价，而一旦燃油税增加，他们就会亏损。他们可能会投资州和地方债券，指望着免税的利息收益，而一旦边际税率下降或暴跌，或者一旦税收豁免完全被取消，他们就会面临债券价值的下降。

当税法发生变化时，有的人会收获意外之财。这些人碰巧在正确的时间处于正确的位置上。例如，拥有会支付红利或将来可能会支付红利的公司股票的个人会见证股票价值的上涨，前提是取消（正如布什总统在 2003 年的提议）或降低（2003 年税法）对红利的征税。乙醇行业的工人们在燃油税增加时毫无疑问地会获益。如果政府对连锁超市执行特税，Mom and Pop 杂货店就会繁荣起来，就像19世纪30年代一些州所做的那样。

当然，对于变化有政治压力的通常是那些忍受税收变化给其带来亏损的人，而不是那些获益的人。对于他们，我们要怎么办？有些人会说它们是"坚韧豆"，不需理会，经济环境总会有起伏，每个人都要预测时不时的亏损。当所讨论的税收变化还暂时悬而未决时，这一观点尤为吸引人。在这种情况下，发生意外损失的可能性可能已经反映在活动或者资产的价格中了。例如，国会认真考虑降低税率就会推低免税证券的价格而增加他们的收益。低廉的价格和高利息率反映了税率可能走低的可能性。如果这一可能性确实发生了，债券持有者的全额补偿就没有意义了。他们购买这些债券就是在赌博，因为其完全知道减税的可能性，他们通过从投资中赚取更高的回报来部分地补偿这一风险。

然而，有时并不存在简单的方法来预见税收的变化。5年前就承担房屋抵押贷款的家庭，指望着利息扣除，其可能并不会合理地预见到扣除可能会被取消。如果抵押贷款扣除真的被取消了，那么又该做什么来保护这家人以使其不受伤害呢？通常的解决方法是将既存的抵押贷款写到"祖父"名下，这样利息就还是可扣除的，即使在新的抵押贷款上的利息已经不能再扣除了。

这看上去合理，但是改写到祖父名下的安排和其他的转移规则可以很轻易地就变得相当复杂。它们要求两个平行系列的规则——一种运用到旧税法下的决策，一种运用到现在的决策下，分界线被要求严格控制以阻止滥用。这些安排也耗费了财政收入，所以财政部要求实行更高的税率，至少暂时会这样。

当考虑到用消费税代替所得税时，过渡性公平绝对是很关键的一点。一个重要的分界线就是年龄。如果人们一出生就知道他们不得不缴纳相当于终生收入的20%的税款时，对他们绝大多数人来说，是在退休之前缴纳大部分税款还是将税收在工作和退休年份平均分摊已经不重要了。只要可以预知付款时间表，这就不是大问题。

然而，在中年时改变规则可能会是大问题。假设你整个工作时期都在所得税制度下生活和纳税，希望在退休时只需缴纳少许税甚至不需纳税，然而就在退休的第一天清晨，你会突然发现所得税被取消且被零售销售税所取代。没有人会责怪你因此而沮丧。如果我们要转换到消费税，对数百万的老年人和中年人而言这确实是可能发生的。

就像抵押贷款利息扣除一样，上述问题也存在解决方法。例如，可以授予老年人消费税的豁免权或至少对其征收较低的税率。但和抵押贷款扣除一样，这些方案也有问题。老年人的“豁免卡”应该确实有价值：想象一下你年迈的父母为你购买第二辆车，并把它当做周年礼物送给你。即使这样的方案是可以阻止的，豁免也要求对其他每个人征收的销售税税率应该更高以弥补其损失的收入。

问题关键就在于，即使我们全部赞成另一种税制更公平更简化，从这一税制转换到另一税制的过程可能对很多人而言还是不公平。然而，如果我们尝试设计一些规则来补偿亏损者，转换就会变得极其复杂。此外，一旦政治上很强大的潜在亏损者能得到补偿，转换最终就会变得既复杂又不公平。

3.4 结　论

什么是税收公平在关于税制改革的争论中至关重要，因为很多改革方案会招致税负的重新分配。一些人建议将累进税率结构转换成单一税率，大量地放宽税制的累进度。其他人则建议缩减税法中的特别条款。这些建议因为微调了税负的分配方案或者奖励了对社会有益的活动而被认为是正当合理的。这些变化是否代表着接近或远离税收公平并不能单独给出答案，因为公平不可避免地和税制简化以及税制如何影响经济紧密相连。微调纳税义务、确保累进度都不可避免地使税收过程复杂化，而放弃这些目标可以实现显著的简化。此外，使用税制对收入进行再分配以及挑选出特殊的活动以示奖励，这些尝试可能抑制经济增长。抑制的程度则是下一章的主题。

4

税收与经济繁荣

税收对经济的影响一直是美国政策争论的核心问题。一种极端观点认为：税收对经济产生了极大的拉动作用，会引起一个新时代的经济快速增长和繁荣。罗纳德·里根在总统竞选中也提出了这一观点，他承诺大幅降低所得税税率，并最后以压倒性优势获得竞选成功。在1996—2000年共和党总统初选期间，候选人史蒂夫·福布斯提出要用消费通胀税来代替现行所得税，以促进经济以双倍的速度增长。[①] 乔治·W. 布什认为低税是导致繁荣的关键，提出"一个国家积极实行低税、放松管制和对外开放政策会比集权制和高税制政府创造更多的就业机会，以及带来更好的生活水平。"[②]

---

① Murray（1996）。
② Bush（2003）。

然而，大多数民主党领导人极少提及税收的经济效应和成本，除非他们的对手夸大税收的作用。他们认为税收所产生如社会治安和医疗等方面的收益具有不确定性。民主党还谴责：共和党的减税政策会不成比例地使政府支出受益人及其下一代人的利益受损（因为减税政策提高了预算赤字）。

经济学家对于税收经济效应的观点比政治倡导者们全面一些，但不同的经济学家之间仍有分歧。斯坦福大学研究通货膨胀税的经济学家罗伯特·霍尔认为：以7年为一个周期，采取通货膨胀税很有可能使收入提高6%。[①]其他学者并不如此乐观，例如，布鲁金斯学会的威廉·盖尔认为，在经济繁荣时对长期所得征收通货膨胀税，收入只会提高1%。[②]

对于制定税收政策来说，税制如何影响经济及影响程度是至关重要的。首先，如果税制在没有正当理由的情况下阻碍了经济发展，我们大多会同意修改税制。但是在大多数情形下，税制的调整经常会在促进经济的同时与其他价值目标相冲突。鉴于此，原有均衡将会被打破，新的均衡机制将严格依赖于税制对经济运行的影响机制。

前面章节已经述及这些显著的且富有争议的均衡机制，结果表明：税收会降低人们努力工作以及获得高学历、培训、创新和创业的积极性。累进税制会增加商业行为的税收负担，这种均衡是不稳定的。

该章节探讨的是税制如何影响经济发展以及制度税收政策等内容。本节通过一些特殊方法来理解税制如何影响经济行为并且评估了税制的长期效应。在任务开始之前，我们先说明一些容易混淆且与税制对经济发展有不同的影响路径的一些概念。

4.1 税制和经济周期

根据经济周期理论，在长期，经济不是稳定发展的，而是沿着一个发展

① Hall and Rabushka（1995，p. 89）。

② Gale（1995，p. 22）。注意，这里Gale所指的是从福利中的获益，而不是从福利中的收入。换句话说，获益是指放弃闲暇、放弃当前消费等的净成本。关于这个话题的更多讨论请见第7章。

趋势上下波动的。在萧条期，经济停滞，生产能力下降，失业率奇高，工厂设备闲置。从萧条到复苏时期，经济发展迅速，资本和劳动力物尽其用。这种短期增长与长期持续增长最根本的不同是经济能力得到了扩张，或者说会有潜在的、更好更多的资本和科技投入以及会有更多的人力资本投入。

需要注意萧条期和复苏期的轮番出现不会直接影响税收，只会产生间接影响。例如，萧条会降低消费和商业信心，或者引起外部震动，如导致石油价格上涨。

美联储的一个工作就是通过制定货币政策来“平滑”经济周期。例如，如果联邦政府认为消费需求或投资需求偏低，美联储则会通过公开市场交易，降低市场利率，并保持长期利率的基本稳定。低利率使得原材料、固定资产等投资成本下降，居民家庭购买的商品、汽车和其他耐用性商品的价格也相应下降，以此可以促进消费，繁荣经济。在经济繁荣期，美联储会提高利率（如在开放市场上卖出基金）来限制需求和通货膨胀。这就是被经济学家广为接受的美联储调节经济周期的原理。

相反，经济学家们对于税收是否具有调节经济周期的作用颇有争议。减税可以提高居民的可支配收入，在某种程度上可以刺激居民消费，提高居民消费需求，从而拉动经济，以帮助经济尽早从萧条期走出来。但是，政府支出或是转移支付也有同样的作用机制。值得注意的是，减税政策或是提高政府支出只能在经济低于其实际能力的情况下发挥作用，即在经济复苏时才具有可行性。如果经济已经恢复正常，达到了正常的运行能力，由减税政策或提高政府支出来扩大需求则不能“迎合”产出的增长水平，结果反而会导致高通胀、高利率、大量进口、投资减少或这些问题的结合体。

反观美国近代历史，明确显现出这样一种现象：在经济低迷时期，减税政策易被用于刺激消费或投资需求，以期跳出滞胀经济。1964 年，肯尼迪实行减税政策且效果显著，达到了调节经济的最初目的，是实施减税政策的一项成功案例。在美国近代史中，虽然减税政策没有被系统地陈述过，但是的确对经济复苏产生了积极作用。例如，一些学者认为里根总统的一期减税政策扩大了国内需求，对于促进 1981—1982 年的经济复苏起到了一定的积极作用。最后需要指出的是：即使是在缺乏立法支持下的所得税调整也能帮助经济复苏，起到了自动稳定器的作用。这是因为在萧条期，居民的收入降低使得个人所得税收入自动降低，居民的名义纳税负担减轻，缓解了消费需求下降带来的负面冲击。

在20世纪40年代到70年代凯恩斯经济的全盛时期，美国实行了诸如减税和增加政府支出等财政政策，然而大多数经济学家并不认同应该在这一时期实行这种积极的财政政策。保罗·克鲁格曼认为这些财政政策不能有效地给市场带来活力，理由是：货币政策和财政政策就像是阿司匹林和吗啡，两者都是止痛药，但是当你头痛时，首先选择的应该是阿司匹林。[①] 由此看来，克鲁格曼认为货币政策是第一道防线，而使用财政政策则是会上瘾的（财政政策的结果很难被倒转），只有在特殊环境下，其他方法均无法发挥作用时，才可以用财政政策来调节经济萧条期的经济运行情况。只能在萧条期实行的减税政策和政府支出新项目如果在萧条期过后的很长一段时间内仍在使用，则会产生一系列问题，这些问题会在之后讨论。因此，用预算赤字来打击萧条只能获得短期利益，而损失了长期利益。这个问题可以结合这些事实进行考虑，即政府意识到经济已处于萧条期，并制定了减税政策和扩大政府支出政策，经济开始自动反弹。当经济恢复状况较好时，减税和扩大政府支出政策自动无效；当经济恢复状况不好时，则会产生通货膨胀。

把减税政策作为恢复经济的重要方式所导致的第二问题是：居民的边际储蓄倾向提高，大部分额外的不可支配收入将会被储蓄而不是用于消费。在这种情况下，减税政策对于扩大内需是无效的。从理论上说，短期减税政策的效果更是如此。如果居民知道他们的税收只是短期内下降，将来还会上涨，他们可能想要储蓄今天的减税收益来“平滑”消费，以避免产生“饱餐或饥饿”的生活方式。

以上问题的证明机制与来源是复杂的，有时甚至是矛盾的。以2001年的减税政策为例，为了使纳税人相信减税政策，从7月到9月，美国部分地

① Krugman（2001，p. 27–p. 28）。

区通过邮寄退税支票的方式来保证减税的真实性与可靠性，支票面额通常是300美元和600美元。之后，调查显示：美国居民对于减税政策的反映与政府预期相相背。即使这些支票已经背书该减税支票具有10年期限，也只有少于1/4的居民拿到支票后把钱用于消费。[①] 然而，在不同时间段内，对这些花费减税收益的家庭的调查结果显示：在3个月内把这些减税收益用于耐用品消费的家庭占20%～40%，在6个月内花费这些收益的占2/3。[②] 虽然这些数据使学者们质疑通过使用减税政策来拉动经济的有效性，但是家庭支出分析的结果表明布什在就职演说中保证的减税政策的确在一定程度上起到了稳定经济的作用。

这里需要明确的是，我们不是反对减税政策，而是建议应把重点放在如何设计最优税制上。该命题是与经济运行无关的。实际上，抵制萧条的举措（刺激居民消费）可能与税制改革的基本目标相违背，如对储蓄率的影响上，前者需要降低储蓄率，后者却提高了储蓄率。鉴于此，我们需要先讨论下一个问题：预算赤字和盈余。

4.1.1 预算赤字与盈余

预算赤字与盈余，是不同于税收与政府支出的第二个重要议题。原则上，预算赤字与盈余的研究是与税制设计相分离的。如果税率很高，政府则会有充足的税收收入弥补财政支出，因此将不会存在赤字或是盈余。另外，对于税制改革来讲，大多数改革倡导者都倾向于避免巨额赤字。他们认为税率低于正常税率水平（保证税收收入不变时的税率）时会促进经济增长，税基会因经济增长而扩大，那么企业或居民的税后收益就会下降。此时，盈余和赤字水平的研究就与税制改革密切相关了（这是研究税制对经济影响的重要理由）。在布什总统时期，如果减税政策不与政府削减支出同步，就会产生巨额赤字。另外，正如我和大多数经济学家所认为的，如果减税之后并没有促进经济增长，反而引起了高赤字，那么我们就要清楚并警惕在赤字

① 请见Shapiro和Slemrod（2003a，2003b）关于纳税人对于2001税制讨论的行为的相关文献。
② See Johnson，Parker和Souleles（2006）。

运行下的经济体系所面临的风险是什么。

首先，减税和赤字运行不会降低政府财政支出，而只是推迟了估计由谁来承担政府赤字运行的成本。在20世纪八九十年代，巨额赤字导致的大量利息一直是联邦政府最大的债务，在2006年，利息债务所占的比重已近8.5%。[①] 这些费用是不可避免的，如果不支付便会导致更大、更多的问题，因为政府会失去信用并很难再借到钱。政府要想偿还这些利息债务，必须通过征收高税收、削减开支等办法。当然，政府也可以通过滚动债务的方式避免即时偿还利息债务，只要债务规模不超过经济规模即可。

把赤字成本强加到未来纳税人身上的一个关键方法，就是要缩小政府原来想要扩张的经济规模。如果预算赤字是通过侵蚀国民储蓄而来的，则会从私人储蓄中减去政府借贷部分，此时私人储蓄的降低会减少可用于机器设备、技术和厂房投入的私人投资；如果政府赤字运行的资金来源于向公众出售基金，则将导致居民储蓄从企业基金和股票投资流向政府基金，从而使得用于私人企业生产发展的资金不足。用于私人部门投资的储蓄量减少会使得市场利率提高，增加私人企业的借贷成本，导致企业的投资利润率下降，且会降低投资水平。由于资金不足无法带来企业发展所需要的充足的机器设备、厂房、技术和高技能工人，这样的投资减少便会降低企业生产力和经济的长期发展能力，后果堪忧。

正如前面已论证的，出于较低税率和高额的政府支出会刺激产品和服务的市场需求从而促使经济恢复正常生产的考虑，在经济萧条期实行赤字政策也许是正确的。但是众所周知，经济的长期发展会导致供给繁荣，即提高资本和劳动力的生产力，而预算赤字对这方面是没有作用的。这与家庭部门所面临的情况是一致的，当家庭处于暂时资金短缺时，家庭部门会减少储蓄或通过借贷来维持正常的生活水平，但是如果要长期持续地减少储蓄，不论是在生活好的时候还是坏的时候，该家庭将来的生活水平肯定会变差。同理，全国作为无数个家庭的综合体，如果政府部门长期借贷，国民储蓄则会减

① 美国管理预算办公室（2007，历史表格，表3.1）。

少，整体经济也会随之变糟。

赤字不会减少国民储蓄。如果纳税人感知到赤字意味着将来的高税收和较少的政府转移支付（对他们自己或对其子女），便会提高私人储蓄以此来平衡赤字所带来的不良后果，私人储蓄的提高可以填补政府部门的负储蓄。如果外国资本通过持有美国政府的债券或进行其他投资被引入美国经济中，则赤字不会大幅度降低国家整体的投资水平。事实上，这样的事情曾在20世纪80年代发生过，然而外国资本只能对美国经济起到有限的作用，因为外国资本在得到投资收益和利息支付之后就会从这个国家撤出。

如果政府实行减税政策而没有削减政府支出，则今天的借贷会使得未来税收水平提高到以前从未有过的水平，此时，高税收会损害经济的正常运行。如果现行的低税收作为经济福利出现，则未来的高税收必须作为一种大规模的责任出现。该问题的探讨引出了该章节后面两个重要问题：（1）如何应对经济行为激励？（2）如果政府实行减税下的赤字融资政策，则为了维持大规模的财政支出水平，政治家应如何制定经济政策？

2003年2月，前美联储主席艾伦·格林斯潘坦率地声明：在很大程度上，政府可以通过快速经济增长抵销巨额预算赤字带来的风险，也就是说，巨额预算赤字是没有任何危险的。格林斯潘对参议院银行委员会说：“毫无疑问，快速经济增长会使控制赤字风险变得相对容易。”之后，其又补充道：“快速经济增长本身是不可能完全解决当前预计的长期赤字问题的。”同时，格林斯潘评论布什政府的政策时说：“预算赤字对市场利率方面没有什么影响”，这些与其他一些人的观点如预算赤字会影响长期利率和经济运行是相反的。①

基于以上理由，增加赤字（或降低盈余）可能会产生成本，导致长期经济变得更糟。② 然而，许多研究税收对经济影响的论点很容易忽视这一事实，其只看到了减税对经济有益的一面。也许减税政策对经济所产生的积极

① Andrews（2003，p. A1）。

② 该评价适用于由减少征税所产生的赤字（或盈余的减少），并控制政府消费的持续开支。对于政府建立的基础设施或教育的投资项目的开支的增长，该评价并不适用，因这些投资项目会带来当前和未来的福利。

的经济效应是真实的，但是也不能忽略增加巨额赤字已经产生的负面效应。

4.1.2 政府应该做多少?

税制改革的另一个经常被混淆的问题是政府规模应该有多大。减税的支持者极力倡导减税和大幅削减联邦政府行政开支。尽管如此，政府规模扩张的反对者也坚决抑制为任何一级政府的决策融资，即使这一决策是当时情形下的最优选择。

虽然这本书主要研究的不是政府规模应该有多大的问题，而是关于最优税制的设计研究以及如何确定政府开支的合理水平等问题。我们以这种方式限制研究范围，不是因为我们相信政府支出水平和行政结构是完全正确的，而是因为有关政府规模的两种不同的观点对税收规模的影响涉及了税制设计和额外的政府开支的研究是否具有理论和现实的价值基础。所有政府对其决策都需要进行价值评估，但这是不合理的。以购买航空母舰为例，是否购置归根结底要看提供航空母舰是否能够为国家安全带来收益，即要对购置航空母舰进行成本—收益分析。但是在多数情况下，收益是难以量化的，因此最终的解决机制必须依靠政治体制改革。

不过，我们仍旧可以看出税收、政府合理规模同经济之间的关联性。其中，最重要的相关性是政府规模部分取决于实行高税收所产生的成本。一般来说，增加税收可从两个角度来理解。一方面，多征收1美元税金的经济成本要高于1美元的市场价值。这是因为税收降低了企业开展创收活动的积极性，并且存在行政及遵从成本（这一点在下一章讨论）；另一方面，如果政府决定把增加1美元的税收用于某些财政支出项目上，则无论该项目是购置航空母舰还是用于救助低收入家庭，它所产生的社会收益价值都会超过1美元。关键要看人们从哪方面去看待增税问题，如果从税收的经济和收集成本的角度来看，便可能不愿意接受一个高水平的政府财政支出规模；但如果从税收的社会收益角度来看，便可能会接受一个高水平的政府财政支出规模。①

① 哈佛法学院的 Louis Kaplow 提出对横向公平的争论最直观的、最好的理解是将其看作对抗一些滥用权力行为的保护措施，诸如腐败、种族歧视和对政治同盟的特殊优待（2007）。

有时，税收的经济、社会效应和政府支出的经济、社会效应之间的差异无法被真实地评估出来，也就不能形成指导性建议向政府提出。联邦政府实行的是检查—填写操作方式，特别是在检查时，大多书面文件填写的是支付给退休老人的福利和医疗保险。这些支付应该被称为支出、转让、负税，还是通过在早期生活作出了贡献而赢得的权利，似乎并没有明确的规定。这类支付的理由与在第3章提到的累进税没有实质上的不同，它们都是在试图实现一种“公平”的经济福利分布。

即使这种区别并不总是很明确，但限制政府开支的负面经济效应与高边际所得税税率所产生的经济后果是一样的。例如，假设削减每一位老人50美分的医疗福利开支，对于老人来说，其结果相当于对其工资和储蓄征收边际税率为50%的税收，这将对经济运行机制产生很大的抑制作用。目前，我国的政府开支计划中存在许多这样的例子。以个人所得税为例，与税率调整相配合，废除收入抵免政策、医疗补助和其他一些项目，将会导致对低收入人群征收近100%的边际税率。①

有些人认为，税收制度和政府开支是紧密相联的，因为高税收会导致更高的政府开支水平。他们认为：税收是“看得见的”，应尽可能使人们确切地知道他们为政府支付了多少。当人们能够清楚地知道政府规模的扩张超出了他们的期望时，便会提出抗议。从这个意义上说，财政透明可能有助于降低政府的经济成本。虽然这个命题的研究取决于公民是否知晓政府的收支明细，更进一步说，抵制政府增长的纳税过程是特别痛苦的，但是这个命题仍然是值得探讨的。② 在此，我们不对这个观点做出评判，本书将会采取与之不同的研究视角来寻求更精简和更高效率的税制，并使其尽可能具有高效性和非侵蚀性。如果政治体制倾向于过度支出，则在该税制下这些问题能够得到解决，而不是用一种不必要的、昂贵和突兀的税制来“镣铐”美国纳税人。

① 请见 Carasso 和 Steuerle（2005）的相关著作。
② 请见 Becker and Mulligan（1998）关于该观点的表述。

4.1.3 减税、削减开支与为人口老龄化作盈余准备

出于抑制过度赤字的考虑，部分赞成减税的支持者主张削减政府支出，但此时，国会将面临消费紧缩的压力。布什的经济顾问委员会主席 R. 哈伯德就支持这一观点，[①] 诺贝尔奖得主、经济学家米尔顿·弗里德曼明确说道："赤字将是对行政机关和立法机关唯一有效的支出约束。"[②] 这种政治策略被广泛地称为"饿死的野兽"战略，其中野兽是指政府本身。

庞大的预算赤字可能会改变政治辩论的条款，最终使之更难以提出新的开支计划和为削减现有开支施加压力。如果经济结果是有效的，那么它的好坏取决于预算赤字达成减少支出目标的运行成本。而那些被浪费了的开支是否被削减了则无法得到保证。举例来说，用于农业补贴的财政支出便是经济学家所认定的浪费。[③] 2002 年，布什政府实施大幅减税政策，并通过立法规定十年内农业补贴将不低于 830 亿美元。[④]

减税是否能够有效地抑制政府开支水平最终可通过实证分析来论证。[⑤] 但有理由认为其可能不会成功，结果还有可能相反，即是说庞大的预算赤字最终将导致更高的税收。图 4.1 描述了联邦政府开支的历史数据、1965 年以来国内生产总值（GDP）的比例税、对未来支出的预测和由统计局得来的 2040 年的税收收入预测。需要注意的是，1981 年，在里根总统的减税政策出台的第一年，政策效果并不显著，至少在短期看来，政府支出并没有受到约束，赤字现象依然存在。例如，在 1980—1985 年间，减税幅度从占国内生产总值的 19.0% 削减到 17.7%，而支出从占国内生产总值的 21.7% 上升至 22.9%。不过，政府支出最后还是回落了。根据当时的美国国情，如果没有 20 世纪 80 年代的赤字压力，政府支出下降也不可能发生。从图中还可看出，在政府支出占 GDP 比重大幅下滑的同时，20 世纪 90 年代的税收收

---

① Firestone (2003)。
② Friedman (2003, p. A10)。
③ Sanger (2002)。
④ 关于减税政策是否会自动导致政府开支减少的反对观点，请见 Calomiris 和 Hassett (2002) 以及 Gale 和 Potter (2002)。
⑤ Niskanen (2004)。

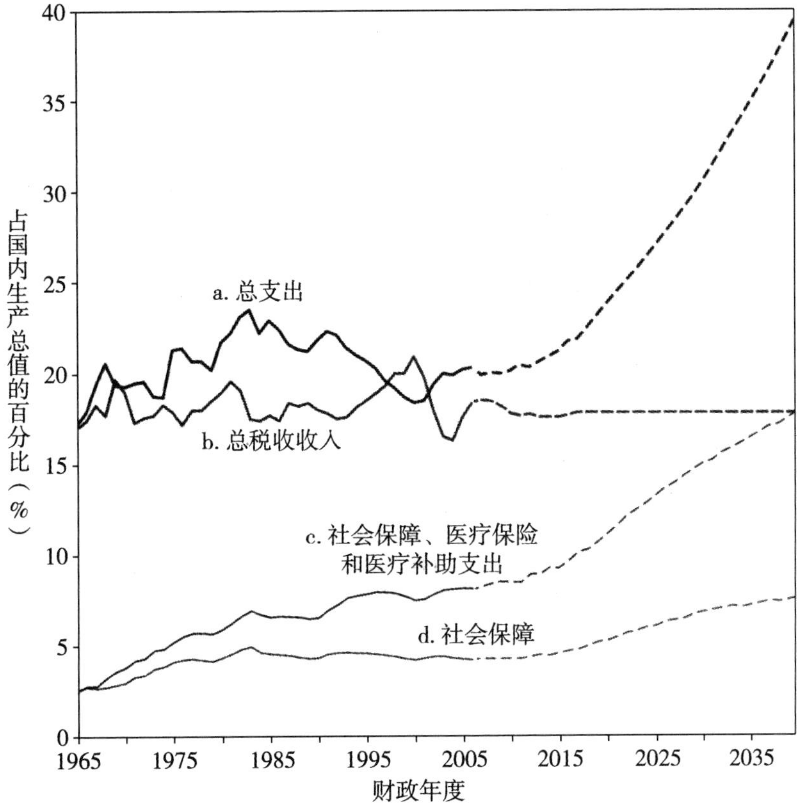

图 4.1　1965—2040 年美国联邦支出和税收分别占国内生产总值的百分比

数据来源：OMB（2007）；GAO（2007a，2007b，2007c）

注释：2006 年以后的数据是由 GAO 预测而得，因此用虚线表示。

入增加了。从 1990—2000 年间，税收收入从 18.0% 增长至 20.9%，但支出占国内生产总值的比重仍从 21.8% 下降到 18.4%；从 2000—2006 年间，税收占国内生产总值的比重从 20.9% 下降到 18.4%，但支出比重从 18.4% 上升到 20.3%，并且需要政府大量长期投入的医疗保险计划也相应出台，且运行效果较为良好。

通过图 4.1 可以发现：最近的历史及现状似乎与“饿死的野兽”不一致。减税时支出增加了，增税时支出却减少了。当然，政府开支水平和税收规模的影响因素有很多，自从 2000 年开始，政府支出在没有减税时也上升了，甚至超过以前。但是，一些经济学家如自由主义卡托研究所的主席威廉 Niskanen 认为：近代历史上的税收和政府支出之间明显呈负相关关系绝不是偶然的。也许，减税鼓励税收和政府支出预算方面实行了宽松的财政纪律，政府通过预算赤字融资降低了选民的感知成本，使他们更愿意支持更高的政府支出水平。①

如图 4.1 所示的第二个基本事实是：联邦政府开支大部分用于医疗保健、老年人退休福利、社会保障和医疗保险等项目。2006 年，医疗保险支出占联邦支出的比重竟达 40%。社会保障和医疗保险完全以老年人和残疾人为主，约为 71% 的医疗补助支出用于老年人和残疾人以及大多数养老院等长期提供护理的机构，其中养老院并不是全部覆盖的。② 如果将来人口老龄化程度越来越高，这些医疗保健费用将会自动增加。

未来的政府开支和税收收入具有不确定性。如图 4.1 所示，统计局基于未来政府行为和承诺的合理假设等方面做出了预测，其中社会保障和医疗保险的预测支出是基于 2006 年社会保障和医疗保险受托人报告的中间人假设制定的，每人在医疗保险和医疗补助参保支出上的增长速度要比未来长期 GDP 增长速度高出约 1%。这远低于历史正常水平：从 1970—2004 年，高出 2.9%；从 1975—2004 年，高出 2.4%。③ 社会保障、医疗保险、医疗及利息等联邦开支长期稳定在 GDP 的 9.5% 的水平上（低于 2006 年水平的 10.4%）。在税收收入方面，如图 4.1 所示，假定所有减税保持永久性，则从 2017 年以后，联邦收入最终将稳定在 GDP 的 17.8% 左右，这大约是 1945 年后的历史平均水平。

正如图 4.1 所示，到 2040 年，社会保障、医疗保险和单独医疗补助金预计占国内生产总值的 17.8%，足够用完所有预测的联邦政府收入。政府总开支预计将达到国内生产总值的 39.5%，其中部分原因是国债利息的比

---

① 根据（美国）国会研究服务机构的一项报告（Herz，2005，p. 10），在 2002 财政年度，26% 的医疗补助计划开支用于 65 岁及以上人群，45% 用于残障人士。其中，对老年人开支部分的 74% 是用于长期补助的，对残障人群开支部分的 47% 是用作长期补助的。

② 美国国会预算办公室（2005a，p. 6-p. 7）。

③ Stein（1998，p. 32）。

重增加（到2040年，预计国债利息将为国内生产总值的12.1%）。这些数据表明：到2040年，预算赤字为国内生产总值的21.7%！

经济学家哈伯斯坦曾经说过："如果事情不能持久，它便会停止。"① 如图4.1所示，削减政府开支和增税的结合（相对预期），在预测发生之前便会产生。但通过减少对老年人的开支来解决这一失衡是困难的。老年人易受到公众的同情，而且他们已积聚了很大的政治权力，且这种权力可能会随着时间的推移日益增多。特别是在社会保障和医疗保险方面，政府根据人们支付的工资税，或捐款，承诺给予其相应收益，况且他们一生都在"供养"着前几代人。民意调查显示，削减这些方面支出会遭到压倒性反对。2003年，一项调查的80%受访者均认为：维持地方公共品如教育、医疗保健和社会保障的支出水平，比降低税收更重要。但决不是说这种支出很流行，很难去削减，或是不可避免的。例如，我们增加国防、退伍军人的福利、司法、国债利息、社会保障、医疗保险和医疗补助等支出是可行的，但削减却是行不通的，即使这些支出已经占据2006年联邦支出的72%。

由于这些原因，随着时间的推移，政府开支的不断扩张是不可避免的。如果是这样的话，一方面，政府现在就应该运行预算盈余来增加国民储蓄和投资，从而增加未来可用资源的储蓄量，以应对人口老龄化所带来的问题；另一方面，也有反对者认为：官员是不可连任的，他们最终将会采取过度支出计划用完所有盈余，因此不太可能会有预算盈余。基于图4.1的数据结果，双方的争辩均不能脱离人口老龄化的巨大影响和不断上升的医疗支出所产生的经济利害关系，因为两者都与经济有着千丝万缕的关系。

4.2 税收如何影响经济的长期繁荣：有据证实的第一次减税

现在，我们把经济周期、财政盈余或赤字以及政府的合理支出水平等问

① 尽管Gordon（1998）提出个人所得税的高税率会激励企业出于纳税目的偏向将收入所得计入企业所得而不是分配给个人，但是这将激励企业活动的盛行，因为企业家出于纳税目的能轻易地将所得重新归类。

题放在一边，主要关注税制设计对长期经济繁荣的影响，来研究我国现行税制减少我们多少福祉，应如何更好地设计税制以避免这些成本。在详细分析之前，我们先从历史和国际视野的角度来看在大图片中所展现的税收与经济水平之间的关系。

4.2.1　美国近代历史上的经济增长、税收水平和税率

表4.1描述了美国自1950年以来经济增长的情况。第一列数据显示了衡量总产出和经济发展的标准指标国内生产总值（GDP）的人均增长率。然而需要注意的是，这一时期的经济增长部分是由劳动力参与率的提高推动的，尤其是妇女就业参与率的提高。因此，它夸大了美国的经济增长速度，因为部分的增长得益于节省非市场活动的劳动时间，如抚养孩子，只是该价值没有在国内生产总值中核算而已。因此，我们在第二列数据中列出了生产力增长速度，生产力增长速度是通过将私人部门的国内生产总值除以该部门总工作小时数计算得出的。这是一个衡量与工资和补偿紧密相连的人民生活水平变化的非常有价值的指标。虽然这些衡量福利变化的措施不与产出、工资或是私人消费、环境质量直接相关，但这些都是决定经济繁荣的最基本、最可靠的要素。

表4.1　**1950年以来美国的经济增长率**

	平均实际增长率	
年份	人均国内生产总值的比重（%）	生产力增长率（%）
1950—1973	2.5	3.0
1973—2006	1.9	1.9
1950—1960	1.7	2.7
1960—1970	2.9	3.1
1970—1980	2.1	1.8
1980—1990	2.3	1.8
1990—2000	2.0	2.1
2000—2006	1.5	2.9

数据来源：美国经济研究所（2007）；美国劳动统计局（2007）

从对生产力增长速度的衡量结果来看，在20世纪五六十年代，美国经济呈现出比以往更快的增长趋势，在之后十年左右出现了回落，近期又出现了急升。在1950—1973年之间，生产力以平均每年3.0%的速度增长，从1973—2006年之间的年增长率则仅为1.9%。当这种缓慢增长与第3章中讨论的收入不平等相结合时，这意味着中、低收入人群的经济福利水平与过去30年基本相当。20世纪80年代的增长率与70年代几乎持平，远低于50年代和60年代“黄金时期”的经济发展水平。20世纪90年代的增长率比70年代和80年代都要高，分别高出2.1%和1.8%。2000—2006年，年增长率达到了2.9%。有人可能认为快速的生产率增长是因为布什政府的减税政策，但证据不够确凿。例如，1995—2000年之间的生产率的年平均增长速度为2.7%，而此时的克林顿政府实行的是增税政策。自2000年以来，生产率增长也一直伴随着人均GDP的低增长（每年1.5%），反映了在此期间就业增长缓慢的态势。

减税的支持者认为，我们的税收收入与20世纪五六十年代经济增长的“黄金时代”期间的收入相比要低很多。我们目前许多的经济问题，包括自1973年以来的生产率增长放缓，都应归因于反对政府规模扩张和征收高额税收。这意味着：要想重塑辉煌，就必须降低税收负担。

这种说法是有问题的。我们在第2章讨论过，联邦税收在经济快速增长期和缓慢期实际上没有什么不同。1950—1973年之间，联邦税收占国内生产总值的平均比重为17.7%；1974—2005年之间，比重上升到18.3%。虽然，随着时间的推移，联邦税收的组成结构发生了很大变化（例如，1950年，社会保障税收入只占联邦税的10.8%，而在2005年时，该比重则为38.1%，企业所得税则收入从35.0%下降至14.5%，看起来个人所得税和社会保障税有着大幅增加的倾向），但这是一种误导，因为20世纪50年代较高的企业纳税会不可避免地以低工资、低投资回报率和提高消费价格的形式将税负转嫁到消费者个人身上，高企业所得税并不会实际减轻居民个人的税收负担。

州和地方政府的税收总额也稍有增加。1950—1973年期间，其税收总额占平均国内生产总值的25.0%；1974—2005年，该比重为27.4%。很少有经济学家认为这一增长是经济增长放缓引起的，但罪魁祸首肯定不会是联邦所得税。对一个充满活力的经济有不利影响的不是整体税制，而是税制的某一方面。有些学者认为：对高收入人群或是高收入家庭征很高的边际税率其后果是破坏性的，因为其削弱了最有才华和创新能力的社会成员从事他们最擅长的活动的积极性。这种对高收入家庭征高额税款并会带来经济后果的经济现象被其对立者称为“涓滴经济学”。我们在后面会详细讨论这个问题，但就目前而言，如图4.2所示，在特定时期对个人征收高税率，其生产力增长水平却是最快的。

我们当然不会认为对富人征收高边际税率会导致更快的经济增长。[①] 相反，大多数经济学家认为美国的边际税率可以保持在20世纪五六十年代税率水平的90%左右，如果太高对谁都不好。我们的观点是：税收制度与经济繁荣或增长之间不是一种简单的关系，其中涉及税制的很多方面，如个人所得税税率、公司所得税税率、资本得利税税率以及各税的税基大小等。此外，与税制无关的许多因素也可能对经济发展产生深远影响。例如，20世纪五六十年代美国不同寻常的经济快速增长有可能应归因于过去几十年的技术进步，但是由于经济大萧条和二战，其没有被充分利用以提高消费者福利。1973年以后，石油价格波动造成巨大的经济混乱，使得美国和世界经济增长暂时放缓。在经济发展放缓时，明确税收和税制结构特点的作用是不可能的，一种可行的方法是观察不同国家的实践，然后推论是不是低税制的国家一定会兴盛，高税制的国家则一定会乱作一团？

4.2.2 税收水平和经济繁荣的国际经验

图4.3展示了30个经合组织工业化成员国人均国内生产总值和所得税税率之间的关系。如果说高税制是经济发展的“死亡之吻”的话，也就是说高税制与较低的生活水平相关联。我们在图4.3中并没有看到这一格局。

① 目前OECD中的六个国家——捷克共和国、匈牙利、冰岛、墨西哥、波兰和斯洛伐克共和国——1970年至2004年的大部分数据缺失，因此文中的图4.4并未将其包括进来。

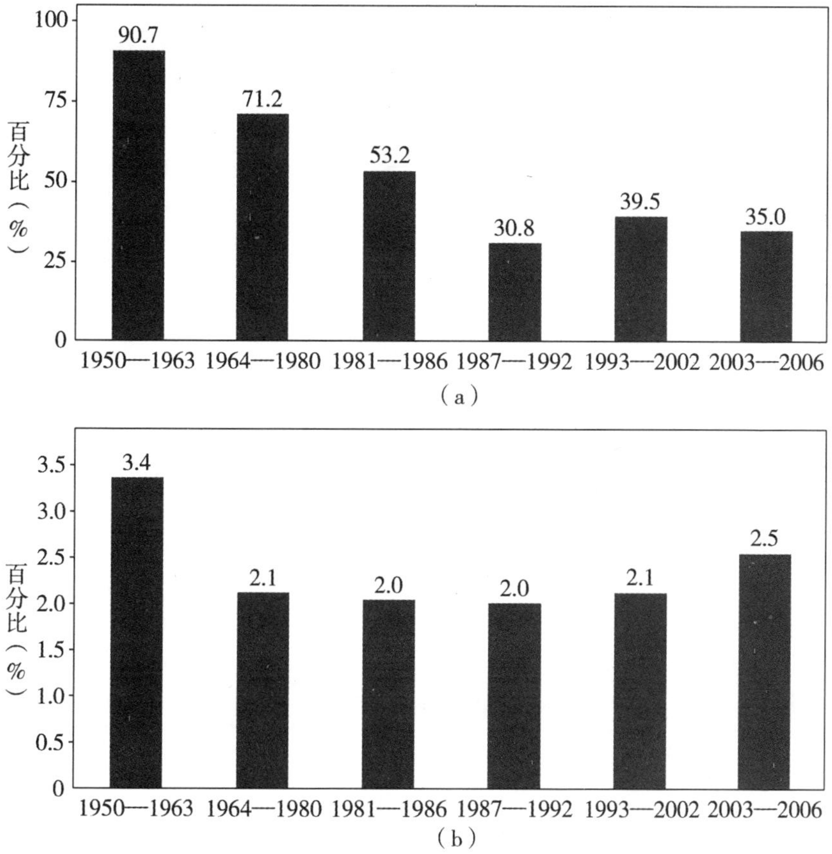

图 4.2　（a）1950—2006 年所得税平均最高边际税率；
（b）1950—2006 年生产力年增长率

数据来源：美国国家税务总局收入统计（Winter 2007，附录表 A）；美国劳动统计局（2007）

注释：面板底部数据表示的是，在第四季度或是第四季度结束之前这一时期内，由私人部门产生的经济增长占实际国内生产总值的比重。

图 4.3 中显示的聚类点是沿着负斜率线条来排列的。世界一些最繁荣的国家，如美国和日本，也有相对较低的税率。但其他国家，特别是在斯堪的纳维亚半岛，在高税制下也做得相当不错；瑞典的所得税税率高达 50.4%，但仍可以保持 2004 年人均国内生产总值为 31 072 美元，高于经合组织平均水平 9%，这对高税制导致经济下滑的经济理论是一个极大挑战。

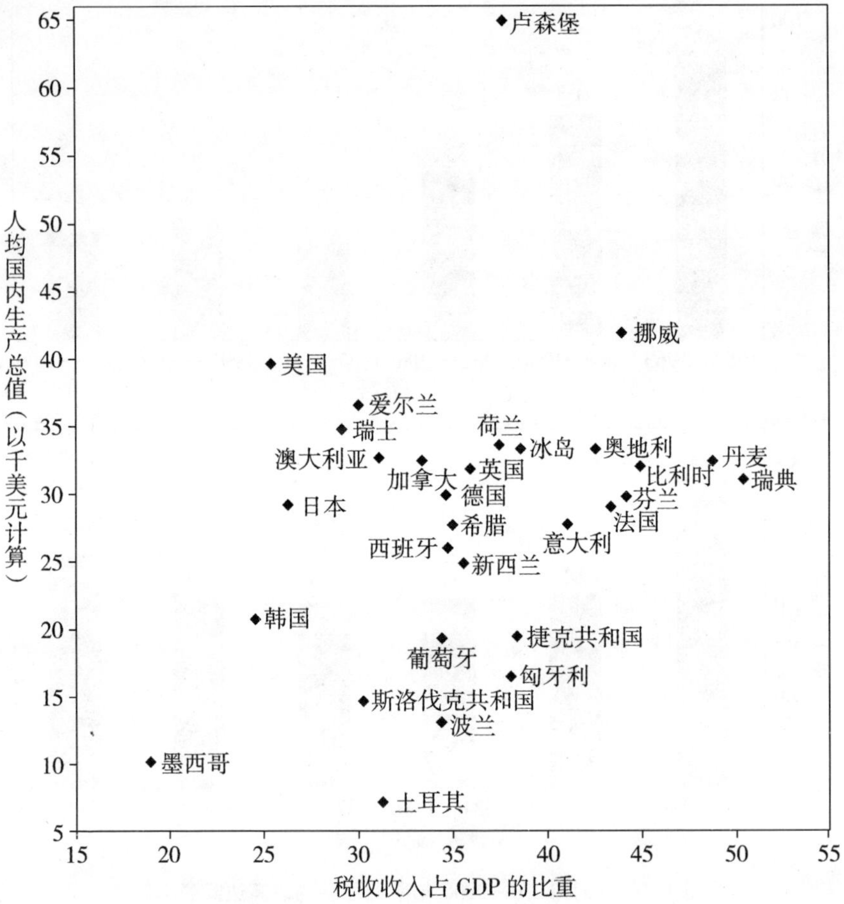

图 4.3　2004 年 OECD 国家的经济繁荣和税负水平

数据来源：OECD（2006，2007）。国内生产总值用 2004 年 OECD 国家购买力平价的美元价值衡量

通过一些简单的图形不可能清晰地描述税制与经济发展的关系这一复杂命题。我们不清楚斯堪的纳维亚半岛国家如果降低了税收负担是否有可能会比现在更好。图 4.3 只是简单地告诉我们历史、地理、文化和人口因素使一些国家比其他国家更繁荣，还有就是公共服务型的国家要比那些税收高于公共服务供给的国家更加繁荣。另外，因为富裕国家的公民具有较高的识字率，且富裕国家有着更高的城市化程度，所以其可能更有优势去提高收益。

比较这两种情况下总的税收负担对经济发展水平影响的差异，很难说明税收对经济的影响是积极的还是消极的。事实上，如果图 4.3 包括所有国家，不只是最富裕国家，那么在很大程度上，人均 GDP、税率和经济繁荣的散点图会呈现出明确的正相关关系，这是因为贫穷国家的税收征收能力远低于发达国家。

下面我们来探讨税率和经济增长率之间是否存在其他关系。为了直接明了地得出分析结果，我们只分析给定时期内各个国家能够获得经济发展的原因是什么，以避免解释为什么一些国家比其他国家更加繁荣。

图 4.4 说明了这个问题。图中绘制了 24 个经合组织国家 1970—2004 年期间的平均税率和实际增长率。① 的确，一些低税制的国家如韩国在此期间经济发展迅速，而高税制国家如瑞典则相对发展缓慢。但也有一些高税制国家做得很好，一些低税制国家（如美国）的经济发展水平却低于世界平均水平的例子。因此，税制与经济发展二者之间并没有明确的关系。衡量有关经济增长水平和税制之间关系的更复杂的统计分析，其准确性和有效性至今仍未得到界定。该方法主要是通过恒定其他因素的影响，来比较各个国的税收经济效应。②

我们的观点不是说税制对经济没有影响。相反，在某些情况下，税收的影响是显著的。然而，税收对经济的影响是潜移默化的，不能简单地靠一些数字图表或其他的旨在说明高税制具有破坏性影响的一些工具来表达。了解税收如何影响经济要求我们寻找整体经济数据背后所隐藏的内容，要求我们研究税制如何影响政府决策，以及通过什么机制或方式来影响。

4.3 税制如何影响经济繁荣：具体分析

纳税会改变纳税人的行为。纳税人向政府缴纳 1 美元的税款，可支配收入降低了 1 美元，则用于消费或储蓄的收入就会减少 1 美元。人头税（也称

① 请见 Slemrod (1995c)。
② 本章接下来的内容中，我们提到的税收并非人头税。

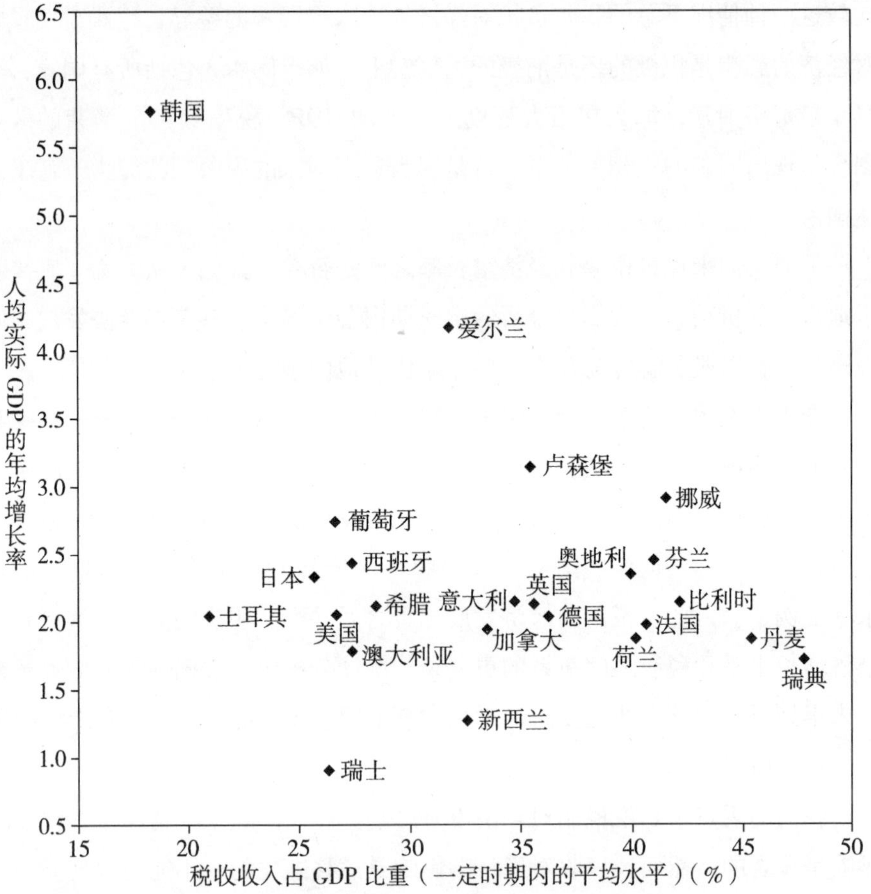

图 4.4　1970—2004 年 OECD 国家的经济增长率和税负水平

数据来源：作者基于 OECD（2006，2007）的测算

一次总付税）作为所得税或销售税的一种，也具有这样的效果。但一次总付税与其他税种不同的是：征收一次总付税时，个人无法改变应纳税额。乍一看，一次总付税对收入勉强超过税额的家庭是相对不利的，其收入低但又无法消除税收负担；然而反过来看，一次总付税也无法增加个人的税收，特别是额外收入。因此，人们可以进入夜校攻读工商管理硕士学位，获得第二职业支付新房子或汽车等相关费用，甚至通过买彩票中大奖来增加税收。如果所有的税收都是一次总付税，你能想到的任何决定都无需考虑税收后果。

这与现实截然相反。在现实中，纳税人做出选择时必须考虑税收政策的相应变化。配偶若打算回国工作，则必须考虑到应纳税额（联邦和州收入加上工资）可能会达到收入的50%，而发生的许多费用不能抵扣。一个富有的校友想要捐赠1亿美元的股票给其母校，但他考虑的却是：相比卖出股票，捐赠它可以使他和他的继承人获得巨额的节税收益。惠普CEO试图研究表明：税收抵免可使其收入的20%免于征税。

税收会降低可支配收入是一个不可避免的事实，但征税的正面效应远超过其负面效应。它改变了大多数经济决策的成本和收益，改变了经济选择。但还需注意的是：税制影响经济选择时的成本是什么？

除了一些特殊情况，经济学家都认为税收的经济成本可以通过比较经济在没有税收时的运行成本与在征总量税时的运行成本来衡量。① 该方法的前提假设是相当严格的，即要求在自由市场中，参与者自愿生产和消费的所有商品和服务的收益（用消费者愿意支付的最高金额来衡量）超过了生产成本，而不是生产和消费任何商品或服务的成本超过了收益。参与者消费产品的社会福利最大化可以狭义地理解为效用与成本差值的最大化，经济学家把这种情况描述为“效率”。正如225年前亚当·斯密所观察的一样，价格是自由市场经济中不受约束的传达收益和成本的基本信号，自发引导经济（史密斯描述为“看不见的手”）去充分利用国家物质资源和人力资源。

税收造成消费者支付的价格和生产者供给的价格不同，产生一个税收“楔子”，从而产生了效率损失。高价影响消费者购买，低价影响生产者生产。因此，当税收扭曲价格时，我们放弃了一些商品或服务的消费和生产，因为成本超过了收益，从而降低了效率。诱导企业和个人进行那些免税却没有价值的活动。

当然也有例外。在市场失灵时，信息具有不完全性，从而产生了负外部性效应，如垄断导致市场无效率。当“看不见的手”无效时，税收并不一定会减损效率；相反，有可能会纠正市场无效率。例如，对污染征税可能会纠正市场失灵，促使企业有效地利用资源，纠正资源的不合理配置等问题。

① 总统经济报告（2007，表B-28）。

市场失灵的问题是讨论税收政策问题的重要方面。虽然，我们现在暂不考虑市场失灵，只是考察税收对几个特定经济领域的扭曲效应，但是由于大多数税收改革计划的目标就是减弱这些扭曲效应，因此了解这些问题对于评估改革的潜在收益是必要的。

4.3.1 劳动力供给

2005 年，工资、薪金和福利等劳动收入占国民收入的比重为 65%。[①] 因此，有关税收的经济影响的任何研究必须要考虑其对劳动力供给的影响。如果税收制度打击了人们的工作积极性，甚至使其不工作，降低了劳动力供给率，那么该税制就不能为经济发展作出贡献。因此，我国许多税制改革计划都旨在改变税收制度以使得产生更高的劳动报酬率。

税收对劳动供给决策的影响有正、反两方面。一方面，一般性的税收如所得税和消费税降低了劳动边际报酬率，使人们寻找工作的积极性越来越低。这是因为额外工作一小时或从事第二职业获得的收入所能购买的商品和服务变少了，换句话说，闲暇及其他非市场活动变得更有吸引力，因为劳动替代品的报酬率提高了。减少工作小时数的税后报酬率为休闲和非市场活动提供了激励，经济学家称税收的这种影响为替代效应，有时称其为激励效应。

除了改变劳动的边际报酬率，大多数税种会使穷人更穷，其倾向于削减人们所有有价值的东西，包括休闲。经济学家们称其为税收的收入效应。因为税收使得可支配收入降低了，进而使人们削减休闲时间去获得收入，它会导致人们工作时间超过正常水平。因此，税收的替代效应减少了劳动力供给，但收入效应倾向于增加劳动力供给。由于替代和收入效应的双重影响，征税使人们工作量增加还是减少的结论无法明确给出。

请注意，决定是否开展额外的工作或选择报酬高、难度大的工作只受边际税率影响，其就是对未来 1 单位劳动报酬的税率。然而，“收入效应”只

① 该观点更直接地适用于当扩大税基指的是减少州与地方所得税扣除项目的情况。这可能会使联邦税率降低，但不允许地方、州和联邦所得税税率的总体下降。

是总税收负担，或可表示为收入中的一小部分，即平均税率。

平均税率和税收总额、边际税率之间的关系是税制的一个重要特征，其与税负也有着千丝万缕的联系。原则上，一次总付税相当于对每个人实行零税制，这样可以不改变人们的工作决策，又能够为政府每年增加约一万亿美元的税收收入；在比例税制下，纳税义务是相同的，边际税率等于平均税率。越是累进的税收负担分布，就会产生越高的边际税率，因此就会产生对提高一美元工作报酬越大的边际抑制作用。

还要注意的是：准确测量的具有抑制效应的边际税率不一定是法定的边际税率。例如，对每个人来说，如果附带收益构成总劳动报酬的 1/5，则对不包括附带收益的劳动收入征收 20% 的法定边际税率，与对包括附带收益的劳动收入征收 16% 的法定边际税率所产生的劳动供给激励效果是大不相同的。① 原则上，政策变化本身不会显著提高劳动供给激励，但是，如果想要扩大税基的话，就必须考虑同时降低边际税率。

事实上，消费税如零售销售税与所得税对劳动供给有相同的激励机制。消费税降低了额外工作一小时的劳动收入的购买力。当我们的分析研究从所得税转移到消费税时，这点必须牢记。

下面我们来举例说明税收对劳动供给激励效应的经济成本。罗杰在建筑工地一星期内工作 40 小时，同时罗杰也是一个优秀的木匠，可以在晚上和周末工作，收入是每小时 20 美元，一个星期内可以做木匠工作 10 小时。罗杰还有很多爱好，他想陪伴家人，所以不用说他肯定要有充足的休闲时间用于陪伴家人，因此他不会多做工作。事实上，除非他可以赚至少每小时 15 美元，否则他不会额外工作 10 小时，用经济学术语来讲，就是时间的机会成本，对他来说闲暇时间是最有价值的。

在没有任何税收的情况下，罗杰可以明确决定花光所有收入。他额外工作 10 小时的收入 200 元必须超过 150 元，以作为他减少闲暇时间的补偿。

---

① 实际上，这里的 50 美元是一个每个人都可以得到帕累托改善的较低的下限，因为 Roger 的顾客认为他的木匠的劳动价值不止 200 美元，或许更多。这个数据例子假设了该劳动价值刚好为 200 美元。

此时的决策才是最佳的。罗杰的木工客户更好，否则他们不会愿意向他支付200元，使罗杰变得更富裕。我们甚至可以衡量这50美元到底使每个人受益多少。这由罗杰做木工工作获取的200美元与他对时间安排的次优选择之间的价值差异来决定。①

如果对罗杰的额外收入每周200美元征税，他应按30%的税率缴纳税款60元，假设他是一个尽职尽责的公民，所以他不会隐藏收入。给定30%的税率，他额外工作的税后收入是每小时14美元（20美元减去20美元的30%），这不足以补偿他的休闲价值。这是一个税制对劳动供给产生负面激励效应的典型事例。该案例说明税制改变了劳动供给量。

那么，如何来衡量税制影响改变劳动供给决策的经济成本呢？你可能直观感觉罗杰放弃的工资是200美元，但是，这是不准确的。因为虽然罗杰已决定放弃200美元的收入，但他花费10个小时去追求其他利益，该利益价值150美元。罗杰的经济损失是200美元和150美元或50美元之间的区别。由于税收制度，应发生的交易没有发生，罗杰只是“消费”了“太多”的休闲，而工作得“太少”。②

对增加1美元的劳动收入征税的经济成本取决于劳动收入的税后报酬如何影响劳动供给决策的变化。③ 如果没有影响，④ 税收降低劳动报酬率并没有显著转化为经济成本，因为人们没有不工作。因此可以说，税收对劳动力供给决策的影响程度越大，多征1美元的税收就会产生越大的经济成本，更多地减少劳动供给量。

以上的证据说明了什么？劳动力供给在工作小时数和劳动力参与率上的

① 正如书中前面讨论的，这只不过是一个例子，关于我国（美国）的国家税收收入数据会导致税收负激励效应的经济成本被错误地估量。数据统计将记录因劳动收入损失而产生的这200美元收入的减少，但由于闲暇的价值并未包括国家收入，统计者们忽略了当纳税时Roger享受的150美元价值的额外闲暇。读者只要略想一下就会发现在估量国家税收收入时，如果未考虑闲暇的价值，并不能真实反映国家的繁荣程度。若如此，那么一项法规迫使每个人都去工作，无论他们愿不愿意，或许会使我们的生活水平得到改善。

② 这同样取决于劳动需求曲线对雇佣成本的变化的灵敏性。某种程度上说，如果雇佣不是成本敏感，那么对劳动收入的税收会使税前均衡工资率上升，以抵消劳动供给的下降。

③ 仅仅由税收的替代效应产生的劳动供给曲线的变化与该问题相关。由于税收效应，收入产生的行为变化不可避免地忽略了如何向定量的收入征税这一问题，因此税收收入效应与不同税收征收方式的经济成本的比较无关。

④ Killingsworth（1983）和Heckman（1993）在相关著作中给出了关于该文献的相关调查。

变化已被深入研究过。[1] 大量证据表明，税后工资率的变化很难改变男性的工作决策，但会明显改变女性的劳动供给（是否工作）决策，但是对劳动力供给总量的影响不大，可得出结论：总体而言，劳动力供给对劳动收入的边际税率的变化并不敏感。通过调查一年内一个大样本个体的工作小时数，并进行比较发现：男性如果有更高的劳动收入（税后工资），则其往往会延长平均工作时间，但工作小时数的差异与税后工资的差异相差较小。统计研究表明：非劳动收入变化产生的收入效应和替代效应的差别（当非劳动收入增加时，工时下降得越多，就会产生越大的收入效应），还有处于青壮年的男性工人所产生的收入效应和替代效应都很小。然而证据表明，税后工资会引起妇女劳动参与率的强烈变化，特别是在决定是否工作的问题上。但对于有工作的妇女来说，税后工资的影响与男子没有明显差别。

我们还可以看到，在过去一个世纪，实际税后工资大幅增加是如何改变工作时间的。在20世纪，如果增加税后工资，男性的平均工作时间和劳动供给总量就会下降，而且会以提前退休的方式降低劳动供给率。此时，高工资的收入效应大于替代效应。相比之下，在20世纪的女性劳动参与率却由于工资上涨而提高了，此时高工资的替代效应高于收入效应。不过，从中区分出是否存在其他因素影响劳动供给水平是困难的，比如说文化观念的影响程度有多大。

然而，另一种学习税收如何影响劳动力供给的方法是研究影响一组税后工资的政策变化是如何影响劳动时间的。20世纪80年代的减税政策无疑提供了这样一个实例。美国加州大学伯克利分校的Nada Eissa研究了大学本科学历以上的男性的劳动决策，这一人群通常是高收入人群，并在20世纪80年代获得了大量减税。相比最近的历史潮流和趋势，如在1986年，教育程

① Costa（2000）提供了1890—1991年关于一天平均工作的小时数和不同收入阶层男性与女性的工资收入的资料。她发现随着时间的变化，平均工作日逐渐缩短并且工资逐渐增加，这与收入效应大于替代效应相一致。Costa也发现，在该时间段早期的低收入劳动者的工作时间最长，到1973年，所有收入阶层的劳动者的工作时间基本相同，到1991年，高收入劳动者的工作时间最长，尽管差距并不明显。这体现了随着时间的变化，替代效应的增加与收入效应的减少。Fullerton（1999）提供了关于劳动力参与的历史数据。

度较低的工人（没有获得平均减税水平），即使增加工作时间，也只能获得2%的减税。① 俄勒冈大学的 James Ziliak 和锡拉丘兹大学的 Thomas Kniesner 估计20世纪80年代的税制改革增加了3%的男性劳动力供给。约翰霍普金斯大学的罗伯特·莫菲特和印第安纳州—普渡大学的马克·威廉通过研究印第安纳波利斯大学1983—1989年一组相同人群数据，发现降低边际税率并不会显著影响劳动力供给，即使高收入人群的税率从50%下降到28%时也是如此。②

在做以上这些研究时，需要注意如下一些事项。第一，经济学家虽然可以相当准确地测量出工作时间，但这仅是劳动供给定义的一部分，劳动供给还包括工作努力程度、职业选择、教育水平和特殊职业技能培训等内容。税制也可能影响劳动供给的这些方面，不幸的是，几乎没有定量数据供我们做劳动供给方面的研究。第二，一个人的工作行为模式在生命早期便已形成，一旦形成便难以改变，所以税制对劳动供给的影响只涉及新一代的工作人群。斯德哥尔摩国际研究所林德·贝格认为：高税制的瑞典证实了这一假说，在过去的20年内，瑞典经历了工作小时数逐渐下降的过程。③

最近，诺贝尔经济学奖获得者亚利桑那州立大学的爱德华·普雷斯科特指出：1970年，欧洲成年男子的年平均工作小时数与美国非常相似，但自那以后便有了巨大分歧，现在欧洲一年工作小时数要比美国多（在休假时间上也有显著差异）。他认为既然过去两个地区（或国家）之间的工作小时数是相近的，这说明欧洲与美国的休闲文化没有明显差别，而且还保持得相当持久。那是什么原因导致产生这种差异性的结果呢？他认为是自1970年以后，欧洲的税收水平要比美国高出许多导致的。④ 这种说法引起不少争议。例如，哈佛大学的阿尔贝托、爱德华·格兰泽和布鲁斯回应争论时说：以经合组织国家为样本，从增加税收对工会的影响效应中区分出增加税收对

① Eissa（1995，1996）。在1995年的研究中，Eissa 得出结论，在1986年后，有着极高收入的丈夫的妻子显著地增加了她们的工作时间，但由于该群体人数较少，对国家总收入的影响不大。
② 请见 Ziliak 和 Kniesner（1999）以及 Moffitt 和 Wilhelm（2000）的相关著作。
③ Lindbeck（1993）。
④ Prescott（2004）。

工作小时数变化的影响效应是不可能的。在欧洲，工会权力的增长和其政策的改变与美国的税收政策是同步的，欧洲工会努力推动以增加强制性休假时间，并强制性限制个人的周工作时间（例如，法国著名的每周工作 35 小时）。阿尔贝托等学者认为：减少工作时数能够为每个工人开辟更多的就业机会，在该理论下产生了一个标语，即“少工作就是工作”，这显然是一种误导。在这种结论下，我们甚至可以做出这样的推测：在欧洲，之所以会这样强制减少工作小时数是因为对每个人来说闲暇时间更有价值，尤其是当有更多的人享受假期所产生的工作协调问题可以由法律规定休假时间来改善时。例如，在欧洲，许多其他非税收政策或机构，如公共养老金制度、高额失业保险，以及最低工资限制也不利于工作小时数的增加，从而进一步证实了降低征税标准是减少工作小时数的罪魁祸首这一说法。欧洲各个国家的横截面数据更加表明了税制对劳动力供给的影响效应虽然不大，但并不足以说明这个结论是错误的。[①]

尽管许多经济问题均有争议，但关于税制对劳动供给的影响效应不大这一论点，仍然在学者间公平、公正地达成了共识。波士顿联邦储备银行的罗伯特·里雅斯特认为，制定的税收政策一般都会考虑税收政策的变化对劳动力供给的影响，并对这种影响效应进行粗略的估算。[②] 据他计算，当税率介于 15% ~28% 之间时，提高 1% 的劳动收入则可获得大幅的所得税抵免（EITC），同时还会产生 16 美分的效率成本。换句话说，因为税收扭曲了劳动的供给效应，增加 1 美元的抵免额，所以要求纳税人支付 1. 16 美元。值得注意的是，当税率介于 28% ~36% 之间时，效率成本增加至 52 美分。不过，里雅斯特指出，后者之所以会产生部分是因为他的模型假定，即税制对劳动力供给的影响高于税制对高收入人群的影响。但这一理论并没有被明确提出，而且的确也与 20 世纪 80 年代的减税效果不相符。在任何情况下，这

① Alesina，Glaeser，and Sacerdote（2005）。企业的劳动需求取决于其意愿支付的工资水平，这同样也与税收对劳动收入的影响相关。即使劳动供给对税后工资水平的反应灵敏程度高，如果不考虑雇佣成本，企业想雇佣既定量的劳动力，那么税收不会过分导致工作时间的缩短和劳动市场的低效率。关于该问题最全面的研究请见 Hamermesh（1993）的著作。

② Triest（1990）。

些数据都在公平和效率之间的权衡方面提供了一个合理估计。基于这些估计，如果能够大幅提高所得税的累进性（更加公平地“分割馅饼”），以1.16美元的效率成本为代价是值得的，并且对其进行再分配也是有价值的。如果里雅斯特和其他人都低估了税制对劳动力供给的影响，此时实际产生的经济成本也要高于他们所估算的。

4.3.2 储蓄和投资

消费和储蓄决策是税制影响的第二个关键要素。储蓄和投资是供个人或企业未来消费或遗赠的资本。在这里，我们主要研究的是所得税制如何影响消费和储蓄决策，由于利息税和其他资本利得税减少了储蓄的回报率，这种负面效应是直接明确的。许多税收改革者支持征收消费税，因为消费税将有效消除利息税或其他资本利得税对储蓄的负面影响。我们将在第6章介绍消费税是如何做到这一点的。现在，我们将主要介绍现行税制将如何影响储蓄行为选择。

如果征收20%的利息所得税，则会减少储蓄收入是显而易见的。当税前利率为10%时，税后只能获得8%的回报，这种算法是不科学的。然而，我们的现行税制有可能会加剧这种计算方法的不准确性，因为我们在测量收入时未考虑通货膨胀因素。在这个例子中，假设通货膨胀率为5%，则在10%的利息中有一半被用于弥补储蓄实际购买力的下降。因此，对名义利率征20%的税变成了对实际利率征40%的税，因为5%的实质回报率（通货膨胀调整后的）在税后则变成了3%。

所得税也可以通过对企业投资回报征税间接地减少储蓄收益。撇开国际资本流动不谈，储蓄和投资就像是一个硬币的两面。个人往往通过金融中介机构如银行或保险公司来进行储蓄，资金最终由企业用于购买资本性产品，如工厂和设备、存货和如“创意”等无形资产。在这个过程中，个人储蓄增加了该国的生产能力，进而提高了劳动生产能力。

虽然企业所得税对于储蓄者不存在直接的影响关系，但与储蓄者密切相关的储蓄回报是由储蓄融资产生的生产性投资的回报来反映的。如果对企业的投资回报征税，那么大部分税收将通过借钱或买进股票被转嫁给支付资金的人，即所谓的储蓄者，进而会影响企业的投资水平。正如第2章所讲的，企业的一些所得如股息和资本收益还面临着“双重征税”问题，一道是企业所得税，另外一道是个人所得税。最终征税的程度不仅取决于经营净收入的税率大小，也取决于折旧方法的选取，所以在实际制定任何投资税收抵免和优惠政策时都会考虑如何才能消除这种双重税负。

总之，对储蓄和企业投资回报征收所得税扭曲了个人或企业的消费和储蓄选择，其倾向于鼓励人们更多地消费，并减少储蓄。当人们退休以后，人们将面临储蓄量不足的问题。由于某些意外因素，人们因为短见和经不起诱惑导致消费太多，而为自己和孩子的储蓄过少，这在有税和无税的情况下都是有害的。累进所得税就会对占有国民储蓄最大部分的高收入人群的储蓄产生极大的抑制作用。

如果税制降低了国民储蓄和投资，将使得未来国家的经济繁荣程度降低。部分消费税包括通货膨胀税和零售销售税在内的改革计划，会消除所得税在储蓄和投资回报上的所有负面效应。[①] 并在一定程度上提高了储蓄和投资的效率水平，使我们过得更好一些。

如果经验证据表明储蓄及其税后回报率之间呈现出很强的正相关关系，则所得税的经济成本和切换到消费税的经济收益是一样的。但是，现有证据并不支撑这样的关系。图4.5出自于美国国会研究所Jane Gravelle的研究论文，所描述的是私人储蓄率和储蓄税后真实回报之间的关系。[②] 私人净储蓄率包括企业的留存收益以及家庭储蓄减去折旧，不包括以财政赤字形式出现的政府“负储蓄”的影响，其表现为税后收入的百分比。如果包含政府负储蓄的影响，在图4.5中储蓄和储蓄动机之间则会显示出负相关关系。在20世纪六七十年代，储蓄回报率相对较低时，把一次性收入的一部分作为储蓄的可能性相对较高，到1980年以后储蓄回报率大幅下降，在同一时间，

---

① 严格来讲，这些税（税制改革计划中的税种）会减少对储蓄和投资的一般回报的税收，但对超额回报部分征税。更多细节我们将在本书第6章讨论。

② 储蓄率的数据来源于美国经济分析局（2007）。个人净储蓄来自表5.1，第3行。可支配个人收入（DPI）等于国民总收入（GNP，表1.7.5，第1行）减固定资产的私人消费（表1.7.5，第6行），再减去总财政收入（表3.1，第1行）。我们沿用Gravelle（1994）对税后储蓄回报率的阐释，却采用不同来源的数据对1960—2005年的税后储蓄回报进行系统分析。

图 4.5　1960—2005 年美国储蓄收入占可支配收入百分比及储蓄激励描述

数据来源：(a) 净私人储蓄（国民收入减去国定资产和政府收益）占可支配收入的百分比由美国经济研究所（2007）提供；(b) 收益率是根据通货膨胀和边际税率调整后的企业债券加上股票固定溢价测算得出的（作者和 Gravelle，1994）

储蓄动机却显著上升。但自那时起，储蓄率一直处于持续下降状态，到2005 年时达到历史性最低点 4.2%，但是按照历史标准来衡量的话，长期实际税后利息率一直持续很高才是正常的。

当然，完全通过图形是不可能明确得出是否存在储蓄激励机制的结论的，因为税制与储蓄之间存在双向因果关系。如果人们决定减少储蓄，我们假设人们做出该决策时与利率无关，则储蓄肯定会减少，并会把利率水平推高。另外，这里所使用的储蓄定义不包括企业资源再投资所产生的资本利得收益（例如，它排除了未来利润和承受更大的风险所产生的资本收益）。[①]

① 关于该问题的讨论请见 Gale 和 Sabelhaus（1999）的相关文献。

因此，这种储蓄率不能充分反映一个蓬勃发展股市或房价上涨对家庭财富的影响。测量税收对储蓄决策的影响效应的最终目的是合理配置资源并充分利用私人投资。20 世纪 90 年代股市因素（最近才扭转）和住房价格上涨热潮可能有助于解释储蓄下降的原因，财富增加导致人们感觉不太需要为退休储蓄。事实上，在 2001 年和 2002 年，储蓄水平轻微上升便会引起股票价格的大幅下降，因此这种解释的可靠性便引起了人们的怀疑。虽然，许多其他因素可能也会影响总储蓄如经济周期、人口结构或文化观念的转变等，但这些因素的影响很难与税收对储蓄的影响区分开来。不过，其中的一些因素可能会使储蓄量增加。例如，本世纪末的婴儿潮则表明这些年份都是储蓄量增加的年份。

大量的研究试图在一定程度上解决这些问题，人们认为在一般情况下税收激励措施对储蓄的影响不大。① 然而这一结论并没有达成共识。与劳动供给相比，这一论点缺乏充足的数据作为支撑，激励措施对储蓄影响具有很大的不确定性。这项研究并不比图 4. 6 所示的简单关系图好多少，许多问题仍然没有解决。所以说，基于国家数据，任何要求降低或废除对储蓄征税会使储蓄增加的观点都是不可信的。

激励措施对企业投资决策的影响的数据质量要好一些。例如，最近经济学家罗伯特、史蒂芬和安德鲁·迈耶研究探讨大量私人企业的投资成本如何影响投资决策，由于税率会因企业性质和时间的变化而变化，因此这种影响也会随着税率的改变而改变。他们估计：投资与包括税收在内的投资成本上升之间的确存在适度的负相关关系。②

4. 3. 3　中性原则

税制改革的主要目标是使我们的税收制度更加“中性”，从而减少对经济决策的扭曲效应。当人们是基于经济价值的替代因素而不是税制因素进行

① 关于这类研究，请见 Bernheim（2002）和 Elmendorf（1996）。讽刺的是，一个有影响力的研究表明，储蓄对于激励的反应灵敏度低，这是由 Robert E. Hall 得出的，同时他也是统一税——减少了对储蓄收入的征税的税种——的设计者之一。

② Chirinko，Fazzari，and Meyer（1999）。

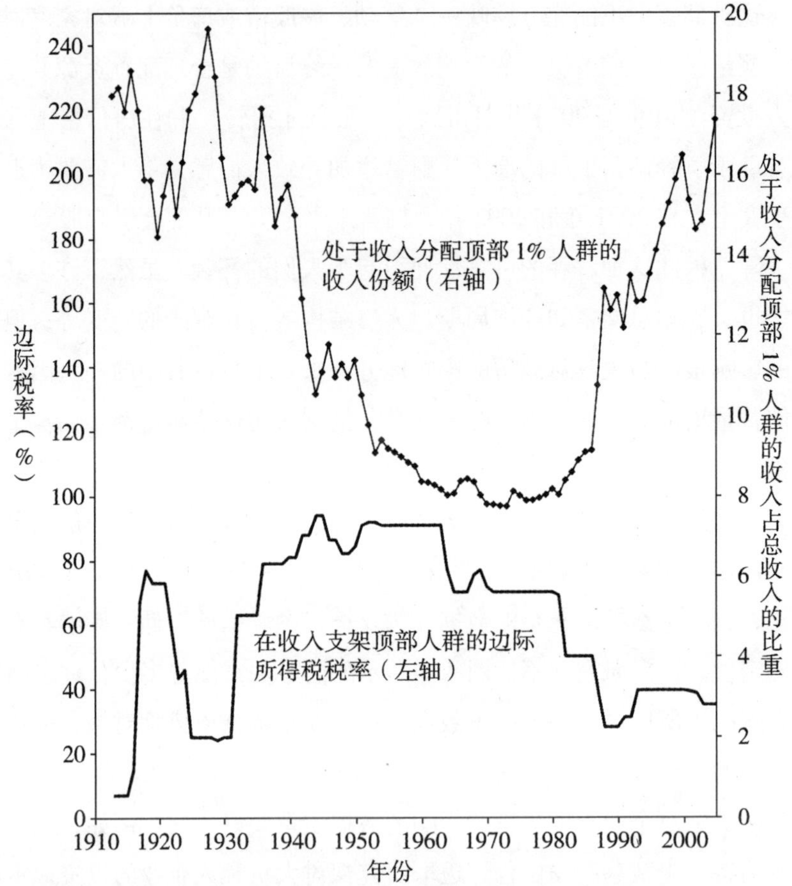

图4.6　1913—2005年美国处于收入分配顶部1%人群的收入占总收入的比重及其相应的边际税率

数据来源：Piketty and Saze（2003）；<http：//emlab. berkeley. edu/users/saez/index. html>

注释：收入包括资本利得。

经济决策时总是有益的，此时，最小化税收对工作、储蓄和投资的影响是中性原则的最重要体现。

然而，一次总付税是唯一完全“中性”的税收制度，因为在这种情况下任何决策都不会影响应纳税额，因此税收不会产生任何影响。虽然在现实中，税收改革者期望的这种“中性”作用不足，但仍然是重要的，因为它确保税率不会改变消费和投资决策。请注意：即使实现了“中性”原则，仍会产生税收扭曲效应，这是因为劳动和储蓄收益实际是减少了的。由此来看，避免税制对消费和投资决策的扭曲效应有助于减轻对消费什么和如何生产等决策的扭曲程度。

我国现行税制不是“中性”的。许多扣除标准的设定、特殊偏好、在评估资本收入方法上的妥协和一些特别事项都意味着不同类型的消费和投资项目要按不同的税率征税，清理税基以消除扭曲效应是税制改革的主要目标。

在讨论我们的税制如何偏离“中性”特征之前，有两种机制在避免税收对经济的扭曲效应方面具有良好的特性，这两种机制分别是消费税制和外部性。

首先，统一消费税制不会增加给定收益的经济成本。在其他条件相同的情况下，相比较那些富有弹性的商品征税而言，税收对缺乏需求（供给）弹性的商品课以重税，更不易改变经济决策，更像是一次总付税。此外，抽掉对休闲商品如滑雪、游乐园等商品的税收，可以抵消所得税和消费税对劳动收入的抑制效应。经济学家认为实行统一的消费税是降低经济成本的最优税收原则。虽然最优税收原则在理论上是正确的，但它的运行成本太高，不能为制定决策起到更好的引导作用。一方面，衡量税收对商品和服务的影响到底有多大是困难的；另一方面，即使经济学家可以准确测量，根据这种方法区分税种往往也会引起公平和效率的冲突。一些商品总是比其他商品的税率高，偏好这一商品的纳税人则会间接受到惩罚，这属于横向不公平。另外，课税最重的商品很可能是必需品（例如，对粮食的需求是相对无弹性的），所以穷人的税收负担过重，而且对商品区别征税也会增加征税成本。其次，政治家不可能仅仅根据价格弹性区分商品，特别是在商品的相对需求价格弹性不确定的情况下。出于这些原因，统一具有广泛税基的所得税或消费税制，仍然是最好选择，这是因为宽税基使得它比其他可行方法产生更小程度的经济扭曲。

还有一种形式值得认真考虑。在某些特殊情况下，自由市场不会达到有效产出，即存在市场失灵。市场失灵的一个最重要表现是一项活动以非价格方式直接或间接影响他人，经济学家将此称为外部性。一个典型的负外部性的例子是，污染企业对其邻居的空气和饮用水造成了污染，形成了邻居的外部成本。如果这些成本没有体现在价格上，这些企业便会产生更多污染。在这种情况下，税收可调节这一问题，理想的均衡产出点是税率恰好等于边际社会成本。

我们的税制倾向于对特殊行为给予补贴而不是惩罚。不过，通过设置较高的税率，这些补贴也会导致对其他活动的惩罚。但是，如果人们积极从事正外部性活动，这种补贴也可能是合理的。一个鲜明的例子就是研发活动（R&D）。从事研发活动所需的费用是昂贵的，当出现一个好创意时，虽然专利制度能够确保发明者的专项收益，但是收益不仅被分配给研究员或他的雇主，其他人也会从中受益。这意味着，一些研发项目不仅值得私人企业重视，更需要全社会的重视。为解决这一问题，所得税制度给予研发费用以税收优惠，即不同于其他长期投资，企业研发费用可以扣除。此外，某些研发支出可获得20%的税收抵免，在一定程度上使企业保持正常的研发支出水平。虽然确定合理的补贴水平是困难的，但是大多数经济学家认为至少要保证补贴是公平的。

外部性问题为公平合理制定对某种商品或活动的优惠政策设置了高障碍，因为我们不能确定一个活动究竟好不好。然而，在没有良好的经济理由时，我们的税制再次违反了中性原则。例如，最近财政部区分了上百种与统一、全面的所得税有特定偏差的税基，成本和收益数额达数十亿数百亿美元之多。[①] 下一步，我们将讨论一些重要的非中性税制案例及其影响。

让我们先看看资本利得税和投资回报税。在我们的税制体系下，不同类型的投资面临着不同的税收待遇。由于这两种税收在企业和个人之间存在双重征税，公司企业投资要比非公司企业投资税负重。《2003年法案》规定，对股息的个人所得税最高课以15%的税率，使重复征税问题得到了部分缓解。然而对比自有家庭财产投资来说，销售收入的税负仍然要重一些，因为

① OMB（2007，“Analytical Perspective，” table 19.1）。

业主可以申请抵押贷款利息扣除，但无须申报应税房产所提供的服务价值。2005 年，据美国国会预算办公室估计，美国企业投资回报率的有效税率平均为26.3%，非企业投资回报率的有效税率平均为20.6%，自有房产的平均税率为5.1%。① 这样的差距使财富流向了房产和非企业投资，从而削弱了经济的整体生产能力。②

在企业投、融资方式中，通过债务融资的税收负担要比通过股权融资（出售股份或股票）的税收负担轻得多，但债务融资的效率明显低于股权融资。资本收益比股息或利息享受更多的税收优惠待遇，因此通过溢价升值的资产要比其他类型的资产更受投资者的青睐。折旧可以粗略地近似为经济性贬值，因此它将不可避免地造成一些损失。在我们的税制中，由于税制一些规定造成某些设备或生产结构更受投资企业的青睐，导致某些行业得到了更多优惠，这样其他行业便会间接地受到惩罚。③

税收准则的许多特征形成了消费的特别支出偏好，其中大部分是由税收扣除、排除或抵免等规定引起的，如住房、医疗保健和慈善捐款就是其中一些常见的支出偏好。虽然这些豁免可能是合理的，但经济学家一致认为取消这些豁免政策可能更有利于资源的有效配置和社会福利的增加。税制的潜在经济收益难以精确量化，这与减税政策对劳动和储蓄有影响从而难以量化收益是一样的道理。

4.3.4 风险和企业家精神

一些批评者认为：美国现行税制对小的、有风险的创业企业特别苛刻。这是不合理的，这些企业毕竟体现了企业家的思想和所付出的精力，其是美国经济增长的重要引擎。还有另一种常见的抱怨是：我们的税制对一般风险投资存在偏见。

---

① Congressional Budget Office（2005b，p. 8）。

② 相比商品课税，以经济效率为目的而偏离“统一”投资课税——比如，课税的偏好顺序：机械业>建筑业或制造业>农业——其效果是难以证明的。请见 Slemrod（1990）关于最优税收理论的一个非技术性的评论。

③ 国会预算办公室（2005b）提供了关于不同行业和不同类型的生产性资本资本的投资回报的实际所得税税率的显著差异的资料。

这些批评的合理之处是什么？首先，应给予创业或风险活动更多、更优惠的税收政策，因为投资者进行研发、创新等活动会产生正外部性收益，其他人因此获得了收益但是并没有为此支付成本。而且，对创业收益课税也不具有可行性，因为我们不能准确地定义和衡量这些收益。其次，没有良好的经济理由去惩罚相关的其他行为，有些人认为：目前税制实际上正在用许多方式惩罚这些活动。

最常见的申诉来自于资本利得税。风险受益者经常以出售企业的全部或部分资产的方式获取资本收益。然而，他们也承担资本亏损的风险。美国税制对这种收益规定了一些优惠政策，但是只允许少量的净亏损在指定年度内的其他收入中扣除（虽然损失可结转到未来数年）。实行这种税收有限制的优惠政策是有实际理由的，因为无限扣除将会为企业开辟大量的避税平台和避税机会。然而，限制亏损是不鼓励风险投资的一种方法，因为现有税制会对一些没有风险保证的投资收益征税。

资本利得税具有“锁定”效应，即个人存在不抛售股票的动机，因为他们在出售股票时需支付税金。其实，只有资产出售时所获取的资本收益才会被征税，其他有些资本收益直至拥有者死亡时也不征税。评论家争辩道：投资基金虽然可以锁定老年人，但从事高风险的企业会有高回报。资本利得税是否具有“锁定”效应现在还难以辨别。① 即使存在强大的锁定效应，也可能只影响特定股票的所有者，而不是企业收到的投资基金。

虽然这些争议有可取之处，但传统的解决方案如进一步降低资本利得税税率本身存在很多问题。一方面，减税是一把利器，因为企业的风险创新收益只是总收益的一小部分。② 因此，只因收入的一小部分损失而使企业的全部资本获取税收优惠，会给企业带来风险投资避税的激励。许多其他重要因素也影响着资本利得税制，这将在第 8 章讨论所得税改革时进行详细

---

① 关于该问题最深入的研究由现在就职于城市研究所的 Leonard Burman 和国会预算办公室的 William Randolph 作出（Burman 和 Randolph，1994）。该研究调查了不同州对个人纳税人征收资本利得税的税率的“锁定”效应。他们得出结论，在长期情况下，资本利得税的边际税率对其他因变量的灵敏程度可能较低。但他们估计结果的置信区间比较大。

② Poterba（1989）。

说明。[1]

有人指出，所得税会抑制创业和风险精神。在许多情况下，从事此类活动的激励取决于可能性非常小的高回报，超额累进税率却对这种回报予以重击。此外，创业的回报很大部分是由于努力工作得来的，在一定程度上边际税率会影响劳动力供给水平。不同的是，工作努力的企业家和其他小商人可能不能准确地获取以上所涉及的数据，因此，有关劳动力供给的研究可能无法有效衡量在这一领域劳动力供给的反应有多大。

另一方面，由于资本市场的不完善，并且缺乏抵押品，小型创业公司往往存在借贷困难的问题，其必须大量依靠股权融资或直接由创业者的家族提供资金来度过难关。[2] 这表明：即使现行税制不作为，创业活动也可能无效率。高度累进所得税和对资本利得税等施以重税可能会使创业环境变得越来越糟。另外，这些企业会成为 C 类公司，对企业股权的双重征税对企业投资又是一大损害，投资者进行的风险创业及其他相关投资行为均将受到税收处罚。

创业和创新精神是很难界定和衡量的，部分是因为很少有证据表明税收制度对其存在不利影响。这种说法不一定要打折扣，事实上，税制改革可能有助于提高在这方面的激励（例如，通过消除双重征税）。然而，也没有确凿的证据表明这方面有潜在的巨大的经济利益。有人认为：回应低边际税率的创新精神的理论兴起可能源于 20 世纪八九十年代富裕阶层的收入激增现象。在本章结尾，这个问题得到了详细说明。

4.3.5 国际竞争和国际税收

关于进行税制改革的另一种说法是：税制将提高美国的“国际竞争力”。这里我们将详细讨论引号中的这一术语，因为它的真正含义是不清楚的。而且是否在任何情况下，我们都应该牺牲更多的国民收入来增加国际竞

① Burman（1999）。
② 文中观点由 Hall 和 Rabushka（1995，p. 87）提出。Hubbard（1998）和 Gentry，Hubbard（2000）评论了资本市场不完善的影响：阻碍企业家获取外部筹资。

争力呢？我们和几乎所有的其他经济学家都不同意这种做法。

美国与其他国家的竞争同底特律活塞队与迈阿密热火队之间的竞争是不同的，两个球队的竞争是一方赢得比赛而另一方输掉比赛，IBM 公司就把东芝公司作为这个意义上的竞争对手，但美国不能这样看待日本。在经济学家之间形成了一个广泛共识，其认为至少在两个世纪以内，不受约束的商业利益关系会造福于所有参与国（虽然不一定是所有国家的所有人民），因为这样会使得各个国家的资源达到充分利用和有效配置。① 一般来说，以其他国家为代价来提高本国的生活水平是不可行的，我们生活水平的提高最终取决于本国生产力、资源拥有量和资源的使用效率的提高，这些才是我们努力的方向。

随之而来，国际税收出现了一些有趣的、有争议的问题。例如，我们应该如何对美国企业所做的外商投资和在美国的外国投资企业征税？我国的税收制度是否应该积极阻止美国企业的国际业务，或是否应该对这种地区性选择保持中立？

在大多数情况下，经验法则是税收制度应该对企业投资地点的选择保持中立。外国投资的适用规则要求：当其他国家不投资海外时，我国的税收制度不应该鼓励跨国企业投资海外，但当投资海外有利可图时，也不应提供税收优惠诱导企业进行海外投资。从全球范围来看，如果所有国家都遵照这种做法，企业作出的投资决策则不会因国家税收制度的差异而发生扭曲，此时的投资分配是有效的。这种方法最大限度地提高了全球收入。

然而现实是，每一个国家均实行低税率以吸引外国投资，从而牺牲了他国的利益，赚取了收益。在一定程度上，税收优惠待遇对外国投资的吸引力要大于生产性投资地点所带来的吸引力，这将导致非效率和世界收入减少，而这只会使得吸引额外投资国家的收入有所增加。如果所有国家都尝试以较低的税率来吸引投资，则它们的境况可能都会变差。最终投资在哪里都是一样的，但每个国家的税收收益都会降低，随之为其居民提供有价值的服务项

① 关于该观点的一些延伸性分析，请见 Krugman（1994）或 Slemrod（1992）的相关著作。

目的能力也会降低。

正如我们在第 2 章讨论的，美国的企业所得税包括一项外国税收抵免政策，就是为了使美国企业无论在哪投资，其都可以保持与在美国投资相同的税率。其他许多国家采取的也是同样的做法。这可能是为避免国家之间进行税收竞争而产生的隐性协议。然而，在第 2 章我们也注意到，企业有多种技术途径来解决这个问题，如可以通过投资于低税率国家进行国际避税。有些经济学家担心，如果国际资本流动频繁，对资本利得征税“竞相杀价”，可能会引发各国竞相降低税率以吸引更多的外国投资。这就要求国家之间形成一个共同协议，统一税率或是将税率统一在一个变化范围之内，这将消除对企业通过选择低税地区投资进行避税的激励。①

这种说法类似于多边自由贸易协定。然而，两个协定又是不相同的，大多数经济学家认为零关税和自由贸易政策有利于任何国家，即使一个国家的单方面政策也是有利的。相比之下，在国际税收竞争中，一个国家可能会牺牲其他国家的利益从而使自己变得更好。②

关于税收竞争是否真的存在以及协调是否有效等问题，哈佛大学的丹妮·罗德里克认为：“税收竞争已被普遍接受并且融入世界经济中，其存在降低了各国政府进行税收再分配或实行慷慨的社会福利计划的能力。因为试图开展税收竞争的国家最终都会结束对外国投资。”③ 也有学者提出了不同观点，认为税收竞争实际上是有益的，因为对资本利得征税是低效的（所以任何方式的税率下调都是受欢迎的），或是因为这样的竞争可能会促使各国政府提供更多的服务以有效地吸引更多的资本。

毫无疑问，国家在制定税收政策时需要了解其他国家的税收政策是什么，有些人利用国家之间的税制差异来使利益最大化，这种情况是真实存在的。最明显的案例是关税（进口税）的案例。从国家的角度来看，关税是低效税种，因为它促使其居民购买国内产品，但是如果不征关税的话，居民

① Hines（1999）和 Wilson（1999）就对跨国企业的征税和税收竞争给出了很好的概要。
② 关于对外国直接投资的税收政策以及与贸易政策的关系请见 Slemrod（1995a）的相关著作。
③ Rodrik（1997，p. 64）。

可以得到更便宜的进口商品。乍一看，关税好像在一定程度上保证了国内就业机会，但从长远来看，这种做法会导致国内资源的使用非效率，影响生产力的发展和就业水平的提高。

另一种常见的消费税种即增值税（VAT）的税制改革引起的争论也很多。美国一些商界人士和政治家都很羡慕欧洲增值税的某些功能：对进口商品征税，出口商品实行出口退税，使得出口商品无税负。虽然乍一看，这像是一个巧妙的促进出口计划，而事实却并非如此。[①] 所有这些只是销售税应有的作用流程，国家对商品征收销售税后出售给居民，无论这些商品是在哪里生产的，这不是说在国内生产的商品不缴税，而是说供国外消费的商品是不缴税的。这种待遇不会对国内生产有任何的特殊照顾。假设我们实施了20%的增值税，提高了所购买商品的价格。对进口商品征收20%的增值税将仅仅意味着其与国内商品有着同样待遇，就像现在这样。出口亦是如此，我们不能对外国人进口的商品征收增值税，但其自己国家可以对进口商品征税再将其出售给居民。

更根本的问题是：即使给予出口商品税收优惠，但其优势也会被汇率调整所抵消。出口商品是以美元计价的，如果汇率调整，商品对外国消费者的吸引力可能就会降低，国内价格水平也会相应提高，这将导致美国市场对外国出口商和美国的制造商更具吸引力。如果汇率没有提高，国内价格也没有上升，则贸易顺差将推动美元升值，其获得的暂时优势也会消失。

4.3.6 就业、就业、就业

政治家喜欢承诺为选民提供更多、更好的工作，并为此提出税制改革计划。此外，只要增加税收或消除税收优惠，那些认为政策对自己不利的人立即就会找出一项研究来显示该政策将会牺牲多少就业机会。例如，《1986年的税收改革法案》取消商务午餐费用扣除政策，餐饮行业协会当时就警告说，

---

① 说这句话，我们绝不赞同出口补贴，这可能导致资源配置的低效率，正如进口关税的影响一样。

该政策将导致餐饮业失去数以千计的就业机会。2003 年布什政府实施减税政策时，其经济顾问就声称在未来 3 年之内，将创造 0.21 亿个就业机会。[①]

除了就业性质及个人兴趣倾向以外，对就业的选择是否存在其他经济上的要求？一个字（好吧，两个字），没有。标准经济理论认为：如果经济正常运行，税制对就业总量几乎没有影响，即愿意工作的人只会因为工资率的上升而暂时无法找到工作。[②] 可以肯定的是，由于税收优惠政策调整，特定部门的就业机会可能会减少，因为对该行业的相对需求减少了。但这并不意味着就业总量减少了；相反，就业需求可能会由原税收优惠行业转移到经济中其他商品和服务行业，因此新的就业机会将在这些部门中产生。从一个部门到另一个部门的就业转移是一个不和谐的过程，但所有这些均与税收无关。而且要保持经济高效运行，就业转移成本不应被忽视，因为其很可能会超过就业转移带来的经济收益，这项收益主要来自于因消除了不必要的资源配置偏好从而把资源转向更具有生产力的领域，由此获得的长期收益也极有可能因为转移受阻而被忽视掉。

在经济萧条时，经济是在低于实际生产能力的情况下运行的，税收政策如果提高了消费或投资需求，则其在短期内可以促进经济发展并创造更多的就业机会。不过，即使在这种情况下，效果只能是恢复其正常就业水平，而不是长期增加就业机会。因此，减税和增加开支可以刺激处于萧条期的经济恢复，然而一旦经济恢复正常以后，货币政策可能更有效。

并非巧合的是，自由主义经济学家认为最好的反经济周期政策是对低收入家庭实行减税或增加社会支出政策；保守的经济学家则普遍认为：最好的激励是对储蓄和投资减税，投资可能也只限于在股票市场上的投资。这与经济学家们想要保证在制定最能有效刺激经济发展的财税政策时应体现公平性原则的期望并不相符。这些可变更的经济刺激措施会使不同的人受益并长期影响政府支出水平。但仍可以肯定的是，这些做法很重要，只是无法形成对

---

① Kornblut 和 Blanton（2003）。

② 一些政策，例如最低工资政策，理论上会导致非自愿失业，即使当时经济运行状况良好。我们暂将这些搁置在一边，把重点放在税收政策问题上。税收会减少税后工资，也可使那些愿意在某税前工资水平工作的人，自愿在该税后工资水平失业。

经济的短期刺激。

事实上，许多经济学家并不倾向于采用短期财政政策，如对穷人实行税收抵免，对富裕阶层减税或增加开支等。尽管如此，这些政策依旧在用。我们认为至少有两方面的原因：首先，当经济向好时，政府急于实行抵免政策，不论该政策是否有效。然后，当经济发展停滞时，选民自然期待政府有效的财政政策出台以刺激经济，没有政治家愿意看到经济发展停滞不前。其次，经济衰退为政客们的减税政策提供了运行平台，以实现其他目标，如缩小政府规模或改善激励机制等。

另外很重要的一点是：就业岗位或就业人数不是衡量经济繁荣的唯一指标。要想知道为什么，先考虑以下确保产生数百万新的就业机会的措施：通过和实施一项法律要求每一个身体健全的成年人工作每周至少 60 小时。该法律会“创造”数以百万计的新的就业机会，并导致国内生产总值飙升。但它不会使我们更好，因为我们牺牲了闲暇时间价值，我们不能在工作和其他事情之间做有效的时间分配。

虽然减税能够提高就业量的说法是值得怀疑的，但是当经济正常运行时，税制改革往往能够提供许多更好的就业机会。因为税制改革可以使资源从生产力较低的行业转移到其他更有效率的行业。但在大多数情况下，该理论要求降低对高收入人群征税的税率，提高对储蓄的激励，由此便产生了更多、更高质量的资本存量；反过来，工人将有更多的资本作为“工具”去使用，以提高他们的生产力水平和工资水平。这是税制改革政策的本质，即高收入人群应该帮助其他低收入人群，以减轻工人资本收益的部分税收负担。民主党人常常嘲笑“涓滴经济学”思想，而共和党人却把其作为中心主题之一。这种思想在逻辑上是合理的，关键的问题是看其实际效果如何，而且依据也要充分才行。

4.3.7　人力资本：教育和培训

提高工人的生产力水平和产生更好的就业机会更为直接的方式是促使人们提高教育水平和技能。经济学家称这种生产技能存量为人力资本。这与通过设备投资提高劳动生产率的原理是一样的。许多经济学家认为人力资本和研发是保证长期经济增长的最重要因素。虽然把这些因素转化为美元价值是困难的，但在我国，人力资本的总价值可能与物质资本的价值是相当的。①

获取人力资本需要投资。这些投资是以学费和其他直接支出形式出现的，是可以观察并量化的。对于学生和社会来说，另一个重要的成本是学生选择在校学习而放弃工作的机会成本。对于一些大学生来说，放弃收入无疑比学费的成本低，而对一些 MBA 和法律专业学生来说，放弃工作来获得专业学位所花费的时间价值要比学费高得多。

我们的税制依据投资性质来制定关于人力资本投资的税收政策。相对于实物资本来说，税收政策更偏向于将大部分投资时间用于学校的资本。虽然你需要为技能收入（较高的工资）支付税金，但是在学校，这种不得不缴纳的税款可以推延到毕业后交纳。从本质上讲，你可以立即补偿工资损失。与此相反，长期物质投资资本的折旧却不能立即被扣除。

直到最近，直接以学费形式出现的人力资本投资并不比实物资本投资能够获得更多的税收优惠，因为对于人力资本的投资回报（以高收入的形式）并没有相应的税收抵免政策。《1997 年的纳税人救助法案》改变了这种比较，该法案实行奖学金抵免政策和终身学习抵免政策（允许抵免合理学费及相关开支），同时还出台了对教育贷款利息做限制扣除的新政策。此外，还出台了关于扣除用于教育的房屋净值贷款利息的规定，政府为在校学生支付贷款利息、学费，并对奖学金免税。2001 年，对高等教育支出实行限制扣除，扩大助学贷款利息扣除，增加了教育储蓄。因此，目前尚不清楚现在的税收制度是有利于人力资本投资还是实物资本投资，但平衡起来看，似乎倾斜于前者。

人力资本应该比物质资本享受更多的税收优惠。因为人不能对自己未来的劳动收入进行贷款抵押，私人资本市场往往不会向那些有潜力的学生提供贷款。然而，政府担保贷款可以为企业的实物投资解决这个问题。此外，教育产生了巨大的外部性效益（如创造了更好的公民教育和产生了知识传递

① 请见 Davies 和 Whalley（1991）。

效应），这表明：一定程度的补贴是有效的。当为教育提供税收优惠政策时，现行政策的大杂烩不是最有效的方法。首先，税收法律的重复性和复杂性要求税制简化合并；其次，那些追求高等教育的低收入人群可能出于财务上的考虑，不会从这些规定中受益，或是受益很少，因为他们没有缴纳任何税项；再次，许多关于税收优惠上的获益只是作为那些决定受多少教育的学生的意外收益，而不会考虑税制设置目的。

4.3.8 避税和偷漏税

我国现行税制为个人和企业提供了很多避税机会，而不需要对工作、储蓄和投资做出任何明显的决策改变。例如，积蓄充裕的人往往通过把储蓄账户资产转移到个人退休账户（IRAS）来减轻税负，但这样的转移并没有使储蓄额增加。如果你知道明年税率将增加，你可以尝试今年便支付未来的税款，如果税率太高，你可以根本不去上报你的收入。

这些规避税收的方法如果是合法的，就可称之为避税；如果是不合法的，就称之为偷漏税。[①] 了解避税和偷漏税方法是研究税制影响经济问题的关键，因为大多人认为二者是税收引致经济（如劳动供给或投资方面）不作为的症状。虽然经济对税收的真正行为反应可能比其他方面更重要，但这种推理是错误的。在做选择时，纳税人只有在边际节税成本等于边际节税收益时才会去避税。在现实中，成本是由于消费方式选择或是制订避税的商业投资计划而产生的。如果是避税，成本可能是专业人士的协助支出。如果是偷漏税，成本可能会面临审计的不确定性和被查出偷袭而受到处罚，则成本会表现为经济的无谓损失。

避税、偷漏税和决策如劳动力供给决策之间的关系是相当微妙的。避税行为可能会低估税收对经济决策的真正影响。对于税收的反应，你总是希望重新标记您的报酬在免税范围内，而不是去削减工作时间。此外，避税行为可能会扰乱税收对实际经济决策的影响机制。例如，当税率提高时，如果富

① 在本书第5章，我们将重点讨论逃税问题。

人的应纳税所得额明显下降，这说明他们减少了工作时间，或是不真实地报告了收入，或采取了其他避税策略。区分这些行为是重要的，因为这些行为暗含了不同的政策导向。就刚才提到的例子来讲，如果我们关注累进性，则政策会倾向于限制避税和偷漏税的机会，而不是放弃累进税制，因为避税和偷漏税产生了明显的负向作用。

过去的实践表明，个人和企业都非常愿意采取避税策略。1986 年有一个典型案例，当年 9 月国会两院通过了《1986 年的税收改革法案》，10 月 22 日里根总统签署该法案使之成为法律。根据该法案，自 1987 年 1 月 1 日起，长期所得的最高收入阶层的税率由 20% 增加至 28%，因此，税率 20% 存在时间非常短暂。精明的纳税人注意到这一政策变化，从而实现了资本收益的空前繁荣。资本收益从 1985 年的 1 670 亿美元增加到 1986 年的 3 222 亿美元，在 1987 年仅回落 1 374 亿美元。更引人注意的是，在 1986 年 12 月，缴纳销售税的最后一个月，公司股票的长期资本收益比 1985 同期增长近 7 倍。①

第二个典型案例是《1986 年的税收改革法案》规定减少个人所得税的最高边际税率，使其在几十年里第一次低于企业所得税税率。这一点，再结合避免对企业所得双重征税的承诺，使得 S 类企业或合伙企业的企业组织形式而不是传统的 C 类公司对投资者更具有吸引力，这完全是由于税制规定而产生的。税制的影响是迅速的和戏剧性的。从 1965 年至 1986 年，S 类企业的数量每年上涨 7. 7%，从 1986 年到 1990 年猛增了 17. 5%。从 1965 年到 1986 年，C 类企业的数量平均每年减少 3. 5%，从 1986 年到 1990 年则减少了 4. 8%。跌幅最大的 C 类小型企业最容易转换成 S 类企业。②

税制改革所产生的大量证据表明：税制对行为的影响是分层次的。在顶部层次，最明显的利用税收优惠政策的方法是注意经济交易的时机，1986 年税制改革之前和之后实现的资本利得格局就是最好的例子。在第二层是对财务和会计的影响，自 1986 年以后，从 C 类转向 S 类的企业数量表现就是最好的例证，而且在 1986 年以后，新的个人不可扣除贷款债务被转换成可

① Burman，Clausing 和 O’Hare（1994）。
② 作者的计算结果上交美国国税局，收入统计部企业所得税申报情况（诸多年份）中。

扣除贷款债务。在层次结构的最底层，税制对个人和企业制定劳动力供给、储蓄和投资决策的作用是显而易见的。经济学家之间达成了一些共识：税后回报对劳动力总量供给的影响较小，税后回报对储蓄的影响大小目前尚不清楚，而对于投资的影响则是喜忧参半。

4.3.9 高收入人群如何应对减税政策?

行为反应的层次结构为评估历史税制变化的影响提供了一个有益视角。《1986年的税收改革法案》降低了个人所得税最高边际税率，从50%下调到28%，应报告纳税的美国富裕阶层的人数增加得惊人。1984年至1990年，通货膨胀调整后的国民收入中，最富裕阶层所占比例由1%上升到68%，占调整后的收入总额的比例增加了1/3以上，从9.9%增至13.4%。[①]同一模式下的相同纳税人的相关数据表明：1986年税制改革给予最高边际税率的巨大税率优惠使得应报告的纳税收入大量增加。[②]

但是，20世纪80年代降低最高边际税率的政策是否使得富裕阶层应报告纳税收入实际增加？或者只是时机巧合？毕竟，自1970年以来收入不平等程度一直在稳步提高，而且很多解释已说明这一趋势与税制变化无关。例如，在很多领域，对高科技技术服务的需求越来越多，而且科技在世界范围内的传播能力也随着电信技术的提高而提高。[③] 在此期间，即使没有1986年的税制变化，高收入阶层的收入占总收入的比重无疑也会增加。但是《1986年的税收改革法案》的确助长了这一增幅的产生。

仔细分析高收入阶层对税制变化的行为反应会发现工作时间在税制变化前后并没有改变。[④] 收入增加主要是由企业组织形式由C类转变为小型或中小型企业引起的，因为C类企业缴纳企业所得税，S类企业缴纳个人所得税。

① 请见Feenberg和Poterba（1993）的著作。他们所报告的数据有些误导性，因为他们在阐述调整后总收入时并未对其中的变化作出解释。更正后的数据请见Slemrod（1996）的著作。

② 请见See Feldstein（1995b），Auten和Carroll（1999），以及Gruber和Saez（2002），关于高收入群体对边际税率的变化的反应。Slemrod（1998）提供了关于这类研究的一份详尽的概述。

③ 芝加哥大学的Sherwin Rosen在1981年的一篇文章中讨论了“明星”现象。一本由康奈尔大学的Robert H. Frank和杜克大学的Philip J. Cook于1995年写的书《赢家通吃的社会》（The Winner-Take-All Society），给出了关于美国经济中“明星”现象的很多例子。

④ 请见Moffitt和Wilhelm（2000）。

这种转变并没有创造新的收入或使税收收入总额增加，尽管个人的报告收入上升，但C类企业的应纳税所得额却下降了。另一解释是，1986年的税制改革大幅减少了企业使用合资伙伴关系作为避税平台的优势。在一定程度上，在1987年以后，高收入纳税人纳税申报所表现的税项亏损停止，表象上这一阶层的收入似乎上涨了，但任何有关的收入增加只是反映了反避税规定的作用。总之，在1986年以后，并非所有的高收入阶层的收入增加都是由于削减税率引起的。

1990年，特别是1993年，提高个人所得税的最高边际税率的影响成为了争论的关键议题。克林顿在1992年当选时说：从1993年开始，增加对富人征税，联邦最高边际税率从31%上升到39.6%。这一政策的支持者认为这一政策的合理性在于高收入纳税人必须支付必要的“公平份额”以提高其税收负担。而反对者则警告说：收入预测被夸大了，因为他们忽略了高收入纳税人的应对策略。

哈佛大学的丹尼尔·芬伯格和马丁·费尔德斯坦查看1992年和1993年报税表资料后发现：相比以前的增长趋势和其他纳税人的收入增长趋势，在1993年税收收入增加的情况下，高收入家庭报告的应税收入下跌了7.8%。如果该结论是正确的，则财政局只获得了提高税率后应征收收入的一半。① 芬伯格和费尔德斯坦认为，这么大的影响表示提高税率对经济行为扭曲的效率成本远高于用其他替代方式来增加税收，说明对富人的高税收不是一个好主意。②

还有更多这样的案例，1992年11月，克林顿最初当选时，给予许多高收入纳税人充足的时间把1993年和1992年后期的收入转移到税率还没有高于31%的纳税时期。12月，金融新闻全部都劝谕读者能够做到这一点，并举出了许多个案。迪斯尼高管迈克尔·艾斯纳和弗兰克·韦尔斯所兑现的股票期权价值2.57亿美元。几个棒球选手，包括未来的（但稍纵即逝）全垒打冠军马克·威尔，新签的长期合同要求报酬以借贷的形式在1992年之前

---

① 请见 Feldstein 和 Feenberg（1996）。

② 对富人加税是否是一个坏主意，这取决于人们对于更公平的财富分配所带来的社会利益的不同观点。然而，无论人们怎么看待这一利益，随着高税所带来的经济成本的增加，累进税制越来越不符合需要。极端地来说，考虑一个“高收入人群的拉弗曲线”，其中最高累进税级的税率会导致该收入群体及时作出调整以减少他们的纳税数额。这种情况下，没人得到帕累托改善，包括那些面对更高税率的高收入家庭，以及其他任何人，因为没有额外税收收入以降低其他人群的税负（非高收入者）或者用来增加社会公共产品开支。

提前支付以减少应纳税额。纽约州局的财政预算中每年年底支付给华尔街的资金传单显示：1992 年 12 月支付约 2/3，1993 年 1 月支付约 1/3，但是通常都是 12 月支付 1/3，1 月支付 2/3。[①] 芝加哥商业大学的古尔斯·比奥斯坦认为：像高级管理人员这类高收入人群，1992 年和 1993 年之间的收入差异主要是由于股票期权行期的变化产生的。[②] 商务部做了一个总体估计：约为 20 亿美元的收入从 1993 年转移到了 1992 年。[③]

综上所述，1993 年最高收入组的收入比 1992 年的收入低可能说明了富人把 1993 年的收入转移到了 1992 年以逃避预期更高的税收这一事实。事实上，对比 1991 年收入的正常转移的数据，1993 年富人的收入不是特别低。[④] 近几年宣布或预期的税收变化清楚地揭示了税制变化的时间效应和持久性效应，但是很难量化。总而言之，虽然富人会注意并应对税制变化，但是明确的证据表明：他们可以通过改变行为来应对 1990—1993 年这一期间的增税政策。

图 4. 6 所描述的是从长期历史角度来看税收政策对高收入人群的经济行为影响的相关结果。ENSCEPREMAP（在巴黎的一个研究中心）的 Thomas Piketty 和加州大学的 Emmanuel Saez 提供的税收返还数据资料提出：从 1913—2005 年，在美国最高收入组的顶部 1% 的纳税人的税前收入（不包括资本收益）相应的边际税率也是最高的。[⑤]

边际税率和处于收入顶部 1% 的富人的收入占总收入的份额表明：税率不是导致富人收入变化的主要因素。然而，《1986 年的税收改革法案》导致收入增加是显而易见的，在 20 世纪 90 年代，处于最高收入组顶部 1% 富人的收入与 20 世纪 80 年代增长得几乎一样快。1990 年至 2000 年，处于最高收入组顶部 1% 富人的收入份额（不包括资本收益）从 13% 激增到 16. 5%。

---

① 请见 Fastis（1992）以及 Peers 和 Tannenbaum（1992）的相关文献。
② Goolsbee（2000）。
③ 总统经济研究报告（1996，p. 92）。
④ Parcell（1996）。
⑤ Piketty 和 Saez（2003），更新于 <http：//emlab. berkeley. edu/users/saez/index. html>（于 2007 年 8 月 28 日查询）。我们的关注焦点在除资本利得以外的其他收入上，这是因为相比其他应税收入的税率，资本利得税的税率变化方式不一。同时，也因为资本收益实现的起伏很大，而这主要是由一些非纳税人主观行为（如股票市场价值变化）等原因造成的，与纳税人对由税法产生的激励因素而做出的相应调整无关。在任何情况下，采用一种包含资本利得条款的措施，都会导致如书中图 4. 6 一般的分布格局，并且特别地，还会导致 1980 年至 2005 年收入最高的 1% 群体收入的大规模增长。更多细节请见 Piketty 和 Saez（2003）的著作。

在20世纪90年代，最高收入组的资本收益也大幅增加，但这些收益主要反映了股市的繁荣，因此我们从分析中排除了这些因素。

在1990年和1993年，最高收入组收入的急剧上涨提高了其边际税率。因此，富人收入一直上涨，并持续到2000年，即减税后近15年和两次加税之后的几年。那该假设，即自1980年以来高收入家庭的收入显著变化主要是由最高税率变动引起的这一观点是值得怀疑的。在2001年和2003年，最高边际税率降低了，但处于收入分布顶部的1%人群的收入占总收入的比重在2005年已提高到17.4%。虽然最近的上升与税制变动有关，但是减税或增税不能影响收入变动的长期趋势。

美国其他减税实例的效果并不是很明显，其中包括肯尼迪和约翰逊时期的减税政策，在1963年和1965年之间，最高税率从91%削减到70%，但是富人的收入并没有呈现像20世纪80年代那样的激增趋势。如图4.6所示，在1971年，劳动收入的最高税率从70%削减到刚刚超过50%，但是在收入上却没有多大的变化。①

然而，从长远来看，最高边际所得税税率和处于收入分布顶层1%人群的收入之间存在明显的负相关关系。在20世纪的开头和结尾，边际税率比较低，但富人的收入非常高。在20世纪中叶，边际税率高而收入低。因此，税制的影响机制应该这样来理解，数据显示出在20世纪中叶实施的高税率对富人的收入产生了负面影响，但今天实行高税率所产生的调节作用并不一定产生了显著性的影响（20世纪90年代的实践已证明）。有些变化的影响可能还需要一段时间才能显现。

国际经验表明：在过去几十年间，美国富人的收入激增在一定程度上与税制有关。例如，Saez和Piketty等学者研究发现：虽然自1970年以来处于收入分布顶层1%人群的收入份额急剧上升，如在美国、加拿大和英国，但在欧洲大陆国家，它却一直保持相对平稳的态势，如在法国、荷兰和瑞士。如果全球化或技术进步导致个人收入提高，则我们可以寻找更多的类似国家

① Goolsbee（1999）提供了一项正式分析，是关于收入分配最顶层的收入曲线是如何随着1924年至1966年的五次主要税制改革而变化的，其结论比较模糊。

来看这种期望的模式是否成立，即看这些国家实行个人所得税减税与该国家处于顶部1%人群的收入占总收入的份额之间的关系如何，但事实表明这种相关性并不明显。一方面，法国和荷兰没有削减最高税率，该国最高收入占总收入的份额也没有增加；美国和英国都大幅削减最高边际税率，两国最高收入占总收入的份额却明显增加了。另一方面，加拿大处于收入分布顶部1%人群的收入占总收入的份额的上升趋势不如美国显著，这主要是因为其减税幅度小。在加拿大，收入上升地区主要集中在以英语为口语的地区，其可能反映出的是一些非税因素的影响，如以英语为母语的国家或地区的独特文化因素或者是对高技能人才实行高工资的竞争压力（和潜在的国际工资的压力），讲英语的加拿大人的税后工资水平要比来自于美国的高技术工人的税后工资水平高得多。

最后，图4.6中的国际比较数据主要来自于税务机关的收入报告，因此，处于顶部收入1%人群的收入对税制变化回应的数据显示了一种真实行为反应组合（如改变劳动力供给）和其他反应组合（如避税和逃税）。图4.6强烈表明：当法定税率高达70%～90%时，富裕的纳税人则会报告相对较少的收入。然而，它没有告诉我们，这是由收入减少造成的还是出于避税和逃税的目的造成的。①

4.3.10 减税如何影响收益?

经济学家亚瑟·拉弗提出了全面的减税会令政府没有税收这一理论，他在20世纪70年代明确指出：高税率可能会损害经济，减税将增加而不是减少政府收入。拉弗的免费午餐理论证明对政治家来说减税是不可避免的，这也是里根总统在1981年推行减税的思想基础之一。减税引起了预算赤字的大幅增加，削弱了上述观点的真实性，但仍有影响。例如，在1996年和2000年总统竞选时，史蒂夫·福布斯的宣言就是美国的减税政策一直使得收入处于稳定增长中。目前，共和党总统候选人麦凯恩同意这种观点，其在

① Saez（2006）。

2007 年初说，“从肯尼迪总统开始的减税政策使收入提高了，那么增税的理据是什么？你是否能让减税产生相反的效果？”①

20 年后，大多数经济学家认为 1981 年的减税效果没有证实拉弗的说法。也没有准确地描述 21 世纪第一个十年的减税效果。这不奇怪，因为我们上面讨论的所有证据均已表明这一点，如劳动力供给对税收的反应很小，减税不会使经济扩张到能够获利，在 20 世纪 80 年代和 21 世纪初没有减税但收入却明显提高了这一现象便已足够支撑这一说法。

当然，自 1981 年以后，个人所得税收入占 GDP 比重下降；1981—1984 年，该比重从 9.6% 下降到 8%，尽管持续的通货膨胀引起的“支架蠕变”，把纳税人推入更高的纳税级次。总统乔治 · H. W. 布什当政时期，财政部估计，到 1990 年，《1981 的减税法案》会使得联邦政府每年产生 1 640 亿美元的成本，这与经济的正常发展趋势不一致。② 如果《1981 年的减税法案》可使收入增加，则实施该政策所形成的经济发展速度要高于其他政策，只有这种方法才能消除赤字。如表 4.1 所示，20 世纪 80 年代的生产力增长率与 20 世纪 70 年代时大致相同，比 20 世纪 90 年代时低。有些人认为 1982 年以后的几年内，生产力增长率在一定程度上出现了增长趋势，实际上，其是混淆了可持续发展增长与从严重的经济衰退到复苏的增长的性质和特点。

布什的减税政策明显地减少了政府收入。以 2005 年收入为基期收入（通货膨胀调整后）来计算，联邦个人所得税收入从 2000 年 11 260 亿美元下降到 2005 年的 9 280 亿美元，在没有减税的情况下，收入的下降幅度无疑更大一些。③ 联邦整体收入占 GDP 比重从 2000 年的 20.2% 下降到 2005 年的 18.0%。而且，也没有明确的证据表明减税政策促进了经济增长。如上所述，从 2000 年至 2006 年，生产率增长持续变强，但也只略强于从 1995

---

① <http：//article. nationalreview. com/？ q = MTMxOWRkYjgyNDhjOTU5ZTY2OWU2ZTg2ZmUxMzQ1NjQ=&w=MQ==>。

② Steuerle（1992，p. 186）。

③ 作者的计算结果是基于美国经济分析局的数据（2007，表 3.2），并通过采用表 1.1.4 第一行的 GDP 平减指数来消除通胀因素对分析的影响。

年到2000年这一期间，2000年至2006年期间的人均GDP增长率（每年为1.5%）要低于1995年至2000年期间（每年为2.9%）。[①] 学者们所争论的是布什的减税政策引起的收益减少是否能够通过经济增长所取得的收益来弥补，但是没有说明减税是否真的可以提高收益。

4.3.11 动态评分

即使我们认为，减税是“为自己支付的索赔”，我们仍会有所疑问：税率究竟是如何影响收入的？正如我们已经讨论过的，税率的影响越大，所引致的成本也就越高。此外，主张减税的人常常抱怨说，官方对他们建议的分析没有考虑经济增长自然引起成本的可能性，把成本产生的原因只归结为减税政策。他们认为政府的收入估算过程应该是动态的（假设经济增长将受到影响），而不是静态的（假设增长不受影响）。[②] 例如，2003年2月，前众议院多数党领袖迪莱（R-TX）针对布什政府提供的6 740亿美元收入提出了强烈质疑，迪莱说：“6 740亿美元是毫无意义的，因为它没有考虑减税的动态效应”。[③]

了解这个问题还需要了解一些背景知识。《1974年的预算法案》分配给美国国会预算办公室（CBO）的任务是对收入和支出做基本预测和估计，并估计国会制定的支出建议的预算效应；分配给国会税务联合委员会（JCT）的任务是为大部分收入进入立法程序做准备估计。这两个部门复杂的立法估计都影响了收入和支出。这个过程主要是为国会提供制定经济政策的信息基础，以使国会能够独立地进行评估预算。对每一议案的收入和支出效应进行官方估计所得的评分，可以用于决策该议案是否能够通过。在实践

---

① 该计算结果涵盖了从1994年第四季度至2000年第四季度，且从2000年第四季度至2006年第四季度的计算结果，来源于美国经济分析局的数据（2007，表1.1.6，第1列，和表7.1，第16列）。

② 多年以来，（美国）前议员Bob Packwood曾多次提议联合税务委员会准备一份关于对收入在100 000美元至200 000美元的收入群体适用的100%的边际税率的分析报告。Packwood议员并不打算真的支持上述提议通过，而是通过该分析表明，政府议程会过高估计由充公税率所产生的税收收入。联合税务委员会适度地答应了该请求，并计算得出结果：在假设纳税人没有相应的行为反应的条件下，税收收入会增长。另外该分析中提到：“如果100%的税率仅持续特定的一段时间，那么在经济市场中获利行为将会减少，因此联邦政府的税收收入将显著地减少。”这个插曲在税务联合委员会的员工书面证词中曾被谈到。

③ VandeHei和Weisman（2003）。

中，这些评分经常被媒体援引以评论重要的税收或支出决策。

根据现行做法，CBO 和 JCT 都估计了一系列经济行为变化的收入规模。2002 年 5 月，众议院预算委员会研究动态评分时，国会预算办公室主任克里·平丹列举了两个 CBO 计量方法。[①] 第一，当 CBO 做资本利得税收入估计时，需要考虑税收将会警醒人们避免较高的税率（请注意，这是一个时序反应，在行为反应层次结构的顶部）。第二，当 CBO 估计边际所得税率变化引起的成本时，它也包括了对税基的影响估计，其中税基主要来自于计税工资和非税收益（这是一个重新命名的效应）。

任何对立法和预算的宏观经济影响都不是收益评分的一部分。换句话说，国内生产总值（GDP）的估计是不允许受到税收政策影响的。离开现行收入估计程序下的长期宏观经济运行的影响主要是用劳动力供给水平和储蓄水平对生产的影响来衡量。这些反应层次结构的最底层反应的证据表明税收的作用有可能引起收入估计误差，如果忽视它，税收就被排除在外了。

第一个动态评分的主要论点是，一个对于评估行为反应的不准确的正确答案要比准确的错误答案好，准确的错误答案是减税绝对不会对宏观经济产生影响。第二个论点是非动态或静态的得分偏见决策倾向于大政府机制，因为它高估了减税的成本和增税的收益。然而，这并不是说后面的论点就是正确的。例如，如果减税时不削减政府开支，经济也能正常运行，那么赤字对经济的不利影响将大于其所产生的积极影响。在这种情况下，减税会进一步降低经济增长水平和收入水平，使得静态估计低估减税的成本。

反对动态评分的主要观点是：（1）动态评分主要是基于不确定性而提出的，而这种不确定性会使得收入得分政治化，有可能影响政策评价的完整性。（2）对财政行为中不负责任的结果存有偏见。（3）不是所有计划都是可执行的，只有大型计划才能动态得分，如果只有税收过程可以动态得分的话，也是有利的税收开支计划可以，其他正常的开支计划则不能进行。[②]

在评价这些观点时，重要的是要牢记减税而不削减支出不是免费乘车。

① Crippen（2002）。
② 请见 Auerbach（1996）的相关文献中关于动态税收估计的优缺点的分析。

减税计划不是少花费纳税人的钱，它是将公民的支出负担时间推延的一个替代计划，一个不争的动态影响是大量长期的预算赤字是不可持续的。因此，不能抵消预算的减税政策的动态评分最终结果将显示为对经济的负面影响。正如我们上面提到的，如果减税而不削减政府开支，由此产生的赤字将会不利于长期经济运行。此外，税收最终将会增加，从而激励效果将会丧失，如果不承认这一点，动态评分只会使得选择更加模糊，而不是提高选择的精确性。

这一论点很好地诠释了美国国会预算办公室在2003年3月提供的一份特色动态分析报告，该报告是关于布什政府2004年的预算计划的，包括大幅度减税以及增加开支等内容。[①] 国会预算办公室基于一系列经济规划模式，提出合理的估计方法，其中包括几个学术模型和两个预测模型。该报告给出了在减税和扩大支出政策引起经济的变化不能弥补减税成本的情况下，现在的经济估计和现有预算对之后10年的影响，指出：政府举债最终会通过增加税收或减少开支来应对，如果政府债务通过在未来10年内征收高税收（而不是减少支出）来偿还，那么这会对长期经济不利。[②] 此外，在一些模型中，对未来十年的经济影响取决于公众对政府如何偿付赤字的预期；国会预算办公室适当向公众表明：在不同的假设预期下，结果将如何变化。该分析以10年为界，发现减税和扩大支出计划会放缓经济增长速度，加剧赤字问题。而其他人则认为适度增长会改善赤字问题。非动态分析结果推翻了减税但不削减支出会提高政府举债而且又必须在未来偿付这一结论。

出现这种结果并不奇怪。扩大开支和减税政策不能提高经济增长速度，因为它们没有完善的激励机制。有些对减税政策的分析主要集中于其是否能够改善激励机制方面，政府偿付是否公平，政府是否明确削减消费，或者该政策是否保持税收的中性原则。如果保证了上述几点，则会对经济产生一个相对明确而且积极的影响。动态评分能够指出不同做法的重要区别，这是一

① 美国国会预算办公室（2003）。
② 美国国会预算办公室（2003，p. 27，n15）。Auerbach（2002）阐明了关于2001年减税政策的动态分析，并给出了在超长期条件下的结果。他表明减税政策带来的经济产出的长期效应是消极的，除非政府通过削减政府部门的开支抵消大规模的减税。

种有益的尝试，而且是正确的尝试，因为它认识到不确定性的作用，没有只关注政策收益而不关注政策成本。但要注意：这不是一个动态“得分”，而是纯粹以提供信息为目的的动态估计。一个“得分”要求选择一个数字，官方对预算进行估计总是会存在相当多的问题。

4.4 结 论

我们的税制无疑会产生经济成本，只是不能确定这些成本究竟有多大。虽然没有一种税制可以完全消除这些成本，但税制改革可以降低税收的负面效应，一些有利于经济运行的税制变化也有助于消除违背税收“中性原则”等经济行为的负面作用。另外，如果减轻税负与经济繁荣之间能够实现固有的均衡，也会产生经济收益。根据对公平的看法，它可能不会对穷人或中产阶级的经济收益课以高税，鉴于此，有些特殊情况仍需仔细辨别。这是第6章到第8章的主要议题。然而有一点需要注意，即一个良好的税收制度必须考虑其是否具有简单性和可执行性。

5

简单性和可执行性

到目前为止，评价纳税制度优劣有两个基本标准：税收负担如何分配和对经济繁荣的影响程度。然而，这两个标准都由税收的简易性和可执行性所决定。本章从研究所得税制的复杂性着手，分析是什么因素导致其复杂以及如何使其变得简单。然后，我们再观察在现行所得税中的逃税、漏税的行为现状，并讨论造成执行简单化或复杂化的税收制度因素。

5.1 我们的税收制度到底有多复杂?

几年前，《金钱》杂志发现了一种相对复杂的纳税情况，并且邀请了一些税收专家去精确计算应纳税额。1997 年，应纳税额计算完毕，但事实上税收却从来没有变得更简单过。通过46个专家的计算，最后得到的却是46个不同的结果，这些结果中计算出的应纳税额从34 420美元到68 192美元不等。尽管在法律解释上存在一些合理的差异会对税收总额产生微弱的影响，但实际上的应纳税额却是35 643美元。没有一个专家得出了完全正确的答案。①

《金钱》杂志的另一个措施是开设国税局帮助热线，人们可以向其咨询有关填写纳税申报时遇见的一些比较常见问题。2002年，国税局工作人员只对75%的问题给出了精确的回答，虽然这个结果并不是很完美，可是相对1988年的55%的水平已经有了很大的提高。② 在2006年的报税季节，据美国财政部税务管理监察署（TIGTA）审计人员反映，纳税人援助中心的国税局工作人员面对向其咨询的400个税法问题，其正确地回答了其中的83%。③

事实上，在一些情况下，无论是税务专业人员还是国税局，都不能完全确定纳税人的应纳税额，这也侧面反映了税收制度的复杂性。导致税收制度复杂的另一个原因可能是对税法解读的不到位。西部出版公司2006年出版的《国内税收法规》有3 138页，包括了9 831个部分，而且随后出版的《2006年联邦税务条例》有10 014页。④ 这两个文件的字数总和接近800万字。⑤ 国税局的纳税申报表数量持续增加，从2000年的475张增加到2006年的582张，附表从1995年的84张增加到了2006年的142张。⑥

虽然这些数字看起来很引人注目，但却没有直接引起大多数纳税人的关注。只要自身的纳税过程简单明了，谁会关心税法是500万、5 000万还是5亿字呢。在一些情况下，如果能清理干净税法的灰色区域，那么制定详细

① Tritch（1998，p. 104）。
② Garcia（2002）。（美国）总统计局每年都公布类似的分析结果。根据Rossotti（2002，p. 6），近年来分析结果显著地提高，截至2002年末，84%的税法相关问题和90%的税务会计问题都得到了精确的回答。
③ TIGTA（2006a）。
④ 《2006国内税收法典》；《2006联邦税条例》。
⑤ 800万字的估计量是基于13 142页的内容的，包括每页近600字的税收法律与规章。
⑥ 这些数据来源于Edward（2006）。

的条例就可以使事情更简单。很多条例都是针对避税策略的，这些避税策略是纳税人及其纳税顾问陆续发明出来的，并且日趋复杂。显而易见，人们应该看到更深入的东西，不能停留在表象，这就形象说明了我们的税收制度应该多么复杂以及是否应该得到简化。

5.1.1 守法成本

衡量税收复杂性的标准之一就是收税过程中产生的总成本。这个成本肯定包括国税局的预算费用，在2006财政年度的预算中，各种联邦税的执行成本为105亿美元，占财政收入的0.5%。① 然而，国税局的预算费用（增加征税以后的行政费用）只是征收总成本中的冰山一角，远低于由纳税人直接承担的成本，即守法成本。另外，征收总成本还包括用在聘请会计师、制作税务表格、购买软件以及税务指南的费用支出；守法成本还包括在征税过程中由第三方导致的费用，例如雇主为其雇员代扣代缴并且向国税局提供信息报告的费用。但是，守法成本中最大的财力消耗是纳税人的时间成本，以及纳税人确定其纳税额的计算成本消耗。货币支出和时间花费都是资源的机会成本，因为如果它们不被用在税制中，就可以被用在其他领域来创造更多的价值。

对纳税人的调查显示，在一个平常的年份，个人纳税人共花费35亿个小时，换算下来平均每人每年花费26个小时来处理州和联邦个人所得税的纳税申报问题。② 在总共花费的时间中，用来申报纳税的时间不到20%，大部分时间（大约60%）被花费在记录存贮上，剩下的时间则被花费在例如研究税法、约见顾问或者安排财务事务来合理减少应缴税款等事情上面。遵守税法的时间成本是高度集中的：不到20%的纳税人花费的时间占据了总时间的一半还多。个体户纳税过程更是艰难，每年在税收

① 2006财政年度（美国）国税局的预算数据来自于美国管理预算办公室（2006a，p.236）。在2006财政年度，由国税局管理的所有税种的总征税额（扣除退税）共计2.238万亿美元（国税局，2006a，国税局数据报告书，表1）。

② 关于35亿小时的估计数据请详见Slemrod（2004）。该估计数据是基于1995年相关估计数据的推断，来源于Slemrod（1996）和Guyton等人（2003）的相关著作。其他数据是基于Bllumenthal和Slemrod（1992）的相关著作。

事务上要花费60个小时，是其他人所需时间的两倍还多。至于拥有资本收益、分红、租金收入和法定扣减项目的纳税人，其也比平均水平承担了更多的守法成本。

除了纳税人自己的时间成本之外，还有其他的直接费用支出，如支付的专业咨询费用。2004年，将近60%的个体纳税人会向会计师和其他专业税务顾问支付纳税辅导费用，年均花费超过220美元。①

以上所述全部加起来将是多大一笔支出呢？但现在能确切认定的是：个人所得税与时间成本密切相关，时间成本的平均价值是每小时20美元，如果只计算联邦个人所得税，那么2004年税收的时间总成本是700亿美元；②如果加上专业援助和其他货币支出成本的话，则需要再增加150亿美元，这样个人所得税的守法成本总共是850亿美元。这个庞大的纳税成本还不包括在征税中纳税人因焦虑其税款是否正确、是否按时上缴以及是否通过了稽查而产生的精神成本（不包括是因为无法衡量）。另外有两点需要指出，一方面，大多数的估测都是基于1989年的数据，该年的数据是最后一次全面彻底的调查数据，税法自那时起就变得更加复杂，所以之后的成本应该更高；另一方面，在申请抵押贷款、助学贷款和政府其他转移项目时，需要个人提供所得税完税证明，所以这一数字并不能完全代表由税制所引起的成本的增加。因此，考虑到所有情况，2004年的个人守法成本可能至少为850亿美元。

这850亿美元甚至没有包括企业纳税人的守法成本，而其中任何一个企业所有者都认为合法的纳税成本确实很繁重。虽然所得税的个人申报者的数量比企业申报者的数量多很多（2004年，个人申报者的数量是1.32亿，企业申报者的数量是560万），③ 但是每一个企业申报所用的时间和数额却比个人多很多。举例而言，国家最大的一些公司如500强企业，其每年在税收

① 在2004年，59.3%的纳税申报额使得税务代理显得并非如此重要（（美国）国税局，收入统计公告，2007年冬，表1，表23）。Blumenthal和Slemrod（1992）发现，1989年所有纳税人寻求专业涉税服务的平均费用为66美元，而2006年该平均费用为107美元。而2006年由于所有纳税人中有48%的纳税人接受专业涉税服务（国税局，收入统计公告，2002年，p.153，2003年，p.194），因此该人群接受涉税服务的平均开支为222美元。

② 关于该估计的更多细节请见Slemrod（1996）的相关文献。估计结果已考虑通胀因素。

③ （美国）国税局，收入统计数据报告（2007年冬，表1和表13）。

上平均花费近500万美元，很多超大型企业的花费甚至超过1 000万美元。[①]其中，1 700个最大的公司在联邦和州以及地方的企业所得税上面每年大约总共花费40亿美元。[②] 由于计算折旧以及最低替代性税额等内容，各州之间缺乏统一规定，且联邦所得税制与地方所得税制也存在不一致，对从国外获得收入各州也有例外规定。大型企业的涉税内容是复杂的，其中关于从国外获得收入的规定尤为复杂，尽管这些大型企业的海外业务未占到资本、销售收入等的25%，但其守法成本几乎占这些企业守法总成本的40%。[③]

然而，即使在花费了这么高昂的成本之后，关于应纳多少税额企业和国税局也是不能完全确定的。有关税收的审计、上诉或诉讼经常会拖延好几年，所以大型企业填好申报单但是却迟迟没有上缴税额的情况并不罕见。

中小型企业也会产生不容忽视的守法成本。事实上，研究一直表明：企业越小，那么它的守法成本就越多，这些成本主要是在税收缴纳、销售、资产和其他企业规模的测量上的支出。[④] 一些小企业的守法成本，尤其是个人独资企业，已经包括了我们在个人税法上所估计的850亿美元，但是对于很多小企业而言并不是这样。一个最近的研究估计，那些企业规模在1 500个最大企业之下但是资产超过500万美元的企业的总守法成本为220亿美元。[⑤]

但是请注意，由于将单纯用于报税的会计账簿和账务资料与出于经营目的的资料区分开来的难度很大，所以企业任何以调查为基础的估计必然只是一个粗略估计。而这对小型企业来说尤其是个问题，因为小型企业目前往往未设独立的税务部门。

考虑到所有这些因素，在2004纳税年度中，我们估计联邦的企业和个人所得税执行和守法的成本是1 350亿美元。换算下来，成本处于略微高于

① 500万美元的数据是基于Slemrod（1997）的著作中讨论的调查资料。1996年，《财富》500强企业平均花费390万美元（2006年，该开支约为500万美元）用于涉税事件，以遵从联邦、州、地方各级的企业所得税法。其中，75%的金额是用于以遵从联邦税法为目的的财务开支。

② 基于Slemrod（1997）。在1996年，一般大型公司（美国最大的1 700家公司中）的平均开支为190万美元，总计为32亿美元，相当于2006年的40亿美元。

③ Slemrod和Blumenthal（1996）。

④ 例如，请见Slemrod和Blumenthal（1996），Hall（1995，表2），以及Sandford（1995）的相关文献。

⑤ Slemrod和Venkatesh（2002）。220亿美元的数据仅为联邦所得税收收入。

1/10 的水平。[①] 也有人认为，守法成本比这要高得多。《税务基金》的撰稿人亚瑟·霍尔声称，他计算出的成本占收益的 27% 。[②] 在流行媒体中，对守法成本更高的估算也经常被引用。例如在 1995 年，前众议院筹款委员会主席比尔·阿彻的话被《华尔街日报》头版引述：目前的所得税守法成本的保守估计是年均 3 000 亿美元。[③] 我们认为这言论有些夸张，但是成本确实很大。

每年 1 350 亿美元的成本，值得我们认真对待。这些成本是时间、商品和服务的货币价值，如果它们不被用来支付税收征收成本，它们还可以用来做其他更有效益的事情。无论是出于效率还是公平的考虑，税制体系都应该得到简化。

5.1.2 并不是对于每个人都繁杂难懂

税收制度的复杂程度取决于纳税人本身。对于成千上万没有复杂的财务管理经历的人来说，填写纳税申报单时只需写下工资和利息收入，减去个人免税和标准扣除，然后在税率表中查询一下应该缴纳多少（在某些情况下有收入税收抵免）。如果你愿意的话，国税局甚至还能为你计算出应纳税额。

调查显示：有 30% 的纳税人每年用来处理全部税务事项的时间少于 5 小时，有 45% 的纳税人少于 10 个小时，有 66% 的纳税人少于 20 小时。[④] 在税收改革的过程中，我们必须注意不要“把婴儿和洗澡水一起倒掉”，对于数百万纳税人来说已经存在的相对简单性是我们不能破坏的。只有对于少数有复杂金融事务的纳税人而言，税收制度才更难懂。

然而，在税收返还上，税收的复杂性影响了数以百万的纳税人。许多纳税人会认为，其他精明的纳税人可以利用税收的复杂性来找到漏洞，通过避

---

① 2005 财政年度的总个人和企业所得税税收收入为 1.2 万亿美元。

② 该研究结果出自于 Arthur D. Little（1988）的一项有缺陷的、关于企业为进行纳税遵从所耗用的总时间的估计，并且该研究过高地估计了以小时为单位的个人与企业的纳税成本。这是因为该研究武断地采用（美国）国税局的平均预算量（每工作小时）和大型会计事务所的总收入（每工作小时）。详见 Slemrod（1996）。

③ Herman（1995，pA1）。

④ Blumenthal 和 Slemrod（1992，表 1）。

税减轻税收负担，从而把剩下的税收负担留给不那么精明的纳税人去承担。对于不能避税的纳税人来说，一个简单的税制非常具有吸引力，比如单一的税收，因为它能保证高收入的人无法逃避税收。另外，一些企业由于复杂的税制所直接产生的成本确实以高物价和低工资的形式被转移到了个人那里，这跟企业转嫁税收负担的原理是一样的。虽然企业直接承担这些费用，但是最终其还是由个人承担。

电脑和互联网正迅速改变纳税人申报纳税的方式。越来越多的纳税人使用计算机申报纳税。国税局估计 2005 年将会有 1 700 万人使用网络方式提交纳税申报单，而另外 4 800 万人则会通过执业者提交电子申报表。①

在这部分用纸质材料提交纳税申报单的大约 6 200 万人中，实际上有 72.5% 的人是用计算机提交的，也就是说，这其中只约有 1 700 万份纳税申报单是纳税者自己填的，换算下来，大约仅有占总数 13% 的纳税人在纳税准备过程中不会使用电脑。②

毫无疑问，税收服务软件为纳税者减少了填写纳税申报表和计算应纳税额的负担，纳税人不用把计算器放在一旁来计算扣除额和免税额之类的东西。然而，填写表格只是税收制度中总负担的一小部分。在着手避税的情况下，税务软件几乎无法减少纪录保持和交易的负担。更有甚者，到目前为止，税务情况复杂的纳税人更不太可能使用税收服务软件。相反，目前的情况显示，纳税人使用计算机和网络的舒适度和熟练度才是其是否使用此类软件的最重要也最具决定性的因素。那些不能熟练使用计算机和网络也不会使用税收软件的人们，极有可能成为在处理复杂的税收状况时困惑最多的人。③

5.1.3 我们的税制太繁杂了吗?

1 美元征收大约 10 美分个人所得税是很高，还是非常低，或者刚刚好?

---

① Hussain (2005—2006)。
② TIGTA (2006b)。
③ Goolsbee (2004)。

对于欧洲国家来说，这是稍微高于估计值的，然而由于所使用的方法没有可比性，因此尽管我们对其有所怀疑，也不太可能确切地知道1美元的成本是否较高。即使美国的征收费用较高，简单对比每美元的成本还是有可能产生误差。较低的成本可能意味着税收是以不公正的方式提出的。举一个极端的例子，如果我们不强制实施而是让其有效地利用市场机制，则我们可以很容易地降低纳税成本。然而，这将使那些认为纳税是一种责任的人完全承担税收负担，却让其他人不负责任地逃税。大部分的人都认为这明显不公平，完全不能弥补节约税收制度产生的成本。这个例子说明了这一点——在我们认为美国这一税收制度不必要并且代价过高而意图将其取消之前，我们必须考虑到这种复杂性为我们带来的利益，哪怕仅有一点点。如果它什么都没给我们带来或者带给我们的收益并不值得，那税收系统应当被简化。

5.2 是什么让税制变得繁杂?

导致税制复杂的原因有许多。一个原因是在税负分配过程中对公平、公正的需求，另一个原因是试图鼓励某些对社会或经济有益的活动。另外，政治妥协及计划外的事件也会造成税制的复杂性。下面，我们讨论税收复杂性的形成机理以及一些其他的因素。①

5.2.1 测算支付能力

我们不愿意为所有商品支付同一价格，所以通过税收体系支付给政府的费用就会比较复杂、昂贵且耗时巨大。当只有一个基本门票价格时，在电影院排队购票就会十分迅速；而当对老人、儿童以及其他折扣券有价格区分时，排队的速度就会减慢一些；如果每一个孩子都需要提供身份证来证明他（她）的年龄，则排队速度会更慢；单纯考虑速度的话，很多影院宁愿相信

① 我们这里思考，到底是什么使税制变得复杂，然而答案是持续不断的税制改革本身的复杂性，使得纳税人需要时间去慢慢学习和研究，以适应新的税制环境。这一点不禁让人想起一个经典的政策改革问题：是否应该延迟实行一项更好的政策，因为政府不得不考虑其改革成本？

父母或者孩子们的话。通常在餐馆吃饭付钱就是一个很简单的流程，然而想象一下，账单不仅仅由点的饭菜决定，还要取决于收入、儿童的数量、餐桌上每个人的年度医疗费用支出，而那将会是什么样子呢？

某种程度上来说，我们的制度之所以如此复杂是因为我们认为简单的方法分配税收负担会带来不公平。实现纵向和横向公平对税制是有要求的。首先考虑纵向公平，即不同层次水平家庭承担不同的税负。在还上缴人头税的时代，每一个成年人都上缴相同的数额，虽然原理很简单，但是并不公平。① 相反，如果把税收负担开始与收入和消费等因素联系在一起，就需要知道不同家庭的收入水平及纳税负担，那么事情很快就会变得复杂化。

在所得税制度中，福利水平是靠收入来衡量的，比其他指标更难测量。测量薪酬常常是最直截了当的，但当其包含边际收益或者把薪酬作为国家收入所得来征税时也会遇到困难。例如，雇主可以采用免税支付手段如免停车费、边缘收益等代替工资来避免税收。类似地，工资收入也可被重新替换成房产等资本所得，许多高管薪酬来也用股票期权等形式来表现，众所周知它们的价值是很难准确衡量的。

经营企业的收入和金融投资收入尤其难以精确测算。例如，测算商业收入需要评估商业资本的贬值程度，现行税法使用的是规范方法，计算贬值扣除额的工作较为繁杂。在个人层面，人们在税基中会获得资本收益，这些资本收益对于资产而言，也过于复杂。因为市场价值并不能很容易地从资产中获得。当资产被卖掉以后，既然其包括个人所得税中的资本收益，也就会产生恼人的问题。那些已经获得多年的共有基金份额的人出售其份额时会对这个问题有很深的体会。对资本所得进行精确测量是很复杂的，以至于我们几乎不想尝试，例如对房产的租赁价值和调整通货膨胀的资本收益等的测量。尽管我们在税收中有很多妥协，可是精确测算资本所得对于纳税人来说仍然是繁重的任务。

税收管理和遵从的主要困难在于如何施行，并且这些困难是基于消费而

① 正如本书第 3 章所述的英国的历史经验一样，人头税非常难以实施，如果人们广泛认为它是不公平的。

不是收入的。想象一下，如果每个家庭都需要记录在一年内发生的所有的支出并向税务机关报告，这是何等的麻烦。或者我们可以用收入减去存款来衡量每个家庭的消费，如果操作得当，可以变得更简单，但需要计算所有储蓄存款和取款。另外，我们分析零售销售税或增值税（VAT）等消费税，可以极大地简化所得税的纳税过程。但去除个人因素的纳税过程会使纳税责任根据支付能力的高低和纳税人特征的不同而受到限制，这就要求税制在简单性和其他标准间达到一个平衡。

实现横向公平（收入相等的人应该缴纳一样的税额）也是导致复杂性的一个因素。如果我们把收入或消费的衡量方法作为测算福利的基本方法，那么需要做哪些微调呢？有这样两个收入相同而福利不同的家庭，其中一个家庭有不可避免的医药支出而另一个家庭没有，那么这应该在应缴税额中有所反映吗？也许应该反映出来，但是在这个案例中，一旦施行这个措施，允许医药支出在计算所得税额时被扣除，那么就会有很多不可避免的调整，使得税制更加复杂。因此，必须制定出一种税收政策使得家庭的纳税义务和税收的复杂性之间实现一个很好的平衡。

5.2.2 个体征税代替商业层次征税

税制的简单程度与征缴过程中的技巧有关。例如，消费税就需要零售商每次都汇寄政府出售的固定比例税（零售营业税），这一做法使个人在消费时需要保存每次的消费记录，然后汇寄给政府采购总额百分比的方式则要简单得多。同样，在所得税税制中，让雇主、金融机构和企业汇寄个人所应该缴纳的各种税款，相对于记录个人的所得和根据他们的收入让其汇寄税款而言也更加简单。

我们的所得税制在符合原则的地方相对简单，在不符合原则的地方却不是这样。个人工资和薪金所得税由雇主根据每个雇员的工资薪金收入进行代扣代缴并汇寄到国税局。他们将信息报告汇寄到国税局使监督更加便利，监督内容为税收上缴额和上缴时间。代扣代缴和信息报告都增加了守法成本，但是却为雇员节省了很多成本，此外也为国税局降低了执行成本。在这种方式下，我们享有的所得越多，纳税过程就会变得越简单。在日本、英国等工业化国家，[①] 纳税人很多年份甚至都不填写纳税申报单。这种制度之所以能够运转，是因为他们的工资代扣代缴制度更为精确，而且不止是工资薪金可以代扣代缴，其他的收入例如利息也可代扣代缴。

5.2.3 累进税率

累进税率结构本身并没有使纳税过程变得复杂。因为计算应纳税所得额时，在税率表中查找对应的应缴税额是一件平凡而又琐碎的事情，并不会因为所对应的税率等级的减少而变得简单。而对于那些使用税务软件的情况，就完全没有影响了。

但是，累进税率结构却直接增加了税制的复杂性，因为它意味着需要测量每一个家庭的支付能力，这就使得在征收过程中为了涵盖每一个个体，税收制度必须在业务层面超越税收，联系其他变化，因此也只有设立一个税率才能真正起到简化的功效。如果大多数人面对的都是同样的税率，那么某些类型的所得税，就可以在几乎不用调整的情况下在征税的最初阶段得到免除。

施行单一税率的优势，也是简化增值税的关键。在没有豁免的单一税率下，总消费可以完全在商业层面进行测算和税收扣除，个人方面也没有其他要求。

5.2.4 凌乱的税基

尽管我们坚持认为现行税收负担的分布满足了公平的基本标准，但这种观点应该为目前税制的复杂性承担责任。可是在很多情况下，并不是那些基本原则引起了额外的复杂性。经过深思熟虑后则会发现，扣除和其他税收优惠制度也会使税基变得复杂和狭窄。个人税法中有很多调整、信贷措施和法定扣除项目，例如住房抵押利息、州和地方税的缴纳、儿童养育费用、培训

① OECD（2006a，表10）。

费等，在业务层面也有各种税收抵免，特别是折旧规则和其他只适用于某些行业的规定，都需要记录和计算。此外，每个扣除或信用抵免在到底哪一个事项有资格享受优惠方面也含糊不清。举一个例子，终生学习信用抵免对于“合格的培训和相关费用”是有效的，信用抵免可以在报道和出席费用上使用，但是不能用在餐饮、住宿、竞技或者书本的花费上面。一般来讲，更加复杂的条例会被制定出用来澄清之前的模糊条例，但是纳税人终会想出新方法来规避它们。

任何时候当有人提出来一个很棒的方法，来使政府鼓励或者抵制某些行为的时候，税制就成为了主要工具，因为目前政治环境更倾向于税收抵免而非直接支出，尽管它们在本质上是一回事。在政治层面，一个儿童养育费用的税收抵免比政府直接支付以满足家庭听起来更容易接受。结果就是我们的税制目前是一个尴尬的混合体，承担着增加国家收入和支持其他各种项目的功能。如果它唯一的功能是尽可能采用公平和有效的方式增加收入，那么就会更加复杂。

虽然把经济决策留给自由的市场来决定是更有效率的，但是在一些情况下，支持一些活动项目也是很合理的，例如当一个活动产生正外部性的时候。在这些情况下，通过税收分配补助津贴会比采用其他的独立项目更加容易，成本也更少。① 毕竟政府征缴的行政机制已经存在，在一些情况下，其足以满足 1.32 亿个体纳税人和 560 万企业进行款项划拨。作为一个社会，单纯从管理层面来考虑的话，如果我们打算对儿童养育支出进行补助而专门设立一个单独的机构来处理儿童养育免税申请，从而对合格的人进行免除，这就没有什么意义了。既然国税局已经设立税收申报单检查制度，那么儿童养育税收抵免稽查程序就会真的发挥作用。② 鉴于此，我们为什么不直接在政府和民众之间设立一种账户（类似一站式购物）呢？

---

① 该论点同样适用于解决负外部性问题。或许向生成污染的经济活动进行征税，以减少这类活动的发生，是合适并可行的。

② 另一方面，按照税法规定给予低收入家庭补贴，意味着他们将不再被免除纳税申报的义务。当低收入纳税人申报纳税时，这（支付的补贴）也会延迟税收抵免的发生，除非低收入补贴能综合纳入雇主代扣所得税系统。如今，税法允许雇主通过代扣所得税系统将全年的、法定比例内的一部分可退还的劳务所得税抵免余额支付给符合条件的雇员，然而很少有人选择如此做。

一些重要的经济政策永远不会作为独立的政策被颁布，它们会被一直被巧妙地隐藏在税制中，这是增加收益时需要考虑的最大问题。举一个例子来讲，联邦政府已决定资助州和地方政府的某一议案，如市政游泳池和高尔夫球场，并对资助金额不作限制，则这个议案将被视为与初等教育和消防设施的等级一致。补贴款不会到州或者地方政府，而是直接根据纳税人承担的份额和当地的纳税负担直接给予居民纳税人，但是补贴率并不会对于所有居民都相同。事实上，这样下来只有大约1/3的家庭，其大部分是高收入家庭，会收到补贴；或者没有人符合资格。收到补贴的家庭，是基于10%、15%、25%、28%、33%和35%的补贴率，而且收入越多的家庭，补贴率越高。

当然，这显然是一种非常奇特的补贴议案。据推测：该议案将永远不会被国会通过。虽然听起来很奇怪，但是这个假设的补贴议案与目前联邦和地方所得税的扣除本质是相同的。这一推论声称只有35%①的纳税人能逐项对其扣除，且通常其来自最富裕的家庭。税收节约中所扣除的值，取决于家庭的边际税率，高收入家庭的边际税率高。②

类似的假设可以用来解释对于住房抵押贷款利息、雇主提供的医疗保险和税法的其他方面的扣除。关键是因为它们直接涉及“减税”，所以其被认同，但毫无疑问的是，这种认同不具有普遍性，因此我们推测这种独立的消费政策甚至可能很难延续。

排除所有的附加，从开始清理税基到简化纳税过程还有很长的路需要走。第6章探讨了我国税收主要偏好的优点，分析了公平原则、经济效率和税制每一个方面的简化。即使这些因素都被考虑进去，也不能完全涵盖税基清理的例外情况。是否准备对政治体系进行严密冷静的分析，目前尚不明确。总统的联邦税制改革顾问小组对建议的冷淡反应使得愿望得以实现的可能性进一步降低。

---

① Balkovic（2007，图A）。

② 现行税制无法提供一种对所有纳税人都恒定比率的补贴，这是毫无根据的说法。如果政府计划进行补贴，则应当以余额退款的形式而不是以法定扣除项目的形式进行。

5.2.5 制度压力造成的复杂性

我们混乱的税基与原则没有任何关系的其中一个原因就是：强有力的政治和体制因素使美国税制变得更加复杂。在现行制度下，国会委员会（或者是众议院筹款委员会，或者是参议院财政委员会）起草税法是一个很复杂的任务。例如，在2006年选举中，政治行动委员会对于一个众议院筹款委员会成员的捐赠平均要比对众议院其他成员的捐赠多45%。[①] 显然，众议院对税收政策的潜在影响导致游说者讨好他们。[②] 如果国会在下一次国会会议期间不对税法进行重要修订的话，捐赠就会中止，这些人的福利将会逐渐变少。[③]

一旦获得通过，税收优惠就会促进强大的游说集团继续努力，例如促使政见一致的政治家进行捐赠。相比之下，良好组织的选民会是不会支持由此带来的复杂性的。同样，商业团体也不愿承担税制的复杂化而是支持其简化的。但是当政策摇摆的时候，他们很愿意接受这样一个新的规定，即公司每年少纳税1亿美元，即使这意味着要雇佣更多的雇员，并购买一些昂贵的做税务和项目规划的软件。可以肯定的是，个体纳税人会抱怨必须对他们可扣除的慈善捐赠进行记录，但是如果这个扣除被取消，他们可能会更不高兴，同样不高兴的还有慈善机构本身。

为了平衡那些造成复杂性的制度压力，一些国家已经制定了一些政策，使得在政策执行中守法成本更明确。在过去的20年间，英国已经要求其官员为所有影响商业的条例和税务条例建立守法成本评估系统。荷兰自从1985年以来就要求建立定性的守法成本评估系统，新西兰和澳大利亚也有类似的做法。美国国税局在《1998年的改革方案》中有一个规定，要求税收联合委员会为税法的任何变化提供“税收复杂性分析”，这些变化都是经

① 作者的计算基于政策反应中心的数据，来自<http：//www. opensecrets. org/cmteprofi les/overview. asp？ cycle = 2006&CmteID = H22&Cmte = HWAY&CongNo = 109&Chamber = H >和< http：//www. opensecrets. org/overview/stats. asp？ cycle=2006&display=T&type=M>。

② 大选期间，众议员筹款委员会的成员收到远高于平均水平的政治献金，这毫无疑问一部分是因为这些成员更有权势，更有前途，更政治化。

③ 严格的限制条令规定了国会成员可以从游说者那里接受事物的范围。例如，国会成员可以接受游说者的宴请，但是每一年不得从同一游说者处接受总价值超过100美元的礼物或宴请。

过国会深思熟虑的，对于个人和中小企业都有广泛的适用性。[①] 这个分析包含了一个对于纳税人遵守规定的成本估计，还有一个关于纳税人是否应该被要求保留额外记录的声明。至于其他国家的守法成本评估系统，实施这一规定的目的是集中关注复杂性和消减长期存在的内部的体制偏见。然而，这些报告并没有吸引媒体的关注，也没有对政策产生什么影响。

另一个平衡制度压力导致税制日趋复杂的方法是消除政府制定的激励机制。斯凯勒·摩尔律师指出："在草拟财政法规条例时，有一个很荒唐的激励机制就是措施性法规写得尽可能长，尽可能复杂。起草人知道，这些政策可能会很快进入实践，那时他们可以通过解读法规来谋取私利"。[②] 现行法律禁止前政府雇员立即从其所起草的法规中牟利，但是这个限制也只有一年时间，并且并不限制他们通过提建议、做演讲和写书等方式牟利。[③]

5.2.6 "逐步采用"、"逐步淘汰"和下限

在很多情况下，复杂性是慢慢进入税制的，因为立法者希望模糊他们的真实意图。一个比较明显的例子是，1990 年，共和党虽反对进一步提高收入的所得税税率，但替而代之的是，征收各种难以管理的奢侈品税；另一个例子是各种豁免、扣除额和抵免以及使税法有点混乱的信用抵免的"逐步采用"和"逐步淘汰"。在几乎所有情况下，这些特点正好相当于在一定的收入范围内提高边际税率几个百分点，所以说他们只是以不公诸于众的方式提高税率。[④] 在其他情况下，我们的目标是限制一些信用抵免的收益，如劳动所得信用抵免、一定收入范围内的儿童和监护人信用抵免。同样，逐步淘汰的一个效果就是增加了所得的有效边际税率：收入上升时失去信用抵免，跟缴纳更多的税额具有同样的效果。2001 年，税务联合委员会制定了二十

---

① 税务联合委员会关于《2003 年就业与进一步减税协调法案》（The Jobs and Growth Tax Relief Reconciliation Act of 2003）的税收复杂性的分析报告（2003a）请见《（美国）国会议事录》，2003 年 5 月 22 日。

② Moore（1987，p. 1167）。

③ 2004 年 11 月，美国政府道德办公室略微放松了对一些内阁首脑和高级内阁官员的限制，允许他们在离任后游说其内阁同僚，只要他们不曾在同一政府机构的同一部门工作。详见 Brown（2005）的相关著作。

④ 这里请注意，当纳税人收入额外增加时，例如，每额外增加 10 美元收入，将减少 1 美元的税收扣除，这意味着该纳税人的边际税率上升了 10%。

条所得税规定，这些规定都是相互独立的，包括“逐步采用”和“逐步淘汰”，估计这种规定的结果，需要计算 3 000 万个工作表。①

5.3 避税的条件：交易的复杂性

无论何时，相同交易的征税额是否相同取决于其是如何“组成的”。纳税人想使自己获得好处，国税局却在抵制，于是伴随而来的就是复杂性，经济学家称此为税收套利。例如，对高收入纳税人的普通收入征收 35% 的税，而对已实现的资本收益征收 15% 的税，这样将普通收入（工资、薪金、利息、股息）转化成资本收益来纳税就会避税，且这一转换可以通过多种方式实现，例如允许高管利用股票代替额外工资或购房，把二者绑定在一起倒卖获利，这样就可以把劳动收入重新“包装”成房产上的资本所得。

很多纳税人可能并没有意识到他们已经参与了税收套利。例如，假如你用房屋作抵押贷款 3 000 美元，同年你的个人退休账户增加了 3 000 美元，这两笔钱合起来并没有导致任何资产净值的增加。但是进行会计处理时，就会减少你的税金，因为个人退休账户中的任何利息、股息和其他收益都是免税的，同时你还可以在房屋抵押贷款中扣除利息。这些特点创造了让金融业务单纯为税收服务的激励机制，导致了税收征管成本的增加。因此，有人建议用单一税率的消费税代替个人所得税，其理由就是：单一税率的消费税受税收套利影响小。

5.3.1 限制避税和逃税的尝试

纳税人避税的方式有很多。首先是合理避税，例如采用法定扣除项目或者一些形式的税收套利，这些合理避税亦被称为经济避税。其次是非法避税，如隐瞒收入、虚报扣除额，这些非法手段被称为偷漏税。由于在涉及金钱数额的时候，人们和企业都会不断地采取各种新奇巧妙的方法来实现合理

① （美国）税务联合委员会（2001，卷二，p79 - p91）。

避税和偷漏税。因此，政府就会试图遏制这些避税行为，从而往往就会使税法变得更加复杂和繁重，甚至对那些从来没有考虑过逃税和避免的人而言也是如此。无数繁杂的法规，例如替代性最低税和被动损失限制条件等都是用来防止避税的。

伴随而来的简单化的方式就是按比例缩减政府的权力以控制避税和逃税。例如，许多经济学家主张消除企业选择的最低税，这样做的目的是合法地减少税收并限制避税。但是，可能会出现额外避税方面的成本，使税制更加不公平和低效。

5.3.2 逃税和强制性

在过去的几年中，偷漏税和为解决它而制定的政策受到了很多的关注。在20世纪90年代后期，人们关注的焦点主要集中在国税局是否过于侵犯人权。21世纪初，焦点转移到企业和个人各种形式的避税和偷漏税，这些避税和偷漏税使财政资金枯竭并加剧了赤字，于是便通过制定税制和会计准则来解决这些问题。在民主党获得2006年国会选举胜利之后，其把注意力转移到了税收缺口上，并致力于采取依靠以往不积极履行纳税义务的人承担起其应缴的“公平份额”而非提高税率的方式来减小赤字以及建立新的项目。

5.3.3 为什么强制性是必须的?

基于人类的本性，在量定税基、设置税率后，仅仅通过依靠纳税人的自我约束是不可能征收超过一万亿美元的税收的。如果国税局不存在，毋庸置疑一些诚实的人将会纳税，但是很多人将不会。久而久之，当诚实的人总看到别人占他们便宜时，他们就会越来越少的去纳税。

我们不应该指望自愿捐款，因为靠税收支持的社会公共福利并不是依靠某些人的所得税支撑的。[①] 汽车修理工周末会因为油漆房屋获得现金收入，虽然他没有将其申报到国税局，但是他依然享用了国家公园等福利。对卡车

① 一个值得注意的例外是社保工资税，尽管纳税人从中获得的福利取决于该纳税人的定期缴款金额，但是福利与缴款额却不是直接的“一对一”的关系。

司机而言，虽然汽油涨价，但他仍然被我们国家国防系统所保护。这也同样适用于为了逃避税收在开曼群岛设置信用卡账户的投资银行家。即使每个人都同意，政府应靠收税来提供高速公路、国防等公共服务，但是没有强制执行系统，人们不可能在个人经济利益驱使下还主动上缴税款。每个公民在税收“贡献”方面都有强烈的“搭便车”动机，因为一个人的贡献只是九牛一毛，并不会对他获得政府福利产生重大影响。

鉴于此，必须赋予市民依法纳税的责任。在美国，纳税人未能及时纳税需承担民事责任，纳税人应接受各种惩罚；欺诈行为可能导致刑事指控并导致被判入狱，虽然这很少发生，但是即使面对这些处罚行为，大量偷漏税情况仍然存在。

5.3.4 逃税和消失的700万免税额的案例

富人的偷漏税行为往往会成为头条新闻。例如，2002 年，报纸上满载泰科国际公司的老板丹尼斯·科兹洛夫斯基的故事，他被控偷逃艺术品销售税 100 万美元，前网球明星鲍里斯·贝克尔因为大量偷漏税而被迫支付 300 万美元罚款来避免牢狱之灾。[①] 国税局前副局长戴尔·赫德采用万事达信用卡提供的数据估计，有 200 万美国人已经把资产转移到例如开曼群岛等离岸银行所在地来逃避税收，并已取得信用卡，因此通过这些银行他们会很容易获得资金。[②] 总审计署估计，由于离岸银行账户美国每年都要损失 200 亿到 400 亿元美元的税款。[③]

但规模较小的偷漏税却是一个普遍现象。20 世纪 80 年代的一个特别吸引人的例子就是对受抚养人有豁免。很长一段时间，国税局有所怀疑，许多纳税人申报的需要豁免的受扶养人并不存在或不符合税法中关于受抚养人的界定。国税局的雇员约翰·内拉伊认为，这些虚假的申报（基本上所有的纳税人）每年都会避掉成百上千万美元的税收。他在纳税申报中提出以下

① Landler（2002）；Usborne（2002）。
② Crenshaw（2002）。
③ Donmoyer（2002）。

改进措施：5 岁以上的受抚养人申请豁免津贴时，必须提交其社会安全号码。

在这一措施实施的当年（1987 年），其带来的影响令每个人都感到很惊讶，当然内拉伊自己可能是个例外。1986 和 1987 年，这种豁免补贴申请足足减少了 700 万美元的税收。这个简单的政策调整使税收每年增加约 30 亿美元，约为每名纳税人 28 美元。毫无疑问，这 700 万的案例中肯定有符合规定的豁免者，但是他们的父母或者监护人没能抽出时间来获得他们的社会安全号码。另外一些案例是受养人父母离婚之后，俩人都申报了受养人的豁免津贴。但是我们可以肯定的是：这个巨大的数字表明之前确有纳税人虚报了受抚养人。①

5.3.5 有多少逃税？

大多数人没有必要相信逃税的奇闻轶事的存在，而且，了解这些奇闻轶事对于判断是否存在偷漏税行为没有丝毫帮助。尤其明显的是，你会在逃税调查中诚实作答吗？所以说很难确定逃税的具体数量。虽然计算征税额很简单，可是计算应缴纳额却不是那么容易。

国税局已经在定期估计税收缺口了，税收缺口就是应该缴纳但是没有缴纳的所得税缺口。而国税局计算税收缺口时需要的信息都是从稽查程序中获得的，这个程序包括来源特殊的稽查信息，但即便是在很严格的稽查中也很难涵盖所有收入，比如小费。估计税收缺口的这个程序不完善，甚至国税局都承认其估测值只是一个近似值。此外，一些逃漏税行为也是很难被发现的，例如一些私下的非法所得，就不包括在这个估算中。②

① Lewin（1991）以及 Szilagyi（1990）的相关著作叙述了关于所得税法被监护人免税项目的相关内容。在被监护人免税项目的例子中（文中），其结果是直观而惊人的。另外，当纳税人申请所得税照顾儿童抵扣项目时，需要填写相关信息。而该信息要求内容的改变，也产生了类似文中所述的被监护人免税项目的结果。从 1989 纳税年度起，申请照顾儿童抵扣的纳税人，必须报告监护人名字和监护人社会保险号码，或雇主的联邦税号。申请照顾儿童抵扣的纳税人的数量从 1988 年的 870 万下降为 1989 年的 600 万。而在这之前的 9 年，申报数量逐年增长。另外，申请的抵扣总金额从 37 亿美元降至 24 亿美元。更令人难以置信的是，申请照顾儿童抵扣的自雇纳税人数量从 1988 年的 261 000 上升为 1989 年的 431 000，上升率为 65%。上述两种情况导致税收收入增长了 15 亿美元。详见 O'Neil 和 Lanese（1993）的相关著作。

② 这些研究的主要目的并非仅仅计算税收缺口，而是帮助（美国）国税局基于申报纳税数据设计一种公式，以评估对各类税收进行审计的成本效益情况。

最近的税收缺口测算是基于2001年纳税年度的数据的，并于2006年完成。[①] 考虑到所有的联邦税，整体税收缺口估测是3 450亿美元，这相当于应纳税额的16.3%（已缴纳加未缴纳）。在这3 450亿美元中，国税局期望能征缴到550亿美元，这样就会有一个“净税收缺口”（应该被缴纳但是实际上从未被征收的税），2001年，这个缺口为2 900亿美元，占已申报税额的13.7%。

虽然更新了个人所得税的税收缺口估计，但是企业所得税的税收缺口估计还没有更新，所以两个之间的单纯比较可能会产生误导。1992年的估测表明，1/4的税收缺口是由企业所得税造成的，另外3/4则是由个人所得税造成的。

2001年把分析重点放在了个人所得税的税收缺口上，估计额为2 450亿美元。其中10%是由缺少相应法规造成的，还有10%是由没有交税造成的，剩余的80%则是由漏报造成的。在漏报的个人所得税缺口额中，55%是漏报的业务收入，28%是漏报的非商业收入，16%是被高估的免税、扣除额、调整额和信用抵免等。[②]

5.3.6 为什么逃税是个问题?

为了论证方便，我们假设目前所有联邦税中偷漏税有2 900亿美元。为什么这是一个问题呢？一个显而易见的答案是：如果偷漏税消失，那么赤字可能会减少2 900亿美元。另外，我们可以每年多花费2 900亿美元来支持医药卫生研究、职业培训、交通基础设施建设、国防和其他潜在的有价值的项目，或者该收益可以被用来降低每个人的税率，这样就会使守法的纳税人获得效益。

但是对这一问题并没有令人满意的答案。有很多方法可以为政府减少赤字或者为增加政府计划提供资金支持，比如增加税率或者拓宽所得税税基。削减总体开支也可以为减税提供支持。真正的问题是：遏制逃税的政策是否

① 美国国税局，研究、统计与分析办公室（2006）。
② 美国国税局（2007）。

能提高我们自我征税的公平性和效率。

考虑下面这个例子。试想所有的美国人自动少缴20%的应纳税额，类似于购车者都推测车的实际价格肯定比标价低。因此，应缴税额为15 000美元的家庭，只缴纳了12 000美元；法定缴纳50 000美元的家庭，也只缴纳40 000美元等。可以深入地思考，国税局将会如何应对。

在刚才那个假设的环境下，偷漏税再也不重要了。政府会简单地提高每个人的纳税额使得预计征税额能够实现，甚至在已经施行20%的折扣的情况下。每个纳税人似乎都认为他（她）在跟制度做对，但是事实上在没有偷漏税的世界里，没有人是赢家。在这个例子中，偷漏税只是一个毫无意义的游戏，没有谁赢也没有谁输，而这样一来，在税法执行中的成本就是一种浪费。

但是，在现实生活中很多对偷漏税的说法都是错的，比如偷漏税在虚拟世界中是好现象，但偷漏税对公平性和效率性产生了负面影响。第一并且最重要的一点，并不是所有人逃税都按照一个固定的数额。有些人偷漏税数额很多，有的则很少或根本没有逃税的行为。一个研究表明：约有42%的申报单在应纳税所得额上有所隐瞒。[①] 但是调查税收遵从度的研究最后却得出了很低的数字，该研究显示22% ~28%的纳税人在他们一生中有过偷漏税行为，而在过去5年时间里有过偷漏税行为的纳税人只占12% ~20%。[②]

由于个人性格特点的差异性，不同纳税人偷漏税的方式是不尽相同的。此外，不同的机遇和偷漏税所带来潜在回报的多少也会对偷漏税行为的选择产生影响。只要人们有这些不同性格特点或不同的机会，偷漏税就会导致严重的不公平和低效率。偷漏税会造成横向的不公平，因为在其他方面同等的人会因为性格和机遇的原因而承担不同的税收负担。在某种程度上，逃税的机会或偏好与相关的福祉水平有关（例如，假设富人偷漏税比穷人更轻松），税率表可以原则上平均消除系统性相关收入的偷漏税，但即使在这种

① 由 Roth，Scholz，和 Witte（1989，p. 51）在相关文献中提出，基于1979年纳税人遵从测量程序中的资料。

② Roth，Scholz，and Witte（1989，p. 55）。

情况下，偷漏税都很难达到纵向公平，无论我们认为的税率水平是一个什么层次。

从某方面来看，偷漏税就像赌博，跟其他赌博一样有赢有输。正如你所期望的，被抓住的机会越低，人们越想尝试偷漏税。如表5.1中数据所示，工资薪金收入占真正收入的比重是最高的，为99%（因为雇主需要向国税局直接申报，所以这部分不容易偷漏税）；最低的是农场净收入，比例为28%。非农个体户报告的比例估计只有43%，此类别仅占整体个人税收缺口的35%。表5.1中未显示的小费收入对于国税局而言也是很难稽查的。一项早先研究发现小费收入的报告率只有60%。这些事实表明：因为偷漏税，显著的横向不平等依然存在，不过在某些情况下，市场会缓解这些不公平现象。

表5.1　**对于选定的积累个人收入的守法估计**

个人收入种类	报告的净收入占真正净收入的比重	在总共个人所得税漏报中所占比重
工资薪金	99%	5%
退休养老金	96%	2%
利息股息	96%	2%
资本收益	88%	6%
合伙经营和企业所得	82%	11%
非农业经营收入	43%	35%
农业净收入	28%	3%

数据来源：国税局研究分析统计办公室

平均而言，高收入者往往偷漏税更多。然而，一些证据表明，情况正好跟很多人的怀疑相反，收入较高者实际偷漏税的额度占其收入的比重，比那些低收入者还要低。①

偷漏税不仅不利于税负的公平合理分配，同时也增加了经济成本。其他

① Christian（1994）分析了1988年纳税遵从评估方案中的数据，并发现高收入阶层的自愿纳税遵从率较高。然而，该方案的数据并没有关于企业不遵从纳税的相关信息。由于高收入群体的收入较大部分是经营收入，并且存在较高的纳税不遵从率，因此该研究仅为暂时性结论。

条件相同的情况下，有偷漏税存在就需要配套较高的税率，但这样就增加了一些额外的工作，并且对节俭诚实的纳税人缺乏吸引力。这一点可以通过降低偷漏税的实际税率来部分消除，但这不足以完全改善其对经济行为的扭曲。

更重要的是，因为在某些情况下更容易实现偷漏税，所以就会产生一种激励效用（从社会角度来看是无效率的）促使一些人进入这一领域。以油漆工市场为例，油漆工的薪金都是靠现金支付的，更方便偷漏税。因为国税局不易稽查到现金收入，所以这个职业相对其他行业而言更具吸引力。而房屋油漆工的市场供给的增加则会降低油漆工作的市场价格，所以所谓巨大的避税额度其实是夸大了油漆工的收益，实际上也夸大了横向不公平的程度。在这个博弈中，最大的输家是诚实的房屋油漆工，他们虽然看到竞争降低了他（她）的工资，但他们依然尽职尽责纳税。

虽然一个丰富而便宜的房屋油漆工的供给市场是很受买家欢迎的，但是它也是偷漏税经济成本的一个体现。对于那些多余的从事房屋油漆工作或者其他任何便于偷漏税的工作的劳动者来说，选择其他工作所创造的价值将会更高。在第 4 章已经讨论过，在相同的征管条件下，背离统一的税收制度会产生经济成本。佐治亚州立大学经济学家詹姆斯·阿尔姆推测：每年大量投入易于避税领域的资源成本（合法和非法）高达 1 000 亿美元。[①]

很显然，普遍的偷漏税会危害我们自我征税的公平性，并且可能会产生实质性的经济成本。因此，一个像国税局这样的执法机构在任何税收制度中都显得尤为必要。但究竟它应该如何运作呢？

5.3.7 国税局是如何运作的？

提到国税局，大多数人都会想到可怕的税务稽查。但您可能会惊讶地发现，国税局现在只稽查所有个人纳税申报单的 1%。[②] 稽查率在过去的 30 年

① Alm（1985）。
② （美国）国税局，IRS 数据报告书（2006b，表 9）。

中显著地下降，20 世纪 60 年代仅为 4%。[①]

这是否意味着当你填写纳税申报单并且故意隐瞒收入的时候，只有 1% 的概率会被稽查出来？绝对不是。

首先，国税局的稽查行为不是随意的，即意味着每个人都有相同的概率被选中。而且申报单被选中的概率是由一个经过严格开发的公式决定的，这个公式叫做判别指数公式（DIF）。这个公式使每一张申报单都可能被选中，每一张报税单上收入和扣除额的规定的数量，反映了纳税人做出重大偷漏税行为的可能性。申报单上存在大量避税的更有可能被稽查到。例如，在 2006 年，对于收入介于 25 000 ~ 50 000 美元之间的人的非商业稽查比例是 0.6%，但是对于有商业收入和收入在 100 000 美元以上的人来说，这个比例是 3.6%。[②] 在超大型企业中，几乎每年每人都会被国税局稽查，虽然最近都很明确地显示出没有人有偷漏税行为。

当面审查绝对不是国税局提高稽查准确性的唯一手段。国税局的另外一个重要的手段是进行信息报告。雇主必须将其所有雇员的工资和薪金的信息发送给国税局，然后国税局的系统将会使大部分信息和纳税申报单相匹配。上文中所提到的 1% 的稽查率中，有 3/4 的稽查与税务稽查人员所掌握的信息相一致，这个信息由税务系统中申报表和纳税人提供的信息匹配生成。[③] 如果电脑系统检测到信息不符，将由计算机系统自动生成通知发送给纳税人，要求他（她）缴税或提供解释。大多数利息及股息收入和养老金也受到监督。因此，不出意外，类似这些收入加上工资和薪金会几乎 100% 地合法纳税。再看表 5.1，2006 年，国税局收到价值 15.6 亿美元的信息报告，其中 97% 是电子形式的。[④] 增加电子信息报告的使用频率以及提升计算机检测系统效率在一定程度上已经合理替代了当面稽查方式。

国税局执行税务稽查的另一个主要工具是工资薪金的代扣代缴，这种做法自 1943 年一直延续下来。所有在一定规模以上的企业都必须直接向国税

---

① （美国）国税局，IRS 数据报告书（诸多年份）。
② （美国）国税局，IRS 数据报告书（2006b，表 9）。
③ （美国）国税局，IRS 数据报告书（2006b，表 9）。
④ （美国）国税局，IRS 数据报告书（2006b，表 14）。

局缴纳所得税，税额是根据雇员劳动收入来计算的。2004 年，88% 的个人所得税是以这种方式缴纳的。[①] 所扣的金额通常比这一年雇员实际需要的应纳税额还多，所以绝大多数纳税人（2004 年 78% 的申报单）会获得退税。[②]这将激励纳税人自己及时填报纳税申报单。代扣代缴和雇主汇款缴纳是一种有效的执行工具，因为它允许国税局集中资源从数量很少并且便于计算的企业征税，而不是面对浩繁的个人。

总之，信息报告和代扣代缴是强大的税务稽查执行机制。一个明显的例证是由国税局提供的税收缺口研究。按照被信息报告和代扣代缴覆盖的程度，该研究将应纳税所得额分成四个类型，并且计算每一类的错报率。对于受代扣代缴和信息报告双重制约的所得税，错报率是 1.2% 。对于不受代扣代缴制约的所得税，错报率是 4.5% 。对于受信息制约不是很多的所得税，错报率是 8.5% 。需要注意的是，对于均不受代扣代缴和信息报告制约的所得税，错报率是 53.9% 。

当然，并不是所有的税收错报都是蓄意的。纳税人会在解读税法和了解纳税程序两个方面犯错误，因此，帮助纳税人理解和遵守税法是国税局降低错报率的一个重要条件。由于这个原因，国税局可以通过电话、网络以及开设培训班和推广程序来降低税收错报率。

5.3.8 为什么强有力的执行性可能不是最优选择?

既然有 2 900 亿美元左右的净税收缺口，为什么我们不投入更多的资源用于强制执行？难道这不会使税制更公平、更有效，并获得资本收益用来减少国家债务、降低税率或实现其他一些值得的项目吗？答案是：虽然加强执行可能确实带来了很多好处，但我们还必须考虑成本。正如在每一个角落都派驻警务人员，一定会减少街头犯罪一样，更多的稽查和较高的处罚肯定会对减少偷漏税有帮助。可是作为一个社会，我们不会选择让警察无处不在，

---

① 88% 是这样得出的：将 2004 纳税年度个人所得税预扣总金额除以个人所得税总收入。数据来源于（美国）国税局，《收入统计公告》（2007 年春，历史数据，表 1）。

② （美国）国税局，税收收入统计，个人所得税申报情况报告（2004，表 1.4，表 3.3）。

也不会选择对轻微犯罪施行死刑。我们要容忍轻度犯罪，因为我们判断，消除犯罪的收益不会超过实现零犯罪的成本，对于偷漏税行为也是同样的道理。

国税局加强执行的收益是否大于成本呢？分析指出：国税局在审计纳税申报单的成本中每增加 1 美元，就能够直接从审计纳税申报单中获得 4 ~ 7 美元的额外收入。① 这样的收益不能立即实现，因为需要时间来培养新的代理人，但它是合理的，并且最终可实现增益。事实上，这一数额可能低估了潜在收益，因为它没有考虑到额外执行的威慑作用。举例来说，如果稽查率增加，被检测到逃税的可能性就会更大，这一压力可能促使人们不逃税，更加守法。

虽然 4 : 1 或者 7 : 1 的额外收益率确实很诱人，但这一比率并没有完全正确地衡量出加强执行的收益和真正的成本，因此，我们还不能很快下结论说税收执行应该被大规模施行。增加国税局执行活动的开支，当然代表了一个国家真正的资源成本：其他经济体也可以雇用审计人员和计算机来创造价值。

在一定程度上，它能够减少偷漏税，但是增加强制执行并没有使社会公益大量增加，包括实现更公平有效的税制。然而，减少逃税的收益并不是靠额外执行所获得的收益来衡量的，也不如货币收益那样实在可靠。虽然税收缺口量和国税局从额外执行中获得的收益是很容易掌握的，但是对于其自身而言，并不想明显地表现出来强制执行的水平是否合适，以及该增加还是减少。

苏黎世大学的布鲁诺·弗雷认为，严厉的强制执行甚至会适得其反地增加守法成本。他强调内在和外在动机的差异。因为内在动力，纳税人会缴税，因为他们欣赏“公民美德”；因为外在动力，他们依然会缴税，因为他们害怕惩罚。弗雷认为，增加外在动力（更多惩罚性的强制执行政策）挤出了内在动力，会让人们感觉他们缴税是因为他们不得不缴纳而不是因为他

① Steuerle（1986，p. 27）。

们愿意缴纳。他指出，什么时候个人和税务机关能够搭建起相互信任的平台，两者之间的关系能被看做是出于信任的契约合同关系的时候，个人将会因为很高的“税收道德”而遵守。为了维持公民对于契约的承诺和他们的情绪，税务机关必须采取行动，恭恭敬敬地对待公民，并且保护诚实的人远离搭便车者。他主张，这种方式可通过发现错误的时候不对纳税人追究责任并通过对小错误进行较为温和的制裁以及加大对性格恶劣违规行为的制裁力度来达到效果。①

5.3.9　一个仁慈、温和的国税局

对于每一个公然逃税的行为，严厉的国税局都会处理当事人。② 很多纳税人很关注国税局对于其私人生活的干扰。为了平衡纳税人的权利与公正的需求，税收系统必须意识到一个很关键的问题，就是隐私。很多美国人并不希望国税局在权责内“做得太好”，并且认为合理的调整程序对于促进税法的执行是有利的。

在 1997 年和 1998 年，国会大张旗鼓地发布了听证会，指出国税局不恰当的做法。在 1997 年 10 月全国广播公司/《华尔街日报》的民调中，70% 的受访者认为“国税局在处理事件时……时常表现出不道德或者在稽查中对纳税人进行区别对待”。不过，值得注意的是，只有 9% 的受访者表示自己曾经受到国税局的不公平待遇。③

在听证会的带动下，总统签署了由国会制定的《1998 年国税局重组和改革法案》。通过这一法案成立了监督委员会，其包含六个私营部门成员，并责令国税局承担主要的组织调整和管理变化的任务，包括敦促国税局提高对纳税人的服务质量以及制定保护纳税人权利的规章制度。最有争议的是，新法律把民事法庭案件中的举证责任从纳税人那里转移到了国税局。

自从那时起，国税局的公共形象和“客户服务”的几个指标上的改进

---

① 关于该观点的详细解释，请见 Frey 和 Jegen（2001）。
② Burnham（1989），Panye（1993）描述了大量引人争议的关于（美国）国税局滥用职权行为的轶事。同样请见 1997 年关于（美国）国税局涉案的国会听证的证词。
③ NBC/《华尔街》杂志民意调查，1997 年，由 Bowman（2003，p. 58）于相关文献中引用。

是很显著的。一个盖洛普民意测验发现，对国税局给出“好评”的美国人的百分比从1997年的34%提高到2001年的46%。[①] 2002年4月美国广播公司的民调显示，50%的受访者认为国税局在税法执行上“不够强硬”或者“力度适当”。[②] 一般问责办公室获取了纳税服务得到改进的大量证据，包括减少等待时间和精确国税局免费帮助热线上的回答率等，并且指出国税局网站提供服务的质量显著提高。[③]

紧跟着1998年出台的国家税务局结构调整和改革行动，在几年之间，国税局的几个关于强制执行的指标迅速下降。这是一种临时现象，国税局已经对资源进行了重组。但是仍只是部分恢复了一些执行指标，反映了用于执法上的资源使用率的下降。稽查的企业纳税申报单的百分比从1997年的2.7%下降到2002年的1.0%，2006年又缓慢上升到1.2%。稽查的个人纳税申报单从1997年的1.3%降到2002年的0.6%，2006年又回升到1.0%。国税局利用它的三个主要武器稽查顽抗逃税者的逃税行为：强行征收（征收部分工资或者从银行账户征收）、抵押留置权（冻结纳税人财产，直到他缴纳税收欠款）和完全没收财产。在改革之后，税收欠款率迅速下降。1997到2000年，征收成本从370万美元下降到22万美元，留置权从544 000美元下降到288 000美元，缉获量从10 090美元下降到仅仅74美元！2006年，征收成本和留置权有所回升（分别为370万美元和629 000美元），但缉获量仍然很低，仅仅为590个。国税局发起的刑事调查量从2006年的5 335下降到1997年的3 907。

总体上来说，从1992年至2006年，由国税局稽查处理的个人所得税纳税申报单增加了17%，但国税局的员工数量却减少了21%。[④] 在此期间，无论是税法还是滥用的避税手段都更加复杂，其他方式的偷漏税也大量增加。用于执行的资源明显减少，执行任务的难度明显加大，增加了逃税的可

① Roper/ASW 民意调查由 Bowman（2007，p. 73）于相关文献中引用。
② ABC News（2002）。
③ （美国）统计总局（2005）。
④ 本段的所有统计数据均为作者基于（美国）国税局的《数据报告书》（诸多年份）中的数据计算得出。

能。因为被稽查到和惩罚的可能性降低，人们会受到激励，所以逃税增加，但是其他人由于公信力的制约依然合法纳税。

5.3.10　是什么促进了执行?

美国国会已经交给国税局一个很难但并不是不可能完成的任务：公平高效地执行不公正且复杂的税法。国税局就像收账员永远不会受欢迎一样，但是征税过程可能会随着税制的不同变得不那么令人感到痛苦，征收成本也不会那么高。那么，税制的哪些特征会促进执行呢?

正如我们在本章前面讨论过，有些因素在使税制变得简单方便的同时也促进了税收执法。信息报告、税款的代扣代缴和汇款纳税便是最好的例子。正如表5.1所示，执法措施的有效性可以从守法率上得到充分的证明。具体而言，对于可控的收入（比如员工的工资薪金）而言，守法率是相当高的；而对于一般收入（如非正式供应商的收入），则并不如此。促进执法的另一个措施是对信用抵免、扣除额和其他非税项收入增长进行限制。但是纵然如此，仍有一些因素强烈地影响税收执法的有效性。

乍一看，逃税的最直接的原因似乎是高税率。那么，为了降低逃税率，为什么不直接降低税率?这是再简单不过的答案了。那么，在降低边际税率、保证税收收入不变、使得税制又不太激进或者增加税基时，逃税额是否真的会减少?事实并非如此。即使在理论上，低税率是否能减少逃税都依然不确定。如果被稽查到逃税后的罚金与被少报的税额是成正比的，那么降低税率将自动地降低罚款，使逃税的效果不确定。[①] 此外，对于例如不申报等的一些逃税行为，边际税率无关紧要，因为整个应纳税额会出现问题，此时重要的是平均税率。

发生在美国的大部分逃税行为是国税局不容易监督的部分，如个体经营收入部分。相对于工资和薪金而言，某些类型的资本收入较容易掩盖。如果我们干脆放弃对这部分收入征税，则税收制度有可能更容易执行。例如，销

① Yitzhaki（1974）。

售税、增值税或者统一税将不再增加资本收益的税负，而且增值税对于一定规模以下的企业是免征的。从某种意义上说，这类似于争辩说：毒品合法化可消除毒品犯罪。在这个比喻中，我们所说的犯罪是指资本收益的逃税行为，个人所得税免税可消除逃税行为。虽然这种方式是否公平依然值得商榷（富裕家庭可以不成比例地得到资本收入），但它至少提高了诚实和不诚实的人赚取资本收益的横向公平性。我们要记住，类似这种合法化的解决办法依然有它自己的执行问题，尤其是当其被逐渐引入时。例如，资本收益税是难以征收的，减少对其的征收，将会大大激励人们将普通收益转换成资本收益，而且会增加而不是减少执行成本。

一个复杂的税收制度会使得纳税人遵守时更加困难。而且，如果人们感到其他纳税人利用税收的复杂性来规避自己的“公平分摊”责任，那么人们将会减少诚信纳税的道德负担。虽然有些混乱，但是调查和实验数据支持这一论点。①

这一论点受到了替代所得税拥护者的广泛引用，例如支持统一税，确实有一些优点。简化税制可以很好地改变人们的态度并让人们遵守。但是，我们不能完全依靠公共信誉来实现全民合法纳税。目前还不清楚采用简化税制的方法是否会对守法性产生巨大的影响，但是就像一些人已经默认的那样，简化税制肯定不会消除对执行权威的需求。

要求纳税人合理申报收入和扣除额，税制的执行就会较容易。目前，每一豁免者都被要求提供一个社会安全号码，这就是一个有效措施。但大多数扣除一般都没有任何证明文件，如慈善捐款或雇员的营业费用，只有当纳税人受到稽查的时候，他（她）才被要求提供证明文件。因此，要求提供证明文件可以降低偷漏税率。另一个潜在的更有效的方法是国税局所稽查的大部分或全部纳税申报单，都要求纳税人为每个项目提供依据。这可能有些牵强，但在荷兰，税务机关每年至少也要简略地稽查每一个个人所得税纳税申报表。②

① Sheffrin 和 Triest（1992）在相关著作中给出了关于该主体的文献综述以及一些新的资料。
② Hessing，Elffers，Robben，和 Webley（1992，p. 298）。

当然，对于纳税人和国税局而言，需要纳税人提供更多的证明文件并扩大稽查面，这样能减少偷漏税率，但同时也会使纳税过程越来越复杂。因此，在税收政策多样化的宗旨下，就需要有一个清晰的权衡。而在其他情况下，税收执法成本可以从政府预算中灵活地转移到私营部门。例如，要求过多地使用商务车辆的纳税人提供更多的证明文件可以降低稽查成本，但会增加纳税人的守法成本。对于税收执法的有效性，这是否是一个好主意，取决于这些成本的总和是否得到降低。然而，把成本转嫁给纳税人不一定是一个完善的过程。

5.4 结　论

其他条件相同的情况下，税制应该更简单更具可执行性。在某些情况下，如需要更多的纳税人资料，就需要在其他方面付出高昂代价。但很多政策可以促进这两个目标的实现。例如，在税法中，采取简单公平并且忽略税法的附加款项，那么税基将会被清除，使系统更简单，更容易执行。这样一来就会有很多激动人心的改变，例如在征税过程中采取单一税率或者统一的消费税税基，尤其是拓宽代扣代缴的范围，并且减少差异化处理。这些方法的简单性和易执行性是其能在激进的税制改革建议中处于关键位置的主要原因。但是，通过这些简单的方法来自我征税，又会造成怎样的牺牲呢?

通过3~5章得出的一个重要的教训是，在我们评估税收政策的标准里，冲突和权衡经常需要同时考虑。更多的累进税常常有损于经济的发展。更多的有关公平税负的尝试一般都会导致高额成本。最激进和最简化的税制改革方案是放弃或大幅减少累进，它们消除了几乎所有个性化的税收负担。现在，我们可以考虑税制改革的主要建议以及其是如何在我们所设置的标准中取得平衡的。

6

根本性税制改革的要素分析

在这一章里，我们将分析众多关于根本性税制改革建议的相同的要素。我们将以扁平税（flat taxes）的建议开始此项分析工作。

许多相互之间差异巨大的税制改革建议都标榜自己为扁平税。“扁平”的概念在税制结构中被广为称道有些令人惊讶，在其他背景下，“扁平”并不总是一件好事，试想啤酒、音符或是轮胎。《韦伯斯特未删节版词典》为“扁平”这一形容词列出了16个主要定义。它使用的范围广泛，可以在一些表赞誉的语境中使用，表示“有水平”、“精确”的意思；它也可以使用于一些不那么有吸引力的场合，比如表示“浅显的”、“沉闷愚钝的”、“商业不活跃的”，甚至表示“没有钱的”等意思。在税收领域下，“扁平”这一词汇对应韦伯斯特解释的“不变的”释意。但是，尽管这一单词对应多种开放解释，我们大多数人还是不希望接受一种税负不随环境，如收入情况、财富情况等变化的税收。

税收的扁平包含三个明晰的维度——一个单一税率、一个消费税基和一个清洁税基。单一税率是大多数人了解的，另外两个维度则代表征税方式上更加根本性的变化。有些建议追求这三个维度共同扁平化，而另外一些则注重其中一个或两个方面的扁平化。本章将探讨每一个维度的扁平化问题。

6.1 单一税率

扁平税中最引人注目的是扁平税率（the flat rate）。区别于现行税收体系下税收随收入增加的累进税率，在扁平税体系下，所有或者大多数纳税人将适用单一税率。虽然完全的扁平税要求整个税基都适用单一税率，但在大多数扁平税建议中，单一税率仅适用于豁免额以外的税基。因此，扁平税实际是一种特殊累进税，初始税级适用零税率，豁免额之外的税级适用一个单一税率。这种税制下，豁免额达到以前，税负比例（即平均税率）是零；达到豁免额后，应纳税额随税基增大而增加；当收入非常高时，平均税率便接近单一税率。此外，税收累进程度会随豁免额和税率调整而变化。一种对100 000 美元以下收入免税，对100 000 美元以上收入适用50% 税率的扁平税，累进程度大大高于另一种仅对10 000 美元以下收入免税，对超过10 000 美元收入适用20% 税率的扁平税。

为了对扁平税和其他税制加以区分，我们称仅有一个税率的税收体系为单一税率税（single-rate tax）。单一税率适用于狭窄的、包含了税收优惠的或广泛的、清洁的税基，同时它也适用于所有收入或被消耗的部分收入。同样，我们可以在保留累进税率的同时清洁税基，也可以在实施消费税时保留累进税率。

如果其他条件不变，将累进的税率结构变为单一税率结构将大大降低税负分布累进性。如图 6.1 所示，图中细的黑线描绘了 2005 年平均所得税税率是如何随着有两个孩子，并且已对收入作平均扣除的已婚夫妇的调整后总收入的变动而变动的。需注意的是，由于现行税法中收入抵免的规定，现行所得税税率对低收入家庭来说是负的。而且，现行豁免门槛是相当高的：在2005年，一对有两个孩子的夫妇直到收入超过41 000美元时才需缴纳所得税。除了上述豁免门槛，所得税负分布的累进度仍然很高，2005年最低应纳税所得仅适用10%的边际税率，而最高的超过326 450美元的应税所得则适用35%边际税率。因此，平均税率（average tax rates）会随着收入的增加继续上升。[①]

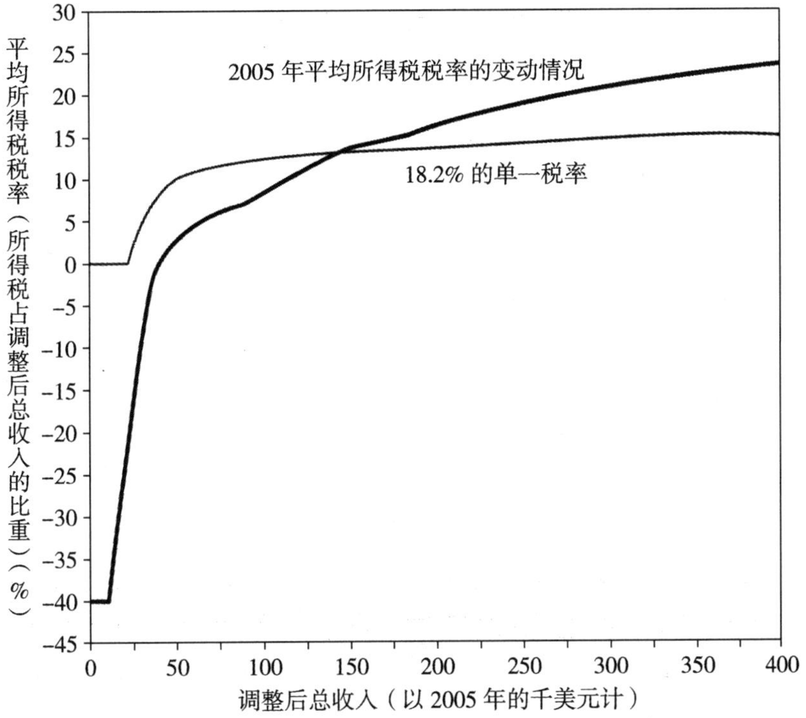

图6.1　调整后总收入消除了所得税税率、抵扣和最低选择税方案后对2005年有两个孩子的已婚夫妇的平均个人收入所得税税率的影响

数据来源：Balkovic（2007）和美国国税局，《个人所得税2004年申报表（2006a）》

① 图6.1中的计算采用了Bakija（2006）相关著作中描述的税收计算程序。我们这里假设家庭收入的形式为工薪，并且每一个纳税人均选择标准扣除项目或分类扣除项目中较大的一项。该计算过程中涉及的数据来源于（美国）国税局，收入数据分析部，《2004年个人所得税申报情况报告》，详见<http：//www. irs. gov/pub/irs-soi/04in21id. xls>。

图6.1中的细线描述了除开一个高豁免额，对收入适用单一税率的情况，正如近年来一些扁平税建议所提倡的一样。为了区分单一税率经济影响和税制改革其他方面影响，我们不考虑一些有助于现行税制累进性提高，但没有改变税基的主要特征（个人豁免和标准扣除除外）。因此，累进税结构，税收抵免和替代性最小赋税都不在考虑之中，而现有的税收扣除、税收豁免和税收例外将被保留。通过计算，要达到和2005年收入所得税相同的增收效果，扁平税需对豁免额以外的收入适用18.2%的单一税率。[①] 标准扣除和个人豁免将仍为家庭提供较高的豁免门槛（22 800美元）。扁平税的支持者强调，只要存在收入豁免，这种扁平税就仍存在或多或少的累进性：因为平均税率确实在随着收入的增加而上升。但是，和现行税制相比，其累进程度大大降低了。放弃EITC制度大大提高了低收入家庭的平均税率，把10%和15%的税率提高到18.2%，并且取消儿童抵免增加了大部分中产阶级的税收负担。在高收入水平，扁平税的平均税率更早趋于平缓并且稳定在现行税率之下。调整后总收入（adjusted gross income）在144 000美元以下的家庭面临增税，而在此水平之上的家庭则面临减税。一个有着350 000美元调整后总收入（AGI）的家庭将会享受25 484美元的税收减免，其大约占调整后总收入的7.3%。与此相反，一个有着75 000美元调整后总收入（AGI）的家庭面临4 268美元的增税，其占调整后总收入的5.7%。

从这个例子易看出，单一税率税（single-rate tax）的影响很大程度取决于税率的制定和税基的拓宽度。实际上，大多数扁平税的倡导者也倡导扁平的、低的税率。然而，如上图所示，向这种税率转变会使高收入家庭的税负急剧向中低收入家庭转移。因此，如果我们想维持低税率并使财政收入增长幅度不变，同时减少对中低收入家庭的负面影响，那么削减对高收入家庭的税收优惠和列项扣除是非常重要的。

---

① 2005年，个人所得税纳税申报额的收入中性税率为18.2%，这是通过将个人所得税总收入（9 283亿美元）除以应税收入（50 924亿美元）计算得出的。该数据来源于Balkovic（2007，图A）的著作。该计算假设纳税人不会对相关变化做出反应。

正如我们在第3章提到的，调查结果表明扁平税明显合一些人的意，因为他们认为这将使有钱人多赋税。这种看法是不正确的。放弃累进税率采用单一税率会降低极高收入者的税收负担，即使我们消除设计中的每一个漏洞和每一种逃税可能性。

那为什么还要采取单一税率呢？也许最常被提到的原因是为了增强经济激励。要达到同累进税制同样的财政增收效果，平均而言会使人们面临更高的边际税率，这会降低人们工作和储蓄的积极性，并导致其他一系列经济扭曲和无效率的情况。因此，税收政策的设计面临累进性和经济繁荣性之间的权衡。原则上，提高经济增长率最终会弥补一些人因单一税率而承担高税负的损失。然而，正如第4章提到的，累进税的经济成本是不确定的，并且几乎可以肯定它的经济成本没有扁平税率倡导者声称得那么高。另外，实事求是地说，较低的边际税率对经济发展更好，而经济运行情况并没有显示单一税率的妙处。例如，同时采用两个低边际税率的经济成本——比如，边际税率为15%和25%——并不显著高于采用20%单一税率的经济成本。

有些人辩称单一税率结构在分配问题上显得“中性”，从而避免了“阶级斗争”。单一税率倡导者认为他们越过了税制是否公平的争论，能最大程度优化经济表现。这些说法都是不正确的。虽然对低税率的扁平税来说，其累进性不如现行累进税制强，但是它肯定会影响收入分配，它在任何情形中都不是“中性”的。唯一能完全消除税收经济成本的税是定额税（即人头税），在这种税收体系下，应纳税额——而不是税率——对每个人都是相同的。与收入所得税不同，我们可以对每个成年人计征5 600美元固定的税，无论那个成年人是比尔·盖茨、一个无家可归的人，还是你自己。[①] 这种税收体系消除了税负对工作、储蓄或投资的影响。据推测，单一税率税倡导者之所以认为单一税率税好过定额税，是因为他们认为后者是不公平的（或者他们畏于承认相反的结果）。单一税率反映了倡导者在公平和效率之间的

① 我们用2005年的12 540亿美元个人与企业所得税总收入（表2.1）除以当时2.23亿的18岁及以上的人口数（美国人口普查局，2006b），便可得出5 600美元的结果。

权衡。双重税率或多重税率结构则反映了其他权衡，就像定额税一样。我们可以讨论如何把这种平衡维持在最佳状态，但是没有一种税收制度能避免这种权衡，也没有一种税收制度能达到分配中性。

当涉及简便性和可执行性时，单一税率确实有一些可取之处。单一税率并不会真正简化你的纳税申报，事实上，将你的应税收入对照税率表计算应纳税额并不复杂。大部分人会在纳税表中直接查找应纳税额，在这个情况下，一级税率、二级税率或者二十级税率的计算量几乎差别不大。对那些用软件的人（个人或税收专业人员）来说，税率级次是多少在报税时难度区别不大。

单一税率税的真正优势在于它潜在促成了更加方便简单，并且以企业为基础的征税系统。比如增值税，在这种征税系统下，个人无需向税务机关报税或缴税。即使是在个人申报的收入所得税项下，单一税率也使雇主代扣代缴职工应纳税额、银行代扣代缴利息税等执行起来更容易，这是单一税率结构的一个主要的简化之处和执行优点。

降低税率间的级距也降低了对个人转移税负的激励。此外，它最大限度降低了对收入波动者的横向不公平待遇。在累进所得税下，对两个终生收入相同的家庭来说，收入波动的家庭将比收入较平稳的家庭支付更多的税款；而扁平税结构则消除了这种差距。

尽管这些都是很重要的优势，但它们是否抵消了低扁平税率对分配的影响是值得商榷的。此外，在扁平税率之上另加一个税率不会完全抹掉其简化性的优点。英国通过对大多数人实行单一税率，改进扣缴系统，同时仍然对一小部分高收入者保留较高边际税率，从而大大简化了收入所得税系统。①同时，对个人、企业以及其他不同类型的收入制定相同最高税率，大大降低了收入转移和避税计划实施的可能性，即使在最高税率下实行的是累进税制。

① 英国最近对低收入群体，如2006年和2007年，收入在2 150英镑以下的人实行低税率。

6.2 一个消费税基

许多基础性税制改革计划的第二个要素是通过改变税制使税负由消费产生，而不是由收入产生。固然，任何经济学家都会把这种税制特征和税率扁平化联系起来。但是，对经济学家来说，消费税对当前消费和未来消费统一征税（如果你愿意可以称之为“扁平”）不会改变对推迟消费的激励（即储蓄）。与此相对，收入所得税会因为对储蓄征税，使得未来消费比当前消费更加昂贵。我们将在下面作出解释。

6.2.1 什么是消费税?

对一些读者来说，“消费”这个单词会唤起其对大学中经济学入门课程的回忆。消费是经济学语言，用来解释人们消耗商品和服务的行为。消费税表示“税基”（引发税负的标的物）是消费，而不是收入、财富或其他一些概念。衡量消费的方法有很多。因为年收入——对一个家庭来说或对国家作为一个整体来说——等于年消费加上储蓄，消费可以被直接度量，或通过收入减去储蓄来度量。另一种说法也成立，一国储蓄总量等于一国居民有收益取得权的投资总量，一国收入总量等于一国居民拥有的生产要素（劳动力和资本）产出总值。所以衡量消费的另一种途径是将产出减去投资额。需要注意的是，投资在这里指商业性购买资本商品如厂房或设备的行为，而不指私人购买通用公司股票的个人行为。

6.2.2 消费税种类

为了使讨论更加具体，下面我们来看一些关于消费税的例子。零售销售税（retail sales tax）几乎在所有州都已经实施，可能是美国人最熟悉的一个税种。在这个税种下，税负由商品和服务的最终零售额引发，税款完全向零售商（直接向消费者出售商品的商家）征收。

另外一种消费税在世界上更加流行，部分是因为它易于管理和执行，那就是增值税（value-added tax）。区别于只对零售商征税，在增值税下处于生产和分配过程每一阶段的企业都必须缴税。每个企业均应为其“增值额”（它的销售总收入减去它的投入成本）缴税。例如，一个家具制造商的应纳税额等于增值税率乘以家具销售额，减去它为生产家具所投入的木头、胶水、工作台、电等成本，家具零售商根据消费者的销售额纳税，但是可以抵扣其从家具制造商那里进货的成本，这种每级抵扣贯穿整个生产和分配环节，从而所有商家的买卖成本最终被每级扣除出来，剩下最后的销售额为最终税基。

和增值税密切相关的是经济学家们所称的扁平税。企业以销售额减去投入成本纳税，这一点和增值税一样，但是其还可以扣除支付给工人的工资。更重要的是，工人以和企业相同的税率缴纳收入所得税。因此，对消费征税的第三种方法基本等同于增值税——唯一的区别是劳动报酬被从企业税基中扣除了出来，以相同的税率从个人层面单独征税。这种方法使我们更容易引出对个人劳动报酬进行豁免的累进税。霍尔·拉布什卡（Hall Rabushka）的扁平税建议，也是最近被1996年和2000年共和党总统候选人史蒂夫·福布斯（Steve Forbes）和前众议院多数党领袖迪克·阿米（Dick Armey）极力推崇的建议，是关于这种税收类型最有名的案例。

最后，在这种个人消费税下，纳税人每年都要计算和申报收入和净储蓄，税负就建立在两者差异的基础上——收入减去储蓄，即是个人消费。这种税收可以轻松适用累进税率。这种税收制度使现行体系发生的主要变化是不限制个人退休金账户的创立，虽然其他变化（例如，取消利息扣除和以净储蓄为指标核算所有借款和提款）在规避大规模和破坏性的漏洞方面同样重要。在个人消费税原型中最具代表性的例子是《无限储蓄补贴税》（Unlimited Savings Allowance Tax），这个税收方案在20世纪90年代中期由参议员皮特·多梅尼西（R-NM）和前参议员萨姆·纳恩（D-GA）倡导，但没有得到任何政治支持。

不同的消费税征收方法在消费者、劳动者、企业之间的税负划分问题上有所不同，因为它们涉及的官方税负是非常不同的，并且不同派别给国税局

（IRS）提出了不同的建议方案。然而，除了操作上的问题，这些差异对最终税负承担者和消费税的经济影响来说是无关紧要的。因此，不同征税方法实质上比表面看起来相似之处更多。在下一章，我们会更详细研究每种方法的实施，探究它们之间的区别并加以分析。在这一部分，我们重点关注所有消费税的共同因素。

6.2.3 消费税、收入所得税以及储蓄和投资激励

收入所得税和消费税之间的主要区别是收入所得税会降低储蓄和投资激励，但消费税不会。例如，假设你在工作中获得 100 美元奖金，你正在考虑的是现在用它还是以 10% 利率把它存在银行等到明年再用。如果没有税收，则你将在现在消费 100 美元和把钱存到银行到明年获得 110 美元之间作出选择。

现在我们来看如果仅存在一个 20% 的单一所得税税率，事情将如何变化。如果你选择立刻花掉这笔额外收入，你会有 80 美元的消费额——在缴纳所得税后，你能拿回家的收入。如果你选择把它存起来，你的 80 美元收入会赚取 8 美元的额外利息。然而，所得税也会对利息收入征税。在缴税后，你只会得到 6.4 美元的利息收入——所以你将在现在消费 80 美元或明年消费 86.4 美元之间做出选择。所得税不只使你拿回家的报酬减少，也使你的储蓄报酬率从 10% 减少到 8%。

现在我们考虑，如果有一个对购货总值（含税）适用 20% 税率的零售商品税时将会发生什么。① 如果你现在花费这 100 美元收入，则你将立刻被征 20% 的税，因而你税后能消费 80 美元，和收入所得税的状况一样。那如果你倾向把奖金存起来在下一年购买商品和服务呢？那么，你把这 100 美元奖金存入银行，因为它会带来 10% 的利息收入，所以下一年你的账户将有 110 美元——请注意，和收入所得税情况不同，利息所得将不被征税。当你取出钱进行消费时，你将支付 20% 的销售税，你能在税后消费的是 110 美

① 这里所描述的税是指销售活动，按税后价值的 25% 增收的销售税，正如现行的零售税一样。我们这里采用税前税率来简化说明。

元的 80%，或者说是 88 美元。因而在消费税下，你将在现在消费 80 美元和明年消费 88 美元之间作出选择。储蓄报酬率仍然是 10%，这和没有任何税收时完全一样。

这就是经济学家们所说的消费税在当前消费和未来消费之间是“中性的”：当前消费和未来消费之间的选择条件和没有税收时是一样的。在我们的例子中，存在消费税的情况下，你获得 10% 的报酬，这和没有税收时的结果一样，然而收入所得税仅给你 8% 的储蓄报酬率。不可否认我们的例子是简化的，但是以任何方式使它复杂化，例如考虑多个时段或考虑通胀因素，都不会改变这个基本结果。此外，这个结论也适用于任何形式的消费税，不仅包括零售销售税，也包括增值税、扁平税和个人消费税。

这其中一些税制要求企业代缴税收，以表明在消费税下储蓄和投资的报酬没有减少，我们需进一步研究这个问题。事实证明，两种税制在投资的处理问题上有一个关键区别。所得税允许资本折旧扣除（即因为磨损或技术陈旧导致的价值流失），而消费税允许资本物品成本在税基中全额即期扣除。稍微修改一下我们的例子可以看出，为什么消费消除了税制对企业投资激励的影响。

假如你是一个刚获得 100 美元利润的小企业主。你可以得到课税后剩下的一部分钱并用它买了一个新的 DVD 播放机。或者，你可以把这 100 美元盈利以买一件新机器的方式用于企业再投资，那么第二年企业会产出价值高于投资成本 10% 的商品。在产品产出后，机器就报废了。

在企业收入所得税或消费税下，如果你现在花掉利润，那么它将被征税。如果税率是 20%，则你现在可以税后消费 80 美元。差别在于你选择投资机器后的情况。在收入所得税下，即使你要投资机器，你将依然为今天 100 美元的盈利付 20% 的税。这种情况下，不能扣除机器成本，因为它还没有损毁。所以你还剩 80 美元用于投资，其将被用于下一年以生产出 88 美元的产品。下一年，你将有 8 美元应纳税所得额——88 美元销售额减去 80 美元的折旧扣除。你要为应纳税所得额付 20% 的税，即 1.6 美元。下一年，你将有 86.4 美元用于消费。所以企业所得税下，你将在今天消费 80 美元或者把利润用于投资以便在下一年消费 86.4 美元之间做出选择——投资收益率从 10% 下降到 8%，和个人储蓄例子里的情况一样。

相反地，消费税情况下，对企业所得征的税对投资收益没有影响。如果你决定在机器设备上花掉所有盈利，你现在将不会有税收负担，因为购买机器的全款将被即期扣除，这使你现在的税基为 0 美元。你将有 100 美元去投资机器设备。下一年，你会有 110 美元的产出，但是没有折旧扣除。在对这 110 美元交 20% 的税之后，你还剩 88 美元。因此，你将在现在消费 80 美元或明年消费 88 美元之间作出选择。这相当于 10% 的投资回报，和没有税收时的情况一样。虽然我们的例子可以设计得更加复杂——比如，通过允许机器在几年内折旧——这并不会改变消费税下投资回报率和没有税收时相同的基本结论。

6.2.4 消费税和工资税之间的相同点和不同点

消除税收对投资和储蓄影响的另一个方面是把税负建立在劳动报酬的基础上，同时从税收中豁免所有利息收入和来自于投资储蓄的其他收入。这种方法通常被称作工资税（wage tax），虽然税收学者有时称它为收益豁免税（yield-exempt tax），因为来自储蓄和投资的收益并不会引发税负。我们之前的例子可以直接延伸作这里的案例。在 20% 的工资税下，当你获得 100 美元时，在纳税后你将获得 80 美元。以 10% 的利率把它存起来，在第二年你将获得 88 美元，同时没有利息税。所以和消费税一样，工资税给你一个现在消费 80 美元或者明年消费 88 美元的选择。在这种情况下，不仅储蓄激励没有受到影响——储蓄回报率仍然是 10%——而且无论在工资税或是零售销售税下，你的税后可消费额在两个阶段也是相同的。

这两种豁免储蓄收益的可选方法——消费税和工资税——在现行制度下反映在两种不同类型的个人退休金账户（IRAs）上。传统的个人退休金账户（traditional IRA）支持税收抵免，豁免从账户中取得的资本性收入，但是取款（大概是为消费取走资金）时需要纳税。而另一种个人退休金账户

(Roth IRAs) 则不支持税收初始扣除，但取款时不需要缴税。所以，传统个人退休金账户类似于消费税的运转方式，它消除了对储蓄收益的征税；而另一种退休金账户运转方式则像工资税。除了一些技术性问题（比如，存款或取款时的边际利率可能不同），这两种个人退休金储蓄账户运转方式同消费税和工资税一样。

然而，在考虑将收入所得税转换成其他税收的时候，工资税和消费税之间的一个关键的问题凸显了。如果我们完全转为消费税，则任何已存财富被用于消费时都要征收消费税。但是，如果我们以工资税替代所得税，则所有已存财富用于消费时永远不用交税。在截至 2006 年末美国积累财富值约达 55.6 万亿美元的情况下，这确实是一个很大的区别。①

6.2.5 不是所有"资本收入"都代表储蓄收益

到目前为止，我们所看到的消费税和工资税的一个特征是它们都豁免了储蓄收益的税负。储蓄收益可以被看作延迟消费的报酬。确实，一些被我们笼统称作"资本收入"的概念（如利息、股息、资本收益、小企业经营收入等）代表延迟消费的报酬。但还有一些则完全代表不同的东西。在下面内容中，我们将讨论资本收入的其他组成部分是什么，以及在不同税收制度下它们是怎么被处理的。②

1. 消费税、所得税以及通货膨胀

正如我们已经提到过的，部分资本收入是对通货膨胀侵蚀我们潜在财富实际购买力的补偿。消费税和工资税自动豁免了这种补偿的税负。譬如，如果在我们上面的例子中，10% 的利息率反映了通货膨胀率，那么消费税和工资税将不会对它征税，因为它们把所有利息收入都从税收中豁免了。相反，在我们现行税收制度下，资本收入被征税的同时，通货膨胀补偿部分也要缴税。正如我们在第 4 章讨论的，当通货膨胀率不只是一点的时候，这会大大提高储蓄收益的实际税率。

① 这是家庭和非营利组织的净值，来源于美国联邦储蓄系统董事会（2007，表 B.100）。
② Warren（1996）于相关文献中给出了关于该问题更详细的讨论。

所得税可以对通货膨胀补偿性收入作豁免扣除，但相对于消费税和工资税对其作自动扣除的情况，设计一个具有这种自动扣除特征的所得税是有难度的。关键的区别是所得税不能将税基作整个豁免扣除，它必须区分哪部分资本收入是补偿通货膨胀收入，而哪部分并不是。准确区分两者不仅要求对资本收入进行准确度量，而且需要准确度量产生资本收入的本金，这和资本持有期间的通货膨胀率一样难以取得。例如，假设一个人获得了10美元的利息收入，并且通货膨胀率是5%。如果这笔利息收入是由100美元本金赚取的，则我们需要扣除100美元中的5%，或5美金。如果它是由125美元本金赚取的，则我们需要扣除125美元中的5%，或6.25美元。如果我们无从知道本金是100美元还是125美元，那么我们就不能确切知道10美元利息中有多大部分被用于抵消通货膨胀对真正投资价值的影响。我们可以作近似估计——例如，以某一年的平均利率为基础——但这些只是大体的近似情况。正确度量真实的、经过通货膨胀因素调节后的个人资本收入，要求股息和资本性收入（即个人拥有资产组合的增加值）根据通货膨胀作相应调整。在企业层面，折旧扣除额、利息扣除额以及库存备抵同样需要根据通货膨胀进行调整。基于以上这些原因，设计一个这样的所得税制是困难的。

2. 消费税、收入所得税和风险

资本收入的另一个重要组成部分是风险补偿收入或风险溢价。一般来说，高风险的储蓄和投资机会回报率更高，因为人们都不喜欢风险，因此需要对其进行补偿以使其愿意接受风险。例如，公司股票报酬平均来说比政府债券报酬高，部分是因为股票的收益更具可变性。所以，在风险和预期平均收益之间存在一个权衡，储户在选择自己的投资组合时需要寻求它们之间的最佳平衡点。有些人认为从历史经验看，代表风险补偿的资本性收入比代表延迟消费补偿的资本性收入高。但同样有证据显示，延迟消费的补偿性收入一直在增加，同时风险溢价则一直在降低。①

① 请见 Mehra 和 Prescott（2003），以及 Jagannathan，McGrattan，和 Scherbina（2000）的相关文献。

风险补偿部分可从消费税和工资税中豁免，同通货膨胀补偿和延迟消费补偿的豁免方式一样。为了说明这一点，考虑一项风险资产，它有1/2概率可以赚取40%的收益，同时它有1/2概率损失价值的10%，所以平均期望报酬率是15%。再一次假设你有100美元的税前财产，有一个20%的消费税税率，所以你可以选择今天税后消费80美元。在消费税下，如果这笔钱被储存起来了，你现在不需要支付税收，则储存的100美元会在下一年变为140美元或90美元。在缴纳20%的消费税后，你将有112美元或72美元可供消费。相对于你今天可以消费的80美元，如果运气好的话，你仍然可以获得40%的收益；如果运气不好，你将损失10%，平均收益率是15%。在工资税下，即使是用于储存，你今天也要即刻缴税，剩下80美元用于储存。下一年如果你运气好的话，可以消费112美元（1.4＊80美元）；如果你运气不好的话，则只能消费72美元（0.9＊80美元），在消费税的情况下结果几乎与之一样。所以无论是在消费税还是在工资税的情况下，你投资一项风险资产的平均收益率均是15%，这和没有税收时的情况一样，不会对你考虑承担多大风险的决策产生扭曲效应。消费税和工资税相比，消费税下有幸盈利的那部分人缴税更多，不幸亏损的人缴税更少。但是这一区别实际上没有意义。不管人们选择今天或明天消费什么，不管他们运气好或不好，在两种税收下都是一样的。

一个更令人感到吃惊的事实是，在一个允许扣除损失的比例所得税下，风险溢价部分也被有效地免予征税。关于为什么的讨论可以追溯到20世纪40年代初由经济学家埃塞弗·多马和理查德·马斯格雷夫写的一篇论文，这个讨论基于一项关键的洞察力，即所得税会从你的投资组合中“吸收”一些风险。如果投资结果向好，那么所得税会带走一些由此产生的资本性收入；如果投资失利，那么所得税制会通过允许损失扣除的方式部分补偿你，以此减轻税负。因此，所得税同时减少税后预期收益和税后收益可变性。多马和马斯格雷夫的研究表明，减少的期望税后收益可以量化为减少风险的公平市场价格，所以平均来说即使政府通过向风险溢价部分收入征收所得税来组织财政收入，这部分税收也不会造成纳税人的负担。事实上，通过增加个人投资于风险资产的投资组合份额，投资者完全可以复制风险收益的可能性，只要对收益中的无风险部分也征税。① 由于对风险补偿收入征税或不征税的概率是一样的，在某种意义上说这等同于不存在风险补偿收入税收。

这个例子依赖于一个假定，即所得税对称地处理收益和损失，但是在现实中却不是这样。累进税率和损失扣除限制都意味着政府从好运者的资本性所得中取得的份额比运气不好的人多。然而，这不是所得税固有的或独特的特点。这些特点产生的原因（事后纵向公平的考虑和限制避税计划的需要）同样适用于消费税。② 一种对风险补偿收入征税的消费税同样带有这些特点。

3. “超常”收入和错配的劳动补偿

除了对延迟消费、通货膨胀和风险的补偿，一些我们广义上所说的“资本性收入”也包括其他类别的事物。比如创新的报酬，创业能力和努力的报酬，垄断报酬，边际效率递减为早期资本单位带来的超额报酬，或是简单的错配的劳动努力报酬。从经济学的观点看，这些报酬的共同点是它们都是超常报酬——意味着它们产生的收入比资本边际投资产生的“正常”收入大。事实证明，这些超常报酬在收入所得税和消费税下被有效地征税。而另一方面，工资税却不对它们征税。

一个关于超常报酬突出的例子是比尔·盖茨的收入，他的收入主要来源于他占有的微软的利润份额。他的收入中只有很小一部分是对延迟消费的补

---

① Domar 和 Musgrave（1944）给出了有关这一观点的经典陈述。我们举一个例子来阐释。假设你有 100 美元准备储蓄，且所得税税率为 20%。你可以选择将这 100 美元投资于高风险的资产，这可能会带来 40% 的回报，也可能导致 10% 的损失；另外，还可以选择投资零风险的资产，这将带来 10% 的回报。首先，我们考虑政府如果仅对零风险投资的收益回报的无风险部分（假定 10%）征税的情况。这里假设你将 100 美元平分投入这两种资产，那么在运气好的时候，你将获得（$50×1.1）+（$50×1.4）−20%×（10）= $123 的税后收益；在运气不好的时候，税后收益为（$50×1.1）+（$50×0.9）−20%×（10）= $98。现在假设政府对所有投资收益征税 20%，不仅是无风险部分。若要获得上述情况的收益，那么你需要将你的高风险资产投资额变为 100/（1−t），这里的 t 为税率。这意味着，你将 62.5 美元投资于高风险资产，将剩下的 37.5 美元投入零风险资产。这样的投资组合将在运气好的时候，带给你（$37.5×1.1）+（$62.5×1.4）−20%×［（$37.5×0.1）+（$62.5×0.4）］= $123 的税后收益；在运气不佳的时候，将带给你（$37.5×1.1）+（$62.5×0.9）−20%×［（$37.5×0.1）−（$62.5×0.1）］= $98 的税后收益（这里的应纳税额为负，意味着该纳税人获得了退税，相当于政府“变相”对你进行了“投资风险赔偿”——译者注）。这样，你将获得与在政府仅对无风险部分增税时一样的投资回报。因此，在两种情况下你的生活富裕水平一样。你所面临的风险水平一样，税后投资收益组合一样。某种意义上来讲，仅对投资回报无风险的部分征收的比例税消除了“变向的税收风险赔偿”。

② 例如，Hall-Rabushka 的统一税提议中对企业亏损税前扣除的限制。

偿或风险补偿。大部分是对比尔·盖茨劳动的回报（包括对创新和创业投入的努力），以及于合适的时间、地点在一个利润丰厚的自然垄断市场（因为当其他大多数人都使用同样的软件时，计算机软件对某个用户来说就更加重要）占得先机的回报。在现行所得税下，这些报酬确实被征了税，这些报酬主要通过企业所得税征税。同时，盖茨通过出售股票和接受微软股息取得他的资本性收入，从这个意义上说，这些报酬也通过个人所得税征税。

而另一方面，工资税将永远不会对这些报酬征税，只要微软继续支付给盖茨一个名义工资。在工资税下，给你的劳动报酬重新贴上资本性收入的标签是一个可以完全规避税收的简单途径。难以区分哪部分是劳动收入而哪部分是资本性收入，是工资税因高度不公和执行成本大而告终的一个重要原因。①

相比之下，一项消费税确实同一项收入所得税一样，对超常所得和错配的劳动补偿（就如盖茨取得的收入一样）进行了征税。看待这个问题的一种方法是无论这些报酬被贴上哪种类型收入的标签，当它们的获得者，或获得者的继承人最终因为这些报酬消费得更多时，这些报酬最后都会产生税负。对消费税，如有一个营业税成分的扁平税，储蓄和投资的正常回报是被豁免的，因为对物质资本（如生产设备和厂房）的投资被消耗了（被即期扣除）。而一些为某部分人如比尔·盖茨生产超额所得的投入因素引起公司应税收入的大幅度增长，但是对扩大公司消耗抵扣范围没有任何影响：超额所得不由于高于正常水平的物质资本投入而产生。同样，在霍尔-拉布什卡（Hall-Rabushka）的扁平税下，如果一个公司将其所有者的劳动报酬标榜为“红利”或“资本性收益”，则这种收入不需要在个人层面进行缴税，但是在公司层面需要缴税，并且这种错配不能享受投入资本的消耗扣除。在这种情况下，只要扁平税中个人和企业税基上的税率一样，把劳动收入标榜为资本报酬不会带来总税负的差异，反之亦然。

① 另外，一件比较有趣的事是现在挪威、瑞典和丹麦采用了双重所得税制度，其对所有的资本收入（包括企业所得税）适用较低的统一税率，而对个人劳务所得适用高于资本利得税率的超额累进税率。然而，该税制在如何对小型、封闭性控股公司的劳务所得和资本利得增税时，显得武断而冗长。更多细节请见 Sorensen（1998）和 Cnossen（1997）的相关著作。

6.2.6 现行所得税和消费税有何不同?

上述讨论的底限是，所得税对储蓄报酬征税而消费税并不对其征税。在两种类型的税收下，通货膨胀的损失补偿都不需要缴税，将它从消费税中豁免出来比较容易。风险补偿报酬在两种税收途径下都不必缴税：使风险补偿报酬部分应税的特点（包括累进税率和损失扣除限制）在两种类型的税收中都存在。最后，“超额”收入和标榜为资本性收入的劳动报酬在两种税收途径中通常都要缴税。因此，许多被人们标榜为资本所得的收入在收入所得税和消费税中都可以作相似的处理。与此形成鲜明对比，工资税会完全豁免这些形式的资本所得。

消费税和我们现行税制之间的差异由于一些我们在第2章详述的事实而进一步缩小，我们的现行税制在许多方面像收入所得税和消费税的混合。例如，虽然财政收入通过向名义（不是实际的，通货膨胀调节后的）利息所得征税取得，但更多收入可能由于名义利息支付扣除而损失，一方面是因为那些享有利息扣除待遇的人通常是适用较高税级的人，另一方面则是因为很多利息所得不用纳税（也许因为其来源于免税的养老金账户或个人退休金账户）。大部分股息和资本性收入被排除在个人所得税之外，同时慷慨的折旧补贴进一步减少了对资本性收入的有效税收。

对现行收入所得税和消费税差异的一个粗略度量是当税基从收入所得转向消费，同时使现行税制其他特征保持不变时所损失的那部分财政收入。为了弄明白这一点，假设现存所得税可以通过三个步骤完全转变为一种消费税：（1）从税收中豁免所有利息、股息和资本性收入；（2）用新投资成本的总体扣除代替折旧扣除，同时取消以往投资的折旧扣除；（3）取消所有利息扣除。最近一项研究计算表明，在2004年采取这些步骤，同时保持税收（包括税率结构）其他部分不变，已减少当年来自个人和公司所得税中总计640亿美元的财政收入，或相当于所得税收入的6%。[①] 因此，2004年

---

① Gordon，Kalambokidis；Rohaly，和 Slemrod（2004）。

我们的现行税制，即收入所得税和消费税的混合体，仅比一个纯粹的消费税提高了小部分净财政收入。从这个意义上说，我们离消费税并不远，尽管我们的税收体系仍然充斥着扭曲，这些扭曲在一个“清洁”的消费税下可以避免。但这并不意味改变我们现行的所得税制采用消费税是容易的。上述计算结果很大程度依赖于具有政治挑战性的消除折旧扣除/利息扣除的步骤。略过其中一个或两个步骤会使向消费税的转变过程付出高昂的财政代价。

既然我们已经研究收入所得税和消费税在处理资本性收入方面的区别，接下来我们研究它们如何处理其他类型的收入。

6.2.7　消费税、收入所得税和工作激励

消费税和收入所得税的一个共同点是它们减少了工作报酬（一小时工作所能购买的商品和服务数量）。工作报酬通过两个途径减少——通过减少拿回家的薪水，同时固定商品价格；或者通过提高购买商品的价格并且保持拿回家的薪水不变。对工薪所得进行 20% 综合征税在降低工作激励方面同 20% 的销售税有一样的效果。①

有观点认为，消费税在降低工作激励方面甚过所得税。这个论点是这样的。消费总额比所得总额小。因此，在同样宽的税基下要增加一定量的财政收入，消费税的税率必然比所得税税率高，较高的税率意味着对工作会有较大的负激励作用。这个观点的问题是它忽略了一个事实，消费税使你保留的那部分劳动所得有较高的税后收益，因而工作会变得更具经济吸引力。② 这有助于抵消消费税所需的高税率。

6.2.8　消费税比收入所得税公平度更大/更小？

按历年的状况，消费性税收显得比有同样税率结构的所得税更具累退

① 如果消费税是价外税，那么将该消费税税率定为 25%，其效果等于对工资薪金收入增收 20% 的所得税。

② 但这一观点并不适用于老年群体，无论是采用消费税还是工资税，因为他们的主要财富为储蓄。另外，消费税能激励人们工作，这一观点仅适用于所得税制向消费税制的过渡期。一旦税制交替完成，在和所得税带来一样多的税收收入的情况下，消费税并不一定能带来更高的工作激励效应。

性。这是因为平均来说，任何一年低收入者都会花费他们的大部分收入——通常比他们的收入更多——同时在任何一年高收入者会储存他们较大部分的收入。[①] 这种情况可以总结为从收入所得税转向具有相同税率结构的消费税会大大增加低收入者相对于高收入者的税负。

不过这种说法有些具有误导性，因为仅对一年收入储蓄模式数据进行粗略观察会夸大消费税相对于所得税的累退性。首先，在任意给定的一年，收入暂低者会维持他们正常收入水平下的消费率；相反，有些人在一些收入超过正常水平的年份并不预期这种高收入会持续，因此他们会使支出大大低于收入，以便为收入相对较差的年份进行储蓄。在这两种情况下，一年的收入数并不能很好度量人们的收入水平，同时消费—收入比例在人们之间广泛变动的事实——对暂低收入者来说，消费—收入比例高；而对暂高收入者来说，消费—收入比例低——夸大了消费税相对于所得税的累退性。

其次，大多数人都有一个收入和储蓄的自然生命周期模型。在工作的最初几年，家庭消费是刻不容缓的，但是收入相对较低，所以储蓄微乎其微甚至为负，家庭通过借债融资消费。在以后的工作年限中，收入增长到一定程度，许多家庭开始为退休生活和子女的高等教育储蓄。在退休生活中，当人们靠他们的积蓄生活，支出多于收入时，这个模型再次反了过来。分析不同年龄阶段的人，低收入者（平均来说，即年轻人和老年人）似乎储蓄更少（或者没有储蓄甚至负储蓄），同时高收入者似乎储蓄相对较多。这种构想具有误导作用，因为——暂时撇开遗赠、继承、其他赠予和政府转移支付——在一生中，人们不可能使消费超过收入，同时在一生中，人们消费的即是他们收入的全部。[②] 因此，从生命周期的视角看，税基是收入还是消费差别不大：它们加总起来是一样的。大储户的年龄介于45～65岁，他们/她们似乎受消费税的影响不大，因为他们只消费年收入的一小部分，当他们在世界各地旅行或者退休后享受高质量生活时，他们将缴更多的税。对消费征收

① 请见Sabelhaus（1993）作出的关于同样收入水平下，消费税率和储蓄率的研究报告。
② 严谨的表述如下：贴现后的消费的现值必须等于贴现后的劳务所得的现值与贴现后的遗产的现值之和。

单一税率税或对劳动所得征收单一税率税，最终都是对人一生的资源征收单一税率税。同样，在人的一生中，累进税率的消费税原则上能够实现和累进所得税一样的累进程度：一种税不是天生就比另一种税更加累进。相反，累进度很大程度上取决于我们赋予的税率类型，理论上这同税率适用的税基相比是另一个问题。

许多经济学家同样也争论另一个问题，再一次撇开遗赠和继承，从横向上看一个消费税比一个综合所得税更加公平。这是因为当比较具有相同终生收入的家庭时，消费税对相同的现值征税而不考虑家庭储蓄倾向。相比较而言，在收入所得税下，储户比非储户缴更多的税，因为储蓄所得会引发消费税下不会产生的额外税负。

质疑这种说法的观点认为，消费税税基不包括遗赠或继承所得，这对那些将财富传给继承人的家庭来说会降低其终生平均税率。证据显示，那些有较高终生收入的人留下的遗产占其一生收入的份额比其他人多。这把有着比例税率的消费税变成了一定程度上的终生所得累退税。因为这个原因，一些经济学家只有当遗赠被处理（即被征税）为遗赠者的消费行为时，才选择支持消费税。然而，对遗赠征税可能被看作对延迟消费的双重征税，因为当遗赠行为发生时和当继承者消费遗产时都要被征税。如果人们留下遗产是因为他们重视其继承者的消费，那么这种双重征税将以和收入所得税大致相同的方式减少对遗赠者储蓄的激励。当我们在第 8 章讨论对不动产征税时会更详细考虑这些问题。[①]

6.2.9 公平问题和向消费税的过渡

每当税收制度变化的时候，一部分人注定会因变化受到损失，而另一部分人则注定会获益。变化程度越大，发生意外损失和获益的规模就越大。把当前税收制度换成任何一种形式的消费税当然都是一个巨大的变化，因此潜在的大规模意外损失和获益会在变化中发生。

---

① Dynan，Skinner 和 Zeldes（2004）给出了关于高收入人群将他们一生的收入更多地用于储蓄的证明。Aaron 和 Galper（1985）提出了对消费税和遗产税并存的质疑。

向消费税转变的过程中最大的问题是对已有财富的处理问题。向新税制的转变对财富所有者而言意味着一个巨大暴利或重大亏损，这取决于如何实施转变和财富的持有方式。

为了弄明白这一点，回想工资税或消费税都消除了税收对储蓄激励的影响。如果我们用工资税替代收入所得税，财富所有者不仅可以获得利息、股息和其他资本性收入免税的好处，而且他们的财富在消费时也免税。这个变化很明显给现有财富持有者带来了巨大收益，否则他们将不得不为财富带来的收益缴税。这是一个意外的收获（windfall gain），因为这些人通过新税制获得了经济利益。

另一方面，采用一个纯粹的消费税会给现有财富者带来巨大税负。假设我们采用税率为20%的消费税，它导致所有商品和服务的价格上涨20%。劳动收入购买力同没有税收时相比会下降20%，与在相同税率工资税下的情况一样。区别是，采用消费税时，不仅是劳动收入的购买力——而且其他现有财富的购买力——都会下降20%。例如，假设在新的消费税实施前，你已经建了一个可观的存款账户。当你从账户中取出钱并使用时，你将被消费税征收20%的税，但是这在工资税下根本不会被征税。

暂时把缺乏弹性的因素放在一边，例如工资合同（我们在后面会讨论这些因素），总体价格水平变动与否对事实没有多大的影响。[①] 即使价格根本不升高，向消费税转变将使工资和现有财富两者的购买力同没有税收时相比下降20%。名义工资将被迫下降，因为公司从工人产出中得到的税后收入减少了20%。现有资产的名义价值——以多种形式表现，例如，股价——传统财富的重要组成部分，将同样减少，因为其带来的税后收入减少了20%。

消除现行收入所得税的影响，同样需要纳入考虑。对工资来说，抵消作用大概是一对一的——对工资所征收入所得税的消除将补偿消费税对工资收入者带来的新税负。不同的工资所得者可能会遭受损失或从中获益，这取决

① 究竟在税制改革期间消费价格指数是否会上升，这取决于当期美国联邦储蓄委员会的货币政策。

于工资变化引起的税负累进性，但这是另外的问题。

然而，消除资本所得税带来的未来收益不能抵偿实行消费税给现有财富带来的即期一次性税收。取消对未来股息和资本所得的双重税收将为法人股带来制衡收益，如同免除以前积累的资本收益的税收一样。① 但消除所得税同样会使资本资产业主发生损失，因为公司将不能再对以前购买的资产进行折旧扣除，以抵消对它们的产出征收的税。相比之下，所有新的投资品能被免税购买或即时从营业税基中扣除，这将抵消这些新购资产未来收益的税负。因此，相对于对新资产的需求，对现有资产的需求会大幅下降，现有资产价值将会降低。向消费税转变对现有资产的净影响取决于很多因素，这是难以预测的。② 然而，纵观全局，最有可能的情况是，现有资产的业主会因为所得税向消费税转变而受到一次性打击。

对已有财富的潜在税收可以通过建立过渡性条款在一定程度上得到缓解。然而，在向消费税转变的过程中，向已有资产提供越多的保护性措施，税收的性质就越像工资税。例如，允许企业继续对过去投资品进行折旧扣除，将大大减少从已有财富持有者处取得的收入。那么，劳动报酬税将不得不来补这个缺。如果个人被允许扣除他们已有财富的一部分或全部，就像新的财富能被扣除出去一样，那么在向个人消费税过渡的过程中，也会得到类似的结果。豁免了越来越多的储蓄收益而不对已有财富施加任何过渡性税负的所得税转变，也会引发相似结果。总之，向消费税转变的进程给已有财富持有者带来暴利还是损失，在很大程度上取决于采用的过渡性规定。

哪种类型的财富持有者受过渡性损益影响最大？平均而言，是非常富裕的那群人。例如，最富裕的那 1% 的人拥有约 1/3 的全国私人财富。③ 同时，他们也是呈非比例分布的老年人。2004 年，55 岁或以上的人占成年总人口

---

① 究竟消除对股息的增税是否会提高市场的公司股票价值，这取决于该税款是否已被资本化（负面地）且计入股票市值，或取决于是否企业通过将资本利得分配给股东，以避免股息税——例如，通过股权回购。这是一个经济学家争议纷纷的热点话题，尽管有证据表明企业中存在一定的（该部分税款）资本化。请见 Bradford（1981）和 Auerbach（1979）相关著作中的讨论。

② 实际上，Lyon 和 Merrill（2001）提出在特定条件下现存资产的价值可能会上升，如果（美国）政府进行消费税改革。

③ 由 Kennickell（2006）提出，基于 2004 年度消费者金融调查。

的31%，但家庭是以这部分拥有全国财富57%的55岁或以上的人为首的。[①] 如果社保福利主要是对价格变化的补贴，就如通常情况一样，那么影响都集中到了这部分比较富裕的老年人身上。

将这样一个意想不到的负担加到财富所有者——老年人或者不是——身上，是否“公平”，是一个用经济学分析不能得出结论的公平性问题。向一个没有过渡减免的消费税转变会加重富人负担的事实，大概会吸引很多人的注意。但经验表明，财富所有者和他们的代言人——比如公司——将会努力使过渡减免成为可能，政治体制有可能和他们达成和解。的确，《财富》杂志上的一篇文章预测“如果华盛顿不允许扣除“现有资本折旧”，每一个载着CEO的美国商务机将开始扫射国会山。”[②] 其他被过渡性负担击中的主要群体——有大笔社会保障之外财富的退休人员——也会依靠大力游说、构建一个强大的投票集团和获取公众同情等方式为利益辩护，因而他们也有希望得到某些过渡减免。

因为一些重要价格在短期内是缺乏弹性的，所以向消费税转变的过程也会导致其他一系列反复无常的再分配。根据美联储是否允许价格水平变动，合同里固定的名义指标条款会引发各种再分配。如债券、抵押贷款、长期工资合同等。例如，如果向消费税的转变伴随着消费价格的升高，债券持有者会同股票持有者一样遭受一次性损失，因为债券的实际价值降低了。而另一方面，如果价格没有升高，那么向消费税的转变将不会使债券持有者遭受损失，因为公司有付给他们全额名义债券价值的法定义务。在这种情况下，向债券持有者借钱的公司业主将会遭受严重损失，因为他们无法经受对债权人的折旧扣除损失费用。一些公司可能被迫破产或裁员，最终也会使员工遭受损失。

另一个值得注意的过渡性公平问题是，政府的转移支付不会自动对应价格而变动，如粮票和福利。如果消费税的开征伴随着价格上涨，但转移支付

① 书中作者给出的关于财富的数据来源于2004年度消费者金融调查。人口数据来源于《美国统计摘要：2007》（美国人口普查局，2006b）。成年人指的是年龄为20岁及以上的人群。

② Richman（1995，pp. 36，44），quoted in Pearlman（1996，P. 416）。

并不会随之上涨以使实际价值保持不变，那么税收变化就给穷人增加了一个额外税负。

6.2.10 向消费税转变的经济原因

向消费税转变的长期经济影响是什么？谈论最多的潜在好处来自于增加储蓄和投资的激励。一个宣传得比较少但是也许更加重要的好处是，消费税更容易在不同投资类别中营造公平的竞争环境。最后，除了是否公平的问题，在向新体系转变过程中产生的突如其来的税收负担会对经济产生重要影响。

向消费税转变会消除税收体系对储蓄和投资激励的负面影响。因此，消费税少一个扭曲决策的效应——并且是关键的一个——和所得税相比。就其本身而言，这是朝更高效税制转变的一步，因为个人关于当前还是未来消费的选择将更真实地反映储蓄社会回报，而不是受税收制度的影响。但是，这种转变使消费税总体经济效率高于所得税的说法不一定正确，对相对价格影响最少的税收不一定是最高效的。

从理论上讲，一项消除税收对储蓄决策扭曲效应，同时增加相同财政收入的改革应该使储蓄和资本积累增加，这是许多经济学家认为有益的结果。通过为工人提供更好的生产机器和工具，增加的资本积累可以提高劳动生产率和长期生活水平。然而，和第 4 章显示的一样，由激励增强所引起的储蓄增加的规模是非常不确定的。这是一个很重要的问题，但在此之上的可用证据并不是很好。在近代历史上，储蓄激励最高的那段时间恰好矛盾地碰上最低储蓄率。这可能是由许多不同的原因引起的，每个原因都有不同的政策含义，凭经验辨别这些原因很困难。然而，许多经济学家常用的估计是私人储蓄对税后收益率不是很敏感，所以向消费税转变不会很大程度地提高储蓄数量。因为我们能找到更直接的路径提高国民储蓄（例如，通过减少预算赤字），所以有可能但不能保证将来一定有稍高的储蓄率。就其本身而言，这不会是导致税制集体转型的原因。

消费税的第二个好处可能是，在各种类型的投资中更容易实现“中立”

或“统一标准”。在现行所得税下，不同类型投资适用不同的有效税率。例如，对公司企业投资征税要重于对非公司企业投资，对非公司企业投资征税又重于对自用住房投资。对某些类型的资本设备投资，或对某些行业投资采用比实际经济折旧更快的加速折旧计划。因为对资本收益有优惠待遇，所以能被包装成可增值资产的企业行为比那些需要以股息或利息方式支付利润的行为更具吸引力。通货膨胀可能会引起税率的随意变化。所有这些偏离“中立”的情况都会对经济发展造成损害，因为它们吸引资本投入有税收优惠的领域，即使投入这些领域带来的社会收益不如投入非税收优惠领域高。

消费税会消除对不同类型投资选择的扭曲效应，因为它使所有投资回报的有效边际税率趋近一个统一税率——零。原则上说，所得税也可以变得更加中立，以一个统一的税率对投资回报征税。因此，从某种程度上说，所得税和消费税之间的选择问题是一个单独的问题：它是一个关于采用“清洁的”，或者统一的税基的问题。但是，这种某一方面的统一在消费税中比在所得税中更容易实现。所得税难以避免一些现存的扭曲效应，因为资本收益难以精准地计量。例如，完全准确地衡量经济折旧是不可能的，所以资本倾向于投向会计折旧超过实际折旧的资产，因而一些扭曲效应被不可避免地引发了。相似地，在资本性收入产生时，将它们纳入应税所得几乎是不可行的，所以升值资产会受到青睐。在理论上，根据通货膨胀调整资本收益计量的方法是可行的，但实际操作起来很困难，并且难免有些不完善。由于消费税无需解决这些问题，所以它是实现这方面统一性的简单途径。

向消费税转变还可以提高经济效率。例如，从效率的角度，向已有财富持有者征收一个突如其来的、一次性的税收，如消费税，不是没有吸引力的。从过去的投资收益中筹集收入对投资、工作或其他行为都没有影响。将税负转移给老年人——他们的工作和储蓄决策已接近尾声——同样能避免抑制经济的高成本。此外，老年人的储蓄倾向相对不明显，将一些税负转移到他们身上，同时从其他人身上移走一些税负能促进国民储蓄。然而，这最后一个效果可能被抵消，因为富裕阶层总体上比其他人有更强烈的储蓄倾向，所以以消费税的形式给他们一个额外税负可能会减少他们对国民储蓄的贡献。① 正如我们将在下一章看到的，试图刻画出消费税转变的经济影响的模型显示，考虑了所有因素，这种转变的经济效应很大一部分来自于将其他扭曲的税收替换为对已有财富征税的一次性税收。

伴随着向消费税转变的，对已有财富征税的过渡性税收带来的任何潜在经济效益，都取决于人们是否真的相信这是一个“仅有一次”的策略。如果我们这种“仅此一次”的出乎意料的税收大大提高了经济效率，政治家们就会面临在将来某时再试一次的诱惑。如果再一次使用它增加了人们对其再次发生的预期，那么这种对财产“出乎意料”的征税就会对累积财产起负激励作用。

正如我们已经强调过的，我们现在面临一个所得税和消费税的混合体。这对我们完全向消费税转变来说是一个喜忧参半的情况。在一定程度上说，储蓄已经因为养老金、个人退休账户（IRAs）等适用了消费税，因而向消费税转变带来的储蓄和相关经济利益的增长效应显然被降低了。然而，这种情况不应该被夸大。尽管大部分资本收入不用缴税，但来自额外储蓄的大部分资本收入，仍然需要缴税。很大程度上是因为养老金、个人退休账户（IRAs）和其他相似计划为储蓄收入设置了税收豁免上限。对那些储蓄达到或超过上限的人来说，储蓄的边际激励效应仍然被税收扭曲。从积极方面说，这意味着完全向消费税转变仍会大幅提高对多储蓄者的激励——同时在收入损失（必须通过一定方式收回）方面，比从纯粹的所得税开始转变成本低。但是，这同样意味着现行税收豁免范围以外的资本性收入不成比例地流向高收入人群，这大大影响了这种改革的分配效应。

6.2.11 消费税的简化度和可操作性

即使我们的现行税制使用了很多折衷办法，计算报告资本所得仍是一个复杂和有些负担的过程。这些折衷，反过来，为通过复杂和缺乏社会效率的

① Fullerton 和 Rogers（1996）指出工资税将比消费税带来更多的储蓄增长，这是因为相比消费税，工资税会给富人带来更多的财富，而富有群体比一般人有更高的储蓄倾向。

途径进行节税创造了条件，比如制定重新安排金融和商业交易的方案。原则上讲，准确计量消费比计量即使是简化版的资本所得简单，这主要是因为计量资本所得的需求完全可以被避免。但是在实践中，消费税最终可能同现行所得税一样，或比所得税更加难管理。向消费税转变过程中的可操作性和简化程度，主要依赖于途径和操作方式的选择。这些问题将在第 7 章充分论述。

同时，过渡性问题也是很重要的。直截了当地向消费税如增值税或扁平税转变会立刻简化纳税过程。但是，那些意外损失遭受者的诉求是很难忽略的，所以向消费税转变的过程中可能会有各种形式的过渡性优惠政策。特殊的过渡性条文有可能极其复杂，因为它们要考虑让几个税制并行，至少有一段时间是这样。例如，在税制转变前产生的抵押贷款利息可能依然会被抵扣，但是新的抵押贷款利息并不会这样处理。真正的选择不是在现行税制和一个“清洁”的消费税之间做出的，而是在现行税制和一个尚未定出具体转变规则的新税收之间做出的。对这种过渡性税收来说，最好的情况可能只是不完善，最坏的情况可能是纷繁复杂且充满漏洞的。

另外一个过渡性问题对评估新制度有重要意义。根据政策的具体实施情况，向消费税转变可能会激励截止日前后的交易延迟或加速发生。公司可能会使投资滞后直到消费税收政策已经落实，同时在一些方案下，个人将在新税收政策实施日前急于尽可能多地消费。这会损失大量财政收入，同时引发一个非常微妙的问题，即在政策转变时使短期中断最小化。

6.3 一个清洁税基

基础性税制改革建议的第三个要素是大部分或全部消除为特定消费或投资类型提供的特殊待遇。这个目标被描述为“扁平化”或“扩大”税基，“营造公平的竞争环境”或者使税制更加“中立”。我们把这种扁平化称为清洁税基（clean tax base）（至少“清洁”的含义比“扁平化”的含义更加明晰）。

税基混乱的一个重要原因与对资本收入征税时的折衷和特殊处理有关，比如未将通货膨胀因素考虑进资本收入和对公司所得双重征税。这些是造成无效率、不公平和税收错综复杂的重要原因。正如上文讨论的，消费税可以将许多类似问题去除。

税基混乱的第二个原因是对某些被认为值得特殊对待的支出活动类型给予税收优惠。一些典型的例子包括房屋、医疗保健、慈善事业、州和地方政府的借债和税收、教育等。虽然我们在这里集中了几个重要的例子，但现行个人和公司所得税在其他方面也有偏离清洁税基的表现，从鼓励投资保障性住房到对酒精生产的税收减免。[①] 每一个都需要根据其自身特点进行分析。

一些雄心勃勃的税制改革提案，如《霍尔—拉布什卡扁平税》，提议消除这一类别的所有税收优惠。其他一些提案建议消除一些这样的特征但不是全部。相比之下，当最近美国政策变化更趋近于消费税基和扁平税率时，税收扣除、税收例外和抵免的程度也在大幅上升。任何试图消除这些税收甜头的努力无疑都会引起激烈的政治争斗，正如2005年总统顾问专家组关于联邦税制改革的方案所引起的负面反应一样。如果我们转向一个以个人申报为特点的消费税会怎样，如扁平税，它会以保留许多现行税收优惠甚至增加新的优惠而告终。同时，即使不采取个人申报的消费税，如增值税或零售商品税，不再包含现行形式下的税收优惠，类似的优惠政策也会被重新引进。

在这本书中，我们已经讨论了为什么税基特殊优惠是一个问题。每种税收优惠都是对其他人的惩罚，因为它们要求税率相应提高。税收扣除是对经济活动的累退补贴：收入越高的人会从税收扣除中享受到更多的补贴，因为平均来说他们会从事更多存在税收扣除的活动，并且有更高的边际税率。那些不采取列举报税的人从扣除中得不到任何好处，特殊情况除外。而且税收优惠还是低效的，因为相对于自由市场决定，它产生了一个尽可能从事低税经济活动，同时少从事其他活动的激励效应。最后，它还是导致我们的税法

① 这里提到乙醇，是因为总统大选期间的数月以来，关于乙醇的税收优惠总是那么引人注目。这是因为乙醇是一种从玉米中提炼的替代性燃料，并且玉米之乡爱荷华州的政党地方会议是美国总统大选进程的首要项目。在现行法律下，政府减少了对混合型燃油（添加乙醇）征收联邦消费税，或者换句话说，精炼企业获得了生产燃油用途的乙醇的所得税抵扣。

如此繁复的一个重要原因。

对于所有这些原因，举证责任应由那些维护偏离清洁税基行为的人承担。可接受的辩护理由主要有两个。第一，接受某些税收扣除会使税制更加公平，如果这样做能让税基提供一个更加准确的福利计量方法的话。第二，如果它纠正了显著的市场失灵——在一个市场激励机制本身不能引导经济实现有效率运行的情况下，一项税收优惠能提高经济效率。一个例子如外部性，即一项经济活动会给别人带来巨大收益或成本，但并不是由行为人的主观激励原因所造成的。如果某项市场失灵是严重而确定的，税收优惠一定是处理它的最佳选择。① 当讨论清洁税基的例外情况时，每种情况都被按照这些标准进行分析。

即使一些优惠政策符合这些标准，一个维护清洁税基的有力证据是政治体制不能区分有道理的论据和无道理的论据，同时经常屈服于一些强大抗辩者的政治影响力。一旦有优惠政策被允许了，我们就会沿着“斜坡”向更多优惠政策“下滑”。

6.3.1 住房和按揭利息的扣除

房主自住房屋会得到各种形式的税制支持。到目前为止，住房抵押贷款利息扣除是其中最明显和最具政治威慑性的方面。值得注意的是，它的“威慑力”正面临挑战，它在一些更激进的税制改革建议中被消除一空。它是 2005 年总统税务委员会修改建议的主要部分。

住房抵押贷款的利息扣除花费巨大，2007 年它耗费了 800 亿美元的财政收入。它使个人税率高出约 6.8% （不是 6.8 个百分点）。② 所以这个讨论关系重大。主要问题是什么呢?

首先，让我们看看支持住房胜过支持其他类型消费和投资的一些有利的

① 正如第 4 章讨论的，如今存在第三种潜在的反对“简洁的”或“统一的”税基的观点：假如某种商品的市场供需曲线在相对高价格水平上对价格波动的反应较为灵敏，如果对该类商品增税，将很可能减少征税的经济成本。但是正如我们前面讨论的，该论点仅仅是在理论层面上的，不能作为政府政策的参考。

② 美国管理预算办公室（2007，“各方面分析”，表 19.1）。2007 财政年度个人所得税总税收收入估计为 1.169 万亿美元（美国管理预算办公室，2007，“各方面分析”，表 17.1）。该数据在本章节将用于计算与分析，因存在财务减免而使个人所得税税率增加的情况。

经济原因。要对这个问题作肯定回答，需要证明房主自住房给其他人带来了重要利益，而不仅是给房主自己，房主从拥有所有权中得到的愉悦感受不是一个充分的证据。尽管毫无疑问，邻居们都喜欢从自己窗户往外看能看到一个养护良好的房屋而不是摇摇欲坠的房屋，但房主们坚称他们的房屋比租客和房东混住的房屋养护得好，这些利益无疑有局限性，并且利益可能相当小。有时，一些模糊的呼吁指出，住房的作用在于维护一个强大的民主，但是这些论调都是没有说服力的。请记住，当税制把投资吸引到住房领域时，它便侵占了其他商业投资的资金，这会降低工人的生产力和企业盈利后支付给他们的工资。为什么广泛的住房权益不是民主的一个积极方面？房屋的优惠待遇，一般来说，在经济层面难以自圆其说。①

一些证据显示房屋所有者更勤于房屋的养护，特别是园艺方面。业主也比租房者更倾向于加入社团和与邻居社交。此外，业主倾向于比租房者更有政治觉悟和参与意识。所有这些行为都可能形成积极外部条件。然而，住房所有者和这些行为的相关性并不是因果关系的反映，其可能是由个人特征引起的，这些特征使某些人更乐意做房主，也使他们加入更多社团，更自觉地做园艺养护等。②

在住房抵押贷款利息被扣除的特殊情况下，有第二个可能的理由：在综合所得税中正确衡量税基是必要的。毕竟，为了综合衡量所得收入，利息支付应该被扣除，正如利息所得应纳税一样。这个观点意味着在综合所得税下，自用住房的租值、净折旧和维护费用都应缴税。可以肯定的是，大多数业主并不把租值当作和他们通常认为的收入，比如，他们的工资一样。但是，没有把住房服务包括进税基里，再加上按揭利息的扣除，加总起来形成对自住房屋一个大的税收优惠。

假如有一个家庭，他们正在决定是买一个 300 000 美元的房屋，还是买

① 也许最优的观点是联邦所得税税收优惠能消除因各地方政府实行的房产税的不同而产生的各地住房情况的差异。然而，许多经济学家指出，房产税并不是人们购房的抑制因素，而体现的是人们获取地方公共服务的价格，比如基础教育和中等教育。由于某种程度上地方房产税是人们获取公共服务的费用，而并非抑制人们购房的因素，因此该观点并不成立。

② 该观点由 Glaeser 和 Shapiro（2003）提出。然而请注意，Glaeser 和 Shapiro 总结到，无论房屋产权产生的溢出效应如何，房屋抵押贷款利息的扣除对拥有住房率的影响微乎其微。

一个 200 000 美元的房屋，同时把额外的 100 000 美元投向股市。进一步假设上述房屋每年的租金是其价值的 10%，同时股市每年提供的税前报酬率是 10%，所以在没有税收的情况下，每项投资的吸引力相同。住在更贵的房子里当然会使家庭的境况看起来更好，他们将有更好的居住空间、更多房间、更好的视野等。每年他们境况更好的程度近似于额外多出来的住房出租价值，即每年 10 000 美元。另一方面，投资 100 000 美元到股市，每年的产出将大大低于 10 000 美元，因为投资所得报酬需要缴税。

税收优惠将在支持向更昂贵住房投资方面起决定性作用。最终，在一些情况下，非住房投资被否决了，而更加昂贵的住房投资却获得了支持，即使不考虑税收，这些非住房投资所得的收益等于或超过住房投资的价值。从全社会的角度看，这是浪费的。允许按揭贷款利息扣除加剧了这个问题，因为它允许业主用可免税债务为住房投资融资，而投资报酬，即房屋的出租价值是免税的。除此之外，由于这样或那样的原因，倾向于租房的家庭或个人最终会遭受惩罚。因为业主净租赁收入是要缴税的，出租用房不能享受和自用房一样的税收优惠。这会引发一个额外的经济低效问题。不仅是房屋过量的问题，而且一些家户会被诱导购房，当不存在税收时，他们会发现租房更有吸引力。

然而，即使我们希望，也没有清洁和容易的途径将自住房和其他投资放在一个公平的竞争环境下，因为对房屋净租值征税是复杂和难以精确计算的。此外，它无疑会受到公众的奋力“抵抗”，所以这不是一个切合实际的选择。但是，这并不是不可想象的，有几个欧洲国家已经在尝试，尽管是以一种粗糙的方式。①

一个更简单的减少对自住房税收优惠（即对其他领域的不利影响）的方法是消除住房抵押贷款利息扣除。加拿大和德国，还有英国是三个采取这种办法的国家。这无疑会降低抵押融资住房的吸引力，减少对住房投资的无效率照顾。但是这并不是一个完美无缺的选择，因为它仅消除了对必须借钱

① 如 2001 年，下列欧洲国家将个人所得税作为衡量自用房屋的评估租值的考虑因素：比利时、丹麦、希腊、意大利、卢森堡、荷兰和瑞典（欧洲中央银行，2003，表 4.1）。

买房那部分纳税人的特殊照顾。对那些足够富裕（或有足够富裕的亲属）可以支付现金的人来说，住房支出的一部分仍然是被放弃的，被征税的是其他投资的报酬。其他投资的税收仍然使购买自住房屋比其他投资看起来更有吸引力。因此，不存在抵押贷款扣除时，抵押贷款者将牺牲掉税前利率（因为利息不被扣除），但是对那些不需要借钱的富裕者来说，他们将面临更低的税后利率。

消费税下不会出现这种两难局面。虽然国会上一些《霍尔—拉布什卡扁平税》的变型提案中仍保留了抵押贷款利息的扣除，但是它在这样一个消费税中是完全不协调的，因为其他利息支付都没有被扣除，并且一切形式的资本收入都是免税的。① 一个对待住房购买和对待其他购买一样，同时不允许抵押贷款利息扣除的消费税，将是一个消除住房投资优惠的清洁和简单的途径。

对自住房税收优惠的辩护理由往往是其若消除会导致不公平的过渡性影响。特别是，房屋所有者会关注消除抵押贷款利息扣除会对房屋价格造成什么影响。就其本身而言，消除抵押贷款扣除对依靠按揭贷款买房的人来说，会使房屋价格变得更加昂贵，同时有望采用列举扣除报税。这会使房屋需求降低，反过来又会使房屋价格下降。需求降幅最大的将是那些高价房屋，所以取消对住房的税收优惠将使需求从昂贵的房屋移至不那么昂贵的房屋。②

美国和其他国家的历史经验对我们刚才所做的预测投下了疑问。毕竟，《1986 年的税收改革法案》就引起过对住房市场的可怕预测。这个法案通过降低边际税率，使抵押利息扣除的价值打了折扣，但是从那次改革中辨认出

① 事实上，相比在所得税制中，因房贷利息扣除而产生的税收套利问题在消费税制中更加严重。住房拥有者们发现他们尽可能地进行抵押贷款，这样可获得更多的贷款利息扣除，同时将贷款进行投资，也可获得免税的收益。这是对市场资源的浪费并且是不公平的，会加剧而并非减弱炒房趋势。

② 然而，如果税制改革会导致利率降低，那么房价问题能得到缓和。低利率通过减少房贷按揭需支付的总利息，使购房价格相对下降，以提高购房需求。而实行消费税会减少利率给借贷双方带来的压力，因为这将消除对贷方利益收入征收的所得税并且减少借方支付利息的纳税扣除。这样的结果是贷方愿意接受这样的税前低利率，而借方却不愿接受税前的高利率。而另一方面，因消费税征税范围不涉及一般投资收益，企业对贷款的需求会增加，而这导致利率的升高。综合考虑诸多因素，哈佛大学的 Martin Feldstein 得出结论：若政府以实行消费税制取代所得税制，这很可能导致利率的上升。请见 Feldstein（1995a）和 Hall 与 Rabushka（1995，pp. 94-95）的相关文献。

对住房价格的负面影响是很困难的。[①] 加拿大根本没有抵押贷款利息扣除，但是住房拥有率几乎和美国相同。[②] 布鲁金斯学会的威廉·葛尔（William Gale）指出，英国按揭贷款利息补贴从19世纪70年代中期开始大幅减少，但是住房拥有率、抵押贷款债务和作为资本存量份额的住房的实际增长速度比美国更快。[③] 葛尔认为，即便如此，一个取消所有住房税收优惠，同时向消费税转变的基础性税制改革会产生一个相当大的影响，它会使住房价格在短期内下降7% ~10%，同时从长远来看，降幅介于2% ~6%之间。

6.3.2 医疗保健和健康保险

我们的税法为医疗保健和健康保险提供了非常优惠的待遇，同时任何试图改变这种状况的改革都毫无疑问会成为争论的主要来源。这一领域最主要的税收优惠是对雇主为雇员提供的医疗保险计划豁免课税。2007年，这项优惠花费了约1 410亿美元的财政收入，相应要求个人税率提高12.1%（不是百分点）。除此之外，对自付医疗保险支出（超过调整后总收入7.5%的医疗保险支出）的列举扣除花费了约40亿美元的财政收入。[④]

健康保险值得被特殊对待吗？可以肯定的是，健康保险被信息不对称造成的严重市场失灵所困扰。[⑤] 首先，由于个人比保险公司知道更多关于自身健康风险和状况的信息，所以产生了逆向选择问题（adverse selection）。保险公司以某一特定人群或某些情况下的一些医疗检查的平均风险水平为基础收取保费。一些更健康的、低风险的人会发觉这个保险价格是没有吸引力的，于是离开这个市场，这就会增加保险池里人们的平均风险水平。于是反过来又会推高保费，使更多低风险的人离开市场，一个恶性循环随之而来。结果，许多人以没有购买保险而告终，即使不存在逆向选择问题，保险对购

① Poterba（1990）发现1986年后，美国与加拿大的独栋别墅的购置居住情况基本一致，尽管加拿大并未实行税制改革，这使得自用住房没那么吸引人。此外，在20世纪七八十年代，美国单户住宅的实际价格变动与税收引起的住房成本的变化是部分一致的。

② 在2005年，加拿大的住房拥有率为67.1%，而美国的住房拥有率为68.9%。数据分别来自加拿大统计局和美国人口普查局（2006a）。

③ 更多细节请参见 Gale（2001）和 Bruce and Holtz-Eakin（2001）。

④ 美国管理预算办公室（2007，各方面分析，表17.1和表19.1）。文中数据为2007年财政年度的保健税支出与收入的情况。

⑤ 关于设计健康保险的经济问题的详细讨论，请见 Glied 和 Remler（2002）的相关文献。

买者和保险公司都是有价值的。

雇主提供保险的制度，有助于减轻逆向选择问题，因为员工为公司工作通常与健康风险原因无关。因此，保险提供商有理由期待任何公司的员工群都是由低风险人群和高风险人群组成的混合体。然而，逆向选择对那些未被雇主提供保险所覆盖，被收取高保费的人来说仍是一个严重的问题。它可以说是健康保险长期合同市场完全缺失的原因，这种长期健康保险合同不受工作变换限制，购买它后如果得了慢性疾病，保险价格也不会一飞冲天。总之，对雇主提供健康保险实行税收优惠，有助于抵消有可能侵蚀整个保险市场的逆向选择的影响。

与健康保险相关的第二个市场失灵叫作道德风险（moral hazard）。这意味着因为健康保险改变了被保险人面临的激励，他们可能以一种增加健康保健支出的方式改变他们的行为。比如，因为大多数有保险的人能以很低的自付价格或免费享受额外医疗服务，他们可能倾向于消费额外医疗服务，由此产生的真实社会成本（比他们的自付价格高）往往超过带给人们的收益。

公平的目标也可以证明医疗保险特殊待遇的合理性。对医疗支出的列举扣除与横向公平的考虑是一致的，那些承担大额的、不可避免的、自付医疗支出的家庭比同等收入的其他家庭的赋税能力低。此外，纵向公平的考虑会增加以医疗保险方式重新向穷人分配资源的激励。在某些情况下，选民倾向于以一个特殊的、有价值的（在他们眼中）目的重新分配资源，比如以医疗保险的方式重新分配资源。除此之外，低收入无保险的人往往最终会得到照顾——比如，无偿得到公众或慈善医院的照顾。这会减少其购买保险的动机，因而产生道德风险问题。虽然这种照顾确实帮助了接受它的穷人，但收益和成本都以一种随意的方式进行分配。比如，某个无保险的人能否被无偿照顾很大程度上取决于运气，同时成本则由某些缴付了较高保费的人承担，或通过降低某些恰好愿意提供帮助者的保险补偿来分摊。可以说，一个更加系统的政府政策比自发的无偿救助更公平有效地为穷人提供帮助。

虽然我们能为政府以某种方式干预医疗保险市场找到坚实的理由，但现行医疗保险的税收政策在解决这些问题时设计不当，可能使其中一些问题的情况变得更糟。在一定程度上帮助低收入者负担医疗保险是我们的目标，但我们现在实现这个目标的方式错了。对雇主提供医疗保险的税收豁免对帮助个税起征点以下的低收入家庭没有任何帮助，同时它为那些有高边际税率的高收入家庭提供了大量帮助。

对雇主提供保险的税收豁免同样是无效率的，因为它提供了一个不仅购买医疗保险（这可能是可取的），而且购买昂贵的医疗保险（这可能是不可取的）的激励。想象一个面临20%边际税率的雇员。如果雇主想为雇员提供80美元的税后津贴，则公司只需支付80美元就可以以一个更好的医疗保险形式提供津贴，但需支付100美元以一个较高现金工资的形式提供津贴。这会产生一个强有力的激励，使雇主乐于提供，并且雇员乐于接受更加昂贵的医疗保险，这大大加剧了道德风险问题，导致医疗保健的浪费性支出。

基于这些原因，消除或对雇员提供医疗保险豁免进行封顶不仅是税收改革，也是医保改革提案的建议。许多经济学家认为，如果我们想帮助人们负担医疗保险，则提供一个固定数额的优惠券或税收抵免比税收豁免更加理智。这相当于给予每个人同样金额的补贴，并且会消除购买昂贵保险的激励。

2007年，布什政府提出一项替代雇主提供医疗保险豁免、自营者医疗保险扣除和自付医疗费用扣除的计划。取而代之，任何有医疗保险的纳税人如果达到一定标准，将从所得税和工资税两者中享受7 500美元（如果是单身）或15 000美元（如果已婚）的豁免。只要纳税人至少拥有符合资格的医疗保险，他或她就可享受充分的豁免。不管实际保费支出是多少，豁免额都是不变的。除了固定豁免额，用于购买医疗保险的补偿也将适用这两个税种。所以至少买一些符合规定的保险会为你省几千美元的税，但是额外花钱在保险上将不会使你节税。这会消除购买昂贵保险的低效率动机。与现行法律不同，这种税收优惠适用于任何购买保险的人，而不局限于雇主和自营者购买保险的情况。这至少能为当前无保险的人提供一些帮助。这个计划本质上和优惠券是一样的，除了它对较高税级的人来说更值得。[①]

豁免封顶或提供税收抵免、优惠券，或对医疗保险的固定豁免额都不能解决医疗保险市场上的所有问题。例如，这些计划中没有一个强调逆向选择问题，同时在设计这样一个优惠券计划时，应该进行特殊考虑以避免雇主提供团体保险计划的动机被削弱，否则问题会变得更加严重。但是，一个精心设计的优惠券式医疗保险方案和现行税收豁免相比仍有许多优点。

6.3.3 慈善捐款

在现行税法下，对列举扣除报税的人来说，对合格慈善机构的捐款可以从应税所得中扣除。让我们把这个条款——实际上是对那些没有慈善倾向的人的惩罚——运用于我们的两层测试。测试一，慈善捐款是一个迹象，表明捐款家庭的境况没有他们的收入显示得那样好吗？一些人会回答是——因为进行慈善捐款的人出于道德目的贡献了他们一部分收入。然而，这些是自愿捐款。捐款者一定会从给予的行为中获取一些满足感，否则他们不会这么做。也许他们是受帮助他人时所感受到的“温暖”的驱使。所以，他们的福利水平和同等收入下没有慈善行为的人相差无几。如果是这样的情况，我们就不能将支付能力作为评判标准。

测试二，慈善本身是否有固有因素能够证明鼓励慈善捐赠的补贴是正当的？这种情况下，答案可以是肯定的，因为慈善捐款会产生正外部性。一则捐款受惠人的境况会变得更好，二则慈善捐赠可能对那些不亲自捐赠的人提供好处。例如，许多非慈善捐赠者得知无家可归者得到了慈善机构提供的食物和住所时，自己也会感觉更好。但是在这种情况下，人们有搭捐赠者便车

① 比如说，布什时期该方案的实施导致如下情况：一对劳务收入在15 000美元以上的夫妇，购买了健康保险，若他俩不缴纳收入税，则该综合工资税与收入税的税收优惠方案能为其提供2 545美元的税收减免；若他俩为适用于15%税率的收入税纳税人，那么将获得4 545美元的减免；若他俩为适用于35%税率的收入税纳税人，那么将获得7 545美元的减免。如果该夫妇的劳务收入低于15 000美元，那么他俩将失去获得税收减免的资格。在上述的每种减免情况中，2 295美元的税收减免为社保税和医保税的减免。而纳税人获得当期税收减免时，在今后的社会保障福利将相应地减少，相比高收入者，低收入者的社会保障福利将减少得更多。更多关于该时期的健康保险提案的详细讨论请见Burman，Furman，和Williams（2007）的相关文献。

的动机，经济学家把这种境况称为公共品问题（public goods problem）。慈善捐赠仍然存在一些人因为受到给予获得的满足感激励，但是由于搭便车的存在，慈善捐赠是低效、低量的。在一定程度上，来自税法的额外激励会鼓励更高层次的慈善活动，这种慈善活动会使每个人的境况变得变好。当然，另一种途径是政府直接提供公共品，而不依靠私人捐赠。然而，一些可以算是公共品的事物倾向于由政府和非补贴慈善机构混合提供。例如，美国政府不能直接向宗教机构捐赠，因为宪法规定教会与国家分离，还有一些只对少数人有价值的公共品也不能由代表多数规则的政府提供。一些人认为，除了这些以外，在为公共品如救助等的融资方面，私人捐赠是一个比政府介入更高效和侵入性更少的途径。

然而，对慈善捐赠扣除并不是没有成本的。2007 年，它使所得税收入减少了约 500 亿美元。它增加了有关税收复杂性和记录保存的要求。一系列广泛的活动都有资格被称为“慈善”，所以我们不能保证优惠被赋予那些真正值得税收补贴的活动。① 例如，只有一小部分补贴用于帮助穷人，大部分则被用于资助高等教育和文化性机构，这些机构可能值得也有可能不值得。同时，捐赠也难以监控，所以很不幸一些滥用系统的行径会滋生不公平。② 最后，有证据表明扣除可能对捐赠金额只有一个温和的影响，所以一些隐性补贴可能充当了一个对本来就已发生的行为进行激励的角色。

总的来说，一些慈善激励形式可能是合理的。即便如此，对于为什么补贴率要和捐赠者的税率绑定的问题，还有对那些不采取列项报税的人或收入在起征点以下的人来说，补贴率是零的问题，我们还是难以自圆其说。更合适的方法可能是对捐赠的每美元进行固定抵扣而不是一个笼统的税收扣除，

---

① 2007 财政年度个人所得税慈善捐赠扣除项目的收入成本来源于美国管理预算办公室（2007，“各方面分析”，表 19.1）。关于慈善捐赠的税收激励效应的计量分析请见 Auten，Cilke 和 Randolph（1992），以及 Randolph（1995）和 Bakija（1999）的相关文献。

② 最近的一个滥用捐赠扣除的行为是汽车捐赠。2005 年以前，该捐赠扣除规定捐赠车辆应按“合理的市场价值”核算扣除额，但是有证据表明许多纳税人通过抬高车价来获得更多的扣除金额。因此，在 2005 年后，该条例规定如果纳税人申报的车辆价值超过 500 美元，那么该项扣除额将限制在慈善机构卖出该捐赠品（车辆）所得的毛利以下。

这使我们以同样的补贴率补助所有慈善捐款，而不是对富裕的纳税人的捐款补助更高。[1]

6.3.4 州和地方政府的税收和债券

我们税法里有两个重要税收优惠是关于州和地方政府的。对州和地方政府纳税的列项扣除花费了联邦政府约490亿美元的财政收入。州和地方政府债券利息的联邦所得税豁免成本估计为370亿美元。[2] 这些税收优惠是合理的吗？

对州和地方政府税收扣除的一个潜在理由是，有相同收入但居住在高税的州或城市的家庭的支付能力较低，因此需要比居住在低税地方的家庭付更少的联邦税。这个说法的漏洞在于那些居住在高税的州的人可能会从更高水平的公共支出中受益。那么，为什么选择居住在低税州，同时接受较少政府服务的人需要为此决定接受这样的惩罚呢？当然，州和地方政府的税收与公共服务并不是一一对应的。所以，为税收扣除辩护的支付能力论断有一些可取之处，虽然它也有局限性。

与扣除相关的另一个问题是，它为州和地方支出提供了一个无效率的补贴。在这种支出下，（列项扣除）纳税人1美元花费的实际成本比1美元小，因为其中一部分成本被转移到其他州的纳税人身上了。在极端情况下，这会鼓励州和地方政府从事一些缺乏税收激励时不被纳税人支持的项目，从而消耗掉用在其他方面可能会更有效率的资源。此外，由于补贴与列项扣除相联系，所以对那些有较多高收入（与此相关的高税率，列项扣除）居民的政府来说，补贴更多。

如果支出带来的收益超过了州或市的边界，则对州和地方政府支出的补贴可能是可取的。在这种情况下，一些从国家角度看是值得的支出可能不会

---

① 如果实行统一的补贴率，理论上该捐赠补贴将由政府直接补助计划实施，以监管慈善机构，而并非由税法制度控制。许多人不赞成该观点，他们认为这是一种不合理的政府干预；而其他人则认为，一旦该补贴率与个人所得税边际税率分离，当政府削减预算计划终止时，该项补贴也将随之减少。

② （美国）管理预算办公室（2007，“各方面分析”，表19.1）。所有数据均为2007财政年度的数据。

被州或地方政府采纳。这个论点肯定对许多支出不适用，比如垃圾回收或市政泳池。这个论点对初等教育来说更有意义，因为它能培养出“受过良好教育的公民”，整个美国都会为此受益。虽然这种说法有一些直观吸引力，但它是很难证明的，同时它只适用于对州和地方政府发生过的行为子集的解释，它不能解释对州和地方政府普遍适用的税收扣除。同样，它也不能证明对那些拥有高税率居民的富裕社区给予更多补贴是合理的。

总而言之，如果税制改革消除了对州和地方政府的税收扣除，这将不会是一个重大损失。虽然这些扣除可以对支付能力进行调整，同时对某些值得的公共支出来说可能是一种鼓励，但它也包含了明显的效率低下、不公平和复杂性。替代性最低税（alternative minimum tax）不允许州和地方政府进行税收扣除，所以除非对替代性最低税实施了改革，否则从税收扣除中获益的人数将随着时间的推移逐渐减少。

一些相同的论点适用于其他与州和地方政府相关的所得税条款——将州和地方政府债券利息从应税所得中扣除出来。这种情况不能以支付能力为理由进行说明，因为购买地方政府发行债券的决定是自愿的。利息扣除的主要影响是补贴州和地方政府的债务融资支出，因为它允许政府以低于一般情况的利率借债。高税率的投资者愿意接受低利率，因为他们无须为利率赋税。投资需求的上升拉高了这些债券的价格——或者，换句话说，推动这些债券的收益率下降，使收益率接近于其他相似应税债券的税后利率。

然而，并非所有利息扣除的好处都归于州和地方政府。如果这些债券的所有潜在购买者有相同的税率——比如，20%——那么，债券的利率最终将比其他债券的利率低20%，所以购买者将得到很少或没得到任何好处。他们的隐性税收（implicit tax）（因为他们有一个较低的利率）将等于其他投资的显性税收（explicit tax）。但是在一个有着累进税率，并且应税和非应税潜在购买者并存的系统里，州和地方政府为了卖掉所有发行的债券，债券利息率必须足够高，以使之不但能吸引高税率纳税者，也能吸引那些低税率投资者。这意味着那些高税级的纳税人得到了好处，因为他们能以一个更高的税后报酬率进行投资。

鉴于对州和地方政府支出进行补贴的情况是立不住脚的，对债券利息的豁免似乎也难以自圆其说。因为大部分补贴相当于超高收入者的意外收获，这更加难以自圆其说。对债券利息豁免和地方政府税收扣减两者来说，一个解决问题的选择是联邦政府对地方政府的预期支出类别提供直接补贴。这个主意不被州和地方政府认同，很大程度上是因为其担心一旦税收优惠变成了一项直接拨款，它将更容易被置于预算的控制之下。这是一个关于税收系统如何维持隐性补贴的好例子，当这些隐性补贴作为等值的单独计划时可能并不能被通过。

6.3.5　标准扣除和粗略的公平

到此为止，我们已经解决了最重要的列项扣除问题。只有约 1/3 的纳税人采用列项扣除的方法报税，其主要出自富裕家庭。因为所有家庭都有绕过列项报税过程，取而代之采用标准扣除（standard deduction）的选择权，标准扣除只随着纳税人的婚姻状况变动。2007 年，已婚夫妇共同报税的标准扣除额是 10 700 美元，单个纳税人的标准扣除额是 5 350 美元，户主的标准扣除额是 7 850 美元。

标准扣除是有意义的，因为让国税局（IRS）去监控并且偶尔稽核约 8 700万不逐项报税的人申报的扣除额是不合算的，更不用提这些纳税人追踪他们支出所用的时间和费用成本。然而，通过标准扣除，税收制度失去了准确辨别支付能力不同的纳税人的能力。就目前而言，两个相同的家庭，他们都有 30 000 美元的收入并且都采用标准扣除，他们都缴等量的税，即使一个家庭支出了 5 000 美元的医疗费而另一个家庭并没有。虽然在理论上，税收制度允许额外的医疗支出抵免应纳税所得，但是在实践中，我们满足于“粗略的公平”，只有当涉及大量资金时才去区分不同纳税人的纳税能力。

如果部分或全部列项扣除最终被保留，一个更大的标准扣除仍然能通过削减列项数量使许多人简化纳税。这将节省大量行政及遵从成本。这也可能意味着人们会满足于更大程度的“粗略公平”，但是这种折衷权衡也许是值得的。一个不需要花费财政收入的简化变革是将两项扣除结合起来，或者去掉家庭中成年人的个人豁免津贴，同时相应提高标准扣除额。同样，如果一些列项扣除被保留在扁平税中，那么家庭津贴可等同于一个大的标准扣除。

6.4 结 论

本章讨论了任何重大税制改革可能引起的政策问题。深思熟虑的改革通常要求理想税制特点之间的平衡。下面两章讨论税制改革的具体建议。这些建议都涉及本章所讨论的三个要素的组合——一个单一税率（或至少是低边际税率）、一个消费税基和一个清洁税基。每一个要素在概念上和实践中都有别于另外两个，从而使改革能够实现不同程度的目标。

7

替代税种有哪些？

这一章和下一章将探讨改善税制的具体建议。这一章将提出一些建立在消费基础上并能完全替代现有税制的税种选择，包括零售销售税、增值税、“扁平税”和具有奇妙名字的 X 税制，而第 8 章将提出建立在现有所得税基础上的改革计划。

首先，我们要解释以上四种消费税各自是如何运作的，以及这四种消费税之间尽管表面上存在差异，但为什么却具有紧密的联系。其次，为了讨论得更具体，这一章还将探讨可以弥补所得税收入损失的税率。以此为背景，我们还将讨论如何评价消费税的种类以及这些种类如何能构建起现有的制度。因为四种类型的消费税都能实现基本相同的经济目标——消除税制鼓励储蓄的消极影响，因此，选择哪一种消费税将取决于其他的因素。正如平常中复杂的问题一样，细节决定一切。到底哪一种消费税是最优的关键取决于，简单性和可执行性等行政因素和税基对支付能力做出调整的难易度。这一章表明，若用简单性和可执行性来评价，增值税和扁平税要优于其他的税种。此外，如果你对税负累进非常关注的话，那么具有渐进税率结构的 X 税制将是消费税诸多种类里最好的选择。再次，我们将考虑具体建议产生的分配影响和经济影响，以此开始新的税制。

7.1　消费税计划如何运行?

7.1.1　零售销售税如何运行?

对美国人而言（不包括其他国籍的居民），消费税里最熟悉的种类是零售销售税（RST），美国现在除了五个州之外，其他各州以及许多县市大多以4% ~6% 的税率征收。作为对联邦个人所得税和公司所得税的替代，它已经引起一些人的关注，其中包括一些参与 1996 年、2000 年和 2008 年共和党总统初选的候选人。[①] 最近，一个拥有雄厚资金和实力的游说团体已经开始游说国会，目的就是对被称为公平税的全美零售销售税实施一个特别计划。

零售销售税是一种因企业对消费者的全部销售所引发的企业汇出税。原则上，零售销售税并不对销售给其他企业用作生产投入的商品和服务课税，[②] 但是，经过之后的讨论会发现，真实的州销售税常常违背这一原则。

纯粹的、完全税基的、单一税率的零售销售税是对所有销售给消费者的

---

① Richard Lugar 议员（1995）在 1996 年共和党总统初选时曾倡议一种全国零售税。Alan Keyes（2000）在 2000 年共和党总统初选时也曾提议类似法案。2008 年 Mike Huckbase 提出支持《公平税负法案》(《公平税负法案》(FairTax Act) 是一项美国联邦政府的税收改革提案，目的在于用一种广泛对零售业销货额征税的国家消费税取代所有的联邦个人所得税和企业所得税。在 1999 年，该法案第一次在美国国会提出——译者注)。

② 一些州，如俄亥俄州和得克萨斯州，最近颁布实行了一种毛收入税，该税种的税基覆盖了所有的企业销售收入，无论采购方是最终消费者、次级销售方，还是其他利益相关者。该税种的计算是层层相关的：当更多的企业涉及某项货物的生产链或销售链时，该种货物的总税负将越重。而毛收入税在联邦税制改革中并不占主导地位。

商品和服务课税。在某种意义上，它是一个“不近人情”的税种，它的税率自然也不因消费者的收入、婚姻状况、家庭人口或者个人品位等任何特点而进行调整。事实上，为避免对“必需品”课税和减轻穷人压力，大多数州还是免除了对某些商品进行课税，例如食物和药物。许多消费商品，特别是某些服务，实际上同样免除了课税。一些州甚至对不同的商品实行不同的销售税税率，或者允许老年人和穷人申请退税。①

在纯粹的零售销售税里（税基中不包括中间产品，并对最广范围内的应税商品征税），总税基是最终销售给消费者的全部价值（即总消费）。回想一下第3章，将行政和遵守问题放到一边，谁来写支票？交易的哪一方承担法律上的税负？这些问题最终对经济后果及承担税负的个人来讲都不重要。需要我们切记的一点是，当研究一些看起来同零售销售税有很大不同但实际上却具有相近关系的其他税种时，我们可以将它们的运行机制作为判断标准。

7.1.2 增值税如何运行？

与营业税相近的税种是增值税，它的缩略词是VAT（通常以平韵读）。从20世纪60年代后期起，增值税已成为欧洲税制中的一个主要税种，并且现在被几乎每个工业化国家和超过120个国家征收。② 如马斯特里赫特大学的Sijbren Cnossen所说，“在20世纪后半叶税制结构的演变过程中，（世界各国）几乎普遍地征收增值税应该被认定为最重要的事件。”③ 然而，美国却没有征收增值税。④

总体来讲，增值税和零售销售税具有完全相同的税基——企业向消费者销售商品所得的最终销售额。它们的根本区别在于私人部门向政府部门汇出税款的运行机制不同。虽然在零售销售税下，只有零售企业缴纳税款，但是

① Due和Mikesell（1994，p.52–p.54）列出了许多州对不同商品实行不同税率征税的例子，比如对购买汽车适用优惠低税率。

② 城市布鲁金斯税收政策中心（2007a）列举了2005年124个国家征收增值税的情况，详见<http：//taxpolicycenter.org/TaxFacts/TFDB/Content/PDF/vat_ current_ rtr.pdf>（查询于2007年5月29日）。

③ Cnossen（1998，p.299）。

④ 直到2007年，密歇根州开始征收一种增值税，被称作“单一营业税”。

在增值税下，所有的企业都缴纳税款。在增值税下，企业的税基是简单的——全部营业收入减去购买投入品的成本，这里的购买投入品不包括支付给劳动力的薪金，而只包括从其他企业购入的物质投入和资本产品。不同于所得税的是，其通过一个折旧免税额时间表来实行逐年的扣除，增值税可以立即将企业机器、工厂和其他资本产品的购买扣除。如果投资品是折旧而不是立即扣除，那么总税基就是消费加上净投资：换句话说，它是所得税的税基形式，而不是消费税的税基形式。①

同零售销售税一样，一个简单的例子能够帮助我们说明为什么增值税税基等于销售给消费者的商品和服务的最终销售额。假设你去面包房花 2 美元买一个面包。在零售消费税下，税基就是简单的 2 美元（假设对食物不免除征税）。为了说明增值税，让我们把制作面包的程序极大地简化为两步。首先，假设这里有一位种植小麦的农民，他将小麦磨成面粉，且以 1 美元的价格将面粉卖给面点师。然后，面点师将面粉揉成面团，烘焙成面包，且将面包以 2 美元的价格卖给你。那么，面点师增加的价值就是 1 美元——面包的价格减去面粉的成本。与零售销售税的税基一样，在增值税下，农民和面点师的应税税基都是 1 美元，加起来就是全部的 2 美元。这个例子可能会因为农民投入了其他要素的成本，或者是一个烤箱、一部拖拉机和一些种子，又或者是一个独立面粉公司的出现等而变得复杂，但是最终结果被证明是一样的：税基仍然是 2 美元。

从表面上看，零售销售税可能表现为消费者的税，而增值税则是企业的税。这是因为我们将两个税种之间的差别主要集中在交易的哪一方缴纳（写支票支付）税款上。如果除去行政性和执法性问题，只关注谁承担税负或经济影响，那么这两个税种是没有差别的。而且不要忘记企业是不会承担税收负担的，只有消费者会。更重要的是，如果你曾经去过欧洲或者加拿

---

① 如果投资产品发生减值，且购买该投资产品的公司并不能立即进行所得税税前扣除，那么总税基为消费加净投资。换句话说，这是一种所得税而非消费税。如果对该投资产品的销售行为应征收增值税，而购买方公司不得进行所得税税前扣除，那么此时税基为总投资额，这样的税基大于所得税税基。另外，如果投资产品的减值损失能作为企业所得税税前扣除，那么这将导致增值税变为企业所得税（两者税基和应纳税额一样）。

大，那么你就会知道，对消费者而言，人们甚至不认为增值税是同零售销售税有差别的。正如美国的零售销售税一样，在一个征收10%增值税的国家，你的收银机收据上会显示税前销售价格加上10%的增值税。[①] 一些全国零售销售税的倡导者认为，对消费者而言，零售销售税比增值税更具有本质的“可见性”，并且由此可以更精确地反映税收成本，但这不一定是正确的。

增值税有两种不同的计算方法。在极少用到的减法方法下，公司首先向政府报告它年度销售额减去购买投入品成本后的总量，然后用税率乘以这一总量，以此得到它需缴纳的税款额。[②] 然而，实际上，每个实行增值税的国家使用的却是第二种方法，人们将其称为信用发票法。在这一方法下，增值税的计算更像是销售税，税收是由每一个人的交易引起的。在税率为10%的增值税下，公司的每笔销售均要缴纳10%的增值税，并且公司向其他销售公司[③]所做的每一笔购买都使得它对其他销售公司缴纳的税款拥有“信用”的权利。在这种方法下，由每家公司缴纳给政府的最终税款同减法方法的计算结果一样，但是却需要更多的纸质记录。如果一家企业被审计，它就必须有购入发票以支持它具有索取“信用”的权利：它需要证明它购入产品或服务的增值税已经由销售方企业缴纳了。如此，公司就有动机从守法的供应商处购买产品和服务；否则，公司就不能从购买的投入品那里得到税收“信用”。

增值税合理运作的另一个方面表现在如何对待进口和出口上。大多数国家在出口产品上“返还”增值税。换句话说，在销往其他国家的产品和服务的价格中，增值税是不包含在其中的。另外，进口产品增值税的征收由进口国家决定，这是因为进口产品不作为可扣除投入品对待。美国一些观察家

① 增值税可以作为一种随着零售税征收的价内税，或者说可以按商品的税前价格（不含零售税）进行征收。但以这样的增值税的税率征税，在给定税收收入的条件下，将低于如今作为价外税的增值税。例如，税率为10%的价外增值税等同于税率为9.09%的价内增值税。而当今，几乎所有的国家都施行价外增值税。

② 到2001年，仅日本采用直接扣减法（直接扣减法为：应纳增值税额=增值额×税率=（本期应税销售收入额-应扣除项目金额）×税率——译者注）（税基扣减法）进行增值税的计算。详见Ebrill等人（2001，p.20）的相关文献。

③ 正如前文所述的，采用间接抵免法计算的增值税并不需要按照一定比例对税前商品价格进行征税，但许多国家都如此执行。

已经开始羡慕增值税的这一方面了，并将其视为巧妙的出口促进计划，虽然，他们还有些困惑。如第4章的解释，增值税或者其他税制并没有简单地给予我们在国际竞争中各种各样的“优势”。① 与零售销售税一样，采用这种方式对待出口和进口的增值税主要还是对国内消费的产品和服务课税，并且根本没有提供比零售销售税更多的竞争优势。

最后，与零售销售税一样，增值税常常在实践中比在理论上复杂。比如，许多国家对某些“必需品”或者难征税的产品和服务实行优惠税率或零税率，完全免除了某类企业的纳税责任，并对奢侈品征收特别高的税。②

如果增值税与零售销售税是一样的，并且在征税的过程中还涉及更多的企业，那么为什么还要增加额外的麻烦来实行增值税呢？为什么增值税能成为20世纪后半叶税收成功的案例呢？为什么在除了美国之外的几乎每个地方其都取代了零售销售税呢？概括地讲，就是因为随着税率的增高，零售销售税遭受了极度放大的行政性问题和执法性问题的严重影响，而增值税却以明智的方法降低了行政性问题和执法性问题的影响。大多数税收专家认为，零售销售税当大到足够能取代个人所得税和公司所得税时是难以管理的，但若想要取得同样的结果，增值税却能平稳地运行（已经运行）。这一章的后面，当我们讨论消费税的简单性和可执行性问题时，我们会给出原因。

7.1.3 《霍尔—拉布什卡扁平税》和X税制如何运行?

增值税在美国的大众媒体上很少被提及，并且在最近几年里也没有政治人物支持它。③ 不过，我们明白增值税是如何运行的却很重要，因为最近已然获得很多关注的“扁平税”实质上就是增值税。那么，“扁平税”到底是

① 实际上，Desai和Hines（2002）得出结果表明，如果国家更多地采用增值税，那么该国的对外贸易将减少。

② 施行间接抵免法的增值税税法中存在着“免税”与“零税率”这两种概念。免税一般适用于小型企业，且在本书第5章已给出解释。增值税中的“零税率”对某些特定销售行为，并不产生纳税义务，即便该销售行为存在进项扣除额。比如当货物出口时，实行零税率。总的来说，“零税率”根据优惠条款，一般适用于特定的货物，如食品或货物出口等。

③ 增值税的计划缺少政治支持，一部分是因为Al Ullman的挫败。作为美国众议院筹款委员会的第十二届主席，当时Al Ullman为推行全国性的增值税做出了很大的努力。

什么？

扁平税最初是由来自于斯坦福大学的经济学家罗伯特·E. 霍尔和政治学家埃尔文·拉布什卡于1981年提出的，并在他们1983年合著的书《低税、简单税和扁平税》（1995年版更名为《扁平税》）里第一次进行了详尽阐述。霍尔和拉布什卡关于在明信片上收集扁平税纳税申报的观点第一次引起了人们的注意。在其短暂的发展过程中，扁平税有着虽少但却忠实的支持者。在国会出台的《1986年的税收改革法案》里，扁平税成为了一些提案的基础，但是经过认真考虑，这些提案很快就被撤掉了。但是，在1994年选举的共和党人控制国会后，公众开始触及扁平税。1995年，当时众议院多数党的领袖理查德· 阿米（R-TX）和参议员理查德·谢尔比（R-AL）在国会上介绍了建立在霍尔—拉布什卡计划基础上的法案，很快扁平税的相关内容在媒体上不断被报道。史蒂夫·福布斯随后将其作为自己获得1996年（2000年）共和党总统候选人资格的重要筹码。为此，《新闻周刊》和《时代》杂志在2006年1月的同一周将史蒂夫·福布斯和扁平税作为各自杂志的封面人物（主题）。现在，众多政治家的提案里都至少含有一个在第6章中已讨论过的扁平因素——单一税率、消费基础及纯粹税基。而霍尔—拉布什卡计划的创新设计包括了所有三个扁平因素，由此为它赢得了被称呼为扁平税的权利。

大致熟悉扁平税的读者可能惊讶于我们将其和零售销售税及增值税放到一起。因为比起这两个税种，扁平税看起来更像是目前的所得税，这主要是因为除了由企业缴纳税款外，它还对必须提交年度纳税申报的个人征收独立税。而在销售税和增值税下，个人却完全置身于税制之外，并且从不需要填写及提交个人纳税申报表。

尽管从表面上看，扁平税像是我们现存的所得税，但是它们在根本上却是不同的。扁平税是重组的增值税，或者换句话说，是重组的销售税。与增值税一样，在扁平税下，企业可以用它们的总销售减去材料投入和投资物品（立即扣除成本）作为税基。只有一个主要的差别，就是扁平税允许公司从税基中减去支付给工人的工资和薪水（不包括额外福利）。目前，有关扁平税的关键创新正在进行。虽然不同于增值税，雇主可以从税基中扣除工资和薪水，但是这些工资和薪水却在个人水平上用和营业税一样的税率分别被课税。因此，扁平税只是将雇员的工资或薪水从企业的税基中转移到雇员的税基中。这就是我们在第3章中关于“课税归宿”的讨论后所导致的一个完全奇特的观察。除行政和守法问题外，交易的哪一方受制于税收都是无显著差异的，因此，具有单一税率和没有免除额的《霍尔—拉布什卡扁平税》同增值税或是综合销售税相比是没有差别的。

扁平税是消费税的结论是不被广泛接受的（仁者见仁，智者见智）。比如，众议院筹款委员会的前主席比尔·阿彻赞成消费税，却拒绝扁平税，并说：“以我的常识看，如果你在得到工资前就被征税，那么这个税就是所得税。”① 广泛采用的经济理论明确了一点——与称呼无关，由雇主还是由雇员缴纳劳动力流转税对税收而言是没有实质性影响的。

如果扁平税仅是增值税的变装，那么为什么还要增加让雇员填写纳税申报表的额外麻烦？而且会让雇员缴纳工资和薪金税？主要原因就是这一计划能方便地调整个人税负适应支付能力。大多数扁平税提案中的个人工资部分以家庭津贴为主，除了比现有所得税的标准扣除额和个人免除额更大外，其他都一样。因此，有着低薪金收入的人群被免除了个人税负。上一章的论述认为，对劳动收入等于或者低于免除额的家庭而言，其个人劳动收入的税率正逐渐从零增加到高收入家庭的税率水平。这就意味着扁平税比增值税更累进。的确，有人认为扁平税等于增值税加上劳动收入抵消补助。当应税收入等于标准扣除额加上个人免除额时，劳动收入抵消补助就会退出每个家庭。比起销售税或是增值税，扁平税确定标准扣除额和个人免除额的方法是一种更简单、更有效率的累进方法。

虽然《霍尔—拉布什卡扁平税》和增值税十分相似，但是它同现存的个人所得税却有着关键性的差别。在《霍尔—拉布什卡扁平税》下，只有两种类型的支付需要列示在个人纳税申报表中：（1）工资和薪金；（2）领

① Rieschick（1997，p. 1661）。

取的养老金。[1] 利息、红利、资本利得、租金、版税等，这些我们一直作为应税收入组成部分的构件，在个人水平上完全被排除在扁平税税基之外。[2] 所有熟悉的扣除和信用也都被排除在外，包括对按揭利息支付、慈善捐款、州（市）税和医疗费用的扣除。这样，《霍尔—拉布什卡扁平税》就有了一个纯粹税基以及消费税基。

企业扁平税显著地与目前的企业所得税不同。首先，不只是公司，所有企业都将缴纳扁平税。因此，取代目前独资企业和合伙制企业以个人名义进行纳税申报，其收入将有一项独立的业务税。这其中的含义就是非公司业务损失不可能像现在一样，在一些限制条件下抵消工资和薪金收入。

业务税基同现在相比也有区别，特别是在三个关键方面。首先，要保持和消费税概念的一致，采用立即扣除资本开支而不是贬值扣除（在扁平税的制定上，除非采用特别的交易规则，否则扣除所有过去投资的剩余折旧是不允许的）。其次，利息支付（和其他资金外流）将不再予以扣除，利息收益（和资金流入）也将不被征税。[3]（在交易规则缺失的情况下，由于过去借款需支付的利息扣除也是不允许的）。再次，雇主对社会保障、健康保险和其他非退休金收益的投入将不再被企业扣除，支付给州政府和地方政府的税款也是如此。因此，以上所有都将以统一税率征收。

将增值税分割成业务部分和工资部分，《霍尔—拉布什卡扁平税》的本质就是定义税基的方式。在保留了关键特点的同时，它的许多细节将被改变。比如在工资税下，某些逐项扣除是允许的。如果你喜欢扁平税，但却认为具有劳动收入免除水平的单一低税率不能提供足够的累进制以满足你的兴趣，那又将怎样呢？而且，你愿意牺牲较高边际税率的额外效率成本来实现累进制。然后，你可能会考虑一个“分级扁平税”，这听起来如巨型小虾一样自相矛盾。这样一种被称为 X 税制的税由普林斯顿大学的戴维·布拉福

---

① 在现行税制中，年金缴款可作为企业的所得税扣除项目，并且支付给受益人的年金被计入其应税收入中。

② 在现行税制中，年金缴款可作为企业的所得税扣除项目，并且支付给受益人的年金被计入其应税收入中。

③ 金融机构适用于特殊的税收条例规定。

德详述及拥护。[1] X税制的业务税基和个人税基同扁平税是一样的，但是X税制设置了较高的企业税率和个人劳动收入税率（即35%），并在较低的劳动收入水平上设置了税收免除水平及较低的、分层的税率。尽管第6章已解释了X税制要有比当前税制更累进税率的原因，但是，引入劳动收入累进税率的重点还是大体上复制当前税制的整体累进程度。

另一方面，许多标有“扁平”标签的改革提案却有着根本不同的税基。比如，在过去的一些年里，虽然许多国家已经采纳了单一税率，但是却没有国家采用霍尔—拉布什卡扁平税基，因此其不是消费税。[2] 这些提案不是消费税，正相反其是所得税的形式。为了让讨论简便，在本章中无论什么时候提到扁平税时，我们都是在讨论具有同《霍尔—拉布什卡提案》一样消费税基的扁平税。

7.1.4 消费税的其他方式

在这一章中，我们集中关注了美国税制改革争论的焦点——消费税种类。但是，这绝不是一份详细的清单。事实上，有无数的方法可以实行消费税。存在这样一个税种，它有不同的名字，比如“个人消费税”、“储蓄免除税”及“消费所得税”。这一税种的基本思想是，每个家庭首先通过计算家庭收入计算出它的年度消费，然后加上年度内所有的借入，最后减去所有新增加的储蓄。统一税率或者累进税率都适用于这一税基。1995年，前佐治亚州参议员山姆·南都和新墨西哥州参议员皮特·杜曼尼斯共同提出该税的一个版本，称其为“美国税”，这里的“美国”是指“无限储蓄津贴”。而这一方法的弱点就是，与其他实行消费税的方法相比，它有相当大的复杂性。《霍尔—拉布什卡扁平税》（或是X税制）能以这样的方式进行设计，即它能以一个更简单的方式基本实现如个人消费税一样的经济目标和分配目标。[3]

---

① 请见 Bradford（1986）的相关文献。
② 更多细节请见 Keen，Kim 和 Varsano（2006）的相关文献。
③ 关于美国税法和税收征管存在的问题的讨论请见 Ginsburg（1995）的相关文献。

7.2 什么样的税率？

消费税的倡导者常常宣扬的税率要比当前所得税的税率低。当然，这样做可以使任何税种都具有吸引力。不幸的是，政府有时候在宣扬的税率下获得的收入要比当前税制下的少——甚至更少。这一节集中关注各种消费税的税率，以期能征收到同在当前公司和个人税制下一样多的收入——所谓的收入中立税率。

任何有关税率的讨论都需要了解税率适合的税基，因为如果税基及有效税率的定义不同，则等量的税收会表现出相当大的差别。销售税或者增值税的税率常常是商品除去税款后价格的一个百分比——不含税税率。所得税税率、个人消费税税率和扁平税税率大体上都是含税款税基的一个百分比——含税税率。比如，如果在一个价格为 100 美元的商品上征收 20 美元的零售价格税（在收银台上，你总共需要支付包括税款在内的 120 美元），我们就说税率是 20%——（20/100）×100%。但是，等量税款的扁平税税率就将是 16.67%——（20/120）×100%。

到目前为止，如果所讨论的任何一个消费税提案能在美国以单一税率及没有任何扣除的情况下对所有个人消费支出进行征税的话，那么 2005 年的收入中立税率就将是 14.3%（不含税税率），或者是 12.5%（含税税率）。[①] 然而，事实上，需要较高的税率才能实现收入中立。首先，许多消费类型存在征税困难和是否被包括在税基中的问题。此外，还有一些存在避税问题。正如已经讨论过的，目前尚有数百亿美元的应纳税所得额没有申报纳税。尽管在替代税制下可能减少避税，但是毫无疑问的是，一个显著的避税量还是会存在。最后，一些消费税提案为减轻低收入人群的税负会有专门的税基扣除内容。为达到收入目标，这些扣除内容必将导致对非扣除项目实行较高的

---

① 在 2005 年，联邦企业与个人所得税税收收入为 12 540 亿美元；总个人消费支出为 87 420 亿美元（美国经济分析局，2007，表 3.2，表 1.1.5）。在这一节中，我们计算出价外税率（R/B）和价内税率（R/（B+R））。其中，R 代表税收总收入；B 代表税基。请注意在计算中我们并未考虑政府支付转移，因此真实的购买力将降低。

税率。

税率事实上要达到多高?首先考虑零售销售税。收入中立税率严重依赖于税基的宽度。在许多州，免除对医疗费用（包括保险）、家庭食物消费、衣服、住房估算租金价值、宗教和慈善活动及许多服务的征税是很平常的。如果联邦销售税的税基同各州的差不多，那么在2005年要取代个人和公司所得税，就要求销售税不含税税率达到27.5%。① 借鉴各州的情况，采用最宽的销售税税基可以使税率降低到19.7%。② 在此情况下，销售税将对具有巨额豁免的食物征税，进而征收1/4的销售税收入。③

然而，以上这些纯粹国家销售税率的数据总是被低估的，这是因为州销售税收入的很大一部分是来自于对企业购买投入品的征税，而这在零售销售税下是假设被免除的。最近一项研究估计，④ 在2003年，平均仅有57%的州销售税收入来自于居民消费者的最终购买，剩余部分则表明是对企业投入品的征税。对企业投入品征收零售销售税在经济上是无益处的，并且在税率变高时，也不会产生更多的经济效益。如果企业投入品能被完全排除在税基之外，而且税基如若是平均状态，那么国家不含税税率将是48.1%。

近些年，公平税改革提案得到越来越多的关注，它由美国公平税团体提出，并由尼尔·布尔兹主持的电台谈话节目推广。公平税是一种采用累进现金折扣的全国零售销售税。公平税的倡导者趋向于宣称23%的含税税率，这对应于大约30%的不含税税率。他们还主张公平税在支付折扣的同时，是会产生足够的收入以取代个人和企业所得税、工资税、遗产税和赠与税的。⑤ 在美国，折扣以现金的形式支付给每个家庭并且等于含税税率乘以联

① 27.5%这一数据计算结果如下：根据Mikesell（2006）的相关文献，2005年的州零售税的平均税基为个人总收入的44.55%。而个人总收入为102 390亿美元（美国经济分析局，2007，表1.7.5），且当年联邦企业和个人所得税总收入为12 540亿美元。那么，价外税税率为（1 254÷（10 239×0.4455））×100% = 27.5%。

② 根据Mikesell（2006）的相关文献，排除夏威夷州，2005年销售税税基范围最广的五个州为怀俄明州、路易斯安那州、新墨西哥州、阿肯萨斯州和南达科他州。这五个州的平均销售税税基为2005年全国个人总收入的62.3%。因此，价外税率为［1 254÷（10 239 × 0.623）］× 100% = 19.7%。夏威夷州是一个特例，该州的零售税税基为个人总收入的116%。Mikesell指出，造成夏威夷州不寻常的大税基的一部分原因是与当地居民个人收入相关联的高旅游业消费，另一部分原因是当地政府对企业投资的重税收（夏威夷州明确对企业的投入进行“多级”征税）。

③ 在2005年销售税覆盖面最广的这五个州，都将食品和衣物纳入销售税的征收范围。Due和Mikesell（1994，p.75）估计对食品的免税将耗费一个州20%～25%的销售税收入。

④ Cline，Mikesell，Neubig和Phillips（2005，表1）。

⑤ 请见《Americans for Fair Taxation》（2007）。

邦贫困线收入水平，这将有效地使家庭在贫困线上免税消费。比如，2007年，一个人的现金折扣为2 348美元，或者夫妻的折扣为4 697美元，每个孩子的折扣为800美元。①

公平税不含税30%的税率是误导性地低。首先，这一提案不仅对个人消费支出征税，而且对政府采购都要征收销售税（这意味着真实政府支出的巨大缩减）。其次，这一提案假设全国销售税的税基除了教育之外，还包括没有避税、逃税或特别豁免的所有基本消费。美国财政部推测，如果公平税可以调整到能够维持政府支出的真实购买力并允许一个适度逃税量的话（税基的15%），那么在不远的将来，要取代个人和公司所得税以及支付折扣的不含税税率将为34%。如果公平税试图进一步取代工资税和房产税，那么就要有一个比上面还高的税率。如果不假设一个真实全面的消费税基而是假设一个与州零售销售税一样的税基，那么要取代所得税的不含税税率就会从34%上升到64%！②

原则上，因为增值税税基与零售销售税税基是一样的，所以采用一样的收入中立税率估算方法是可以的。事实上，增值税在避免对企业投入品征税上做得很好，而且有相当少的逃税现象发生。尽管如此，在销售税或者是增值税下，仍有许多类型的消费是难以课税的。突出的两个例子就是现有住房的估算租金价值和金融服务价值，例如开支票权，这些价值通过较低的利息而不是酬金的方式被支付。国会预算办公室推测，如果不对购买食物和住房提供特别待遇的话，那么综合性增值税能够对81%的个人消费支出实施征税。以这一规格的税基而言，在2005年，用大约17.6%（不含税税率）的税率就能达到个人和公司所得税征收到的联邦收入。③

---

① 《Americans for Fair Taxation》（2007，图2）。

② 总统联邦税制改革咨询小组（2005，第9章）。Gale（2005）也通过计算得出了，若采用零售税来代替现行主要联邦税，所需要的零售税率，并且得出了概括的结论。

③ 国会预算办公室（1992，表8）估算出1988年可能的、最广的增值税税基为28 230亿美元，或者为26 820亿美元，假定纳税遵从率为95%。1988年的个人消费支出数据为32 960亿美元，因此当年的增值税税基为个人消费总支出的81.4%（《总统经济报告》，1995，表B-1）。若我们将该比例乘以2005年的个人消费总支出，即87 420亿美元，那么我们得到2005年的增值税税基约为71 160亿美元。用增值税制替代所得税制将耗资12 540亿美元，那么这意味着综合增值税率应为17.6%（12 540÷87 420×100%），以符合税收中性。国会预算办公室采用该税基以估量在现行税制结构之上实施5%税率的增值税，将带来的税收收入；并且国会预算办公室将减少其税收收入估计量以体现其他税种的税收收入的减少。该收入估计的调整与税收中性的增值税税率无关。

然而，这一计算没有包括对提供给穷人救济或是提供优惠待遇给某些消费的估算（这些在真实世界的增值税里却很平常），而是包括政府转移支付真实购买力的显著减少。与零售销售税一样，解决这些问题中的任何一个都可能促使收入中立的增值税税率急剧变高。比如，提供和公平税一样等级的折扣可能会促使不含税增值税税率达到20世纪30年代中期的低水平。然而，与零售销售税相比，我们却能树立起一些信心，带折扣的增值税至少在行政上可以避免出现比30年代中期更高的税率，而且它仍然保持收入中立。

扁平税比增值税（没有折扣）要求更高的税率，因为扁平税的家庭津贴明显地减少了税基。1995年，阿米和谢尔比在国会提出的《霍尔—拉布什卡扁平税》提案建议，当分阶段采用时，1996年的一个四口之家需要有31 400美元的免除额，而且税率是17%（含税税率），但是这一提案是出于减税的目的设计的。[①] 美国财政部最近估计，2006年，要取代个人和公司所得税，《霍尔—拉布什卡扁平税》需要拥有完整的税基，以及对四口之家有38 600美元的免除额及21%的含税税率。[②] 允许一些逐项扣减或者以其他方式改变税基，都可能使扁平税收入中立的税率显著地升高。[③]

关于X税制，2005年，总统的联邦税制改革咨询小组提出（但是不拥护）一份详细的计划，它被称作“累进消费税”计划。设计这份计划的目的是，复制除消费税之外的2006年联邦所得税的分布效应和收入效应。这份计划要求对应纳税所得额达到80 000美元的夫妻，按15%的税率征收；对应纳税所得额介于80 000～115 000美元的夫妻，按25%的税率征收；对应纳税所得额超过115 000美元的夫妻，按35%的税率征收，同时业务税率也为35%。相对当前所得税，这份计划还要求完整的税基，这一结论的细节将在之后探讨。如果所有的最大扣除和当前所得税的优先权均被保留，那

① 《1995年的Armey–Shelby统一税提案》来源于美国国会参议院。1996年的个人补助金额情况为21 400美元（联合报税的结婚夫妇）、10 700美元（单身纳税人）和14 000美元（单亲家庭）。另外，家庭享有对每一个被监护人免税5 000美元的税收优惠。

② 总统联邦税制改革咨询小组（2005，第4章）。

③ 比如，Sullivan（1996，p. 490）提到允许房贷利息支出的扣除以及慈善捐赠的扣除将使《1995年的Armey–Shelby统一税提案》所设计的税收中性税率从20.8%上升至22.7%。Gale（1996，p. 721）也给出了类似估计。

么X税制将有比现有税制高的税率——一份报告里分析的是18%、30%和42%。①

伴随着布什减税政策的提出，为取代个人和公司所得税，以上所有的税率估计都是必要的。因为减税政策是要终止的，所以如果抛开“当前法律”独自运行，那么较高的税率才能保证最终的收入。此外，即使布什减税政策终止，支出和税收的预计路径也会生成巨大的赤字，并且出于这个原因其不可能维持。而且，税制改革造成经济更快增长也是有可能的，这就意味着以某种较低的税率就能筹集到定量的收入。如果最初设置的税率很低，并且因此增加了预算赤字，那么即使是长期经济增长也是不可能提高的，而且很可能会降低税收收入。另外，税制改革计划有时候被直接包装成减税政策，通过利用某些不具体的支出缩减承诺可以抵消部分成本。然而，政府支出的合适水平是一个独立于税制改革的问题，并且在没有增加预算赤字的情况下，缩减开支引起的税率降低可以使任何税制看起来都更有吸引力。

7.3 消费税计划的简单性和可执行性

既然我们已经探讨了税率，那么就可以开始评价消费税计划了。首先，有一些重要的现实问题需要了解：各种方法的难易度如何，它们是怎样的可执行程度？在决定消费税哪种方法最优之前，这些问题的回答是关键性的，并且在确定其中一个是否比现有税制或改革所得税要好的时候，它们都是重要的考虑因素。

7.3.1 对比增值税、零售销售税的行政问题

表面上，零售销售税像是以一种相当简单直接的方式征税，并且对于普

---

① 总统联邦税制改革咨询小组（2005，第4章，第7章）。值得注意的是，X税制的文本中保留了现行所得税中的最高扣除项目和税收优惠，并且对税级的规定范围稍微有些不同：对于已婚夫妇的适用税率为30%（收入为75 000～120 000美元）和42%（120 000美元以上）。另外值得注意的是，这里所述的2006年的税收中性的统一税税率与X税制的适用税率，建立在假设2001年通过的《临时提高免征额的法案》已终止的基础之上。2006年，后来的立法内容延伸至更高的替代最低税的免税额，因此上述法案中设计的适用税率将实际上带来比所得税更多的税收收入。

通公民而言，它看似正在合理地运行。但是，如前所述，事实上每个曾经有过全国零售销售税的发达国家现在都用增值税取代了它。一个重要的原因就是零售销售税出现了严重的行政性问题，而大多数美国人却从没有听说过，即使他们已完全承担了问题产生的成本。当税率降低到与大多数州的税率一样时（常常介于4% ~6%之间），行政性问题也就不那么明显了。但是为取代美国个人和公司所得税，税率达到30%（或更高）时，这些问题就会变得很严重。

当前，州零售销售税比起所得税表现出管理更容易且相对成本更低的状况。最近的研究表明，当前州零售销售税的执行和遵守成本是征集收入的4%。① 这低于我们在当前所得税制下10%的估计，但是这对于全国零售销售税而言，却不一定是个能反映成本是多少的可靠指标，因为目前的行政成本无法反映在高税率下出现的各种问题。

零售销售税（RST）的首要问题就是对企业投入品征税。零售销售税假设仅对消费者的最终购买征税，而不对企业购买征税。如果对企业购买的投入品和卖出的产出品都征税，那么税收层叠的问题就会出现。在生产和分配中，最终会造成对企业更多的消费品和服务课以重税。这就产生了两种低效率的扭曲动机——诱导不这样做就不会减少层叠征税的企业实行垂直一体化，并且阻碍生产和消费不能轻易垂直整合的产品。各州试着通过给予企业一个注册号码来避免这一问题，当企业从其他企业购买产品时，企业可以出示注册号码以免除它们的销售税负。但是，来自零售销售税的高收入却表明，企业购买产品出示注册号码的过程往往效果不佳。在低税率下，这不是一个重要的问题；但是当税率接近30%或更高时，这个问题会变得比较严重；而当全国零售销售税位列各税种之首时，它将成为很严重的问题。

零售销售税的另一个问题是在高税率下，征税会变得很困难，这是因为零售销售税征收的税款来自于生产和分配链中最薄弱的环节——零售。消费

① Due和Mikesell（1994）提到，在一份1991—1993年8个州的数据样本中，这些州的征税成本从占税收收入的41%上升至100%。一项《税收征管新闻》中的调查（“Vendor Collection”，1993）表明，全国整体的平均纳税成本率为3.18%。综合上述两者，税收成本率为3.59% ~4.18%。

者没有动机去保证零售商会支付他们的销售税，而零售商除了受审计的威胁外也没有动机去支付税款。此外，消费者有非法获得企业注册号码以逃避销售税的动机。一项佛罗里达州收入署的研究估计，5%的免税企业牵涉到企业豁免资格的滥用或误用，并且它指出“有名无实”的企业如何被单独创造出来以取得企业豁免资格，以及如何避免对供个人使用的产品征税。[①] 佛罗里达州仅有6%的销售税税率，当税率高出5倍时，问题的严重性可想而知。

相反，在标准的发票抵免式增值税下，公司有动机去保证其他供应商公司已经支付了增值税，因为如果供应商公司没有支付增值税，它们就无法索取到供应商交税凭证。零售商逃避10%的零售销售税所造成的政府税收收入上的损失等于零售价格的10%。相反，在增值税下，零售商逃税是要冒风险的。在零售商增加的价值里，充其量只有税款是欠着的，这大致上是零售价格中相当小的比例。对于处在生产和分配链条中间点上的公司而言，未能在销售上提出返还或者收集增值税凭证事实上会增加增值税总收入，因为早期阶段的税收支付凭证已经没有了。尽管当前州零售销售税的逃税情况并不像表现的那样严重，但是在有更高税率的情况下，逃税问题将会更糟糕。如全球销售税的首席专家艾伦·泰特所言，“在5%的税率下，起诉的惩罚可能不抵逃税的动机；10%的税率下，逃税更具吸引力；而在税率介于15%~20%时，逃税极具诱惑力。”[②] 当税率高于30%时，泰特没有描述取代当前所得税收入的特点和提供折扣抵消其他回归分布影响的特点。

与所得税一样，在销售税里出现了各种难题。所不同的是，除非你经营一家零售销售企业，否则大多数人从没有听说过这些问题。无论什么时候一些物品都要免税，因此，划分界线变得很重要。假设除了餐厅的食物开支以外其他食物开支都免税，那么在顾客可以现吃或外带的杂货店或是快餐店里，沙拉台的合适税收待遇是怎样的？随着税率的升高，不同的问题会变得更为麻烦，这是因为纳税人消费归入低税率科目中的货物的回报增加了。

---

① 佛罗里达州税务部（1994）。
② Tait（1988，p. 18）。

最糟的是，没有历史先例能使我们确信这些问题在零售销售税里是可以控制的。这是因为，只有6个国家在超过10%的税率上运作过零售销售税，并且它们都已转变为增值税。[①] 基于全球实践的观察，前国际货币基金组织财政分析部主任维托·坦齐认为，10%的税率可能是零售销售税最高的可行税率。[②] 我们认为由于守法和执行的问题，在假设增值税能实现同一目标并避免出现大多数问题的情况下，用零售销售税取代所得税是不明智的。

7.3.2 增值税如何简易执行?

增值税明显比零售销售税有许多行政上的优势，但是对比当前税制又如何呢? 用全面的、单一税率的增值税取代所得税可以提供大量的简化。增值税可以完全消除个人所得税申报表，并且如果收集的信息比当前业务多一点，那么就可以显著地简化企业税收申报表。纳税者将不再需要处理复杂的折旧免税额或是有关金融工具错综复杂的规则。而比起合并的个人和公司所得税法规，这也更容易执行。

一些研究估计了在美国实行增值税后的执行和遵守成本。其中一些研究表明，比起美国当前的所得税，宽税基、单税率的增值税可能会涉及相当低的执行和遵守成本。[③] 比如，国会预算办公室研究的结论是，采用相对完整的欧洲形式的增值税，1988年已收集1 500亿美元的税收收入，行政和遵守合并成本介于40亿~70亿美元之间，或者是在征收收入的2.7%~4.7%之间。它们表明，这些成本将“很大程度地独立”于征收收入。这就表明，增值税每万亿美元的成本—收入比例将实质性地低于我们估计的当前美国所得税税制10%的比例，但却不知道具体比例。然而，在得到结论之前，我

① Tait（1988，p.18）提到，冰岛、挪威、南非、瑞典和津巴布韦都曾实行税率超过10%的零售税。瑞典和挪威在多年前改为实行增值税，冰岛于1990年改为实行增值税，南非于1991年改为实行增值税。在1996年，斯洛文尼亚新的征税机关实行一种税率为20%的全国零售税，而在1999年改为实行增值税。而津巴布韦也于2004年改为实行增值税（详见国际财政文献局（2007）。上述资料来源于“国家调查，津巴布韦，板块B.7.1”）。另外一些国家实行其他形式的销售税，如批发税或营业税（流转税），该类税种的税率超过10%，并以生产商的总收入为计税基础。然而，大多数的国家同样也逐渐改为实行增值税。例如，澳大利亚于2000年以增值税替代了原有的批发税。

② Tanzi（1995，p.50-p.51）。

③ 请见美国财政部（1984）、（美国）国会预算办公室（1992）和（美国）统计总局（1993）的相关文献。上述文献的资料均在Cnossen（1994）的著作中谈到。

们还需要知道一些注意事项。

首先，用增值税取代所得税产生的一部分显性遵守成本的节约是出于个人税收申报表的消除。如果各州不能放弃各自的个人所得税制，那么更多的节约成本就会消失。因为目前绝大多数收入信息被用于联邦所得税和州所得税，所以仅消除联邦申报表是可以的，但是这样做不会省却绝大多数人提交申报表和记录必要信息的需要。

其次，国会预算办公室和其他机构认为，交易量（即全部销售）低于某一特定量的公司应免除增值税义务。在增值税下，豁免公司完全处于税制之外，因此不会为它的销售向政府交税，也不允许就它的购买从供应商那里得到增值税纳税凭证。对零售商在产品价值的最后部分的免税意味着花费了政府收入。但是如早前讨论的，在生产和分配链条中间对公司免税能增加政府收入，因为免税公司或是下一家公司都不能在生产和分配链条上得到上一阶段税收支付的凭证。因此，总体来说，对小公司免税不可能花费政府收入。然而，对小公司免税的确会涉及一些经济成本。它能扭曲公司在规模和组织形式上的决定，并且或多或少地受到在生产和分配中有多少免税公司或者是这些免税公司所处位置的影响来对不同类型的产品征税。增值税专家的传统观点认为，从收入低于适度临界值的免税公司获得的行政和遵守成本的节约比该方法的效率成本重要。由此，绝大多数实行增值税的国家确实免除了交易量低于某一临界值的公司的纳税义务——比如，低于 82 800 美元的美国公司。[①] 当切换到增值税后，小公司免税引起的隐性效率成本都会抵消一些节约的行政和遵守成本。

再次，增值税引起了一些棘手的执行问题，比如如何对金融交易征税。回顾已讨论的，增值税基等于公司实际业务现金流（销售收入减去投入成本），因此其不受公司金融业务（借款、贷款、发行新股等）的影响。比如，增值税里的利息收益不属于应纳税所得额，并且利息支付不能扣除。但是对于金融机构而言，金融业务是企业的主营业务，并且其提供服务的定价

① 关于英国增值税的起征点的资料来源于城市布鲁金斯税收政策中心（2007a）。关于各国增值税免征额的问题请见 Ebrill 等人（2001，p. 113–p. 124）的相关文献。

常常隐含在利息收益及支付里。因此，通过将利息收益和支付置于税基之外，我们可能严重地错估了金融公司或是非金融公司金融业务的真实增加价值。在所得税下，对金融服务征税已是有问题的，因此在增值税下，即使事情变得糟糕也是不明显的。但是，确实有一些独特的问题在增值税中出现。比如，需要发展征税程序以便能处理汽车的分期付款销售，因为在消费者对支付如何被归类漠不关心时，汽车销售商却有动机将支付归类为（非税）利息。①

尽管不可否认存在这些执行问题，但是我们在其他国家却也有40年的经验可以吸取，特别是在欧洲。对比零售销售税，增值税要取代美国所得税也不是超出历史经验范畴的。在一些欧洲国家，适用于大多数商品和服务的标准税率是20%或更高。尽管美国个人和公司所得税收益占国内生产总值的比重在2005年为10.1%，比其他大多数国家的增值税收入高，但是也不是高出许多。截至2004年，OECD国家中，增值税收入占GDP的比重最大的是冰岛（10.5%）和丹麦（9.8%）。欧洲大国中，法国增值税收入占GDP的比重是7.2%，德国是6.2%，英国是7.0%。②

在可以取代美国所得税的水平上，增值税已经存在一段时间的事实对倡导者来说既是好消息，也是坏消息。好消息是，如零售销售税的情况，我们不会进入一个未知领域。坏消息是，其他国家的经验不会对我们实现增值税的简单化潜力有所鼓励。在大多数情况下，欧洲国家不征收我们已经讨论的或者可能感兴趣的宽税基、统一税率的增值税。相反，欧洲的增值税有多个税率和众多的豁免，以难以做出区分、引发滥用和要求密切且昂贵的监测为特色。

证据表明，欧洲国家的增值税比起它们的所得税在征收上并没有更低的成本。对比个人所得税，一份详细的但有些过时的英国增值税研究结论指出，增值税的征集成本占征收收入的比重稍低——增值税的这一比重为

① Bradford（1996）讨论了所得税法与消费税法是如何对金融服务业进行规定的，并提出这两种税制各自产生的重要问题和一些解决这些问题的方案。
② OECD范本（2006a）。

4.7%（行政为1%，纳税者成本为3.7%），个人所得税的这一比重为4.9%（行政为1.5%，纳税者成本为3.4%）。[①] 一份有关瑞典税制的研究表明，该国增值税的运行成本比所得税更昂贵，花费了收入的3.1%收集，而所得税则是收入的2.7%，促使进行这项研究的作者认为“增值税明显与表述的不一样，并不是简单的税”。[②] 毋庸置疑，在这些情况中，增值税并不具有征集成本的优势，这不仅反映了实际的增值税比理论上的增值税更复杂，也反映出欧洲所得税比美国所得税的征集成本低。

尽管以管理发票凭证的方法为特色，但是在增值税下执行的问题却没有消失。估计的逃税比例从英国潜在收入的2%～4%，到意大利潜在收入的40%。[③] 增值税要求强有力的执行体系去监测如非注册企业、夸大退款索赔、非记录现金购买、漏报销售额及虚假出口索赔等一类事件的发生。一个日益严重的增值税违规案例，被称为“旋转木马欺诈”。它是指在进口国家或在缴纳增值税之前进口商“消失”的地方，通过多个企业对企业的交易链销售进口产品。一些估计认为，欧盟每年因诈骗而损失的增值税收入为600亿欧元。[④]

总之，对比我们当前的所得税，增值税意味着潜在的重大简化。但当用真实世界和理论世界做比较时，欧洲没有采用如绘画板那样简单的增值税也暗示着其保持着警惕。更实际地，这种简单性的缺乏就是一种警告，如果美国打算采用增值税，它就要使增值税简单。特别地，还要对所有产品和服务征收统一税率。

7.3.3 扁平税或X税制的简单性和可执行性

正如前面所强调的，《霍尔—拉布什卡扁平税》通过将工资和薪金扣除

① 企业所得税的税收成本率是这几种税种（企业所得税、个人所得税、增值税）中最低的，为相应税收收入的2.7%。该税收成本率由0.5%的征税成本率和2.2%的纳税（遵从）成本率组成。详见 Godwin（1995，p.75）。

② Malmer（1995，p.258）。所得税的税收成本率由1%的征税成本和1.7%的纳税成本组成。增值税的税收成本由0.6%的征税成本和2.5%的纳税成本组成。

③ Tait（1988，p.304）。

④ 这是由欧盟得出的估计，请见<http：//ec.europa.eu/commission_ barroso/kovacs/speeches/introductory_ speech_ REV4.pdf>（查询于2007年9月7日）。

在税基之外，以及要求个人在报告收入时填写申报表，给增值税增加了一个额外的步骤。尽管这一步骤使得调整家庭税负适应支付能力变得极为便利，但是它也增加了额外的遵守成本。不过，倡导者们认为，如果个人保持相对纯粹和简单的税基，那么扁平税比起增值税将会更易控制或者遵守。在这种情况下，与增值税一样，扁平税相对于当前所得税而言将有潜力极大地减少遵守和执行成本，但是如许多现实的增值税一样，扁平税可能最终也会相当混乱。

然而，不同于增值税，扁平税是一个相对新的概念，没有国家曾真正地采用过扁平税，而且事实上，没有扁平税的提案曾被写在能真正实行的完善的法律细节里。① 由此，扁平税就有很多不确定性。自从扁平税在 20 世纪 90 年代中期第一次获得显著的关注起，税务专家就开始思考扁平税带来的行政和执行问题。② 他们指出，在现有所得税下产生的一些问题将会继续存在，一些则将被排除，而一些新问题也会出现。总的来说，学界的共识是，比起当前所得税，扁平税可能更简单，且更容易执行和管理，而且和由霍尔和拉布什卡提出的扁平税相比存在着非常小的差别。

扁平税可能会遇到一些和增值税一样的问题，比如企业有重新定义应税销售为非税利息的动机。然而，扁平税的潜在问题产生于扁平税和增值税实行方式上的差别。首先，对劳动报酬在个人层面上（存在豁免水平和不同税率）分开征税，必须使用扣除税基或者减法方法、执行方法，而不需要以发票凭证为基础。因此，《霍尔—拉布什卡扁平税》提案在企业层面上以减法方法的增值税（劳动成本可抵扣）为特点。减法方法的增值税没有发票凭证增值税所具有的执行优点，这就是几乎所有国家都使用发票凭证增值税的原因。因为不再对每笔交易征收统一税率，所以监测所有交易是否纳税会变得更为困难。《霍尔—拉布什卡扁平税》提案或者阿米—谢尔比版本都

---

① 俄罗斯和中国香港地区目前都施行统一税率的收入税，但并未采用 Hall-Rabushka 的消费税税基，而以下国家则采用了该税基：爱沙尼亚、立陶宛、拉脱维亚、俄罗斯、乌克兰、斯洛伐克共和国、格鲁吉亚和罗马尼亚。关于对这些国家和地区税制的评估，请见 Keen，Kim 和 Varsano（2006）的相关文献。

② 请见 Feld（1995），Weisbach（2000），Calegari（1998），以及 Pearlman（1998）的相关文献。

没有提及小企业豁免，而在其缺失的情况下，其没有利用由忽视掉的最难征税部门产生的潜在巨大的节约成本。原则上，《霍尔—拉布什卡扁平税》豁免小企业是可能的，尽管这样做会带来一些问题。比如，豁免小企业会对开办小企业产生激励作用，然后人为压低支付给自己的薪水以免除对劳动收入的征税。①

虽然在实行扣除时需提供上游企业已支付营业税的证据，设计扁平税在原则上是可能的，但是《霍尔—拉布什卡扁平税》及其继承者却都没有采用这一方法。② 没有采用这一方法意味着，营业税基的扣除不一定由其他税基的列入来补充，这就造成了不同类型的避税机会的出现。比如，小企业的所有者可能以高价把私人财产卖给企业，产生一个任意大的扣除和相应的企业税收减免，但却不承担丝毫的个人税收义务。同样地，在税收实行之前，两家企业可能会彼此销售自己的全部股票，然后在税收实行后立即将股票买回，这就为两家企业创造了税收扣除。芝加哥大学法学院的大卫·维斯巴赫已经确定了一些这样的问题，其中很多问题涉及一样的原则，但有时候这些问题也涉及先进的金融技术或是难检测的国际交易。一些避税机会原则上能被解决（比如，不允许对没有支付扁平税的投入品实施扣除），但是这些问题的解决都要求有详细的法律规定和执行，这种执行是指，与《霍尔—拉布什卡扁平税》及增值税相比，执行将使实际的扁平税变得更复杂。

商标明信片尺寸税的形式是怎样的？与霍尔和拉布什卡的观点相反，扁平税企业申报将不会放在明信片上。这样做会要求合并不同项目为单一报单，就会为美国国税局核对结果造成困难。明信片在任何时候都极少能综合数以百万计的交易，因此明信片税收申报的假定误导性地低估了监测税制的困难。尽管如此，企业扁平税的一些方面比起公司所得税更简单且更容易执行，部分是因为用费用列支取代折旧扣除和金融交易大致上没有征税后果的事实。企业扁平税在当前的公司法规中有排除许多复杂特殊条款的优势，尽

① 请见 Weisbach（2000）的相关文献，关于 Hall-Rabushka 的统一税中的小型企业免税条例的优缺点的讨论。

② MuLure（1993，p. 349-p. 350）讨论了关于采用文中所述方法与小型企业免税的问题。

管其中一些也是可以在所得税下完成的。

在个人层面上，扁平税比增值税复杂，因为增值税完全排除了个人申报。但是比起当前的所得税制，扁平税却更简单和更容易执行。因为只有工资和薪水加上退休金收入需要报告，所以一切与测算和报告资本收入有关的新障碍都被排除了。个人申报当然能放在明信片上。可以肯定的是，个体企业可能会继续引发行政和遵守问题。比如，一辆车是用于个人目的还是公司目的（由此可以作为公司花费扣除）之类的棘手问题依然存在，而且甚至可能更糟，因为个人或企业的购买用途，或是两者间的其他事情，都必须在购买阶段指定。纯粹的扁平税也会排除很多税收套利的机会。一些在上面提到的和“税制博弈”的方式可能仍将存在，但是当对扁平税有了充分的设计和实行时，相对于当前税制，这些机会会减少。

提供扁平税的遵守和执行成本的精确估计是困难的，特别是因为没有其他国家曾经运行过这一税制。如果扁平税完全解决了上面提及的一些实行问题，那么所有成本将确实低于我们在当前税制下每年 1 350 亿美元的估计。

扁平税的简化依赖于大量的“假设”。起初作为简单计划的扁平税可能经过政治程序后最终会变得混乱不堪。比如，允许大量的逐项扣除将使个人税制变得更为复杂。短期内，转化法规可能使事情变得比当前税制更为复杂。一些扁平税倡导者已经提出取消工资税的代扣，这无疑会引起重大的执行问题。[①] 而简化联邦法规只能促使纳税人适应各州的法律。同样，还有一点值得注意，在保留所得税的结构的前提下，是可以实现一些简化的，比如取消逐项扣除。尽管如此，我们也不能否认扁平税既可以实现累进，又具有潜在的简化。

基本上，上面讲到的关于扁平税的情况也适用于 X 税制，因为它们具有相同的税基，且适应税基的多个税率。多个税率将使得代扣变得更为复杂，并且增加了企业支付工资的压力，否则在税收的简单性或是执行性上几

① 众议员 Armey 最初的统一税提案（H. R. 4585）于 1994 年提出，当中提议消除工资税预扣制度并以每月纳税人进行自主纳税的方法代替。Armey 在后来的统一税提案（H. R. 1040）中将这一条款删除。

乎是没有影响的。

7.4 消费税替代的分配影响

当然，简单性和可执行性并不是选择税制的唯一标准，也不一定是最重要的。大部分人对税制改革的分配结果有着很强的持久兴趣：哪个计划能使你的税负增大或缩小？我们之间如何分担总税负？

7.4.1 零售销售税或增值税的分配结果

第6章里，我们认为有着单一税率的增值税或是销售税从大多数人一生中“索取”的税负大约是其终生收入的一个比例，并且包括通过继承和遗赠逃避税收的程度。给出假定，不需要复杂的分析就能得出结论，如果所得税具有累进税率以及宽层次的免税项目，工作的穷人有所挣收入的凭证，那么对比以上这些情况，没有折扣的增值税或销售税实质上会增加低收入家庭的负担。比如，在当前税制下，一生处于贫困水平的某人对所得税不存在义务，这是因为豁免水平目前被设定在贫困线之上。事实上，如果有人尽管工作但却依旧贫困，那么他或她目前就会因为所挣收入凭证而得到补偿。形成鲜明对比的是，有着17%税率的增值税征收的税负大约等于这个人一生收入的17%。

表7.1表示的是全国零售销售税取代联邦所得税后的量化分配结果，2005年由美国总统联邦税制改革咨询小组完成。列（1）表示的是对2006年各收入等级支付的全部联邦个人和公司所得税比例的估计。列（2）表示的是没有折扣的零售销售税（财政部估计22%的不含税税率）取代所得税后，各收入等级支付的销售税比例。税负分布在急剧地变化。在当前法律下，收入在200 000美元以上的家庭支付53.5%的所得税。在没有折扣的销售税下，同样的这些家庭就只支付33%的销售税。因此，在该计划下，20.5%的当前所得税税负被转移给收入分配中的低收入人群。依据收入划分，处于底部80%的纳税人每年会有总额为2 500亿美元的增税，而每个纳

税人平均每年的纳税增加额超过 2 100 美元。[①]

表 7.1　　2006 年如果联邦所得税由全国零售销售税代替，税负分布产生的估计影响

现金收入范围	支付联邦所得税或销售税的比例		
	(1) 当前所得税（%）	(2) 22%税率的销售税，无折扣（%）	(3) 34%税率的销售税，有折扣（%）
低于＄15 000	-0.7	1.4	-6.3
＄15 000～＄30 000	-0.5	5.1	0.3
＄30 000～＄40 000	1.5	4.8	2.8
＄40 000～＄50 000	2.6	5.5	4.2
＄50 000～＄75 000	9.5	14.0	12.9
＄75 000～＄100 000	9.2	12.0	12.4
＄100 000～＄200 000	24.8	24.7	29.1
高于＄200 000	53.5	33.0	45.9

数据来源：总统联邦税制改革咨询小组（2005）

中央政策问题归结如下：来自简化和经济增长刺激（本章之后评估）的潜在收益能证明这一等级的税基重新分布是合理的吗？经济分析不能给这个问题提供一个决定性的答案，因为要涉及评估政策改变的状况。甚至在经济快速增长能补偿那些遭受税负增加的人群时，这样的评估也不可避免地会牵涉到政治体系决定的价值判断。虽然，我们怀疑大多数美国人不会同意税负发生如此剧烈的变化，而且认为他们不会支持零售销售税或增值税取代所得税，但是，如果有一些简单的和有吸引力的方法可以消除更多的分配影响，那么情况就会发生变化。

增值税或销售税的再分配结果会遇到某些挫折吗？回答是肯定的，但却是在简化性和经济效率的显著性成本方面。缓减用增值税或销售税取代所得税后出现倒退的一个方法就是，放弃统一税率并对一些在贫困家庭开

① 总统联邦税制改革咨询小组（2005，第 9 章）。

销里占重要支出的货物和服务征收零税率。然而，欧洲国家的增值税经验表明，多税率的增值税税制是复杂的，故而运行费用较高。必需品的税收优惠也严重地减少了税收收入，甚至造成对其他货物课以更高的税率。这个方法的最大问题是因为大多数税收优惠商品都是由中、高收入家庭购买的，所以对于增加增值税或销售税的累进而言，这是个非常差的针对性方法。最后，它也造成了显著的经济扭曲，对消费更多的非税或少税产品和服务产生了一种非效率刺激。因为具有豁免的商品项目的增值税税率或销售税税率可能远高于25%，所以扭曲的刺激是至关重要的。对比免税产品和服务，征税产品和服务的税率变成25%后会更昂贵，导致人们即使喜欢也会转而消费其他产品和服务。在消费中实现累进的最初意图造成了意想不到的扭曲。

另外，与公平税提案一样，我们在制定统一税率的增值税或零售销售税的同时，也要制定能支付给所有家庭的新的广泛税收凭证或折扣。表7.1的列（3）描述的是公平税形式的分配后果。这里的计划运用的是34%的不含税税率，美国财政部的这一估计对取代所得税、提供税收折扣给贫民消费、维持政府真实支出和允许适度逃税都是很必要的。公平税计划里提出的折扣确实减轻了全国销售税造成的税负倒退再分布，但并未足够大到能抵消这种税负倒退的再分布。伴随着税负转移到低收入阶层，收入在200 000美元以上的家庭目前需支付53.5%的所得税及45.9%的销售税。在这一计划下，收入介于15 000~200 000美元的家庭估计需承担增加的税负。虽然折扣大于对销售税的抵消，并且该收入阶层失去了可退还收入凭证，但是收入在15 000美元以下的家庭确实获得了减税。

这一计划的分配影响更接近于当前具有更大折扣和更高税率的所得税的分配影响。但是，单一税率和统一广泛的折扣仅能提供有限的灵活性以适应已有的分配，因此不可避免地会出现赢家和输家。更为复杂的是，收入折扣计划要比销售税（或增值税）更胜一筹，它除了要求家庭的年度收入和消费信息外，可能会更细致地修正分配影响。此外，表7.1分析的公平税形式的折扣会花费大约 6 000 亿美元，或者是 23% 的联邦支出。[①] 美国政府每年会为每个家庭开出数千美元的支票，但却并不清楚投票人对如此巨大的新转移项目的感觉，以及在获得减轻中、低收入人群税负的政治支持上，也不清楚这一措施是否有重要影响。折扣或凭证除了要有可以运行销售税或增值税的管理工具外，还需要设置全新的管理工具。正如普遍的 EITC 诈骗索赔所证明的一样，追踪低收入人群以确保他们已获得折扣证明是困难的，因为美国国税局处理人口数量问题就存在困难。[②]

7.4.2 扁平税的分配结果

没有哪个增值税或销售税的替代税种能像扁平税一样简单地解决纵向公平问题，这一结论源于一项为了实现累进而采用有效方法执行增值税的计划。扁平税劳动收入的免税水平等于增值税加上在扁平税税率下劳动收入的有限凭证（不予退还）。[③]

相对于当前税制，扁平税应如何分配税负？首先，第 6 章里论证过，如果我们用单一税率取代当前的累进税率结构，那么毫无疑问，税负将从最高收入的家庭转移到其他收入的家庭。如果排除 EITC 和儿童凭证，对穷人的消极影响可能就会特别地大。其次，扁平税免除税收申报会推迟在当前税制下无豁免的消费（比如，去储蓄）。这也会使高收入人群受益，但却会以收入中立改革中其他人状况的变坏为代价。在某种程度上，这两个效应可通过已有财富的过渡税和消除各种扣除等来抵消（除非由过渡救济排除），并且预计已有财富的过渡税和消除各种扣除都是累进的。

为论证扁平税的分配效应，表 7.2 列示的是 1996 年由美国财政部税收分析办公室提出的对 1995 年阿米-谢尔比扁平税提案的分析（调整到收入中立的 20.8% 的税率）。他们的预测建立在各个年度的基础上，而不是建立

① 总统联邦税制改革咨询小组（2005，p. 212）。
② 关于该问题的讨论请见 Gillis，Mieszkowski 和 Zodrow（1996）的相关文献。
③ 关于这一等式。首先我们假设 20% 的（价内）增值税导致的税负与劳动收入成正比。假设每一个家庭享有 5 000 美元的不得退税的统一税税额抵扣加上应纳增值税税额，其总税额等于对该家庭所获得的劳务报酬超过 25 000 美元的部分征收的统一税税额。

在理论上可行但却难以实行的终身基础上。这些估计依赖于一组税收归宿的假设。特别是，财政部分析假定，现有公司所得税和新的营业税由个人依他们的资本所得按比例承担，现有个人所得税由纳税的家庭承担，所有劳动报酬的税由劳动者承担。

表 7.2　**美国财政部对用收入中立扁平税取代 1996 年所得税后分配影响的估计：税后收入的比例变化**

百分比等级	经济收入范围（以 2006 年千美元计）	扁平税引起的税后收入变化比例
20% 的最低收入	0 ~ 21	-6.8%
20% 的较低收入	21 ~ 38	-5.4%
20% 的中间收入	38 ~ 62	-2.9%
20% 的较高收入	62 ~ 102	-2.4%
10% 的最高收入	102 ~ 140	-2.7%
5% 的最高收入	140 ~ 186	-1.8%
4% 的最高收入	186 ~ 448	1.2%
1% 的最高收入	超过 448	11.7%

数据来源：美国财政部，税收分析办公室（1995 年）

注：描述的是用 20.8% 的《霍尔-拉布什卡扁平税》取代个人和公司所得税及房产税后，对四口家庭有 40 320 美元（以 2006 年美元计）的豁免额及没有扣除或凭证的影响。

这些假设并不是无争议的，但是它们为评估扁平税变化的分配影响提供了一个合理的起点。① 当然这一分析要好于扁平税有关个人工资比例的分析。通过忽略营业税和对雇主支付社会保障和额外福利课征新税（因为在企业层面上扣除的损失），这些案例给出了误导性的税负实际影响。

表 7.2 说明的是，假如采用 1995 年 7 月的阿米-谢尔比的收入中立计划，20.8% 税率的《霍尔—拉布什卡扁平税》有 40 320 美元（2006 年标

① 假设个人或家庭将根据其消费情况承担相应的税收负担，那么这将使由于实施统一税而产生的税负的变化成为累退的。请见 Mieszkowski 和 Palumbo（2002）相关文献中的证明以及关于基本税制改革带来的分配效应的文献综述。

准）的免除额，四口之家没有其他扣除或凭证等，则用这些条件取代1996年的个人和公司所得税及财产税，那么美国财政部就可以对有着不同收入等级税后收入初始比例变化进行估计。这里收入的定义尽可能地接近经济收入。如在当前税制下，这里对个人和小家庭的免除额也是较低的。

美国财政部分析表明，这一计划造成高收入家庭的税负明显被转移到有着其他收入等级的家庭。收入分布中，1%的高收入家庭的税负明显下降，4%的高收入家庭的税负的下降幅度适中，而所有有着其他收入等级的家庭的税负则有所上升。因此，除去5%的高收入家庭之外的所有家庭，将会看到他们的税后收入减少了。最大比例的减少发生在最贫困的家庭里。比如，收入低于21 000美元、处于收入分布底部第五个收入等级的人群，将看到他们的税后收入减少了6.8%。得到这一结果更多是因为消除了可退还的EITC。

最近，一份粗略的霍尔—拉布什卡扁平税分析出现在了2005年总统联邦税制改革咨询小组的报告里，它给出了大致相同的结论。这份报告的主要内容是，一个四口之家有38 600美元的免除额，要取代2006年所得税的扁平税税率估计是21%。由最高收入家庭支付的税款占联邦税收的负担比例估计从70.2%下降到64.0%，而由其他收入等级家庭支付的税款比例估计将会增加。[①]

在某些方面，这些估计是有争论的。比如，如表7.2所示，一些经济学家认为，如果扁平税业务部分的负担和资本收入是成比例的，那么这可能会低估高收入家庭的税负而高估了其他家庭的税负。[②] 正如第6章的论述，相对于当前的所得税，扁平税会对储蓄的回报和通胀补偿的返还实行免除。但是，这两种方法也会以同样的方式对待资本收入的其他组成部分，比如创业奖励、创新和勇于冒险。问题是如何正确估算扁平税资本收入的全部税负：这只是企业扁平税的收入，是相当直接简单的估计。相反，在消费税和所得

① 总统联邦税制改革咨询小组（2005，图4.6）。
② 特别地，请见Bradford（1998）以及Gentry和Hubbard（1997）的相关文献。

税下的争论是，对待不同资本收入采用同样方式可能会在收入分布的上端形成不成比例的巨额资本收入。精确观察什么比例的资本收入代表的是对什么的奖励是不可能的，但是，一些经济学家已经利用收入分布中不同人群拥有的各种资产信息去推断这一关系的可能影响了。一些人发现，这对估计分配效果仅产生很小的差别。① 威廉姆学院的比尔·珍瑞和哥伦比亚大学的R.哈伯德都发现，在这些计划下，对高收入人群会有巨大的减税，而对其他人群却会增税。② 这个结论会引出更多关于用单一税率取代多层累进税率的争论性影响。

这些估计也忽略了由税制改革引起的经济发展。下面讨论一些经济学家不同程度的估计。注意表7.2所示，粗略估计，经济增长需要增加个人多少收入才能弥补税负的任何初始变化。

在衡量扁平税对不同人群的福利水平影响时，我们不应该忘记拥有更简单税制的好处。正如前面所讨论的，这些好处对扁平税是重要的，这就有潜力在当前税制的年度遵守成本中节约估计1 350亿美元。然而，在收入中立的扁平税下，对大多数支付较高税额的人而言，所得税已是相当地简单，因此更简单的扁平税将产生较小的节约，或是没有直接的节约。简化带来的大多数直接收益会流向高收入人群，因为他们面对着典型的复杂税收事务。但却并没有改变这一事实，即增加简单性是有价值的。其他事情也一样，用于税收事务的所有时间和精力都是一种对任何人都没有好处的浪费。但是它也意味着，简化后的收益并没有太多地改变扁平税的分配影响。

值得记住一点，任何改革的特别过渡规则都可能对扁平税的分配产生重大影响。特别是，对现有资本折扣扣除的过渡性救济将极大地减少扁平税业务部分的税收收入，从而迫使扁平税个人部分的税率增加，使工薪阶层的税负上升，且这会使扁平税具有相当少的累进性。表7.2假定完全没有过渡性救济。

---

① 请见 Cronin，Nunns 和 Toder（1996）以及 Dunbar 和 Pogue（1998）的相关文献。
② 请见 Gentry 和 Hubbard（1997）的相关文献。

7.4.3 X税制的分配结果

单一税制的《霍尔—拉布什卡扁平税》比表7.2分析的计划更具有累进性——比如，通过提高税率为保留所挣收入凭证提供资助。但是，要想真正地复制当前所得税的分配影响，就要有多层次的税率。这就是引入X税制的原因，X税制即为《霍尔—拉布什卡扁平税》加上多层次税率。X税制保留了统一税率消费税的许多效率和简单性方面的优点，同时采用进一步的累进方式进行征收。因为它更具有累进性，所以它没有实现低边际税率的激励优点。然而，如果没有提供过渡性救济，那么在一定程度上会出现抵消，因为较高的企业部分税率意味着已有财富的一次性有效“惊喜”过渡税占据了收入的大部分，这降低了我们必须依赖的扭曲税收量。X税制并没有获得如扁平税般的关注，毫无疑问是因为它没有单一低税率所具有的浅显易懂的吸引力。

为了总结出消费税与当前所得税具有相似累进性的意义，我们假定X税制规划是2005年总统联邦税制改革咨询小组报告中的相关部分（没有签署）。个人层面上，它征收三个税率15%、25%和35%。另外，还征收35%的企业税。这一规划中包括一项凭证计划，该计划用更简单的形式复制了个人豁免、标准扣除、所挣收入凭证和现行所得税下儿童凭证的影响，这对取代收入分布中低收入人群的所得税的累进至关重要。除去住房按揭利息的上限扣除、慈善支出超过1%收入的扣除以及健康保险保费支付的上限扣除，所有其他扣除均被排除。有限的过渡性救济对陈旧资本的贬值给予了拨款，并在利息处于现存按揭贷款可扣除限额之内时也给予了拨款。美国财政部的分析表明，这项计划的结果同2006年各收入阶层联邦所得税税负的分布结果非常接近。它不具有累进性，但是很容易通过一些小调整达到目标。还有一点值得注意，尽管各收入阶层的税负分布的确与现行税制的税负分布相当接近，但是在给定的收入等级里实质上仍有赢家和输家。就改革的重要实质而言，这并不令人感到惊奇。[①]

① 总统联邦税制改革咨询小组（2005，第7章）。

比起对税负真实分布的影响，公平问题最终在这些计划的政治命运里具有决定性的作用。这是事关改革是否公平的问题。美国人习惯于个人税基不仅包括工资和薪金，而且包括利息、红利和资本收益。以这一框架为参考，我们猜想许多人会认为扁平税的个人税基不会散发出合理的味道，因此扁平税的个人税基也就不能通过其给出“气味测试”。拥有 50 000 美元红利和利息的家庭不缴纳个人税，而拥有 50 000 美元工资的其他家庭却要缴纳个人税，这对于大多数美国人而言是不会改变的。尽管存在因为企业部分税的改变，扁平税与零售销售税是无差别的经济争论，但这却是正确的。事情的状况有一点讽刺，因为扁平税和 X 税制都被假设成是对零售销售税或增值税更进一步的替代。不过，它们的政治前景却很可能有些黯淡，因为虽然它们在某些方面看起来像我们当前的税制，但是在其他关键方面，它们看起来却完全不像人们所习惯的那样。的确，这一关注加上对潜在破坏性过渡影响的担忧，以及对新税制未经测试性质的思虑，直接导致 2005 年两党顾问小组并未一致推荐 X 税制规划。

7.5 消费税计划的经济影响

第 4 章通过税制影响经济的状况考虑了所有主要的途径。本章讨论的这些提案影响了以上许多途径。每一个途径都会消除税收刺激储蓄的消极影响。更多储蓄会导致更大的资本存量，这反过来会使美国工人提高生产率，并提高我们长期的生活水平。它们会消除不同投资在税率上的反复变化，导致我们的资本存量和风险承担被更有效率地配置。所有的消费税计划也承诺在某种程度上清理税基，消除在不同类型消费间的扭曲。就消费税将税负转移到现有财富和老人方面来说，它们也会推动经济。零售销售税、增值税和扁平税却通过缩小累进降低了边际税率，这就会减弱税制激励人们通过努力工作、主动创新和勇于冒险等实现成功的拉动力。

首先，税制改革（比如转变到消费基础、清理税基和改变税率结构）的经济影响必须与减税政策的经济影响显著不同。减税引起一些问题，如预算赤字的经济影响、与税制改革没有内在联系的政府支出合理水平的经济影响。我们在第 4 章中提出了减税经济学，在余下的讨论中，我们将集中关注税制改革经济学，研究如何同替代税种一样征收到等量的税款。

转向消费税的潜在经济效益是现实的，但是这些效益有多大呢？理想的情况下，我们会想要量化提案里每个因素的影响，然后观察如何把经济影响加入各种不同的组合里。但是如第 4 章所示，这些影响的证据是不确定的。在许多情况下，最好的证据仅表明一个适度的影响。

尽管存在不确定性，但是依旧需要在各种合理预期的经济效益上划分边界。现有证据表明，承诺奇迹般的高增长率是不合理的。比如，当一些人认为转向统一税率的消费税能使长期经济增长率可以无限期地成倍增长时,[①] 现实的证据却并不支持这一结果，而且没有严谨的经济学家做出如此断言。事实上，转向消费税不可能永久地增加我们的增长率；相反，即使税制改革在提高储蓄上是成功的，但当进入资本密集经济时，经济增长仅会暂时增加，并永久地将我们带到较高的收入水平上。因为最终需要较高的储蓄水平以维持更大程度的资本密集，所以增长率的影响达到了一个极限。例如研发投资或人力资本投资等引起增长率持续上升的争论性因素，要么一成不变，要么扁平税使其具有相对较小的吸引力，因此不可能显著增加。

暂且不管如此乐观的估计，我们怎样才能从改革提案里获得我们期望的经济效益呢？一种方法就是做出经验性的猜想，利用我们在第 4 章里讨论过的各种证据。扁平税的发明者和观察家罗伯特·霍尔和阿尔文·拉布什卡采用了这一方法，并宣布他们的计划会在 7 年后增加 6% 的真实收入。正如他们指出的，这是一个显著性的发展：“到 2002 年（假设颁布日期的 7 年后），它意味着作为税制改革的结果，以 1995 年美元为标准，每个美国人会

① 这是一项由肯普委员会在税制改革中的提议的款项。详见（美国）国家经济增长与税制改革委员会（1996）的相关文献。

有大约 1 900 美元的高收入”。[1] 尽管这一断言好像暗示（没有证据）这样的经济增长效益将会被公平分享，但是这一规模的全部增长仅仅是貌似可行的。

然而，仔细阅读第 4 章里的内容，我们会发现一个更适度的经济影响。立足于历史经验，许多重要领域的经济行为，并没有表现出对税制适度变化激励的较强反应。虽然一些领域的经济行为的激励反应是难以估计的，比如创业努力，但是较强的经济反应依旧存在。可是，在之后的问题上，并不存在令人信服的证据。

一些经济学家已经采用更激进的方法去测算改革的潜在经济效益了。他们把用于模拟新税制影响的经济程式化模型放在一起。虽然这些模型给出了许多精确的答案，但是比起原本的内涵，它们不应被更多地用于其他事，它们就是受制于大范围错误的具有复杂类型的经验猜想。任何模型试验的结果严重依赖于经济行为对激励反应的假设，比如储蓄和劳动供给。而且这些假设仅源于同样不确定的历史证据，这都在本书里讨论过。此外，税制和经济行为都是难以置信地复杂，因此任何可行的模型必须省略问题的重要方面，而且必须依赖于严格简化的假设。不过，因为它们帮助我们在系统方式下理解了证据合理假设的含义和经济是如何运行的，所以这些模型仍是有用的。观察每件事在其他方式下如何一起协作是困难的。

沿着这些脉络追溯，可能最有用的试验就是经济学家大卫·艾提格、艾伦·奥尔巴赫、劳伦斯·康特里康夫、肯特·斯迈特斯和扬·王朗塞的研究。[2] 他们构建了一个详细的经济模型，并利用这个经济模型分析了要取代 1996 年美国个人和公司所得税的各种不同税制的影响。基于对文献实证研究结果的合理解释，模型还吸收了劳动供给、储蓄和资本积累对税收的适度行为反应。模型包括不同世代，在每一世代里，人们有不同生命的劳动收入。模型也对世代内部和代际间的税收改革分配影响进行了预测。

---

① Hall 和 Rabushka（1995，p. 89）。
② 请见 Altig 等人（2001）的相关文献。

研究估计每一次税制改革都会引起人均国民收入的长期改变。比如，如果实行了没有扣除的单一税率的所得税，那么人均所得估计会增加4.4%。若用有着单一税率的零售销售税或是增值税取代当前税制，那么会使长期人均所得增加超过两倍——增长9.4%。据估计，扁平税可以增加4.5%的长期人均所得。

相对于增值税，扁平税出现较小的经济影响是因为扁平税更具有累进性（以较高的边际税率扭曲为特征）以及不像增值税。扁平税从已有财富的有效过渡税出发，假设住房豁免，这就占据了大约一半的资本存量。这要求在剩余税基上存在较高税率。他们的估计进一步阐明了过渡性税收对潜在经济收益的重要性，他们估计有着过渡性救济和允许折旧贬值资本连续扣除的扁平税会在长期使人均所得增加1.9%。最后，可能有些令人感到惊讶的是，他们估计，用X税制代替当前税制，并让劳动所得税税率如当前税制一样累进（不提供过渡性救济），会产生比少累进性的扁平税更大的经济收益。在X税制下，长期的人均所得会增加6.4%。发生这一结果是因为，X税制较高的业务税率意味着现有资本的过渡性税收足够大（设定与劳动所得的最高税率相等），以至于在受制于行为反应的税基上征收的税收收入可能会更小。

至此，我们一直关注收入或产出的预期增加，但是这并不是一个好的能衡量税制是否改善人们状况的方法。比如，通过较高的储蓄率，可以部分地实现较高的产出，但这就意味着必须牺牲一些今天的消费。同样地，产出增加是因为预计人们会工作更长的时间。因为工作时间是闲暇的成本，所以增加的产出是对净收益的高估。福利是经济学家用美元对综合因素状况进行衡量的方法。在这些程式化模型里，税制改革产生的福利增加比产出增加要小得多。

福利影响与年龄紧密相关。当制订改革方案时，在比例收入和消费税计划下，年龄为55岁人群中的穷人会有所失，但是该年龄的中、高收入人群预计至少会获得合理的收益。分析表明，较低的资本所得税税率带来的收益明显高于由过渡性税收对现有财富征税造成的损失，或是除去穷人，高于对特别年龄人群剩余劳动所得课以较高税率造成的损失。

在税制制定时期，假定消除累进税率和豁免，对年龄为21岁的年轻人而言，比例收入和消费税趋向于损害中、低收入人群的利益并且使高收入人群获益，这一点并不奇怪。在扁平税的制定中，扁平税在年轻人群中提高了最高收入和最低收入人群1%的福利，并减少了中层收入人群相同比例的福利。一个重要的条件是，穷人能否从改革计划里获得收益主要依赖于所挣收入税收凭证的状况，Altig 等人的分析里却并没有考虑这些。对于未来几代人，所有收入水平上的人群在扁平税下预计会收支平衡或略有结余。虽然会造成大多数年轻人和中层收入人群的状况比在当前税制下更糟糕，且仅有最高收入人群的状况在长期可以变好，但是还是在扁平税里加入了过渡性救济。最后，总的来说，在 X 税制下，几乎所有的收入阶层和世代都会受益。未来几代人的福利收益介于1% ~2%之间，而低收入人群将获得最大收益。然而，即便如此，也会有输家。由于对已有财富实施巨大的过渡性税收，因此除去最贫困的老年人，中、上层收入的老年人在 X 税制中都会面临福利约2%的减少。

这份分析的结果表明，即使充分考虑了税制改革对经济的积极影响，这里仍会有赢家和输家。尽管具体数字受制于大量的不确定性，但是分析提供了一个关于在每一项改革下谁有可能是赢家或输家的合理估计，以及提供了大约会发生何种等级的收益与损失的合理估计。结果与大多数有争议性的模型提供的结果相差不远。①

除了对税收的反应行为等级不确定外，一组模型还是能起到重要的作用的。比如，联邦储备系统董事会的埃里·克恩根和城市布鲁金斯税收政策中心的威廉·格尔有如下论述：在考虑了美国因预防性原因产生了大量储蓄后，他们认为由于对激励相对不敏感，税制改革对储蓄和资本积累的影响也是非常小的。② 另外，相对于 Altig 等人的研究，需要通过一些变化来增加

① Gravelle（2002）提供了关于该问题的优秀文献综述，并解释为何采用不同模型得出结果会不同。

② Engen 和 Gale（1996）。

模型的积极性经济影响。比如，他们的模型并没有提及能使不同投资的税收待遇更中立的积极影响。模型也没有提及税制改革对创新和技术进步的潜在影响，一个重要的局限就是只有很少的或不好的证据。此外，引入国际考虑会加大税制改革的积极性经济影响——比如，如果他们能利用良好的海外投资机会，那么增加国内储蓄就会更有价值。① 总之，给定这些因素的状态，它们没有提供一个令人信服的理由去认为 Altig 等人的估计是不切实际的，但是它们确实增加了不确定性。

没有人会惊讶在经济学家间依然存在着有关税制改革潜在经济影响的争论。以我们的判断，这里讨论的各种税制改革可能会造成重要的经济发展——但是也不会大到能提供免费午餐。比如，高收入人群税率的急剧缩减却是以其他人群的税率增加为代价的。经济学家们在强调权衡无处不在时常常会引以为傲，而我们考虑的税制改革也不例外。我们强调，经济推理是推出各种可能结果的一种基本运用，但是证据是高度不完美的，因此经济推理仍有不确定性存在。虽然在这样一个环境里，某人总是可以在一个经济效益很大且有免费午餐的模型里出现，但是正如全书详述的原因，对这些观点抱有怀疑的态度也是适当的。

7.6 结　论

我们对所得税替代的讨论会把我们带到哪里？全国零售销售税没有被证明是可以取代所得税的，这是因为在设置取代联邦所得税的全国零售销售税税率上出现了行政上不可行的问题。增值税是被证明能取代所得税完成同样的经济目标的。尽管这是一个价值判断，而不是一个经济问题，但是这两个税种引起税负从富裕家庭根本性地转移到中、低收入家庭，因此对大多数美国人而言，每个税种都是无法被接受的。个人消费税使个人税制复杂化，而且基于上述理由，个人消费税是不可接受

① Ballard（2002）提出国际对价能从多方面对基本税制改革所带来的经济变化造成影响。他总结到国际对价可能会使税制改革所带来的潜在经济效益增加，但不会有太多增长。

的。因此，扁平税（或是它更进步的版本，X税制）是消费税取代所得税最吸引人的选择。

然而，我们不需要在扁平税和现有税制间做出选择。虽然许多税务专家赞成实质的改革，但是改革需在现有税制的基础框架内进行。的确，在美国税收史里，取消整个税制重新开始是史无前例的，但是增量变化总是要发生的，而且其是政治斗争的产物。下一章将讨论现有税制改革的前景和问题。

8

从这里开始

在大卫·布拉德福德的《解开所得税》一书中，有一个旅行者询问一个爱尔兰人到都柏林的最佳路线的古老故事。在故事中，这个爱尔兰人的回答是“如果我是你，我不会从这里出发。”[①] 关于税制改革的比喻不止这一个。在此，布拉德福德希望说明的观点是：在他自己已经精通综合所得测量的情况下，他对正在考虑税制改革的人的建议是从别处着手。他认为由于测量经济收入很困难，所以任何以收入为税基的税收制度将不可避免地陷入混乱之中。在他看来，想要完全解决税制问题就需要把重点转移到消费税上。

具有讽刺意味的是，布拉德福德的故事也说明除了从那里开始之外，我

① Bradford（1986，p. 312）。

们别无选择。任何改革必须从我们已有的税制开始。我们的所得税税制发展到目前的形式，已经历经了一个多世纪的时间。在经历了民主制度下的政治妥协之后，不可避免要受到特殊利益和政府与纳税人之间博弈的影响。这种已形成的制度，会对任何体制改革下的得益或是损失、改革的效果和特定改革发生的可能性产生重大的影响。从历史上来看，能够废除所得税并重新建立新税制的改革是非常少的。①

完全更换所得税税制是否是一个好的想法呢？这是一个非常重要并且很吸引人的问题。值得注意的是，如果不能从根本上改变税收制度，那么税制将会一直处在争论和制定之中。本章的目的是讨论和评价我们现存税制中一些可能的调整措施。在现行的制度框架下，构建一个更简洁、公平和更有利于经济发展的税收制度是可能的。本章的主题是：讨论在现行制度框架下的这些调整能否被称之为“改革”。

8.1 综合：废除企业所得税的双重征税

经济学家一直认为，企业所得税的课征方式是美国所得税制度中的一个重要问题。在现行税制下，企业所得存在双重课税问题，先是被课征企业所得税，后是被课征个人所得税。这会造成商业活动的低效，并会影响企业的组织形式，扭曲企业的财务结构（使其趋向债务融资）。同时，还会造成公司股票相对于非商业投资缺乏吸引力。比如导致人们增加对自用住房的投资，修建大量以牺牲更多社会生产性企业投资为代价的高价房。

要求废除企业所得双重征税的理由主要是效率和公平问题，虽然其在政治上通常被视为一个公平问题。经济上更完整的理由是：对不同投资形式不平等课税会使总投资无法达到最优。但是，不平等课税不一定会造成不公平，因为投资公司股票是一种自愿行为。当股票的税负比其他资产的税负重且重到一定程度以后，对股票投资的需求就会减少，其价格就会降低，直到

① 或许有人会提出质疑：废除1996年以前的福利制度并以施行家庭极难补助计划是总体政策改革的一个良好案例。

它提供与其他资产相似的收益率（在调整风险之后）。对于那些在股票发行之时就购买股票的人，这种双重征税会产生横向的不公平，因为他们遭受了资本损失。但是，今天大多数股票持有者相对于其他资产持有者并没有遭受太大的损失，是因为相对低的股票价格在很大程度上抵消了高税负的影响。正如我们在第6章讨论的，消除一般的储蓄税会产生横向公平，就这一点而言，企业所得的双重征税与储蓄税是类似的。

出于类似的原因，如果消除了对企业所得的双重征税，会使现在的股东获得额外收益，因为人们预期会有更优惠的税收待遇，对股票的需求将会增加，这样会推动其价格上涨并会立即产生资本收益。没有充分理由认为这种额外收益是应得的。股票价格的上涨也会降低人们把股票收益存入银行的意愿，因此限制了长期经济增长。纳税人会把储蓄投向更能产生收益的地方，即相对于其他资产，增加对股票的投资需求。这是需要我们解决的一个问题。

乍看之下，一个显而易见的措施应该是废除企业所得税，但往往显而易见的方法并不是正确的方法。废除企业所得税可能产生难以应对的新问题，主要原因是大部分的企业收益在个人层面上并没有被征税。累积的资本收益是不会被征税的，直到其实现收益并作为遗产交予继承人。甚至当实现收益的时候，资本收益也是按优惠税率征税。在没有企业所得税的情况下，纳税人有着强烈（和无效率的）的动机使尽可能多的收入留在公司中，推迟或完全避免政府课税。个人有很强的动机组成公司并设计出逃避个税的方案，比如提供公司车辆、公寓等。作为一个实际问题，在所得税制度（比如我们的所得税）中，需要一些形式的公司税作为对个人资本或劳动收入征税的保障。

基于这些原因，大多数对减轻企业所得双重征税的建议是：在征收企业所得税之后，对个人股息或资本利得进行某些形式的税收减免。这被认为是企业和个人税收制度的“综合”。事实上，许多国家在过去都采用过这种方法。传统意义上，由于一部分的企业所得税来自于股东的股利，因此一般的政策是给予股东一些税收抵免。不过，最近一些曾实行过这种制度的欧洲国家已经取消了对股息的税收优惠政策。

《2003年的税收法案》向综合模式迈进了一步，因为该法案把资本利得的最高税率降到15%（不仅是对公司股票的股息，而是对所有形式的股利）。这确实减轻了企业双重征税的程度。但是，因为对资本利得税的减免措施同时适用于过去和未来累积的资本收益，所以这会大大增加一部分人的额外收益（与过去决策相关），而这并不会产生激励效应。除此之外，没有规定限制对个人（税款实际上是在企业层面上支付）的税收减免，因此不会降低企业的避税动机。

把《2003年的税收法案》与美国财政部在1992年发布的《综合企业所得税》（或是CBIT）报告相比较是有益的。[①] CBIT比《2003年的税收法案》更进一步，CBIT把股利（由企业税后利润分配得来）以及资本利得（由税后留存收益所带来的）排除在征税范围之外。同时，对利息方面的税收处理也做出彻底的改变，取消了税前利息扣除，并停止对个人取得的公司债券利益征税。并且，应用范围几乎包括所有形式的企业，不仅是公司。对利息的税收调整会大大提高税收收入，因为废除了利息支出可在所得税前扣除的规定。因此，财政部估计CBIT作为一个整体计划（包括对资本利得的规定），会使公司税率降低三个百分点，并且大致保持税收中性。相对于股权融资，CBIT将取消任何对债权融资的税收优惠，因为两者的收益将会按CBIT的税率在公司被一次性征税。

CBIT建议在股息、利息和资本利得上实行类似《霍尔—拉布什卡单一税》或者X税。然而，这也是一种形式的所得税，因为企业投资将作为资产持续折旧，而不是作为费用一次性扣除。通过这种方式，正常的收益将会在公司层面上被征税。

另一个方案是由城市研究学会的兰·布尔曼提出的“资本收益一次征税”计划。这一计划将停止对股息征收个人所得税，但是未被双重征税的资本收益将会按普通个人所得税税率征税，这将包括法人股资本收益（收

① 请见美国财政部（1992）的相关文献。

益不直接来自利润再投资）和其他资产收益，比如不动产。这些资本收益目前的实际税率比其他类别的收入低。这项提案会使税收制度更接近于一个统一、综合的税制，并且会有效地减少避税行为（把普通收入转化为资本收益）。此外，布尔曼估计这项措施会增加税收收入，并且使税收更具累进性。①

8.2 公司福利和公司避税

2003 年，对股利和资本收益改革的焦点主要集中在所得税制度下可能产生的企业所得双重征税。据有讽刺意味的是：同一时间，公众关注的焦点是恶劣的公司避税、逃税和税收优惠。这说明一部分企业所得没有被双重征税、正常征税，甚至未被征税。我们将在下面转向对这些问题的研究。

"企业福利"是一个经常被政治家修饰的目标。虽然每个人都声称反对公司福利，但并不是每个人对它的定义都相同。一个名为"停止企业福利"的联盟把企业福利定义为"主要使盈利企业受益的方案和补贴"，并从所有政治派别能提出的方案中总结了 12 个方案，这些方案在 5 年内的花费都高于 110 亿美元。《时代周刊》披露：每年联邦政府用于企业福利的支出高达 1 250 亿美元，其中一小部分是税收减免。②

一些税收优惠的条款偏向于某几类公司或企业。最明显的例子是给予石油、天然气和采矿等行业在折旧扣除上的优惠。其他行业例如房屋租赁、房地产、保险和金融理财等也往往会受到"眷顾"。卡托研究所认为针对性的税收优惠政策并非一种公司福利，因为允许公司保留更多收益并不是一种福利。但是，即使是卡托研究所也承认，"针对性的减税不是一种福利，其并不是一个好政策，应该被废止。"③

与企业所得双重征税一样，这类优惠主要会导致效率问题，而非公平问

① Burman（2003b）。
② Barlett 和 Steele（1998）。
③ 卡托研究所（2003）。

题。例如，对石油钻探的税收优惠会导致大量投资资金流入石油钻探这个行业，限制了对其他更多行业的生产性投资。不公平竞争导致了资源不能被最优配置。

最近，公司避税在公司福利上做文章，这意味着一些公司一方面逃避其纳税义务，一方面又在财务状况和前景上欺骗其股东。但是，这种做法并没有抓住其中的微妙之处。首先，在如何定义“避税”上没有达成共识。有些人把这个词的适用范围扩大以便能更好地避税或是逃税，而其他人则把这个词的范围限制在交易事项上，目的是减少纳税。避税的产生通常是由测量真实经济收入存在困难和在界定收入上的让步所引起的。避税通常涉及原则有税收套利（利用适用于不同实体不同的税率或是不同类型的收入和扣除额）和递延纳税（例如实现资本收益时才纳税，把从位于低税率国家的境外子公司赚取的利润在该地进行再投资）。这些避税手段可以让一般的收入或支出享受税收优惠（例如把一般性的收入转化成资本收益，或是把本不可扣除的偿还债务本金的支出换成可扣除的利息支出），还可以虚造公司的损失。其中许多手段的性质已经由避税转向了逃税。另外，还可以将这些避税手段嵌入一系列复杂的交易中，让税务局难以监控。在这些避税方法中，一些方法是完全合法的，一些方法是非法的，还有一些尚不清楚其合法与否。避税活动往往利用法律中的含混之处和现实中的复杂情况（法律起草者所未能预料的）来达到避税的目的。通常国税局、法院或是国会最终会解决这些问题，但是在此期间，纳税人往往可以利用这些漏洞避税。

无论这些行为是否合法，所有的行为都是没有经济效率的。虽然它们从公司的角度上看是有意义的，但是从国家的角度上看，它们却是无效率的。它们耗费了一些本可以用于社会生产的资源（包括设计这些避税措施的律师、会计师和投资银行家的时间和精力），并把这些资源用于可以达到避税目的的投资中。这样，政府往往需要实行更高的税率才能征收相同额度的税收收入。

没有充分证据能够说明有多少公司收益逃避了税收。一些人指出自20世纪90年代开始，公司利润（向股东报告）和应纳税所得额（向国税局报告）产额的显著增长可以说明避税手段被越来越多地使用。但是，一部分差额是合理的，因为二者对收入的定义并不相同。然而，公开的数据不能解释产生另一部分差额的原因。①

关于避税的证据大部分是传闻，但其中一些传闻着实令人感到震惊。例如，联合税务委员会发表了一篇长达 2 700 页的报告来说明安然公司所使用的避税手段。通过运用十一项可确定的避税手段，估计使安然公司减少了总额达 2.57 亿美元的税款，而 1995—2001 年，安然公司报告给股东的利润增加了 6.51 亿美元。② 但是，潜在的避税规模需要进行进一步的研究。每年由于公司避税，国家会失去 100 亿美元的收入（基于这一领域的专家同时也是取缔避税的提倡者，斯坦福大学法学院教授约瑟夫·贝克曼的推测），这相当于企业税收总额的 3%。近年来，企业所得税收入有显著的增长，从 2003 年度的 1 320 亿美元增长到 2006 年度的 3 540 亿美元。一些人推测这部分是因为政府对法规的修改（安然事件后）抑制了避税行为。专家特别指出另一个重要原因是：2002 年的《萨班斯—奥克斯利法案》中要求首席执行官和财务总监认证财务报告的规定减少了避税行为的发生。

我们能做些什么去限制公司避税呢？一些人建议类似单一税和 X 税的消费税会在很大程度上缓解这个问题，因为相对于所得税，消费税在税基定义上不容易产生妥协和分歧。这种观点无疑是有可取之处的，但如前面所说，理论型的税务律师已经开始寻找单一税在税基定义上的不一致之处。而只要新税法开始使用，实践型的税务律师和其他专业人员就会把时间和才能投入到寻找新税法的漏洞中。

使一部分条款向消费税靠拢（例如通过加速折旧和降低资本收益的税率）的同时保留所得税中有意义的条款（扣除利息支付）会加剧当前税制中的矛盾，并且给避税行为提供更多的机会。虽然大规模转向消费税会使对储蓄和投资的税率降到零，但是消费税和所得税不协调的组合会使某些投资

① Manzon 和 Plesko（2002）研究了最近的关于公司账面收入和应税收入的资料，认为从可获得的数据中并无法就如今的企业逃税问题得出结论。

② （美国）联合税务委员会（2003b）。

的实际税率小于零，而另外一部分的实际税率大于零。基于这个原因，零敲碎打的方法只会增加而不是减少税制的矛盾和复杂性。

在当前所得税制度下，从某种程度上来说，解决避税问题要依靠执法手段。如果国税局能更积极地核查避税行为、明确其合法性并对一些非法行为进行处罚，则势必会减少避税行为的发生。然而，国税局的工作面临很多困难，因为设计这些避税手段的人往往是被高薪雇佣并且技术精湛的专业人员，其能够想出越来越巧妙（甚至恶毒）的方法来规避企业所得税。2003 年，国税局实施了一项规定：制作了一份避税相关交易名单，企业的交易额超过一定值时，必须向国税局报告。这一规定旨在更好地监控这类交易。

另一个反避税的建议是：利用公司管理者会使账面收入（以财务报告的方式向股东报告公司的利润）最大化（以提高公司股票的价格）来反避税。许多避税措施都试图减少应纳税所得额，同时保持或增加公司的账面收入。一些人认为让公司对公众提供更详细、充分的关于其应纳税所得额和税收支出的数据，可能会减少公司避税和人为增加账面收入的动机。这不仅有利于改善税制，也有利于提高金融市场的效率。账面收入和应纳税所得额之间的差额可能会被视作一个公司在误导投资者的信号。例如，我们可以在安然事件中看到这一信号的作用。另外，相对于详细信息，股东更倾向于低税负，因此这种信号是否有用或是有多大作用尚不清楚。然而，披露更详细的信息会使公众更加了解企业的避税行为，这可以更好地解决这个问题。2004 年开始，我们向这个方向迈进了积极的一步，增加了一个新企业所得税表格（M-3），其要求企业提供更详实的账目来解释账面收入和应纳税所得额之间的差异。① 这会让国税局更容易识别和核查潜在的避税行为，并且使稽查更具有针对性。公开披露企业所填制的 M-3 表格将使上面提到的其他方法更有效率。

① 从 2004 年起，M-3 申报表的填写要求对企业信息的公开披露是非常有效的。Mills 和 Plesko（2003）讨论了类似 M-3 申报表的一种新的提议。Lenter，Shackelford 和 Slemrod（2003）的相关文献对 M-3 的优缺点进行了分析。

8.3 通货膨胀指数

美国所得税忽视了通胀对测量资本收益的影响。有时候，这会夸大收入，使得应纳税所得额不以真实收入为依据。另一些时候，又会因为夸大扣除额而低估收入。这将导致储蓄和投资无效率。在第4章中，我们解释了为什么夸大资本收益和扣除额会大大提高实际税率（运用于收入和扣除），并会进一步扭曲激励效应。在第6章中，我们讨论了为什么在所得税制下解决这个问题很困难，而在消费税中不会出现类似问题。

在当前通胀率比较低的情况下，这个问题不会很严重，因为名义资本回报大部分反映的是真实收入，而非由通胀引起的收入。如果我们确定通胀率不会变得更高，那么我们可以很轻松地解决这个问题。然而，如果通胀率高达两位数，则错误的测量将会是一个非常严重的问题，因此财政部在1984年税制改革中建议制定一个全面的方案，以指数化通胀下的资本收益。这绝不是一项简单的工作，同时无疑会使纳税程序复杂化。财政部提议让纳税人使用可以反映通货膨胀的购买价格来计算应纳税资本收益。此外，这项提案允许公司用通胀指数（而非用去年的通胀率）计算可折旧资产、以先进先出法计量的存货和利息收支（除了支付抵押贷款）。[①] 即便如此，在很多情况下，结果仅仅大致接近真实值。由于其复杂性，这项指数化方案并没有通过立法，最后没有成为《1986年的税制改革法案》的一部分。

让整个所得税制不受通胀影响显然是一项艰巨的任务。然而尽管如此，许多国家（大多数经历了高通胀率）依旧不得不在一定程度上指数化其所得税制。仅仅指数化一部分征税对象会导致一些问题。例如，考虑这样一种方案，仅指数化资本收益，那么在计算应纳税所得额的时候，销售资产的人就可以根据资产现在的价格来计算成本，从而提高扣除额。这会改善对真实资本收益的衡量，但是，这也会使得对能够产生资本收益的资产投资会比其

① 请见 Halperin 和 Steuerle（1988）的相关著作。

他投资更具吸引力。此外，在高通胀的环境下，这种做法会使得企业借债购买资本资产具有很大优势：由高名义利率引起的高利息支出会被全额扣除（即使这时的名义利率很大程度上代表着通胀附加率），而任何名义资本收益将会被免税。这是一个经典的避税方案：借款，利息抵扣，购买享受税收优惠的资产。这种避税方案的经济成本是：企业会放弃那些没有税收优惠但可能会带来更高回报的投资。另外，这还会增加工作的复杂性，不仅是因为指数化过程本身很复杂，还因为企业会为减税而进行额外的金融交易（比如借钱购买资产）。

最后，我们需要注意：由于通胀造成的错误测量与由其引起的纳税等级攀升是两个完全独立的问题。当税级、免税额和其他金额受到物价上涨的影响时，税级攀升问题就会出现。但是该问题已经在1984年的时候得到了解决，现在税级、个人免税额、标准扣除额和其他金额会随着通胀率的提高而提高。然而，税级攀升可能不久之后又会成为一个问题，因为现在并没有用指数化替代最小赋税。不管怎样，即使解决了税级攀升问题，错误测量问题仍然会存在。事实上，即使在单一税率（不存在税级攀升）下，这个问题仍然会存在。

8.4 资本收益

对资本收益的课征方式是所得税中最具争议的问题之一，共和党希望尽可能地降低资本收益的税率，而民主党则希望使其税率接近其他类型所得。这是一个很容易引起分歧的问题，因为资本收益往往集中在高收入群体。例如，在2004年，税收调整后的总收益（AGI）超过20万美元的家庭占有78%的资本收益，而资本收益占到这些家庭AGI的23%。[①] 因为资本收益如此集中，对资本收益的税收优惠就会类似于“涓滴经济学”中的一个典型

① （美国）国内收入署，收入统计部，2004年个人所得税申报情况报告（2004，表1.4），<http：//www.irs.gov/pub/irs-soi/04in14ar.xls>（查询于2007年4月2日）。“资本利得”这里被定义为如下项目之和：表1.4中的“资本利得分配”（第22列）、“应税净利得”（第24列）以及“房产而非资本资产的销售情况：净利得”（第66列）。

案例，即短期内小部分富人会获得大量收益，而在长期，是否能更平均地分配收益，还存在着激烈争论。

根据经济学家对收入的定义（消费额加上财富的调整额），资产真实价值的上升必定属于收入范畴。例如，当你持有的股票的价格从1 000美元上涨到1 100 美元时，你的财产增加了100 美元，这与你中了100 美元彩票或由于加班而得到100 元报酬是一样的。[①] 这 100 美元收益应该在价值增长发生时计入收入（不管你是否将资产变卖）。基于这种逻辑，所有的资本收益都应该在产生时被纳入应纳税所得中，并且不应予以税收优惠。

然而，要全面运用这个逻辑并不简单。对于许多资产来说，国税局甚至是其所有者要获得其市场价值都是极度困难的。当然，要获得在纳斯达克和纽约证券交易所交易的高流动证券的价值并不是个问题。但是，对于房地产或是绘画等资产，这却是一个问题。从税收管理的角度来看，要求纳税人每年评估其资本资产的价值（以便使他们报告价值的增加值）并让国税局审查这些报告，是相当繁琐的。

现实中，资本收益仅仅在其“实现”（通常是指变卖资产的时候）时才被征税，而不是在增值的时候被征税。[②] 把对资本收益征税的时间推迟到销售之后，而不是资产增值之时，意味着给予纳税人货币时间价值（让纳税义务发生的时间更晚而非更早，通常对纳税人更有利）。从某种意义上讲，国税局向资产持有者提供了一份相当于应纳税款的无息贷款，这份无息贷款的期限开始于资本收益产生，终止于资产被变卖。当名义利率更高，资产持有期更长的时候，这笔无息贷款会更有价值。由于延期纳税的种种好处（在资产被销售的时候而非增值的时候对其征税），让纳税人有更强的动机去长期持有已增值的资产，这个现象被称为“锁定效应”。由于当前税法中

① 例如，我们忽略了通胀因素，因此刚才讨论的——股票价格的上升（部分是由于价格水平上涨导致）并不能全部列入收入的范畴。

② 假如你购买了价值100 美元的 Pfizer 的股票，持有该股票时你无须纳税。如果5 年之后你卖掉该股票获益300 美元，则其中的200 美元的资本利得收入便作为你在出售股票年份的应税收入，即便这200 美元的股票增值发生在你持有股票的第一年。

的另一个特征（如果资产在持有人一生中都没被卖出，那么根本就不会对资本收益征税），这种锁定效应的影响会大大增强。

由于可以延期纳税甚至免税，潜在增值的资产比起获得收益时需要纳税的资产（如应税债券）更具吸引力。这使得那些更容易以升值形式回报投资者的资产在税收上占据优势。

另外，由于这些税收优惠，纳税人有强烈的动机把普通收入重新包装成资本收益。购买待修房的人正是利用了税法的这一特征，因为他们投入房产中的时间和精力不以劳动收入计税。这些投入体现为更高的房价，并且由于税法上对业主房屋资本收益的优惠规定，其几乎不会被征税。其他一些富有经验的纳税人利用优先认股权或是公司“破产”使得劳动收入变成资本收益。一些律师推测，在 1986 年税制改革以前（当时资本收益在税率上有很大的优惠，低于最高税率 30 个百分点），税收的复杂性有一半应归因于这些规定。①

1986 年税制改革几乎废除了在资本收益上的税率差异，虽然其在延迟纳税和死亡税收豁免方面的优势仍然存在。但是，税率差异在后来又有所扩大，现在普通收入处于 35% 税级的纳税人支付的资本收益税率不会超过 15% 。

虽然这些问题是由税收优惠引起的，但是如果按一般的方式对资本收益征税又会造成新的问题，尤其是基于当前税制中的其他一些特征。第一，在通货膨胀时期，大量资本增值并不代表真实收入增长，而仅仅是因为赶上了物价上涨。第二，公司股票的资本收益已经通过公司所得税在一定程度上被征税了。第三，在以收入实现制为基础的税制下，对资本收益加以更高的税率必然会对资本资产的有效销售造成一定的阻碍（先前已讨论的锁定效应）。第四，允许全额扣除资本损失是不可行的，因为拥有多样化的投资组

---

① 诺贝尔经济学奖得主 William Vickrey（1977）对该问题进行了鲜明的阐述：要特别强调的是，若将资本利得从其他形式的收入中分离出来，这无论如何都将导致严重和反复的市场扭曲。一方面会给税收征管工作带来沉重负担；另一方面会使市场上孳生出许多错综复杂的、异乎寻常的业务，而开展这些业务的目的是将本来是应税的收入转化为有着各种税收优惠的合法的资本利得……我们没有理由相信，由税收优惠引起的各类资本形成所产生的资本利得比其他的资本利得更好；相反，我们有理由相信，因这样的资本投资所产生的市场扭曲将显著地减损已有的利益。

合的投资者可以“择优挑选”其资产，卖出亏损的资产持有盈利的资产，导致其能不断地制造损失（为了节税）。[1] 另外，当前对待资本损失和收益的不平等政策，使得大家并不看好个人投资者的投资前景：投资结果好的时候，政府会分享一部分收益；而结果差的时候，就只会得到政府很少的帮助。这种处理方式抑制了风险投资。

一个综合的方案，比如 CBIT 或是兰·布尔曼的“资本收入一次赋税”计划（这些已在这章的前面部分讨论论过），将会有助于解决这个问题。这些计划可以彻底消除对公司股票收益的双重征税。同时在实施这项计划之后，还可以消除与利润再投资的收益相关的锁定效应。这是因为当在个人层面上实现这些收益时，它们不会再被征税了，并且当潜在的收入产生时，会在公司层面上征税。此外，布尔曼的计划还可以解决对其他资产征税过低的问题（相对于 CBIT）。

如果能解决因纳税人终生持有资产而无法对其征税的问题，那么将会大大减少锁定效应和避税活动。应纳税资本收益是资产出售价与资产基础价之差，其中资产基础价通常是指个人最初购买该项资产时所支付的金额。在当前制度下，继承者可以把所继承资产的基础价提高到该项资产在捐赠人死亡时的现价，所以这一金额以下资本增值的部分就永远不会被征税了。这为避税行为提供了一条有效的途径。事实上，资本所有者可以通过一定手段在不需要支付所得税的前提下消费未实现的资本收益，同时甚至可以减少其他税费。例如，某人可以终生持有已增值资产，这样并不需要为这些收益纳税，同时还可以通过房屋净值贷款将贷款用于消费，这些利息可以在所得税前扣除。当他死亡后，继承人会卖掉这些资产（无需纳税），然后用变卖资产的收益来偿还先前债务。

一项提案是对资产持有人死亡时未实现的资本收益征税，这样会大大减少锁定效应和避税行为。另一项提案是要求保留捐赠者捐赠资产的基础价

---

① 实际上，允许对资产损失进行所得税前全额扣除，这将激励企业故意持有由负相关资产组成的投资组合（如一类资产的价格上涨时，另一类资产的价格下降），因为这将使企业总会有负资产进行出售，以其资产损失抵扣收入，从而减少税负。

值，这样无论继承者是否出售该项资产，捐赠者生前积累的资本收益最终都会被征税。①

正如在本章前面所讨论的，指数化所得税可以限制对资本收益过度征税，但却难以实施。然而，仅仅指数化资本收益，而不指数化其他的资本收入和扣除额是有缺陷的。对资本收益征收比其他收入更低的税率通常可以减少锁定效应，鼓励投资者承当风险和减少双重征税。但是对不同收入实行不同税率会导致上面提到的问题。这并不是一个解决双重征税的好方法，因为除了公司股票外还有许多可增值资产。

由于上述这些原因，我们无法很好解决这个问题，一方面理论上希望对所有类收入统一课税以把扭曲和复杂性降到最低，另一方面实践中很难实行真正的统一。无论二者协调得如何，这里有一个关于资本收益税收政策的警告：扩大对目前已积累的资本收益的税收优惠不会刺激纳税人购买新的股票或是不动产，它仅仅会给纳税人带来与过去决策相关的意外收益。所以，任何新的优惠政策（如果可行）的惠及范围应该仅限于新的收益。

8.5 所得税储蓄刺激

正如我们贯穿全书所强调的，美国联邦所得税制事实上是一种尴尬的结合（所得税和消费税）。一部分原因是：各种规定（包括个人退休账户、基奥计划、401（k）和403（b）退休金计划，和许多其他的享有税收优惠的退休金计划和储蓄账户）减轻了储蓄收益的税负。近年来，政府大大增加了这一类计划。这在一定程度上反映了政府对消费税的偏爱程度不断提高，

① 《2001年税收法案》制定了适用于富人的原计税基础原则（Carry-over Basis）（Carry-over Basis，这里暂译为原计税基础原则（意译），在美国遗产税法中指的是针对遗产赠与和信托资金转移而设定的规则。比如，如果遗赠资产的市场现值（比如20美元）大于赠与人曾经取得该资产时的价值（15美元），那么根据原计税基础原则，受赠人在出售该资产时（比如售价为30美元）实现的资本利得为15美元（30-15）；而在没有原计税基础原则时，实现的资本利得为10美元（30-20）。这样就减少了纳税人持有已升值的资产遗赠给后代以避免纳税的动机——译者注）规则以及（临时）制定的至2010年废除遗产税的计划。在新的税法下，美国已婚夫妇遗赠给后代的总资产的价值（采用原计税基础规则）将会被有效地限制在56亿美元。任何超过该资产原计税基础的未实现的资本利得将会在继承人出售该资产时对其征税。立法者认识到现今遗产税，对通过持有已升值的资产以达到避税目的的纳税人行为，起到了一定的抑制作用。另外，立法者还担心如果遗产税被废除，各种形式的避税行为将越发的严重。因此，才有了《2001年税收法案》的产生。

可能还结合着对基本税制改革的思考，所以对这些储蓄账户实行税收优惠会被看作是转向消费税制的一种可行方式。然而，由于一些将要在下面所讨论的原因，目前大部分这类提议（要求增加这类账户）并不能以一种税收中性的方式过渡到消费税制（人们所一贯设计的）。

这些计划有三个基本特征：第一，由这些账户带来的一般性收益是免所得税的，因为它们会被征收消费税。在大多数情况下，这是通过对雇主和雇员存入款项免税，对利息、股息和其他由这些账户带来的收益免税，并对从这些账户提款征税等三方面的措施来实现的。但在某些情况下，比如罗斯个人退休金账户，存款是不能在应税收入中扣除的，但是收益和提款是免税的，这也能有效地对储蓄收益免税。第二，政府以不同方式规定了享受税收优惠存款的最高限额。例如，在2007年，个人退休账户的年度存款，对50岁以下公民的最高金额是4 000美元，对50岁以上公民的最高金额是5 000美元。第三，在某些情况下，收入低于某一水平的人才有资格享受这些优惠。例如，在2007年AGI介于80 000～100 000美元之间的已婚夫妻没有享受传统个人退休金计划的资格，除非任何一方拥有一份雇主提供的退休金计划，AGI介于150 000～160 000美元之间的已婚夫妇没有享受罗斯退休金计划的资格。

储蓄税收优惠计划的提倡者认为，他们让许多人有机会获得消费税制下的经济利益（储蓄收益免税）；但是他们也会制定一些限制措施（对比完全对储蓄收益免税）来减少政府损失，并限制高收入者（拥有大量资本收益）享受优惠。然而，在某些情况下，这种所得税和消费税的结合只会展现出二者的缺点——损失了政府收入，并且没有刺激储蓄。

要分析这个问题，首先要考虑存款限制所涉及的一些问题。例如，目前对50岁以下公民的个人退休账户享受税收优惠的最高存款限额是4 000美元，这个限额对于那些不希望或是没有能力存款4 000美元的人来说是没有意义的，所以个人退休账户只会促使他们存入他们可以（精神上和物质上）达到的最高金额。然而，对于那些存款多于税收优惠最高限额和不介意惩罚提前提款的纳税人来说，个人退休账户扣除额是一项很好的优惠措施，但是这绝对不会影响他们的存款数额。如果你正在决定是否存 5 000 或 6 000 美元，个人退休账户计划是不重要的，因为你已经超过了存款限额。因此，个人退休账户计划只会给你的存款以优惠，但不会刺激你去进行更多的储蓄。事实上，税收减免会增加你的可支配收入，拥有一个个人退休账户会增加你的消费支出，这会减少而非增加国家总储蓄。此外，不能激励储蓄的减税是无效率的，因为这意味着我们放弃了其他一些可能有激励效果的措施。这就是为什么 1986 年税收改革会把享受个人退休账户优惠的资格限定为收入低于一定金额的人群，这些人的存款无论如何都不太可能超过最高限额。

另一个关键问题是，虽然个人退休金账户和其他享受税收优惠的储蓄计划希望鼓励储蓄，但是这样只会增加账户中的存款，增加存款并不等同于增加储蓄。结果是，拥有账户外资产和借款能力的人根本就不需要存入新的储蓄，就可以利用个人退休金账户和养老金减少他们的税收。看看这是如何操作的，考虑有这样一个人，他多年来储蓄了 12 000 美元并把这些钱投资于股票和债券。如果他把 4 000 美元存入一个传统个人退休金账户中，那么即使他的总储蓄没有改变，也能获得税收优惠；这些储蓄仅仅被从一个账户转到了另一个账户。当然，如果他每年存入 4 000 美元（并且没有新的储蓄），3 年后他将把他所有的财富转到个人退休金账户中。那时，他可能会面临个人退休金的新规则：要得到更多的税收优惠，必须存入新的储蓄。但是即使那样，他也可以通过借款来增加存款，避免真正地存入新的储蓄（相当于减少应支付的贷款利率）。只要贷款利息可以在所得税前扣除，这个纳税人就可以用这个方法来赚钱，例如这可以是一个房屋抵押贷款。

当前的储蓄刺激政策仅仅增加了存款而非储蓄，一个原因是存款更容易被测量。要精确测量储蓄可能会要求每个纳税人记录所有增加的资产，并减去存款和所有借款。但正如先前所讨论的，这些程序会大大增加税制的复杂程度。

一些关于个人退休金账户和养老金账户的基本事实可以帮助说明这个问题的本质和程度。在 2002 年，当时的个人退休金账户最高限额标准是：50 岁以下 3 000 美元，50 岁以上 3 500 美元；加入传统或罗斯个人退休金计划的人中，有42%的人选择存入与其年龄层的最高限额相等的款项。[①] 因此，对于许多个人退休金账户计划参与者，个人退休金账户可能提供的是一笔意外收益，而非储蓄动机。[②] 此外，事实证明，绝大多数拥有个人退休金账户资格的人根本没有存钱。在2002年，只有10.3%的家庭真正存了钱。[③]

关于养老金的情况更复杂一些。在2004年，在成员最大年龄在65岁以下的家庭中，有超过半数的家庭（50.5%）至少有一个人参加雇主提供的养老金计划，38.5%的家庭拥有资方养老金计划——比如401（K）计划，有24.2%的家庭加入了养老金福利计划（资方养老金计划和养老金福利计划有重叠）。[④] 养老金福利计划事实上对个人储蓄没有任何影响，因为员工不能控制资方存款额。大多数资方养老金计划参加者有机会增加其免税存款，因此这一计划可能会刺激储蓄（或者至少是账户存款）。例如，国会研究处的一项报告表明，在2003年只有3%的资方养老金计划参加者每月的雇员存款额为1 000美元，这相当于年雇员存款额达到了当时免税存款额的最高限额12 000美元。因此，绝大多数人本来可以存入更多的钱，但他们却没有这么做。[⑤]

个人退休金账户计划和资方养老金计划的底线是使大多数人有机会增加退休储蓄（可享受消费税待遇），虽然大部分人没有利用这个机会。另外，大部分真正参加个人退休金账户计划的人正在使其免税的存款最大化。对于他们来说，这些特别税收待遇提供的是意外收益，而非储蓄动机。

一些经济学家认为，这些退休储蓄账户提供了一个重要的制度保证，帮助人们克服不愿进行退休储蓄（最终有利于他们）的自然本性。传统经济模型假设人们的储蓄行为（和所有其他的行为）具有前瞻性，信息充分和完全理性。但是越来越多的证据表明这一假设有一些问题，比如纳税人被引

① 作者的计算结果是基于Bryant和Sailer（2006，表11）的相关文献中的数据。在2002年，有550万美国人向传统个人退休账户缴款，有610万美国人向罗斯个人退休账户缴款。

② 一些个人退休账户缴款者的家庭成员（配偶）缴纳了超过规定限制的缴款，而其他一些可能缴纳的金额低于限额，但根据个人退休账户规定，他们终将达到该限值标准。

③ Copeland（2007，图6）。

④ Copeland（2006，图3），其数据是基于2004年消费者金融调查报告。

⑤ Purcell（2005，表3）。

诱花掉当期的存款，对金融计划的基本原理理解较少和很少考虑储蓄计划。例如，最近的研究表明员工的养老金决策往往遵循“阻力最小路径”，接受雇主所提供的任何错误计划。与此相反，一个储蓄完全理性的模型往往会预测雇员会根据他们的偏好、环境和动机来利用这些计划、调整存款额和选择储蓄的种类。这意味着，类似雇主供款养老金计划那样的计划可能不受员工储蓄动机的影响，但会对储蓄造成重大影响。① 所以，税收优惠应该刺激雇主增加储蓄。但是，向消费税制转型必定会影响雇主供款养老金制度，因为对雇主的税收优惠将消失。因此，这一理论认为这类改革可能会减少储蓄。

现在许多经济学家认真对待一个观点，即某些人的储蓄量不能达到他们“应该”储蓄的数额，由于当期消费压力和储蓄不足，这一问题对于中、低收入阶层而言尤为严重。② 另外，中、低收入群体也较少参加养老金计划，因此他们难以享受养老金提供的保障。这些问题需要新的政策来解决，比如对低收入者进行储蓄补贴，同时培养低收入者的储蓄习惯。《2001 年的税收法案》向这个方向迈进了一步，把退休储蓄账户的税收抵免额提高到50%，比如将低收入者的个人退休金账户年度最高抵免额提高到个人 1 000 美元、夫妻 2 000 美元。③

提高存款限额能使人们更少地受到限额约束，对于他们来说这项计划可能会刺激他们增加储蓄，而不是仅仅提供意外收益。④ 另外，对于那些资产多于限额的人来说，这项计划可能会增加他们的意外收益。提高类似个人退休金账户的存款限额，会刺激一些高收入者储蓄，但对于大多数的高收入者来说，这只是提供了一个把应税资产转成免税资产的机会。因此，我们可以看到绝大多数存款低于限额的人不受这项计划影响，而较高收入的人却会因

① Choi，Laibson，Madrian 和 Metrick（2002），以及 Thaler 和 Benartzi（2004）对雇主提供的年金中的违约选择权进行了讨论。Bernheim（2002）研究了关于储蓄的行为模型分析的理论与实证。

② 在 Thaler 和 Benartzi（2004）的相关文献中提到，在“提高储蓄率计划”中，雇员可以选择将一定比例的未来薪酬储蓄入退休账户。

③ 然而，该计划并不能有效实现所既定的目标，因为计划中的抵免是不能退款的，因此很少有人能从中获益。另外，该计划受我们前面讨论过的问题影响。

④ 这样的提议由布什政府于 2003 年提出。美国财政部（2003）描述了该方案，且 Burman，Gale 和 Orszag（2003）对其给予了评价。

此获益。

虽然扩大储蓄账户延期纳税被当作是向消费税制方向迈进了一步，但是它事实上根本不是向消费税转型的一种途径。正如第 6 章所讲解的，向消费税转型会对消费财富（先前存在的）行为征税，并且这种改革的大部分经济利益来自于这种过渡性税收。与此相反，储蓄账户延期纳税政策会使得人们通过转移资产到这类账户来避免对资产收益（先前存在）纳税。这样就没有任何过渡性税收负担。同样地，征收工资税时也会出现类似情况。此外，这种做法保留了所得税与消费税相矛盾的地方，比如利息扣除，这会增加避税行为发生的几率并鼓励人们当期消费（而非储蓄）。

总而言之，在所得税制下，这些储蓄计划在刺激储蓄方面是没有效率的。如果假定人们是储蓄不足的（这并不明显），那么诸如对低收入储蓄者实行税收减免、促使他们参加养老金计划等政策是值得考虑的。最后，如果养老金是增加储蓄的关键因素，那么最重要的一点就是对雇主的税收激励。事实证明，在消费税制下，雇主提供的养老金可能减少，这意味着私人储蓄也可能减少。

8.6 遗产税

征收遗产税的目的与所得税类似，并且对其支持与反对的原因也相似。现代遗产税制定于 1916 年（仅在颁布所得税 3 年之后），但直到近期才受到政治上的关注。然而，尽管对于是否应该废除所得税一直处于讨论之中，但废除遗产税的提案已经通过了。2001 年制定的税法规定：到 2009 年逐步提高遗产税的起征点并降低税率，并在 2010 年完全废除遗产税，然后在 2011 年使其恢复到 2001 以前的水平。这种奇怪的处理方式会使得遗产税问题在不久的将来重新出现。

为什么会制定遗产税？支持者的主要论点是：遗产税是累计税制重要组成部分。在 2005 年，只有 20 250 份遗产税纳税申报，这意味着大约有

0.9%的富人死亡。① 其中大部分是2004年死亡的，当时的起征点为150万美元。在2007年，起征点上升到200万美元，并且计划在2009年达到350万美元。因此随着时间的推移，遗产税将仅仅适用于社会最富的阶层。在2005年，有3 600份遗产税纳税申报表的遗产总额达到500万以上，代表了大约0.15%的富人，占到联邦遗产税总额217亿美元的73%。② 正如第3章所谈到的：最近，最高收入阶层的财富和收入显著增长，最富阶层遗产税收入的增长将可能导致遗产税收入总量在近期显著增长。虽然对配偶和慈善机构的扣除额没有限制，但这些最富阶层的遗产在2007年仍然会超过起征点并达到45%的税率。这些特点使得遗产税到目前为止是所有税种中最具累进性的。

虽然2005年遗产与赠与税的总收入仅占到联邦税收收入的1%，但它代表高收入阶层的税负，具有重要意义。③ 例如，在2005年，AGI高于20万美元的纳税人有2.6%（根据所得税申报表），他们所缴纳的个税总额在当年达到4 720亿美元，遗产税和赠与税的收入等于这一收入的5.3%。④

在第3章中，我们已经讨论了关于支持与反对累进税制的原因。然而，如果遗产税的目的是实现累进性，那么为什么遗产税会对高收入群体实行更高的税率？使用遗产税作为对所得税的补充的原因之一是：所得税不能对绝大部分收入征税，这使得我们很难实现社会所期望的横向公平与纵向公平。例如，根据麻省理工大学经济学家詹姆斯·波特巴与美国联储委员会Scott Weisbenner的估计，价值超过500万的遗产中有42%是未实现的资本收益，

① 2005年的遗产税申报数量来源于<http://www.irs.gov/pub/irssoi/05es01fyr.xls>（登陆于2007年4月3日）。我们用这一数据除以2004年25岁及以上年龄的死亡人数，其中绝大多数为2005年的遗产税申报涉及者。2004年的死亡人数来源于Miniño，Heron和Smith（2006，表1）的相关文献。在编写本书时，2001年以后涉及遗产赠与人死亡年份的遗产税申报数据暂时还无法得出。

② 作者的计算是基于（美国）国内收入署税局的个人所得税申报情况报告<http://www.irs.gov/pub/irs-soi/05es01fyr.xls>（查询于2007年4月3日），以及Miniño，Heron，和Smith（2006，表1）的相关文献。遗产税纳税义务基于国税局相关文献中的“净遗产税”一表。

③ 这里将联邦税收收入定义为下列收入之和：本期税收、政府社保项目的应收缴款以及遗产与赠与税（美国经济研究分析局，2007，表3.2，表5.10）。

④ 联邦税收收入的数据来源于美国经济研究分析局（2007，表5.10）。个人所得税申报数据来源于Balkovic（2007，表1）。

这部分收入是绝对不会被征收所得税的。① 同时，遗产税在提高富人税收上具有行政简便的优势。即使最后没有达到征收遗产税的标准，也同样需要通过一个详细的法律程序来揭示有关被继承人的遗产信息，而此类信息很难通过其他方式获得。

遗产税的支持者与反对者都把横向公平作为自己的论据。支持者认为获得巨额遗产的人导致了起点不公平（拥有不劳而获的优势）；反对者认为应主要讨论捐赠人而非受赠者，他们质疑于将遗产留给后代的人比在活着的时候就花掉钱的人是否更应该受到惩罚。这样，储蓄更多的人将面临更高的遗产税（如果其财富达到纳税标准）。

遗产税之所以受到支持，还因为它能激励富人进行慈善捐款（无论是在其生前还是死后）。由于慈善捐款是从遗产税中全额扣除，面临45%边际税率的遗产继承人捐赠1美元仅仅需要再从遗产中拿出55美分。因此，遗产税有效地把社会最富群体慈善捐款的相对价格减少了一半。遗产税同样会促使人们在活着的时候进行慈善捐款，因为生前对慈善机构的任何捐款都会在死后缴纳遗产税时扣除。在2005年，遗产税申报中有200亿美元慈善捐赠，AGI在20万美元以上的所得税申报单上记录了650亿慈善捐赠。② 大多数关于这个问题的实证研究表明：如果遗产税被取消，慈善捐款预计会大量减少。例如，在上个世纪，当遗产税边际税率上升时，遗产的捐赠比例也显著增加。③ 虽然这种相关可能是由其他原因所引起，但在控制这些影响因素，以及利用人们在不同时间和不同真实财富水平的情况和不同州的遗产税税率变化情况之后，研究人员发现慈善捐赠显著受到遗产税税率的影响，如果废除遗产税很可能造成慈善捐赠的减少。④

遗产税降低了富裕家庭的储蓄动机，这些家庭至少有部分储蓄的目的是

① 基于1998年消费者金融调查报告，Poterba和Weisbenner（2001，p. 440）估计出1998年的预期的全国总净资产额（个人拥有超过500万美元价值净资产的部分总计）为213亿美元，其中89亿美元的净资产存在未实现的资本利得。这些未实现资本利得的资产，一部分为通胀因素导致，而另一部分则由已缴纳了企业所得税的企业所得所致。

② 遗产税申报数据来自 <http：//www. irs. gov/pub/irs-soi/05es01fyr. xls>（2007年4月3日查询），所得税申报数据来自Balkovic（2007，表1）的相关文献。

③ Kopczuk和Slemrod（2003，图7.2）。

④ 关于遗产税与财产税对慈善捐赠的影响，请见Bakija，Gale和Slemrod（2003）的相关文献。

希望留下大量的遗产。毕竟，把所有的财产在生前消费掉而不留给后代任何财富，是一种逃避遗产税的方式。哥伦比亚大学的 Wojciech Kopczuk 发现：当遗产税边际税率比较高的时候，申报的遗产总量比用其他方法所预测的遗产总量要低一些。这一结果既反映了避税活动的增加，又说明了在高税率下财富积累的减少。①

从一方面来看，遗产税对储蓄的抑制作用可能并不大。有些遗赠行为是必然会发生的，因为人们还是希望给他们的后代留下些财富；另一方面，人们也会积累足够的财富以保证生前消费，这些财富在生前可能并没有花完，这样也会产生遗产。在这种情况下，人们可能并不会太在意遗产税。如果是这样，对遗产征税是具有经济效率的，因为它对人们的行为影响较小。并且通过遗产税减少继承人所能继承的遗产，会刺激继承者们努力工作，增加储蓄。②

另一个反对遗产税的理由与反对累进税相同——会抑制人们变富的意愿，包括努力工作，承担风险，或是创业。在高边际税率条件下，遗产税会强烈影响富人（或是那些认为自己很可能会变成富人的人）的这类决策。例如，一个拥有大量财富的老人可能会为留下遗产而继续工作，但是对遗产征收高税率可能会影响这一决定。目前几乎没有什么证据可以说明这个问题的存在，但却有证据表明继承大量遗产会减少继承者的劳动供给。③

公众对遗产税的讨论主要集中在其高税负（高到纳税人必须卖掉被遗赠的农场和小型企业来支付税款）上。但是，这是被严重夸大了的。在 2005 年，仅有 5% 的遗产申报中有农业资产，这些资产占应税遗产总额的 0.5%。非上市企业的价值占到应税遗产总额的 9%，但大部分企业并不是所谓的小企业。④ 应税遗产中的小企业和农场可以享受税收优惠，在 2006

---

① 请见 Kopczuk 和 Slemrod（2001）的相关文献。Holtz-Eakin 和 Marples（2001）得出结论，在美国出生时拥有大量遗产的人，在老年的时候他们的财富额却在减少。然而，他们采用的数据（来自于健康与退休调查中的一份 8 000 名老年户主的随机样本），并没有包括特别富有的群体，因此其结论有待商榷。

② Gale 和 Perozek（2001）讨论了关于遗产税如何影响储蓄的理论。

③ Holtz-Eakin，Joulfaian 和 Rosen（1993）。

④ 遗产税申报数据来自<http://www.irs.gov/pub/irs-soi/05es01fyr.xls>。企业资产（不包括公开发行交易的股票）这里定义为封闭持有股票、有限合伙人制度以及其他非法人的企业资产的价值之和。

年减免额最高可达 90 万美元。此外，税款也不需一次性付清。对企业和农场的遗产税可以在 14 年内分期付款。遗产规划中还常常涉及购买一份足够支付遗产税的人寿保险，这样相当于在捐赠者生前的若干年里分散支付了税款。鉴于此，遗产税和其他累进税（比如所得税）对纳税人的影响没有太大不同，因为税款被分在多年支付。在道德和经济上没有任何可以令人信服的理由给拥有企业和农场的人提供税收优惠（相对于那些拥有其他形式等额财富的人）。然而，为了纳税而不得不卖掉农场和企业的例子生动反映了高累进遗产税如何影响着纳税人的福利和创造财富的热情。`

遗产税是一种非常不受欢迎的税种。根据美国国家公共广播电视台在 2003 年的一项民意调查，57% 的美国人认为应该废除遗产税。部分是因为人们对把死亡与纳税结合起来的本能感到厌恶，部分则是因为大部分支持废除遗产税的人都错误地认为遗产税会适用于普通人。在调查中，39% 的回答者声称，他们反对遗产税是因为“它会在某一天影响到你”。49% 赞成废除遗产税的人认为“大多数家庭在有家人死亡时，需要缴纳遗产税”。所以，乐观主义和对遗产税的错误理解是人们反对遗产税的重要原因。①

8.7 简化所得税制

几乎每个人都声称支持简化税收制度，但自从《1986 年税收改革法案》颁布后，几乎后来每一次税法调整（有过多次调整）都让税制变得更加复杂。当前所得税制的许多特征都使税制变得更为复杂，但这绝不是由所得税本身所引起的。在这部分，我们讨论一些简化所得税制度的具体措施。

所得税中的替代最低税（AMTs）必须出现在简化税制的名单之中。我们曾在第 2 章讨论过个人替代最低税是一种很复杂的税，并且基本没有什么

① 该结果请见（美国）全国公共广播电台、恺撒家庭基金会以及哈佛大学肯尼迪政府学院（2003）的联合民意调查。其结果显示 48% 的投票参与者“希望更低的税负，即使公共服务也会相应地减少”；44% 的参与者“希望更多的公共服务，即使这意味着税负会增大。”；80% 的投票参与者认为“维持一些国家的公共基础服务的开支水平，如教育、医疗保险和社会保障的支出是比低税负更加重要的。”

政策依据。由于2001年的减税政策（使得许多纳税人的所得税负低于替代最低税负）和不能应对通货膨胀（没有允许纳税人指数化起征点的规定）的原因，个人替代最低税可能成了税制中最大的问题。到2010年可能会影响1/3的纳税人。① 在公司层面上，替代最低税往往需要许多公司做大量额外的会计工作（通常甚至不知道最后是否会用到）。虽然在2003年公司替代最低税仅仅筹集到23亿美元收入，但是许多公司认为它是整个税收程序中最复杂和繁重的一部分。② 替代最低税在很多情况下都是低效率的，因为它会错误地衡量收入，有时甚至还会使遭受亏损的公司纳税。

废除公司和个人替代最低税会大大简化税收程序和降低遵从负担。然而，这面临着实践中的障碍，尤其是废除个人替代最低税。如果延长2001至2006的所得税减税计划，那么废除个人替代最低税将导致未来10年之内减少1.7万亿美元的税收收入。③ 当然，收入上的损失可以通过提高税率（面临替代最低收入的纳税人所处收入段的税率）来弥补。从长期来看，废除替代最低税会使得税制更为简洁，并且较小地影响各阶层的税收负担。但是，由于当前仅有少数人（受到替代最低税影响）了解替代最低税，因此这项计划很容易被那些希望削减政府收入的政客描述成“增税”。

个人所得税法中另一处比较复杂的地方是大量逐步废除的豁免、扣除和抵免政策。大多数情况下，这基本上与提高某一收入段边际税率的作用相同。但是，这种做法具有政治上的优势，因为看上去并不像提高了税率，但在实际操作中却需要纳税人填写额外的申报表并且进行更复杂的计算。[44]虽然其中有些做法是合理（具有争议）的（比如限制上面所讨论的储蓄账户资格），但是大多数做法并非如此，我们可以用调整税率的方法取代它。

造成所得税复杂化的第三个主要原因是政府往往为了一个目的而制定出

---

① 这里的“纳税人”定义为在计算税额抵免后尚有所得税纳税义务的人。缴纳替代最低税的纳税人被定义为具有正的纳税义务，因替代最低税而减少了其抵免额，以及因替代最低税而减少了其扣除额的人。请见 Leiserson 和 Rohaly（2006b，表3）。

② 企业替代最低税收入数据来自<http：//www. irs. gov/pub/irs－soi/03co01er. xls>（查询于2007年4月3日）。一份大型企业的调查报告中，35.9%的参与者认为替代最低税导致了大部分纳税成本（Slemrod 和 Blumenthal，1996）。

③ 这代表从2008年到未来2017年的预计最低替代税收入情况（Leiserson 和 Rohaly，2006b，表1）。

不同的政策。例如，政府推出大量不同的税收抵免、扣除政策和特殊账户来补助高等教育支出，推出许多其他政策来促进人们进行退休储蓄。类似地，虽然推出勤劳所得税收抵免、子女抵免和个人免税额等措施是为了一个目的，但是这些抵免措施具有不同的规定（例如，每一项对“受抚养子女”的定义都不同），并且计算方法也不同。我们可以把这些措施合并成一条，以便能更简单地达到同一个目标。

废除一些税收分项扣除、抵免和豁免的规定可以大大简化纳税过程，这些规定使纳税申报更为复杂，并且常常要求纳税人熟悉复杂的条款和提交大量的资料。我们可以用更低的边际税率来替代这些优惠政策。不同于上面所提到的简化税制的措施，这会产生不同的后果（正面和负面的都有），某些（分项扣除）我们已经在第6章讨论过了。需要指出的更温和的方法是增加标准扣除额（可以减少大量的分项扣除），这也可以达到简化税制的目的。

8.8 技术的进步和免纳税申报制度

国税局业务操作的现代化不断（虽然缓慢）地改进纳税申报过程。近期最引人注意的创新是电子申报。在2006年，大约有7 300万份电子纳税申报单，占整体的54%。其中5 300万份由代理填制，2 000万份由纳税人自己填制并通过网络提交。[①] 国税局认为电子申报会减少申报的误差和时间，并且能更好地保护个人信息；对于纳税人来说，电子申报的退税时间比传统申报缩短了一半。诸如TurboTax等税收软件的出现使得许多纳税人以较低的成本简化了纳税申报过程，他们不再需要阅读大量复杂的报税说明、进行税额计算和填制表单。

其他许多国家（如英国和日本）根本不要求大部分的纳税人进行纳税申报。这些国家通过简化纳税人的税基和雇主代缴制度（在英国称之为PAYE，或是所得税预扣）保证年底时雇主扣缴税款：没有退税，也没有欠

① 美国国税局，FS－2007－8，2007年1月，<http：//www. irs. gov/newsroom/article/0，id＝165651，00. html>。

税。这种做法是有效的，因为对于大多数纳税人来说，利息和股息在支付时就以固定的税率征税了，并且这种制度是以个人为基础而不是以家庭为基础的（这种制度更容易正确地扣缴双职工家庭的应缴税款）。扣缴制度还可以准确反映分项扣除的情况。例如，在英国，15%的按揭利率通过银行就被直接扣除了。类似地，慈善捐赠由雇主在应税工资中扣除。虽然，英国近年来开始改变这种制度，但是它无疑表明了这种所得税制度（大多数人不需要进行纳税申报）是可行的。

事实上，有36个国家至少对其一部分纳税人使用了某种形式的免申报制度，这些国家几乎都使用了像英国那样的扣缴制度。另一些国家如丹麦和瑞典则使用了一种被称之为“税务机关协调”（TAR）的制度。在TAR下，税务机关基于纳税人、雇主和其他机构提供的信息计算其应纳税款。纳税人可以检查（并提出质疑）这些计算结果，并根据检查结果进行退税或是补缴税款。在2004年和2005年，加利福尼亚州开始对10 000名自愿者试行被称之为ReadyReturn的TAR制度，并且准备在2007年把人数增加到100万。

无论实行免申报制度还是税务机关协调制度，对于大多数纳税人来说，其都实现了“民粹主义的简化”，因为它们让大多数纳税人彻底告别了纳税申报。但它并没有解决企业和高收入家庭的问题。例如，这两种制度都不能处理营业收入和一些分项扣除或税收抵免的问题，所以除非有大量简化的税基，否则绝大部分纳税人仍需要进行纳税申报。[①]

8.9 总统联邦税制改革咨询小组

在布什总统成功连任的第三天，他宣布打算用他的政治资本进行一项雄心勃勃的国内议程，首先进行的就是社会保障和联邦税制的改革。虽然布什的社会保障计划的框架已为众所周知，但是他避开支持具体的税收改革，而让总统咨询小组提供一个概要。

① 关于零申报制度在全球各地如何实行的讨论，请见Gale和Holtzblatt（1997）的相关文献。

税制改革咨询小组由两党合作成立于 2005 年 1 月，走的是中间路线，不主张进行激进的税制改革，并且不明确赞成某一特定的改革结果。这个咨询小组的成员由两位精明的前参议员——康尼·马克（R-FL）和约翰·布鲁（D-LA）、著名学者、前国会议员、嘉兴理财顶级投资家、联邦贸易委员会前主席和前国税局局长组成。

根据布什总统的指令，专家在设计计划时不会使用减税政策，以使得改革在政治上更可行。但是，咨询小组被间接地允许 10 年内减少 1 万亿美元的财政收入（相对于现行法律），因为咨询小组的“税收中性”政策底线假设：2001 年到 2003 年的减税会一直持续下去，并且其他成本高昂的预算提案（包括大量的免税储蓄账户）可能会成为法律。

咨询小组还被要求至少设计一个基于当前所得税制的政策选项，所有的政策必须能够以“一种适当的累进”的方式来简化纳税遵从、分配税收负担，并且能推动经济增长、提供就业，同时“认识到住房和慈善在美国社会里的重要性”。最后一句话被广泛地解释为保留一些对按揭利息和慈善捐赠的税收优惠，这样就限制了两种可能扩展税基的重要途径。早在商议的时候，咨询小组就决定把“适当的累进”解释为不改变当前税收负担分布状况。

报告提供了两种改革提案——简化所得税方案（SIT）和增长与投资方案（GIT）。虽然二者有很大的不同，但是主题是一致的，并且其中调整扣除项的计划还深得中产阶级的支持。

两种方案都用统一的扣除取代现行 15% 的按揭利息扣除，并降低能享受税收优惠的抵押贷款上限，从 100 万美元降到 227 000 ~ 412 000 美元之间（各地区自己决定）。这两种方案还增加了所有纳税人的慈善扣除限额（不只是一部分），但是范围限定为捐赠支出超过总收入 1% 的纳税人。对一个家庭来说，如果雇主支付的医疗保险费超过 11 500 美元，那么超过部分会被当作收入来征税。两种方案都废除州和地方政府对个人和企业的税收扣除。另外，两个法案都废除了个人和企业的替代最低税（AMT），因而会减轻废除州和地方扣除对纳税人的影响。

咨询小组的其他建议也是明智和无可争议的。例如，两种方案都用更简化的抵免方式替换当前一团糟的个人免税额、标准扣除和子女抵免，并且用简化的工作抵免替换工作所得抵免和低收入家庭子女抵免。大量享有税收优惠的储蓄计划（最值得注意的是个人退休金账户和401（K）计划）会被三个改进的储蓄计划和一个低收入员工储蓄抵免计划所取代，这个抵免计划给予四口之家每年60 000美元的存款优惠。臭名昭著的1 040税表将从75行缩减到32行，各种工作表、资料表和其他附表将从52个缩减到10个。

该咨询小组的报告还涉及了另一个庄严的税改话题——企业税收。相对于《2003年税收法案》中对股息收益实行15%的最高税率，简化所得税方案（SIT）会更进一步。该方案对国内公司支付的股息实行免税，并且3/4的股票收益（出售美国公司股票）不计入应纳税所得额中。出售其他资产的资本收益会按普通收入全额征税。

SIT方案基于销售额把所有企业划分为三类，并相应地制定了不同的规则。例如，对属于最低一档的企业（销售额低于100万美元），可以将资本性支出当作费用支出（也就是可以当期扣除），而最高一档的企业（销售额高于1 000万美元）不论其组形式是公司制、合伙制还是其他形式，都需缴纳企业所得税。在经济和投资方案（GIT）下，所有企业（除去个人独资企业）都面临30%的税率。相比之下，现在非公司企业的收入通常被认为是个人收入的一部分，所以除了一些盈利较多的企业之外，这类企业的税率都低于30%。小型企业还被要求保存企业银行和信用账户，并报告给国税局。

咨询小组考虑最多的问题是能否用消费税替代当前的税制（名义上是所得税，但实际上是所得税和消费税笨拙的混合）。咨询小组拒绝采用零售营业税来代替所得税，因为它会导致税负分布的不公。但最令人瞩目的是管理上不可克服的困难，如果要用营业税取代所得税，就需要征收历史上前所未有的税率（很可能超过30%）。小组最终拒绝使用增值税，因为它作为一种“隐性”税收，会鼓励政策制定者提高税率（因为纳税人不会注意到税负）。

不幸的是，方案中掩盖了关于税收结构最基本的选择——所得税和消费税（咨询小组在报告中对X-tax消费税计划进行了详细说明，但没有得到一致认可）。另外，如果反对者的态度反映了公众的意见，那么提出实行纯粹的消费税只是在浪费时间。事实上，咨询小组所提出的两种方案都是混合体——对储蓄账户实行慷慨的税收优惠消除了大部分美国人在储蓄上的税收的所得税框架，在个人层面上对资本收益征税的消费税框架——意味着“纯粹”的税收制度在政治上不可行。

两个方案对税率的调整都比较温和。SIT下，个人所得税税率为15%、25%、30%、33%，对于公司所得的税率为30%；而GIT下，对劳动收入的税率为15%、25%、30%，个人资本收益的税率为15%，公司所得的税率为30%。尽管废除了许多扣除项目，但是还是不可能大幅度地降低税率并且仍然受到收入和税负分布的限制，主要原因是需要弥补由于废除AMT带来的收入减少，另外还需要弥补由于减少资本收益税收而带来的损失。

咨询小组的报告并没有在华盛顿政坛里引起波澜。第二天的《华尔街日报》中写到“税改蓝图引起不温不火的反应”。国会共和党收到报告后不置可否，然后参议院财政委员会主席查尔斯·格拉斯利（R-IO）认为某些想法“注定在政治上不受欢迎”。事实上，来自纽约（很可能有居民受到废除州税收扣除政策影响）的查尔斯·舒曼议员（在报告正式公布之前）把这份报告称之为“一份有害无益的提案……会增加纽约人民120亿美元的税收”。房产经纪人和开发商协会同样也反对这些提案，警告道，关于按揭利率的提案会导致“美国住宅物业的价值缩减15%或者更多”，并视之为“对房产拥有者最大的增税计划”。

根据咨询小组的建议制定的法案在国会中没有任何的进展。但是，其中的一些建议（比如把个人免税额、子女扣除和EITC合并为一个简化的抵免，把分项扣除合并成一种高于一般标准的抵免）引起人们很大的兴趣并可能真正实现（根据政治格局）。在咨询小组最后一次会议上，作为小组成员和前国会议员的比尔·弗兰泽尔说道：“我们不必现在就达到涅槃。我们需要做的是设定一个目标，让美国多年来能一直改进其税制。我认为我们正在这么做。”

8.10 一种综合的方法：增值税和所得税相结合

我们以一种不被任何政治家接受的计划来结束对税收改革的讨论，我们将原因概括如下。认为只能在所得税和消费税中二选一的观点是错误的，还有包含所得税和消费税（例如增值税）特征的“第三种方式”。这种方式存在于真实世界中，因为几乎所有的国家都征收这两种税。

引入增值税可以降低个人和公司所得税税率，并且有可能使大多数纳税人完全免缴个人所得税。① 近年来，耶鲁法学院的迈克尔·格里茨强烈提倡这种方法。② 他建议采用一个税基广泛的增值税，并采用大约15%的单一税率。由此产生的收入将用来取代当前个税中各种标准扣除、个人免税额和各类抵免（以100 000美元的标准扣除，单身50 000美元扣除额），并且把个人和公司所得税税率降到25%。这种标准扣除将使当前80%的纳税人不用再进行个税申报，并且使大多数纳税人不必进行分项扣除。在1992年，由即将离任的老布什领导的财政部推行了一个类似的计划，尽管其规模比较小，但构成了提案的本质内容。③

这一类计划会使得美国的所得税税率几乎低于其他所有工业化国家。然而，虽然所得税税率会大大降低，但是纳税人最终能获得多少收入取决于（大概）所得税税率和增值税税率的加总，所以改变税收结构不一定会改变最终的结果。但是，税收对储蓄的抑制作用会大大降低，因为增值税不会抑制储蓄。

税制转变所能带来大量的经济利益都应归功于增值税，虽然保留所得税制会减少这种利益。这是一个很好的“民粹主义的简化”的例子，因为通过提高纳税申报门槛，会免除数以百万计纳税人的申报义务，同时会使得许多仍需申报的纳税人不必再进行分项扣除。然而，另一方面，那些需要进行

① 或许可以用增值税与个人所得税并行的税制来代替现行的税制，这并非一个坏的想法。
② 该讨论是基于Graetz（2002）提出的建议。请见Graetz（1999）的相关文献对一般方法所持的观点。
③ Brady（1992）。

最复杂申报的人（和企业）仍然要继续申报。虽然它会大大减少个人纳税申报，但不会减轻申报的复杂程度。对遵从成本的减少程度也远远不及申报数量的减少。

虽然用增值税的收入来提高标准扣除可以以一种对中产阶级的税收负担产生较小影响的方式进行，但是这会大大增加那些本来就不需缴纳所得税并享受退税的低收入者的税收负担。所以，乍看之下，这好像是一个特别差的方案，结合了两种税中最不理想的要素——由对低收入者征收增值税造成的税负分配问题，和由对高收入者征收所得税引起的复杂和无效率问题。

格里茨认为这些瑕疵可以修复。对于低收入者，他建议可以通过社保税退还或抵免（根据劳动收入）来恢复税制的累进性。在当前工薪税的管理模式下，这类退还或抵免只能基于个人而非家庭的劳动收入，但是我们可以改变这种模式。但即使可以改变，工薪税无法对没有工作的低收入人员提供税收减免。要达到当前税制下的累进程度，需要相当大的税收减免支出，因为需要取代如 EITC 和子女抵免等减免措施，并且抵消由增值税所带来的税收负担。格里茨估计 15% 的增值税税率和 25% 的所得税税率足够提供这类减免，使得低收入者的情况不会恶化，并且能够获得与现行税制下相等的收入。

对于高收入者，可以通过各种保持税收中性的方法（在本章中讨论过），包括消除公司双重征税，来简化所得税并提高其效率。虽然内在结构和人为因素仍然存在，但是由于税率比较低，这些因素的影响会大大降低。

不同于诸如单一税和 X 税之类的提议，增值税和所得税的结合有着明显的优势，因为这两种税都已经在现实中成功地推行。由于基本上其他所有国家现在都在实行这两种税，我们已经积累了大量的相关经验。根据这种结合，增值税可以使用发票抵免，这对于实现其管理和执行上的优势是非常重要的。另外，相对于消费税对既存资本的过渡性税收减免，增值税和所得税的结合可以避免富人获得数额巨大的意外收益。另外，相对于消费税，这种方案仍然会影响拥有大量资本的人，造成其投资和储蓄决策的混乱和扭曲。

格里茨强调增值税和所得税结合的另一个潜在优势——它可以降低对采

取税收扣除、豁免和抵免（通常使使税基混乱）的政治压力，因为对大多数纳税人来说，税收不包含“个人”元素。鉴于现实中日益增加的各种形式的税收优惠——增值税免税，我们可能不应该对这种说法过于乐观。但是，如果让中产阶级免于纳税申报，那么说服中产阶级放弃分项扣除（许多基本税改计划的主要障碍）会更加容易，这至少看起来是合理的。

虽然这份提案有很多吸引人之处，但是没有被政治家采用。一个原因（我们猜测）是在当前的环境下，没有政治家会认可被电视广告称之为“新税”的东西，即使这个提案大幅度地减少了“老税”——所得税。如果税种的数量是衡量税收简洁、效率和公平的主要指标，那么这个计划得分会很低，因为它增加了一个税种。但是，税种的数量绝不是判断税制优劣与否的一个合理指标。

的确，固定成本与每一个单独税种有关，但是增值税能简化税制、带来经济利益和缩减所得税规模，这会使得额外费减少。另一个问题是，一些保守派显然很担心增值税，因为他们认为增值税在某种程度上导致了欧洲政府的高支出（相对于美国）：对于那些认为大政府（比税制无效率）是更严重问题的人来说，增值税的效率有些过度了。另外，目前尚不清楚其他影响因素，比如文化，是否是决定政府规模的主要因素。

最后，关于能否通过工薪税来对穷人进行税收减免，以及公众是否认为这一政策与所得税（具有相同特征）有本质区别这两个问题，仍然没有答案。特别地，为了抵消不合理的增值税税负，税收减免支出会非常大。

8.11 结　论

目前讨论的改革方案仅仅是备选方案中的一部分，并且政治上可能会最终选择其他方案。虽然，任何方案都可以根据其税率的结构、税基的简化程度和对所得税或是消费税税基的依赖程度来分类。

对于一个确信所得税制需要修改但不确定应该做什么的公民，改革应从哪里开始呢？一种方案是彻底改变现行税制，换之以一个税基简化并且基于消费税（而非所得税）的税制。我们认为零售营业税不能达到通常的公平与侵扰标准（我们期望税制能达到的标准）。它的“近亲”增值税，可以达到这个标准，但是如果不调整其他政策，它会赤裸裸地把富人的税负移到其他所有人身上，我们怀疑这会被大多数美国公民拒绝。剩下的单一税和X税（或者“升级的单一税”）为最佳的消费税方案。但是这些计划都是未经检验的，通常会造成税负分配不公，并会产生大量的意外收益或所得。此外，我们仍需要具体化那些关键的复杂细节（关于如何改革）。①

除了公平、效率和简化等实质性问题，我们感到这些计划不能通过“嗅探测试”。对于通常习惯于对所有所得征收个税的美国人来说，其会认为这种只对劳动所得征税的税制很不对劲。事实上，调查表明：大多数美国人认为对在慈善、医疗和按揭利息上支出较多的家庭征收低税率是公平的，对投资收益高于劳动收益的家庭征收低税是不公平的。

想到这类改革的不平稳，使我们联想到一部古老的英国电视剧《巨蟒剧团之飞翔的马戏团》中的一个场景。在这个场景中，一个会计来到一个改变工作顾问前，抱怨其工作的枯燥并询问关于转做训狮师的可能性。当顾问让他清楚地了解到狮子的凶猛后（这个会计之前一直认为狮子是种被驯养的动物），这个会计最后决定从事银行工作。

所得税制是否值得改进呢？税基肯定会被彻底简化，税制的复杂性和低效率问题也会得到解决。这样一来，我们就可以实行更低的税率，以此来减轻一些遗留问题的影响。不过，这些遗留问题会一直存在，因为任何基于所得的税收制度都会包含一些难以解决的内在问题。

---

① （美国）全国公共广播电台、恺撒家庭基金会以及哈佛大学肯尼迪政府学院（2003）。例如，该调查问卷有如下问题：“当两个家庭收入一样时，因为种种原因（此处为选项）一个家庭缴纳的税比另一个家庭少，您认为这公平吗？”当“该家庭比另一个家庭的医疗开支多”时，71%的参与者认为其公平。当“该家庭所承担的房贷按揭比另一个家庭多”，55%的参与者认为其公平。而当“该家庭获得了比另一家庭更多的资本收益”时，42%的参与者认为其公平，52%的参与者认为其不公平。

9

一份对选民关于税收政策争论的指南

人们对税收政策的种种观点往往可以总结为一个问题：到底是哪一种税收制度对我们自己是最优的？然而，这其中的主要争论在于人们对于税收政策的关注不应仅仅局限于哪一个政策会使自身及家庭利益最大化，而该关注范围已扩展至哪一个政策对整个国家是最优的。

要对税收政策做出详尽的、合理的评价，需要我们阐明自身对公平的理解，需要我们详细审评每一个敏锐的理论性的问题，并且最难的是，需要我们评估关于替代现行税制的税改带来的经济影响的一些互相矛盾的观点。这点特别困难，因为在关于税收改革的公众争论中占主导地位的提倡者们的目的在于劝说而不是教育人们要守法纳税。在本书中，我们已试图清楚地解释这些理论性的问题，并像读者阐明经济影响中已知的和未知的问题，还望读者作出自己的判断。

在当今的环境下，公民需学会该如何提出恰当的问题。如同报纸刊登超级碗决赛（Super Bowl，超级碗决赛，是指美国职业橄榄球联盟每年一度的决赛——译者注）或奥斯卡奖的收视指南一样。为帮助读者，在本书的第9章我们提供了一份关于如何选投合适的税收政策的选民指南，但这又不同于奥斯卡奖，在税收政策的公投中，我们每一位公民都有投票权。

9.1　税收减免 VS 税收改革

部分税收减免政策受到大众欢迎是因为倡议者们可以言之有理地声称绝大部分，甚至全部的纳税人都将获益。但是这样的声称具有极大的误导性，因为税收减免带来的财政收入缺口必然会带来隐患，如财政支出可能会被消减或出现赤字财政等问题，进而导致政府未来将通过增加税收或者减少政府公共服务来弥补。这一点，对现有税制下进行税收减免和进行以减少财政收入为目的的彻底的税制改革，都是有重要的警示意义的。

9.1.1　税收减免——税收制度中的特洛伊木马

支持税收减免政策的人们的真正目的并非保留税收最优制度本身，而是意指税收制度背后的政府规模。在减小政府规模的战斗中，税收减免是一个非常有战略意义的武器，其理念是通过减少税收收入来希望那些为赤字而感到担忧或对增加税赋感到厌恶的政治家们（或选民们）促使政府减少财政支出，并出台限制一些财政支出的方案。这虽然是一个很好的想法，但是需要的条件较为苛刻，即削减财政开支的收益要低于其成本。因此，真正的问题并不是税收制度，而是确定合理的政府规模和职能范围。

我们对税收减免这一“特洛伊木马”政策提议作出的反应是从整体评价计划方案。确定税收减免的倡议者最希望消减或取消哪些项目的开支计划？是农业补贴或者领先项目吗？他们希望哪些已被提议的财政项目停止？是处方药补贴还是增强国土安全建设？只有当我们对整个计划有了全局性的了解后，才能对其理论意义作出合理的判断与评价。而对该计划的另一反应是，究竟它会不会奏效？自2000年以来的历史经验告诉我们，这些税收减免政策的效果并不显著，赤字问题一直存在。

9.1.2 细节问题（恶魔在细节中）——税制改革的大麻烦

经过九十多年的改革历程，美国的所得税法已被构筑并修补为拜占庭式（1）的风格，扭曲而强硬。相比之下，比如一份两页纸的替代计划草案都很简洁，令人感到心旷神怡。但是，值得我们警惕的是，恶魔存在于税收制度的细节之中。

所有的税收制度都存在着需要规章和条例予以控制的“灰色区域”。因此，在税收制度中应有一个执行监管机构去监督税收负担是否被公平分配并承担，而并非有失公允地由自觉纳税或没有避税机会的一方承担。另外，由于现有税制往往存在诸多问题，税收制度迫于政治环境的压力需要进行改革。然而，由于一些暂行条例或者是政府允诺的一些法规规章的存在，导致税制改革越改革越复杂。

9.2 税制不是万能的

在有关所得税额扣除项目的争论中，支持的政治家们常常会提出所得税额扣除项目是如何对一些受公众称赞的项目起到激励作用的，如对住房（公有住房）、慈善事业和储蓄等方面的激励效应。但是每当我们听到“激励”这一说法时，都应将所得额扣除额所带来的负激励效应铭记于心——在所得税制中，所得额扣除项目的存在是以相对高税率为前提的，而这将给其他一些方面带来负向效应。

或许在某些情况下，通过颁布税收法规来确保社会性或经济性政策的实施是有意义的。但这里明确地设定了一个高门槛，即一些税收优惠隐性地藏在税收法典中将会导致一些“隐藏性”产业或收入分配政策的变相形成。

9.3 公平性——模棱两可又至关重要的概念

任何政治家或经济学家都不能明确阐述什么是真正意义上的公平。公平是每一个人都应自己做出判断的道德问题，也是一个在决定如何征收亿万美元税收时不可逃避的重要因素。一个世纪以前，美国哥伦比亚大学首席税收研究学者爱德文·R. A. 塞里格曼谈到“现代税收制度的历史实际上就是阶级敌对主义的历史”。而如今，“阶级”一词已被政治家们讥讽地用作脏话去攻击那些考虑税收政策所带来的收入分配效应的政党，比如“这简直是阶级战争！”但这个争论不能这样喊喊口号就不了而终。换一种煽动性小些的语气来讲，不仅是收入总量，收入再分配也同样重要。我们可能在社会价值、经济学视角上不同意这样的收入总量—收入分配上的均衡，但出于政治视角考虑，我们必须正视公平，而不仅仅是将其作为嘲讽的工具。

9.4 对经济复苏方案的怀疑

高税率会遏制经济发展新方案的实施，一些具有误导性的税收政策可能会导致我们在试图减少自身纳税义务时浪费市场资源。从某种角度上讲，这些问题都可以由税收改革来解决。然而，最重要的一点是税收负担如何在买卖双方之间公平地分配，即纳税义务必须与衡量生活水平如收入、消费和财富等指标联系在一起。然而，公平与经济发展的均衡点难以确定。

若我们采用某一新税制能够使经济持续增长，并能够使每个人的生活情况都得以改善，那么我们便可以暂不考虑公平性——这个模棱两可、无法得解的概念。但这并不大可能会发生。新的税制对经济复苏所起的作用是有限的。税制改革或者税收减免都无法一直使经济保持两倍的增长。然而，税制改革能为我们提供长期的经济收益，这是值得我们追寻的。

税收政策通过增加市场需求、减少市场过剩等方面，可以在短期内改善经济运行状况，但是政府支出会由此增加。自由主义经济学家们认为，对低收入人群的减税和支付转移是最优的反经济周期政策；而保守主义经济学家则认为最优的激励机制是刺激储蓄和投资，或者仅对证券市场的投资进行减免税。这两派经济学家对收税减免的态度相同并非巧合。而根本上的问题是，以上不同的经济复苏刺激方案会使不同的人群受益，并且各个方案的支持者在长期政府支出上有着不同的意见。但能确定的是，上述经济思想有一定的理论意义，只是没有阐明最优的短期经济刺激方案。

9.5 税收制度能够被优化

首先让我们重述一下赫拉克勒斯（赫拉克勒斯，大力神，是希腊神话中最伟大的英雄，又名海格力斯，相当于罗马神话中的赫丘利（Hercules）。宙斯与阿尔克墨涅之子。他神勇无比，完成了十二项丰功伟绩，被升为武仙座——译者注）的困境。赫拉克勒斯曾经因陷入疯狂而误杀了自己的妻儿，出于忏悔，他接受了迈锡尼（迈锡尼（古希腊语：Μυκ□ναι，拉丁语转写：Mycenae）是位于希腊伯罗奔尼撒半岛东北阿尔戈斯平原上的一座有着爱琴文明的城市遗址，位于科林斯和阿尔戈斯之间——译者注）的国王欧律斯透斯（欧律斯透斯（Eurystheus），珀耳修斯的孙子。赫拉克勒斯被罚为他做十二件大事——译者注）交付的十二项艰难无比的任务。其中第五项任务是最令人头疼的——在一天之内清理完奥革阿斯牛棚（奥革阿斯是伊利斯的国王，养有大量的牛。他的牛群全都按古代的习惯，关在宫殿前面的牛棚里，里面共有 3 000 多头牛。“奥革阿斯的牛圈”是来自希腊神话的一个典故，比喻藏污纳垢之地或长期积累难以解决的问题。列宁曾运用这个典故，来批评党内的官僚主义作风——无论我们怎么不乐意，也不得不费些时间来首先打扫一下这个奥革阿斯的牛圈——译者注）里堆积了 30 年的牛粪。（这对于税收体制的喻义是不言而喻的）赫拉克勒斯并没有一铲一铲地清理牛粪；相反地，他在牛棚的一边挖了一条沟渠，从神河阿尔甫斯和皮里奥斯中引水冲刷牛棚，一次性成功地完成了清理牛棚的任务。

在税收制度中有太多的问题需要清理。试图采用“赫拉克勒斯”式的方法在税制改革的争辩中立论是合理的。然而“最好”不应当成为“好”的敌人（伏尔泰的名言为：“Le mieux est l'nnemi du bien”，即 The perfect is the enemy of good，意为最好是好的敌人。其意思是从（良）好往最好（或者更好）上发展进步空间很小，要付出的自然而然就更多，在这期间会遇到很多很多的事情所以才称之为“敌人”——译者注），如果税制的基本改革不能进行，那么税制改革的争论就应该继续，因为税收制度是至关重要的，是绝对不容忽视的。

美国的税收制度可以做到更简洁、更公平、更有助于经济增长。或许某些情况下，税制中的一些变革可以达到上述全部三点；但大多数情况下，我们必须有取舍，作出艰难的抉择。希望这本书能帮助读者去辨析和抉择，引导读者进行“自我纳税”。

9.6 2010 年：一个充满“魔力”的年份

在布什政府时期通过的所有的税收减免法案都计划在 2010 年末前终止。假如该终止计划能够得以实现，则将大大地增加政府税收收入。2007 年，当民主党的总统候选者们开始陈述他们的税收计划时，关于“应做什么”去改善现行税制的政治斗争已经开始了。所有的主要参选者们都没有做出终止上述税收减免的计划，而仅仅是提议对收入为 200 000 美元或以上（250 000 美元，两位参选者提议）的高收入者取消税收减免。当总统竞选开始时，民主派控制的国会正在纳税人自愿接受的现收现付制度下运行着，其中现收现付制度要求税收减免应当与政府支付的削减政策所带来的收入增加相匹配。而最低限度税的浮出水面使得国会正忙于思考究竟该去做什么。

2010 年末——自 1945 年之后的 65 年——可以视为非官方的“婴儿潮一代”退出历史舞台的开端，并将掀起美国社保和医保的“开支海啸”。

尽管政府的近期政策聚焦点主要在布什政府时期的减免税法案与最低限度税，但长期的财政收支不均衡必将走向舞台中央。一些人认为一部新的有效的税法将部分解决长期的收支不均问题，但其观点是站不住脚的。通过阅读本书的经济学原理和对税制的分析，或许会为读者分析上述问题提供一些帮助。

参考文献

1. Aaron, Henry J., and Harvey Galper. 1985. Assessing Tax Reform. Washington, DC: Brookings Institution.

2. ABC News. 2002. Evaluating the IRS. ABC News Poll, April 10–14.

3. Alesina, Alberto, Edward L. Glaeser, and Bruce Sacerdote. 2005. "Work and Leisure in the U.S. and Europe: Why So Different?" In NBER Macroeconomics Annual 2005, edited by Mark Gertler and Kenneth Rogoff (pp. 1–16). Cambridge, MA: MIT Press.

4. Alm, James. 1985. "The Welfare Cost of the Underground Economy." Economic Inquiry 23, no. 2 (April): 243–263.

5. Altig, David, Alan J. Auerbach, Laurence J. Kotlikoff, Kent A.

Smetters, and Jan Walliser. 2001. "Simulating Fundamental Tax Reform in the United States." American Economic Review 91, no. 3 (June): 574-595.

6. Americans for Fair Taxation. 2007. The Fair Tax Act of 2007: HR 25 Plain English Summary. Houston, TX. < http://www.fairtax.org/PDF/PlainEnglishSummary_TheFairTaxActof2005.pdf> (accessed April 1, 2007).

7. Andrews, Edmund L. 2003. "Greenspan Throws Cold Water on Bush Arguments for Tax Cut." New York Times, February 12, A1.

8. Arthur D. Little, Inc. 1988. Development of Methodology for Estimating the Taxpayer Paperwork Burden. Final Report to the Department of the Treasury, Internal Revenue Service, Washington, DC, June.

9. Associated Press. 1999. "Most Americans Think Taxes Are Too Complicated, New Poll Finds." St. Louis Post-Dispatch, April 4, A3.

10. Auerbach, Alan J. 1979. "Wealth Maximization and the Cost of Capital." Quarterly Journal of Economics 93, no. 3 (August): 433-446.

11. Auerbach, Alan J. 1996. "Dynamic Revenue Estimation." Journal of Economic Perspectives 10, no. 1 (Winter): 141-157.

12. Auerbach, Alan J. 2002. "The Bush Tax Cut and National Saving." National Tax Journal 55, no. 3 (September): 387-407.

13. Auten, Gerald, and Robert Carroll. 1999. "The Effect of Income Taxes on Household Income." Review of Economics and Statistics 81, no. 4 (November): 681-693.

14. Auten, Gerald, James Cilke, and William Randolph. 1992. "The Effects of Tax Reform on Charitable Contributions." National Tax Journal 45, no. 3 (September): 267-290.

15. Auten, Gerald, and David Joulfaian. 1996. "Charitable Contributions and Intergenerational Transfers." Journal of Public Economics 59, no. 1 (January): 55-68.

16. Bakija, Jon M. 1999. "Consistent Estimation of Transitory and

Permanent Price and Income Elasticities: The Case of Charitable Giving." Working paper. Williamstown, MA: Williams College.

17. Bakija, Jon M. 2006. "Documentation for a Comprehensive Historical U. S. Federal and State Income Tax Calculator Program" Working paper. Williamstown, MA: Williams College.

18. Bakija, Jon M., William Gale, and Joel Slemrod. 2003. "Charitable Bequests and Taxes on Inheritances and Estates: Aggregate Evidence from across States and Time." American Economic Review 93, no. 2 (May): 366-370.

19. Baldwin, Richard, and Paul Krugman. 2002. "Agglomeration, Integration, and Tax Harmonization." NBER Working Paper No. w9290. Cambridge, MA: National Bureau of Economic Research, October. <http://www. nber. org/papers/w9290> (accessed June 10, 2003).

20. Balkovic, Brian. 2007. "Individual Income Tax Returns, Preliminary Data, 2005." IRS Statistics of Income Bulletin. Washington, DC, Winter. <http://www. irs. gov/pub/irssoi/05inplim. pdf> (accessed April 3, 2007).

21. Ballard, Charles. 2002. "International Aspects of Fundamental Tax Reform." In United States Tax Reform in the Twenty-fi rst Century, edited by George R. Zodrow and Peter Mieszkowski (pp. 109 - 139). Cambridge: Cambridge University Press.

22. Barlett, Donald L., and James B. Steele. 1998. "Corporate Welfare." Time 152, no. 19 (November 9): 36-39.

23. Bartlett, Bruce. 2003. "Changing Tax Systems," Town Hall on the Web, February 4. < http://www. townhall. com/columnists/brucebartlett/printbb20030204. shtml> (accessed June 10, 2003).

24. Bastiat, Frédéric. 1964. Selected Essays on Political Economy. 1850. Reprint. Irvington-on-Hudson, NY: Foundation for Economic Education.

25. Becker, Gary, and Casey Mulligan. 1998. "Deadweight Costs and the Size of Government."

26. NBER Working Paper No. w6789. Cambridge, MA: National Bureau of Economic Research, November. < http://papers. nber. org/papers/W6789 > (accessed June 10, 2003).

27. Bernheim, B. Douglas. 2002. "Taxation and Saving." In Handbook of Public Economics, vol. 3, edited by Alan J. Auerbach and Martin Feldstein (pp. 1173-1249). Amsterdam: Elsevier Science.

28. Blanton, Dana. 2003. "Poll: Economy beyond Tweaking - Needs Big Jolt." Fox News on the Web, January 16. <http://www. foxnews. com/story/0, 2933,75733,00. html> (accessed June 16, 2003).

29. Blumenthal, Marsha, and Joel Slemrod. 1992. "The Compliance Cost of the U. S. Individual Income Tax System: A Second Look after Tax Reform." National Tax Journal 45, no. 2 (June): 185-202.

30. Board of Governors of the Federal Reserve System. 2007. Flow of Funds Accounts of the United States: Annual Flows and Outstandings 1995 - 2006. Washington, DC, March. < http://www. federalreserve. gov/releases/Z1/current/annuals/a1995-2006. pdf> (accessed August 29, 2007).

31. Bowman, Karlyn. 2003. "Public Opinion on Taxes." AEI Studies in Public Opinion. Washington, DC: American Enterprise Institute for Pubic Policy Research, April 25. <http://www. aei. org/publication16838 > (accessed June 10, 2003).

32. Bowman, Karlyn. 2007. "Public Opinion on Taxes." American Enterprise Institute, Washington, DC. < http://www. aei. org/publicopinion6 > (accessed April 9, 2007).

33. Bradford, David F. 1981. "The Incidence and Allocation Effects of a Tax on Corporate Distributions." Journal of Public Economics 15, no. 1 (February): 1-22.

34. Bradford, David F. 1986. Untangling the Income Tax. Cambridge, MA: Harvard University Press.

35. Bradford, David F. 1996. "Treatment of Financial Services under Income and Consumption Taxes." In Economic Effects of Fundamental Tax Reform, edited by Henry J. Aaron and William G. Gale (pp. 437-464). Washington, DC: Brookings Institution Press.

36. Bradford, David F. 1998. "Review of Taxing Ourselves (1st ed.)." Regulation 21, no. 1 (Winter): 70-72.

37. Brady, Nicholas. 1992. Speech given at Columbia University Graduate School of Business, New York, December 10.

38. Brown, Elizabeth. 2005. "More Than Two Thousand Spin through Revolving Door." Center for Public Integrity, Washington, DC, April 7. <http://www.publicintegrity.org/lobby/report.aspx? aid=678> (accessed April 12, 2007).

39. Brownlee, W. Elliot. 1989. "Taxation for a Strong and Virtuous Republic: A Bicentennial Retrospective." Tax Notes 45, no. 13 (December 25): 1613-1621.

40. Bruce, Donald, and Douglas Holtz-Eakin. 2001. "Will a Consumption Tax Kill the Housing Market?" In Transition Costs of Fundamental Tax Reform, edited by Kevin A. Hassett and R. Glenn Hubbard (pp. 96-114). Washington, DC: American Enterprise Institute Press.

41. Bryant, Victoria L., and Peter J. Sailer. 2006. "Accumulation and Distribution of Individual Retirement Arrangements, 2001-2002." IRS Statistics of Income Bulletin. Washington, DC (Spring): 233-254.

42. Burman, Leonard. 1999. The Labyrinth of Capital Gains Tax Policy: A Guide for the Perplexed. Washington, DC: Brookings Institution Press.

43. Burman, Leonard. 2003a. "Fairness: Bush Launches Stealth Attack on the Income Tax—Administration's Proposal Would Poison Roots of Tax." Charleston Gazette, February 23, 1C.

44. Burman, Leonard. 2003b. "Taxing Capital Income Once." Tax Notes

(February 3): 751-756.

45. Burman, Leonard E., Kimberly A. Clausing, and John F. O'Hare. 1994. "Tax Reform and Realizations of Capital Gains in 1986." National Tax Journal 47, no. 1 (March): 1-18.

46. Burman, Leonard, Jason Furman, and Roberton Williams. 2007. "The President's Health Insurance Proposal: A First Look" Urban-Brookings Tax Policy Center, Washington, DC, January 23. <http://www. urban. org/UploadedPDF/411412_fi rstlook. pdf> (accessedApril 3, 2007).

47. Burman, Leonard E., William G. Gale, and Peter R. Orszag. 2003. "The Administration's New Tax-Free Saving Proposals: A Preliminary Analysis." Tax Notes (March 3): 1423-1446.

48. Burman, Leonard E., and William C. Randolph. 1994. "Measuring Permanent Responses to Capital Gains Tax Changes in Panel Data." American Economic Review 84, no. 4 (September): 794-809.

49. Burnham, David. 1989. A Law unto Itself: Power, Politics, and the IRS. New York: Random House.

50. Bush, George W. 2003. The President's Agenda for Tax Relief. Washington, DC, April 25. < http://www. whitehouse. gov/news/reports/taxplan. html> (accessed June 17, 2003).

51. Calegari, Michael. 1998. "Flat Taxes and Effective Tax Planning." National Tax Journal 51, no. 4 (December): 689-713.

52. Calomiris, Charles W., and Kevin A. Hassett. 2002. "Marginal Tax Rate Cuts and the Public Tax Debate." National Tax Journal 55, no. 1 (March): 119-131.

53. Carasso, Adam, and C. Eugene Steuerle. 2002. "Saying 'I Do' after the 2001 Tax Cuts." Tax Policy Issues and Option, no. 4. Washington, DC: Urban-Brookings Tax Policy Center, August 27. < http://www. taxpolicycenter. org/research/Topic. cfm? PubID = 310552 > (accessed June

16, 2003).

54. Carasso, Adam, and C. Eugene Steuerle. 2005. "The Hefty Penalty on Marriage Facing Many Households with Children." The Future of Children: Marriage and Child Well-Being 15, no. 2 (Fall): 157–175.

55. Carlson, Curtis P. 2005. "The Corporate Alternative Minimum Tax Aggregate Historical Trends." Office of Tax Analysis Paper No. 93. Washington, DC: U. S. Department of Treasury, May. <http://www.ustreas.gov/offices/tax-policy/library/ota93.pdf>(accessed March 14, 2007).

56. Carter, Susan B., Scott Sigmund Gartner, Michael R. Haines, Alan L. Olmstead, Richard Sutch, Gavin Wright, eds. 2006. Historical Statistics of the United States, Millennial Edition. Cambridge: Cambridge University Press. <http://hsus.cambridge.org/HSUSWeb/index.do > (accessed March 15, 2007).

57. Cato Institute. 2003. Cato Handbook for Congress: Policy Recommendations for the 107th Congress. Washington, DC. < http://www.cato.org/pubs/handbook/handbook107.html> (accessed June 17, 2003).

58. Chirinko, Robert S., Steven M. Fazzari, and Andrew P. Meyer. 1999. "How Responsive Is Business Capital Formation to Its User Cost? An Exploration with Micro Data." Journal of Public Economics 74, no. 1 (October): 53–80.

59. Choi, James J., David Laibson, Brigitte Madrian, and Andrew Metrick. 2002.

60. Contribution Pensions: Plan Rules, Participant Decisions, and the Path of Least Resistance." In Tax Policy and the Economy, vol. 16, edited by James M. Poterba. Cambridge, MA: National Bureau of Economic Research and MIT Press.

61. Christensen, Kevin, Robert Cline, and Tom Neubig. 2001. "Total Corporate Taxation: 'Hidden,' Above-the-Line, Non-Income Taxes." National Tax Journal 54, no. 3 (September): 495–506.

62. Christian, Charles W. 1994. "Voluntary Compliance with the Individual

Income Tax: Results from the 1988 TCMP Study." IRS Research Bulletin, 1993/1994. Publication 1 500, August. Washington, DC: Internal Revenue Service.

63. Cilke, James, Julie-Anne M. Cronin, Janet McCubbin, James R. Nunns, and Paul Smith. 2001. "Distributional Analysis: A Longer-Term Perspective." In Proceedings of the Ninety-Third Annual Conference on Taxation. Washington DC: National Tax Association.

64. Cline, Robert, John L. Mikesell, Thomas Neubig, and Andrew Phillips. 2005. "Sales Taxation of Business Inputs: Existing Tax Distortions and the Consequences of Extendingthe Sales Tax to Business Services." State Tax Notes (February 14): 457.

65. Clinton, William. 1992. "Acceptance Address: Democratic Nominee for President." Delivered at the Democratic National Convention, New York, July 16. Vital Speeches of the Day 58, no. 21 (August 15): 642-645.

66. Cnossen, Sijbren. 1994. "Administrative and Compliance Costs of the VAT: A Review of the Evidence." Tax Analysts Special Report No. 94, Tax Notes Today (June 23): 121-135.

67. Cnossen, Sijbren. 1997. "Dual Income Taxation: The Nordic Experience." Research Memorandum 9710. Rotterdam: Research Center for Economic Policy, Erasmus University.

68. Cnossen, Sijbren. 1998. "Global Trends and Issues in Value Added Taxation." International Tax and Public Finance 5, no. 3 (July): 399-428.

69. Coakley, Jerry, Farida Kulasi, and Ron Smith. 1998. "The Feldstein-Horioka Puzzle and Capital Mobility: A Review." International Journal of Finance and Economics 3, no. 2 (April): 169-188.

70. Congressional Budget Office (CBO). 1992. Effects of Adopting a Value-Added Tax. Washington, DC, February.

71. Congressional Budget Office (CBO). 1997. For Better or for Worse: Marriage and the Federal Income Tax. Washington, DC, June.

72. Congressional Budget Office (CBO). 2003. The Budget and Economic Outlook: Fiscal Years 2004 – 2013. Washington, DC, January. < http://www. cbo. gov/showdoc. cfm? index = 4032&sequence = 4 > (accessed June 16, 2003).

73. Congressional Budget Office (CBO). 2005a. The Long-Term Budget Outlook. December. < http://www. cbo. gov/ftpdocs/69xx/doc6982/12-15-LongTermOutlook. pdf> (accessed March 16, 2007).

74. Congressional Budget Office (CBO). 2005b. Taxing Capital Income: Effective Rates and Approaches to Reform. Washington, DC, October. <http://www. cbo. gov/ftpdocs/67xx/doc6792/10-18-Tax. pdf > (accessed March 19, 2007).

75. Congressional Budget Office (CBO). 2006. "Historical Effective Tax Rates: 1979 to 2004, Supplemental Tables." Washington, DC. < http://www. cbo. gov/ftpdocs/77xx/doc7718/SupplementalTables. xls > (accessed February 8, 2007).

76. Copeland, Craig. 2006. "Individual Account Retirement Plans: An Analysis of the 2004 Survey of Consumer Finances." EBRI Issue Brief No. 293. Washington, DC: Employee Benefit Research Institute, May. < http://www. ebri. org/pdf/briefspdf/EBRI_IB_05_3-20061. pdf > (accessed April 2, 2007).

77. Copeland, Craig. 2007. "IRA Assets, Contributions, and Market Share." Employee Benefit Research Institute Notes 28, no. 1 (January): 8–14. <http://www. ebri. org/pdf/notespdf/EBRI_Notes_01-20071. pdf > (accessed April 2, 2007).

78. Costa, Dora. 2000. "The Wage and the Length of the Work Day: From the 1890s to 1991." Journal of Labor Economics 18, no. 1 (January): 156–181.

79. Crenshaw, Albert B. 2002. "IRS Seeks Credit Card Records in Tax Probe." Washington Post, August 30, E01.

80. Crippen, Daniel. 2002. "Testimony before the House Budget Committee on Federal Budget Estimating," Washington, DC, May 2.

81. Cronin, Julie-Anne. 1999. "U. S. Treasury Distributional Analysis Methodology." Office of Tax Analysis. Working Paper No. 85. Washington, DC: Department of the Treasury, September. <http://www. ustreas. gov/offices/tax-policy/library/ota85. pdf> (accessed October 1, 2003).

82. Cronin, Julie-Anne, James Nunns, and Eric J. Toder. 1996. "Distributional Effects of Recent Tax Reform Proposals." Paper presented at the James A. Baker III Institute for Public Policy, Rice University, Second Annual Conference, November 12–13.

83. Curl, Joseph. 2003. "Bush Refuses to Deny 'Wrong People' Relief; Says Democrats Use Class Warfare on Taxes." Washington Times, January 10, A04.

84. Davies, A. J. 1995. "Only One Name for It: Bureaucratic Theft." Wall Street Journal, April 5, A11.

85. Davies, James, and John Whalley. 1991. "Taxes and Capital Formation: How Important Is Human Capital?" In National Saving and Economic Performance, edited by Douglas Bernheim and John Shoven (pp. 163–197). Chicago: National Bureau of Economic Research and University of Chicago Press.

86. Desai, Mihir, and James R. Hines Jr. 2002. "Value-Added Taxes and International Trade: The Evidence." Working Paper. Ann Arbor: University of Michigan.

87. Domar, Evsey, and Richard Musgrave. 1944. "Proportional Income Taxation and Risk-Taking." Quarterly Journal of Economics 58, no. 2 (February): 388–422.

88. Donmoyer, Ryan J. 1997. "Flat Tax Strategy: The IRS as Poster Boy for Tax Reform." Tax Notes 77, no. 12 (December 22): 1305.

89. Donmoyer, Ryan J. 2002. "IRS Asks Firms for Customer Names.

Agency Seeks Credit Cards from Tax Havens." Seattle Times, August 30, C2.

90. Due, John F., and John L. Mikesell. 1994. Sales Taxation: State and Local Structure and Administration. Washington, DC: Urban Institute Press.

91. Dunbar, Amy, and Thomas Pogue. 1998. "Estimating Flat Tax Incidence and Yield: A Sensitivity Analysis." National Tax Journal 51, no. 2 (June): 303-324.

92. Dynan, Karen E., Jonathan Skinner, and Stephen P. Zeldes. 2004. "Do the Rich Save More?" Journal of Political Economy 112, no. 2 (April): 397-444.

93. Ebrill, Liam, Michael Keen, Jean-Paul Bodin, and Victoria Summers. 2001. The Modern VAT. Washington, DC: International Monetary Fund.

94. Economic Report of the President. (Various years). Washington, DC: GPO. < http://www.gpoaccess.gov/eop/index.html > (accessed August 29, 2007).

95. Edwards, Chris. 2007. Statement to the House Budget Committee on the Federal Tax Gap. Washington, DC, February 16. <http://budget.house.gov/hearings/2007/08Edwardstestimony.pdf> (accessed April 12, 2007).

96. Eissa, Nada. 1995. "Taxation and Labor Supply of Married Women: The Tax Reform Act of 1986 as a Natural Experiment." NBER Working Paper No. 5023. Cambridge, MA: National Bureau of Economic Research.

97. Eissa, Nada. 1996. "Tax Reforms and Labor Supply." In Tax Policy and the Economy, vol. 10, edited by James M. Poterba. Cambridge, MA: National Bureau of Economic Research and MIT Press.

98. Elmendorf, Douglas. 1996. "The Effect of Interest Rate Changes on Household Saving and Consumption: A Survey." Federal Reserve Working Paper No. 27. Washington, DC: Board of Governors of the Federal Reserve System. <http://www.federalreserve.gov/pubs/feds/1996/199627/199627pap.pdf> (accessed June 6, 2003).

99. Engen, Eric, and William Gale. 1996. "The Effects of Fundamental Tax Reform on Saving." In The Economic Effects of Fundamental Tax Reform, edited by Henry Aaron and William Gale (pp. 83–121). Washington, DC: Brookings Institution Press.

100. European Central Bank. 2003. "Structural Factors in the EU Housing Markets." Frankfurt: European Central Bank. <http://www. ecb. int/pub/pdf/other/euhousingmarketsen. pdf> (accessed April 3, 2007).

101. Fastis, Stefan. 1992. "Big Earners Cash in Early to Beat Tax Bite." San Francisco Chronicle, December 29, C1.

102. "Federal Income Tax of 1913." 2007. Answers. com. <http://www. answers. com/topic/federal-income-tax-of-1913> (accessed April 30, 2007).

103. Federal Tax Regulations. Various Years. St. Paul, MN: West.

104. Feenberg, Daniel R., and James M. Poterba. 1993. "Income Inequality and the Incomes of Very High-Income Taxpayers: Evidence from Tax Returns." In Tax Policy and the Economy, vol. 7, edited by James M. Poterba (pp. 145–177). Cambridge, MA: National Bureau of Economic Research and MIT Press.

105. Feld, Alan. 1995. "Living with the Flat Tax." National Tax Journal 48, no. 4 (December):603–618.

106. Feldstein, Martin. 1994. "Tax Policy and International Capital Flows." Weltwirtschaftliches Archiv 130, no. 4: 675–697.

107. Feldstein, Martin. 1995a. "The Effect of a Consumption Tax on the Rate of Interest." NBER Working Paper No. 5397. Cambridge, MA: National Bureau of Economic Research.

108. Feldstein, Martin. 1995b. "The Effect of Marginal Tax Rates on Taxable Income: A Panel Study of the 1986 Tax Reform Act." Journal of Political Economy 103, no. 3 (June): 551–582.

109. Feldstein, Martin, and Daniel Feenberg. 1996. "The Effect of Increased Tax Rates on Taxable Income and Economic Efficiency: A Preliminary Analysis of the 1993 Tax Rate Increases." In Tax Policy and the Economy, vol. 10, edited by James M. Poterba (pp. 89–118). Cambridge, MA: National Bureau of Economic Research and MIT Press.

110. Feldstein, Martin, and Charles Horioka. 1980. "Domestic Savings and International Capital Flows." Economic Journal 90, No. 358 (June): 314–429.

111. Firestone, David. 2003. "Conservatives Now See Defi cit as a Tool to Fight Spending." New York Times, February 11, A24.

112. Fisher, Glenn W. 1996. The Worst Tax? A History of the Property Tax in America. Lawrence: University Press of Kansas.

113. Florida Department of Revenue. 1994. Examination of Resale Abuse/Misuse: Summary of Findings. Tallahassee, June.

114. Frank, Robert H., and Philip J. Cook. 1995. The Winner-Take-All Society. New York: Free Press.

115. Frey, Bruno, and Reto Jegen. 2001. "Motivation Crowding Theory." Journal of Economic Surveys 15, no. 5 (December): 589–611.

116. Friedman, Milton. 2003. "What Every American Wants." Wall Street Journal, January 15, A10.

117. Fullerton, Don, and Diane Lim Rogers. 1996. "Lifetime Effects of Fundamental Tax Reform." In The Economic Effects of Fundamental Tax Reform, edited by Henry Aaron and William Gale (pp. 321–352). Washington, DC: Brookings Institution Press.

118. Fullerton, Howard N., Jr. 1999. "Labor Force Participation: Seventy-five Years of Change, 1950–98 and 1998–2025." Monthly Labor Review 122, no. 12 (December): 3–12.

119. Gale, William G. 1995. "Building a Better Tax System: Can a Consumption Tax Deliver the Goods?" Brookings Review 13 (Fall): 18–23.

120. Gale, William G. 1996. “The Kemp Commission and the Future of Tax Reform.” Tax Notes 70, no. 6 (February 5): 717–729.

121. Gale, William G. 2001. “Commentary on ‘Will a Consumption Tax Kill the Housing Market?’” InTransition Costs of Fundamental Tax Reform, edited by Kevin A. Hassett and R. Glenn Hubbard (pp. 115–122). Washington, DC: American Enterprise Institute Press.

122. Gale, William G. 2005. “The National Retail Sales Tax: What Would the Rate Have to Be?” Tax Notes—Tax Break (May 16): 889–911.

123. Gale, William G., and Janet Holtzblatt. 1997. “On the Possibility of a No-Return System.” National Tax Journal 50, no. 3 (September): 475–485.

124. Gale, William G., and Maria Perozek. 2001. “Do Estate Taxes Reduce Saving?” In Rethinking Estate and Gift Taxation, edited by William G. Gale, James R. Hines Jr., and Joel Slemrod (pp. 216–247). Washington, DC: Brookings Institution Press.

125. Gale, William G., and Samara R. Potter. 2002. “An Economic Evaluation of the Economic Growth and Tax Relief Reconciliation Act of 2001.” National Tax Journal 55, no. 1 (March):133–186.

126. Gale, William, and Jeffery Rohaly. 2003. “Three-Quarters of Filers Pay More in Payroll Taxes Than in Income Taxes.” Tax Notes—Tax Facts (January 6): 119.

127. Gale, William, and John Sabelhaus. 1999. “Perspectives on the Household Saving Rate.” Brookings Papers on Economic Activity 1: 181–214.

128. Garcia, Erica. 2002. “Checking Up on the IRS: MONEY Tested the IRS Agents Who Help You File Your Taxes. They Did Well—Sometimes.” Money 31 (May): 125.

129. Gates, William H., Sr., and Chuck Collins. 2003. Wealth and Our Commonwealth: Why America Should Tax Accumulated Fortunes. Boston: Beacon Press. General Accountability Office. 1993. Value-Added Tax: Administrative

Costs Vary with Complexity and Number of Businesses. Study No. GAO/GGD-93-88. Washington, DC:GPO.

130. Gates, William H. ,Sr. , and Chuck Collins. 2001. "Private Pensions: Issues of Coverage and Increasing Contribution Limits for Defined Contribution Plans." GAO-01-846, Washington, DC, September. < http://frwebgate. access. gpo. gov/cgi-bin/useftp. cgi? IPaddress = 162. 140. 64. 21&filename = d01846. pdf&directory =/diskb/wais/data/gao > (accessed June 11, 2003).

131. Gates, William H., Sr., and Chuck Collins. 2003. "IRS Modernization: Continued Progress Necessary for Improving Service to Taxpayers and Ensuring Compliance." Publication No. GAO-03-796T, Washington, DC. <http://frwebgate. access. gpo. gov/cgi-bin/useftp. cgi? IPaddress = 162. 140. 64. 21&filename = d03796t. pdf&directory =/diskb/wais/data/gao > (accessed June 10, 2003).

132. Gates, William H., Sr., and Chuck Collins. 2005. "IRS Modernization: Continued Progress Requires Addressing Resource Management Challenges." Publication No. GAO-05-707T. Washington, DC. < http://www. gao. gov/new. items/d05707t. pdf> (accessed April 9, 2007).

133. Gates, William H. ,Sr. , and Chuck Collins. 2007a. "The Economic Model and Key Assumptions." Washington, DC. < http://www. gao. gov/special. pubs/longterm/addtechnical. pdf> (accessed March 16, 2007).

134. Gates, William H. ,Sr. , and Chuck Collins. 2007b. "Long-Term Fiscal Simulation Data: Data from Discretionary Spending Grows with the Economy after 2007 and All Expiring Tax Cuts Are Extended Simulation." Washington, DC. <http://www. gao. gov/special. pubs/longterm/jan2007discgdp _ nosunset. pdf > (accessed April 27, 2007).

135. Gates, William H. , Sr. , and Chuck Collins. 2007c. "The Nation's Long-Term Fiscal Outlook January 2007 Update." Publication No. GAO-07-

510R. Washington, DC. < http://www.gao.gov/new.items/d07510r.pdf > (accessed March 16, 2007).

136. Gentry, William M., and R. Glenn Hubbard. 1997. "Distributional Implications of Introducing a Broad-Based Consumption Tax." In Tax Policy and the Economy, vol. 11, edited by James M. Poterba (pp. 1-47). Cambridge, MA: MIT Press.

137. Gentry, William M., and R. Glenn Hubbard. 2000. "Entrepreneurship and Household Saving." NBER Working Paper No. w7894. Cambridge, MA: National Bureau of Economic Research, September. < http://www.nber.org/papers/w7894> (accessed June 10, 2003).

138. Gillis, Malcolm, Peter Mieszkowski, and George R. Zodrow. 1996. "Indirect Consumption Taxes: Common Issues and Differences among the Alternative Approaches." Tax Law Review 51 (Summer): 725-784.

139. Ginsburg, Martin. 1995. "Life under a Personal Consumption Tax: Some Thoughts on Working, Saving, and Consuming in Nunn-Domenici's Tax World." National Tax Journal 48, no. 4 (December): 585-602.

140. Glaeser, Edward L., and Jesse M. Shapiro. 2003. "The Benefi ts of the Home Mortgage Interest Deduction." In Tax Policy and the Economy, vol. 17, edited by James M. Poterba (pp. 37-82). Cambridge, MA: National Bureau of Economic Research and MIT Press.

141. Glied, Sherry A., and Dahlia K. Remler. 2002. "What Every Public Finance Economist Needs to Know about Health Economics: Recent Advances and Unresolved Questions." National Tax Journal 55, no. 4 (December): 771-788.

142. Godwin, Michael. 1995. "The Compliance Costs of the United Kingdom Tax System." In Tax Compliance Costs: Measurement and Policy, edited by Cedric Sandford (pp. 73-100). Bath, UK: Fiscal Publications.

143. Goode, Richard. 1976. The Individual Income Tax. Washington, DC: Brookings Institution.

144. Goolsbee, Austan. 1999. "Evidence on the High Income Laffer Curve from Six Decades of Tax Reform." Brookings Papers on Economic Activity 2: 1-64.

145. Goolsbee, Austan. 2000. "What Happens When You Tax the Rich: Evidence from Executive Compensation." Journal of Political Economy 108, no. 2 (April): 352-378.

146. Goolsbee, Austan. (2004). "The Turbo Tax Revolution? Evaluating the Ability of Technology to Solve the Tax Complexity Dilemma." In The Crisis in Tax Administration, edited by Henry Aaron and Joel Slemrod. Washington, DC: Brookings Institution Press.

147. Gordon, Roger H. 1998. "Can High Personal Tax Rates Encourage Entreprenurial Activity?" IMF Staff Papers 45, no. 1 (March): 49-80.

148. Gordon, Roger, Laura Kalambokidis, Jeffrey Rohaly, and Joel Slemrod. 2004. "Toward a Consumption Tax, and Beyond." American Economic Review 94, no. 2 (May): 161-165.

149. Graetz, Michael J. 1999. The U. S. Income Tax: What It Is, How It Got That Way, and Where We Go from Here. New York: Norton.

150. Graetz, Michael J. 2002. "One Hundred Million Unnecessary Returns: A Fresh Start for the U. S. Tax System." Yale Law Journal 112, no. 2 (November): 261-310.

151. Gravelle, Jane. 1994. The Economic Effects of Taxing Capital Income. Cambridge, MA: MIT Press.

152. Gravelle, Jane. 2002. "Behavioral Responses to a Consumption Tax." In United States Tax Reform in the Twenty-fi rst Century, edited by George R. Zodrow and Peter Mieszkowski (pp. 25-54). Cambridge: Cambridge University Press.

153. Gravelle, Jane, and Kent Smetters. 2001. "Who Bears the Burden of the Corporate Tax in the Open Economy?" NBER Working Paper No. 8280.

Cambridge, MA: National Bureau of Economic Research, May. <http://www.nber.org/papers/w8280> (accessed June 16,2003).

154. Gray, Robert T. 1995. "Blockbuster Tax Reform." Nation's Business 83 (April): 18–24.

155. Gruber, Jonathan, and Emmanuel Saez. 2002. "The Elasticity of Taxable Income: Evidence and Implications." Journal of Public Economics, 84 no. 1 (April): 1–32.

156. Guyton, John L., John F. O'Hare, Michael P. Starrianos, and Eric J. Toder. 2003. "Estimating the Compliance Cost of the U. S. Individual Income Tax." National Tax Journal 56, no. 3 (September): 673–688.

157. Hall, Arthur P. 1995. "Compliance Costs of Alternative Tax Systems: Ways and Means Testimony." Tax Foundation Special Brief, Washington, DC, June.

158. Hall, Robert E. 1988. "Intertemporal Substitution in Consumption." Journal of Political Economy 96, no. 2 (April): 339–357.

159. Hall, Robert E. 2005. "Guidelines for Tax Reform: The Simple, Progressive Value-Added Consumption Tax." In Toward Fundamental Tax Reform, edited by Alan Auerbach and Kevin Hassett. Washington, DC: AEI Press.

160. Hall, Robert E., and Alvin Rabushka. 1995. The Flat Tax (2nd ed.). Stanford, CA: Hoover Institution Press.

161. Halperin, Daniel, and Eugene Steuerle. 1988. "Indexing the Tax System for Inflation." In Uneasy Compromise: Problems of a Hybrid Income-Consumption Tax, edited by Henry J. Aaron, Harvey Galper, and Joseph A. Pechman (pp. 347–380). Washington, DC: Brookings Institution Press.

162. Hamermesh, Daniel S. 1993. Labor Demand. Princeton, NJ: Princeton University Press.

163. Heckman, James. 1993. "What Has Been Learned about Labor Supply in the United States in the Past Twenty Years?" American Economic Review 83,

no. 2 (May): 116–121.

164. Herman, Tom. 1995. "Tax Complexity Weighs Increasingly Heavily on the Economy." Wall Street Journal, June 7, A1.

165. Herz, Elicia. 2005. "Medicaid: A Primer." CRS Report No. RL33202. Washington, DC: Congressional Research Service, December. < http://digital.library.unt.edu/govdocs/crs//data/2005/upl-meta-crs-8053/RL33202_2005Dec19.pdf? PHPSESSID=a8668ebc7833d24236c4d35479790b73> (accessed March 18, 2007).

166. Hessing, Dick J., Hank Elffers, Henry S. J. Robben, and Paul Webley. 1992. "Does Deterrence Deter? Measuring the Effect of Deterrence on Tax Compliance in Field Studies and Experimental Studies." In Why People Pay Taxes: Tax Compliance and Enforcement, edited by Joel Slemrod (pp. 291–305). Ann Arbor: University of Michigan Press.

167. Higgins, Heather Richardson. 1995. "Tax Fairness: Treat All Dollars Equally." Wall Street Journal, April 5, A11.

168. Hines, James R., Jr. 1999. "Lessons from Behavioral Responses to International Taxation." National Tax Journal 52, no. 2 (June): 305–322.

169. Hite, Peggy A., and Michael L. Roberts. 1991. "An Experimental Investigation of Taxpayer Judgments on Rate Structure in the Individual Income Tax System." Journal of the American Taxation Association 13, no. 2 (Fall): 47–63.

170. Holtz-Eakin, Douglas, David Joulfaian, and Harvey S. Rosen. 1993. "The Carnegie Conjecture: Some Empirical Evidence." Quarterly Journal of Economics 108, no. 2 (May): 413–435.

171. Holtz-Eakin, Douglas, and Donald Marples. 2001. "Distortion Costs of Taxing Wealth Accumulation: Income Versus Estate Taxes." NBER Working Paper No. w8261. National Bureau of Economic Research, April. <http://papers.nber.org/papers/w8261> (accessed June 10, 2003).

172. Hubbard, R. Glenn. 1998. "Capital-Market Imperfections and

Investment." Journal of Economic Literature 36, no. 1 (March): 193–225.

173. Hussain, Taukir. 2005 – 2006. "Projections of Federal Tax Return Filings: Calendar Years 2005 – 2012." SOI Bulletin 25, no. 3 (Winter): 147–156.

174. Internal Revenue Code. Various Years. St. Paul, MN: West.

175. Internal Revenue Service (IRS). 2006a. Individual Income Tax Returns 2004. Washington, DC.

176. Internal Revenue Service (IRS). 2006b. Internal Revenue Service Data Book 2005, Publication 55B. Washington, DC. <http://www. irs. gov/pub/irs-soi/05databk. pdf> (accessed January 21, 2007).

177. Internal Revenue Service (IRS). 2006c. "Internal Revenue Service 2005 Filing Season Statistics, Cumulative through the Weeks Ending 12/31/04 and 12/30/05." <http://www. irs. gov/taxstats/article/0,,id=96629,00. html> (accessed January 21, 2007).

178. Internal Revenue Service (IRS). 2006d. Revenue Procedure 06-53. Washington, DC. <http://www. irs. gov/pub/irs-drop/rp-06-53. pdf> (accessed February 15, 2007).

179. Internal Revenue Service (IRS). 2007. Tax Gap Map for Tax Year 2001. Washington, DC, February. <http://www. irs. gov/pub/irs-utl/tax_gap_update_070212. pdf> (accessed April 9, 2007).

180. Internal Revenue Service (IRS). Office of Research, Analysis, and Statistics. 2006. Updated Estimates of the TY2001 Individual Income Tax Underreporting Gap. Overview. Washington, DC, February 22.

181. Internal Revenue Service (IRS). Offi ce of Tax Analysis. 1995. A Preliminary Analysis of a Flat Rate Consumption Tax. Washington, DC, March 7.

182. Internal Revenue Service (IRS). 2007. "Long-Term Capital Gains and Taxes Paid on Long-Term Capital Gains, 1977 – 2004." <http://www. treasury. gov/offi ces/tax-policy/library/capgain2-2006. pdf> (accessed

March 13, 2007).

183. Internal Revenue Service (IRS). Statistics of Income Division. Various years. Corporation Income Tax Returns. Washington, DC: GPO. < http://www. irs. gov/taxstats/index. html> (accessed June 12,2003).

184. Internal Revenue Service (IRS). Individual Income Tax Returns. Various years. Washington, DC: GPO. < http://www. irs. gov/taxstats/index. html> (accessed April 30, 2007).

185. Internal Revenue Service (IRS). Statistics of Income Bulletin. Various years. Washington, DC: GPO. < http://www. irs. gov/taxstats/index. html > (accessed April 30, 2007).

186. Internal Revenue Service (IRS). 2004. Corporation Source Book. Washington, DC. <http://www. irs. gov/taxstats/index. html > (accessed April 30, 2007).

187. International Bureau for Fiscal Documentation. 2007. Africa: Taxation & Investment (online subscription database) (accessed August 29, 2007).

188. Jagannathan, Ravi, Ellen R. McGrattan, and Anna Scherbina. 2000. "The Declining U. S. Equity Premium." Federal Reserve Bank of Minneapolis Quarterly Review 24, no. 4 (Fall):3–19.

189. Johnson, David A., Jonathan A. Parker, and Nicholas S. Souleles. 2006. "Household Expenditure and the Income Tax Rebates of 2001." American Economic Review 96 (December): 1589–1610.

190. Joint Committee on Taxation. 1995. Written Testimony of the Staff of the Joint Committee on Taxation Regarding the Revenue Estimating Process. Publication No. JCX-1-95, Washington, DC, January 10. <http://www. house. gov/jct/x-1-95. pdf> (accessed June 12, 2003).

191. Joint Committee on Taxation. 2001. Study of the Overall State of the Federal Tax System and Recommendations for Simplifi cation, Pursuant to Section 8022(3)(B) of the Internal Revenue Code of 1986. JCS-3-01, Washington, DC,

April. <http://www. house. gov/jct/pubs01. html> (accessed June 11,2003).

192. Joint Committee on Taxation. 2003a. General Explanation of Tax Legislation Enacted in the 107th Congress. Washington, DC, January 24. < http://www. access. gpo. gov/congress/joint/hjoint01 cp108. html > (accessed June 9, 2003).

193. Joint Committee on Taxation. 2003b. Report of Investigation of Enron Corporation and Related Entities Regarding Federal Tax and Compensation Issues, and Policy Recommendations. Report No. JCS-3-03, Washington, DC, February. < http://www. gpo. gov/congress/joint/jcs-3-03/vol1/index. html > (accessed June 10, 2003).

194. Joint Committee on Taxation. 2003c. "Tax Complexity Analysis." Congressional Record, May 22, H4699 – H4703. Joulfaian, David. 2001. "Charitable Giving in Life and at Death." In Rethinking Estate and Gift Taxation, edited by William G. Gale, James R. Hines Jr., and Joel Slemrod (pp. 350–374). Washington, DC: Brookings Institution Press.

195. Kaplow. 1999. "Tax Treatment of Families." In Encyclopedia of Taxation and Tax Policy (pp. 120–122). Washington, DC: Urban Institute Press.

196. Kaplow. 2007. The Theory of Taxation and Public Economics. Princeton: Princeton University Press.

197. Keen, Michael, Yi Tae Kim, and Recard Varsano. 2006. "The 'Flat Tax (es)': Principles and Evidence." IMF Working Paper No. 06/218. Washington, DC: International Monetary Fund, September.

198. Kennickell, Arthur. 2006. "Currents and Undercurrents: Changes in the Distribution of Wealth, 1989 – 2004." Finance and Economics Discussion Series Working Paper No. 2006-13. Washington, DC: Board of Governors of the Federal Reserve System, April 3. <http://www. federalreserve. gov/Pubs/oss/oss2/papers/concentration. 2004. 5. pdf> (accessed February 8, 2007).

199. Keyes, Alan. 2000. Alan Keyes on Tax Reform. Cambridge, MA: On

the Issues. <http://www. issues2000. org/Celeb/Alan_Keyes_Tax_Reform. htm> (accessed June 17, 2003).

200. Kiefer, Donald, Robert Carroll, Janet Holtzblatt, Allen Lerman, Janet McCubbin, David Richardson, and Jerry Tempalski. 2002. "The Economic Growth and Tax Relief Reconciliation Act of 2001: Overview and Assessment of Effects on Taxpayers." National Tax Journal 55, no. 1 (March): 89–117.

201. Kies, Kenneth. 1999. "Prepared Testimony before the House Committee on Ways and Means on Corporate Tax Shelters." Washington, DC, November 10.

202. Killingsworth, Mark. 1983. Labor Supply. Cambridge: Cambridge University Press.

203. Kopczuk, Wojciech, Emmanuel Saez, and Jae Song. 2007. "Uncovering the American Dream: Inequality and Mobility in Social Security Earnings Data since 1937." NBER Working Paper No. 13345. Cambridge, MA: National Bureau of Economic Research, August.

204. Kopczuk, Wojciech, and Joel Slemrod. 2001. "The Impact of the Estate Tax on the Wealth Accumulation and Avoidance Behavior of Donors." In Rethinking Estate and Gift Taxation, edited by William Gale, James R. Hines Jr., and Joel Slemrod (pp. 299–349). Washington, DC: Brookings Institution Press.

205. Kopczuk, Wojciech, and Joel Slemrod. 2003. "Tax Impacts on Wealth Accumulation and Transfers of the Rich." In Death and Dollars: The Role of Gifts and Bequests in America, edited by Alicia Munnell and Annika Sunden (pp. 213–257). Washington, DC: Brookings Institution Press.

206. Kornblut, Anne E., and Kimberly Blanton. 2003. "Bush Wants $670B Cut in Taxes over Ten Years: Would Abolish Dividend Levies." Boston Globe, January 8, A1.

207. Kornhauser, Marjorie E. 2002. "More Historical Perspective on Publication of Corporate Returns." Tax Notes 96 (July 29): 745.

208. Krishna, Aradhna, and Joel Slemrod. 2003. "Behavioral Public

Finance: Tax Design as Price Presentation." International Tax and Public Finance 10 (March): 189-203.

209. Krueger, Dirk, and Fabrizio Perri. 2006. "Does Income Inequality Lead to Consumption Inequality? Evidence and Theory." Review of Economic Studies 73, no. 1 (January): 163-193.

210. Krugman, Paul. 1994. Peddling Prosperity. New York: Norton.

211. Krugman, Paul. 2001. Fuzzy Math. New York: Norton.

212. Landler, Mark. 2002. "Boris Becker, a Tennis Bad Boy, Faces Prison in German Tax Case." New York Times, October 24, A13.

213. Ledbetter, Mark A. 2006. "Comparison of BEA Estimates of Personal Income and IRS Estimates of Adjusted Gross Income." Survey of Current Business (November): 29-36.

214. Leiserson, Greg and Jeffrey Rohaly. 2006a. "The Distribution of the 2001-2006 Tax Cuts: Updated Projections, November 2006." Washington, DC: Urban-Brookings Tax Policy Center. <http://www.taxpolicycenter.org/UploadedPDF/411378_tax_cuts.pdf>(accessed February 15, 2007).

215. Leiserson, Greg and Jeffrey Rohaly. 2006b. "The Individual Alternative Minimum Tax: Historical Data and Projections, Updated November 2006." Washington, DC: Urban-Brookings Tax Policy Center. <http://www.taxpolicycenter.org/UploadedPDF/901012_individual_amt.pdf> (accessed March 14, 2007).

216. Lenter, David, Douglas Shackelford, and Joel Slemrod. 2003. "Public Disclosure of Corporate Tax Return Information: Accounting, Economics, and Legal Perspectives." National Tax Journal 56, no. 4 (December): 803-830.

217. Lewin, Tamar. 1991. "Data Show Wide Tax Cheating on Child Care, IRS Says." New York Times, January 6, 14.

218. Lindbeck, Assar. 1993. The Welfare State: Selected Essays of Assar Lindbeck (vol. 2). Aldershot, UK: Edward Elgar.

219. Lugar, Richard. 1995. My Plan to End the Income Tax. Cato Policy Report. Washington, DC, April 5. <http://www. cato. org/pubs/policy_report/pr-ja-rl. html> (accessed June 17,2003).

220. Lyon, Andrew B., and Peter R. Merrill. 2001. "Asset Price Effects of Fundamental Tax Reform." In Transition Costs of Fundamental Tax Reform, edited by Kevin A. Hassett and R. Glenn Hubbard (pp. 58–92). Washington, DC: American Enterprise Institute Press.

221. Malmer, Hakan. 1995. "The Swedish Tax Reform in 1990–1991 and Tax Compliance Costs in Sweden." In Tax Compliance Costs: Measurement and Policy, edited by Cedric Sandford (pp. 226–262). Bath, UK: Fiscal Publications.

222. Manzon, Gil B., and George A. Plesko. 2002. "The Relation between Financial and Tax Reporting Measures of Income." New York University Tax Law Review 55, no. 2 (Winter):175–214.

223. McHardy, A. K. 1992. Clerical Poll-Taxes of the Diocese of Lincoln, 1377–1381. Woodbridge, Suffolk, UK: Boydell Press.

224. McIntyre, Robert S. 1995. "Statement Concerning Proposals for a Flat-Rate Consumption Tax before the Joint Economic Committee." Washington, DC, May 17. <http://www. ctj. org/html/tjmjec. htm> (accessed September 30, 2003).

225. McKee, T. C., and M. D. Gerbing. 1989. "Taxpayer Perceptions of Fairness: The TRA of 1986." Paper presented at the Internal Revenue Service Research Conference, Washington, DC.

226. McKissack, May. 1959. The Oxford History of England, vol. 5, The Fourteenth Century, 1307–1399. Oxford: Clarendon Press.

227. McLure, Charles E., Jr. 1993. "Economic, Administrative, and Political Factors in Choosing a General Consumption Tax." National Tax Journal 46, no. 3 (September): 345–358.

228. Mehra, Rajnish, and Edward C. Prescott. 2003. "The Equity Premium in Retrospect." NBER Working Paper No. 9525. Cambridge, MA: National Bureau of Economic Research, March. <http://www.nber.org/papers/w9525> (accessed June 9, 2003).

229. Mieszkowski, Peter, and Michael Palumbo. 2002. "Distributive Analysis of Fundamental Tax Reform." In United States Tax Reform in the Twenty-fi rst Century, edited by George R. Zodrow and Peter Mieszkowski (pp. 140–178). Cambridge: Cambridge University Press.

230. Mikesell, John L. 2006. "State Sales Taxes in 2005: A Secular Decline in Fiscal Reliance." State Tax Notes 41 (September 11): 771.

231. Miller, John A. 2000. "Equal Taxation: A Commentary." Hofstra Law Review 29 (Winter): 529.

232. Mills, Lillian F., and George A. Plesko. 2003. "Bridging the Reporting Gap: A Proposal for More Informative Reconciling of Book and Tax Income." National Tax Journal 56, no. 4 (December): 865–893.

233. Miniño, Arialdi M., Melonie P. Heron, and Betty L. Smith. 2006. "Deaths: Preliminary Data for 2004." National Vital Statistics Reports 54, no. 19 (June 28). <http://www.cdc.gov/nchs/data/nvsr/nvsr54/nvsr54_19.pdf> (accessed April 3, 2007).

234. Moffitt, Robert, and Mark Wilhelm. 2000. "Taxation and the Labor Supply Decisions of the Affl uent." In Does Atlas Shrug? Economic Consequences of Taxing the Rich, edited by Joel Slemrod (pp. 193–234). Cambridge, MA and New York: Harvard University Press and the Russell Sage Foundation.

235. Moore, Schuyler M. 1987. "A Proposal to Reduce the Complexity of Tax Regulations." Tax Notes 37 (December 14): 1167.

236. Murphy, Liam B., and Thomas Nagel. 2002. The Myth of Ownership: Taxes and Justice. Oxford: Oxford University Press.

237. Murray, Alan. 1996. "GOP Adherents Study Merits of a Flat Tax."

Wall Street Journal, January 29, A1.

238. National Commission on Economic Growth and Tax Reform. 1996. Unleashing America's Potential: A Pro-Growth, Pro-Family Tax System for the Twenty-first Century. Washington, DC: Author.

239. National Public Radio, Kaiser Family Foundation, and Kennedy School of Government. 2003. "National Survey of Americans' Views on Taxes," April. <http://www.npr.org/news/specials/polls/taxes2003/index.html > (accessed June 10, 2003).

240. National Taxpayer Advocate. 2002. Annual Report to Congress, Fiscal Year 2001, December 31. <http://www.irs.gov/advocate/article/0,id=97404,00.html> (accessed June 9, 2003).

241. Niskanen, William. 2004. " 'Starve the Beast' Does Not Work." Cato Policy Report 26, no. 2 (March/April): 2.

242. Nozick, Robert. 1977. Anarchy, State, and Utopia. New York: Basic Books.

243. Office of Management and Budget (OMB) 2003. Budget of the United States Government, Fiscal Year 2004. < www.gpoaccess.gov/usbudget/fy04/browse.html> (accessed August30, 2007).

244. Office of Management and Budget (OMB) 2006a. Budget of the United States Government, Fiscal Year 2007. <http://www.gpoaccess.gov/usbudget/fy07/browse.html> (accessed January 21, 2007).

245. Office of Management and Budget (OMB) 2006b. Budget of the United States Government, Fiscal 2007, Historical Tables. http://www.gpoaccess.gov/usbudget/fy07/hist.html, (accessed August 29, 2007).

246. Office of Management and Budget (OMB) 2007. Budget of the United States Government, Fiscal Year 2008. Washington: GPO. < http://www.gpoaccess.gov/usbudget/fy08/browse.html> (accessed March 14, 2007).

247. O'Neil, Cherie J., and Karen B. Lanese. 1993. " T. I. N.

Requirements and the Child Care Credit: Impact on Taxpayer Behavior." Working Paper. Tampa: University of South Florida.

248. Organisation for Economic Co-operation and Development (OECD). 2006. Revenue Statistics of Member Countries 1965–2005. Paris: OECD.

249. Organisation for Economic Co-operation and Development (OECD). 2007. National Accounts of OECD Countries: Volume I, Main Aggregates, 1994–2005, 2007 Edition. Paris: OECD.

250. Parcell, Ann D. 1996. "Income Shifting in Response to Higher Tax Rates: The Effects of OBRA 93." Paper presented at the Allied Social Science Associations Meetings, San Francisco, January.

251. Payne, James L. 1993. Costly Returns: The Burdens of the U. S. Tax System. San Francisco: Institute for Contemporary Studies Press.

252. Pearlman, Ronald A. 1996. "Transition Issues in Moving to a Consumption Tax: A Tax Lawyer's Perspective." In The Economic Effects of Fundamental Tax Reform, edited by Henry Aaron and William Gale (pp. 393–434). Washington, DC: Brookings Institution Press.

253. Pearlman, Ronald A. 1998. "Fresh from the River Styx: The Achilles Heels of Tax Reform Proposals." National Tax Journal 51, no. 3 (September): 569–578.

254. Pechman, Joseph A. 1987. Federal Tax Policy (5th ed.). Washington, DC: Brookings Institution Press.

255. Peers, Alexandra, and Jeffrey A. Tannenbaum. 1992. "Insiders Race to Exercise Stock Options." Wall Street Journal, December 16, C1.

256. Piketty, Thomas, and Emmanuel Saez. 2003. "Income Inequality in the United States, 1913 – 1998." Quarterly Journal of Economics 118, no. 1 (February): 1–39.

257. Poterba, James M. 1989. "Capital Gains Tax Policy toward Entrepreneurship." National Tax Journal 47, no. 3 (June): 375–389.

258. Poterba, James M. 1990. "Taxation and Housing Markets: Preliminary Evidence on the Effects of Recent Tax Reforms." In Do Taxes Matter? The Impact of the Tax Reform Act of 1986, edited by Joel Slemrod (pp. 141-160). Cambridge, MA: MIT Press.

259. Poterba, James M., and Scott Weisbenner. 2001. "The Distributional Burden of Taxing Estates and Unrealized Capital Gains at Death." In Rethinking Estate and Gift Taxation, edited by William G. Gale, James R. Hines Jr., and Joel Slemrod (pp. 422-449). Washington, DC: Brookings Institution Press.

260. Powell, Edgar. 1894. "An Account of the Proceedings in Suffolk during the Peasants' Rising in 1381." Transactions of the Royal Historical Society 8: 203-249. London: Longmans, Green.

261. Prescott, Edward C. 2004. "Why Do Americans Work So Much More Than Europeans?" Federal Reserve Bank of Minneapolis Quarterly Review 28, no. 1, (July): 2-13.

262. President's Advisory Panel on Federal Tax Reform. 2005. Simple, Fair, and Pro-Growth: Proposal to Fix America's Tax System. Washington, DC: Government Printing Office. <http://www.taxreformpanel.gov/fi nal-report/> (accessed August 29, 2007).

263. Purcell, Patrick. 2005. "Retirement Plan Participation and Contributions: Trends from 1998 to 2003." CRS Report for Congress No. RL33116. Washington, DC: Congressional Research Service, October 12. <http://www.conversationoncoverage.org/studies_and_statistics/retirement_plan_participation_and_contributions_trends_from_1998_to_2003.pdf> (accessed April 2, 2007).

264. Randolph, William C. 1995. "Dynamic Income, Progressive Taxes, and the Timing of Charitable Contributions." Journal of Political Economy 103, no. 4 (August): 709-738.

265. Rawls, John. 1971. A Theory of Justice. Cambridge, MA: Harvard

University Press.

266. Richman, Louis S. 1995. "The Flat Tax: It's Hot, It's Now, It Could Change the Way You Live." Fortune 131, no. 11 (June 12): 36–40.

267. Rieschick, Jacqueline. 1997. "GOP Lawmakers Step Up Efforts to Turn Tax Code into 'Road Kill'." Tax Notes 76, no. 13 (September 29): 1661–1662.

268. Roberts, Michael L., Peggy A. Hite, and Cassie F. Bradley. 1994. "Understanding Attitudes toward Progressive Taxation." Public Opinion Quarterly 58, no. 2 (Summer): 165–190.

269. Rodrik, Dani. 1997. Has Globalization Gone Too Far? Washington, DC: Institute for International Economics.

270. Rohaly, Jeffrey, Adam Carasso, and Mohammed Adeel Saleem. 2005. The Urban-Brookings Tax Policy Center Microsimulation Model: Documentation and Methodology for Version 0304. Urban-Brookings Tax Policy Center, Washington, DC, January 10. <http://taxpolicycenter.org/UploadedPDF/411136_documentation.pdf> (accessed February 14, 2007).

271. Rosen, Sherwin. 1981. "The Economics of Superstars." American Economic Review 71, no. 5 (December): 845–858.

272. Rossotti, Charles O. 2002. Report to the IRS Oversight Board: Assessment of the IRS and the Tax System. Washington, DC, September. <http://www.irsoversightboard.treas.gov/documents/commissioner_report.pdf> (accessed June 11, 2003).

273. Roth, Jeffrey A., John T. Scholz, and Ann Dryden Witte. 1989. Taxpayer Compliance, vol. 1, An Agenda for Research. Philadelphia: University of Pennsylvania Press.

274. Sabelhaus, John. 1993. "What Is the Distributional Burden of Taxing Consumption?" National Tax Journal 46, no. 3 (September): 331–343.

275. Saez, Emmanuel. 2006. "Income Concentration in a Historical and

International Perspective. "In Public Policy and the Income Distribution, edited by Alan Auerbach, David Card, and John Quigley (pp. 221–258). New York: Russell Sage Foundation.

276. Saez, Emmanuel, and Michael R. Veall. 2005. "The Evolution of High Incomes in Northern America: Lessons from Canadian Evidence." American Economic Review 95 (May): 831–849.

277. Safire, William. 1995. "The 25 Percent Solution." New York Times, April 20, A19.

278. Sandford, Cedric, ed. 1995. Tax Compliance Costs: Measurement and Policy. Bath, UK: Fiscal Publications.

279. Sanger, David E. 2002. "Reversing Course, Bush Signs Bill Raising Farm Subsidies." New York Times, May 14, A16.

280. Shapiro, Matthew D., and Joel Slemrod. 2003a. "Consumer Response to Tax Rebates." American Economic Review 93, no. 1 (March): 381–396.

281. Shapiro, Matthew D., and Joel Slemrod. 2003b. "Did the 2001 Tax Rebate Stimulate Spending? Evidence from Taxpayer Surveys." In Tax Policy and the Economy, vol. 17, edited by James M. Poterba (pp. 83–109). Cambridge, MA: National Bureau of Economic Research and MIT Press.

282. Sheffrin, Steven M., and Robert K. Triest. 1992. "Can Brute Deterrence Backfire? Perceptionsand Attitudes in Taxpayer Compliance." In Why People Pay Taxes: Tax Compliance and Enforcement, edited by Joel Slemrod (pp. 193–218). Ann Arbor: University of Michigan Press.

283. Shiller, Robert. 2003. The New Financial Order. Princeton, NJ: Princeton University Press.

284. Simons, Henry. 1938. Personal Income Taxation. Chicago: University of Chicago Press.

285. Slemrod, Joel. 1990. "Optimal Taxation and Optimal Tax Systems." Journal of Economic Perspectives 4, no. 1 (Winter): 157–178.

286. Slemrod, Joel. 1992. "What Makes a Nation Prosperous, What Makes It Competitive, and Which Goal Should We Strive For?" Australian Tax Forum 9, no. 4 (January): 373-385.

287. Slemrod, Joel. 1995a. "Free Trade Taxation and Protectionist Taxation." International Tax and Public Finance 2, no. 4 (November): 471-489. Also appears in The Taxation of Multinational Corporations, edited by Joel Slemrod (pp. 133-151). Boston: Kluwer Academic, 1996.

288. Slemrod, Joel. 1995b. "Professional Opinions about Tax Policy: 1994 and 1934." National Tax Journal 48, no. 1 (March): 121-147.

289. Slemrod, Joel. 1995c. "What Do Cross-Country Studies Teach about Government Involvement, Prosperity, and Economic Growth?" Brookings Papers on Economic Activity 2: 373-431.

290. Slemrod, Joel. 1996. "High-Income Families and the Tax Changes of the 1980s: The Anatomy of Behavioral Response." In Empirical Foundations of Household Taxation, edited by Martin Feldstein and James Poterba (pp. 169-188). Chicago: National Bureau of Economic Research and University of Chicago Press.

291. Slemrod, Joel. 1997. "Measuring Taxpayer Burden and Attitudes for Large Corporations: 1996 and 1992 Survey Results." Office of Tax Policy Research Working Paper 97-1. Ann Arbor: University of Michigan.

292. Slemrod, Joel. 1998. "Methodological Issues in Measuring and Interpreting Taxable Income Elasticities." National Tax Journal 51, no. 4 (December): 773-788.

293. Slemrod, Joel. 2004. Testimony on Income Tax Compliance Costs. Submitted to the Committee on Ways and Means, Subcommittee on Oversight, Hearing on Tax Simplification, Washington, DC, June 15.

294. Slemrod, Joel. 2006. "The Role of Misperceptions in Support for Regressive Tax Reform." National Tax Journal 59, no. 1 (March): 57-75.

295. Slemrod, Joel, and Marsha Blumenthal. 1996. "The Income Tax Compliance Cost of Big Business." Public Finance Quarterly 24, no. 4 (October): 411–438.

296. Slemrod, Joel, and Wojciech Kopczuk. 2003. "Dying to Save Taxes: Evidence from Estate-Tax Returns on the Death Elasticity." Review of Economics and Statistics 85, no. 2 (May): 256–265.

297. Slemrod, Joel, and Varsha Venkatesh. 2002. "The Income Tax Compliance Cost of Large and Mid-Size Businesses." Report to the Department of the Treasury, Internal Revenue Service, Washington DC, May.

298. Smith, Adam. 1937/1776. The Wealth of Nations. New York: Random House.

299. Smith, Peter. 1991. "Lessons from the British Poll Tax Disaster." National Tax Journal 44, no. 4, pt. 2 (December): 421–436.

300. Sørensen, Peter Birch (ed.). 1998. Tax Policy in the Nordic Countries. London: Macmillan Press. Statistics Canada. <http://www40. statcan. ca/101/cst01/fami109a. html> (accessed April 3, 2007).

301. Stein, Herbert. 1998. What I Think: Essays on Economics, Politics, and Life. Washington, DC: American Enterprise Press.

302. Steuerle, C. Eugene. 1986. Who Should Pay for Collecting Taxes? Financing the IRS. Washington, DC: American Enterprise Institute.

303. Steuerle, C. Eugene. 1992. The Tax Decade: How Taxes Came to Dominate the Public Agenda. Washington, DC: Urban Institute Press.

304. Stevenson, Richard W., and Sheryl Gay Stolberg. 2003. "Bush Says His Tax Proposal Will Be Fair for All Incomes." New York Times, January 10, A18.

305. Sullivan, Martin. 1996. "What Rate for the Flat Tax?" Tax Notes 70 (January 29): 490.

306. Sullivan, Martin. 2000. "News Analysis: Lobbyist's Figures Flawed,

Data Indicate Corporate Shortfalls." Tax Notes 86 (January 17): 309.

307. Sullivan, Martin. 2003. "Economic Analysis: Is the Corporate Tax Withering Away?" Tax Notes 98 (February 10): 878.

308. Szilagyi, John A. 1990. "Where Have All the Dependents Gone?" Internal Revenue Service Trend Analyses and Related Statistics—1990 Update. Publication 1500 (August). Washington, DC: Internal Revenue Service.

309. Tait, Alan A. 1988. Value Added Tax: International Practice and Problems. Washington, DC: International Monetary Fund.

310. Tanzi, Vito. 1995. Taxation in an Integrating World. Washington, DC: Brookings Institution Press.

311. Thaler, Richard H., and Shlomo Benartzi. 2004. "Save More TomorrowTM: Using Behavior Economics to Increase Employee Saving." Journal of Political Economy 112, no. 1 (February): S164-S187.

312. Thorndike, Joe. 2002. "Historical Perspective: Promoting Honesty by Releasing Corporate Tax Returns." Tax Notes 96 (July 15): 324-325.

313. Treasury Inspector General for Tax Administration (TIGTA). 2006a. "Customer Service at Taxpayers Assistance Centers Showed Improvement during the 2006 Filing Season." Reference No. 2006-40-122. Washington, DC. <http://www.treas.gov/tigta/ auditreports/2006reports/200640122fr.html> (accessed May 1, 2007).

314. Treasury Inspector General for Tax Administration (TIGTA). 2006b. "Use of the Free File Program Declined after Income Restrictions Were Applied." Reference No. 2006-40-171. Washington, DC. <http://www.treas.gov/tigta/ auditreports/2006reports/200640171fr.html> (accessed May 2, 2007).

315. Triest, Robert K. 1990. "The Effect of Income Taxation on Labor Supply in the United States." Journal of Human Resources 25, no. 3 (summer): 491-516.

316. Tritch, Teresa. 1998. "Six Mistakes Even the Tax Pros Make." Money

27 (March): 104–106.

317. Urban-Brookings Tax Policy Center. 2006. Current-Law Distribution of Federal Taxes by Economic Income Percentiles, 2006. < http://www. taxpolicycenter. org/taxmodel/tmdb/tmtemplate. cfm? ttn = t06-0306 > (accessed May 3, 2007).

318. Urban-Brookings Tax Policy Center. 2007a. Current VAT: Rates, thresholds, and revenues. Unpublished table. Washington, DC.

319. Urban-Brookings Tax Policy Center. 2007b. Table T07-0086: Number of Tax Units by Tax Bracket, 2006 – 2007. <http://www. taxpolicycenter. org/numbers/Content/PDF/T07-0086. pdf > (accessed August 29,2007).

320. Usborne, David. 2002. "Dennis the Dealmaker Earns a New Nickname: The Artful Tax Dodger." The Independent (London), June 6, 3.

321. U. S. Bureau of Economic Analysis. 2007. National Income and Product Accounts of the United States < http://bea. gov/bea/dn/nipaweb/index. asp > (accessed January 21, 2007).

322. U. S. Bureau of Labor Statistics. 2007. Bureau of Labor Statistics Home Page. <http://www. bls. gov> (accessed March 19, 2007).

323. U. S. Census Bureau. 1975. Historical Statistics of the United States, Colonial Times to 1970, Bicentennial Edition. Washington, DC: GPO.

324. U. S. Census Bureau. 2006a. Housing Vacancies and Homeownership (CPS/HVS), Annual Statistics 2005. < http://www. census. gov/hhes/www/housing/hvs/annual05/ann05t12. html>(accessed April 3, 2007).

325. U. S. Census Bureau. 2006b. Statistical Abstract of the United States: 2007 (126th edition). < http://www. census. gov/statab/www/> (accessed August 30, 2007).

326. U. S. Congress. Senate. 1995. Freedom and Fairness Restoration Act of 1995. 104th Cong. ,1st sess. , S. Doc. 1050.

327. U. S. Department of the Treasury. 1984. Tax Reform for Fairness,

Simplicity and Economic Growth. Washington, DC: GPO. 1992. Report on Integration of the Individual and Corporate Tax Systems. Washington, DC: GPO. < http://www. ustreas. gov/offices/tax-policy/library/integration-paper/index. html > (accessed June 16, 2003).

328. U. S. Department of the Treasury. 2003. General Explanations of the Administration's Fiscal Year 2004 Revenue Proposals. Washington, DC, February. <http://www. ustreas. gov/offi ces/tax-policy/library/bluebk03. pdf> (accessed June 10, 2003).

329. VandeHei, Jim, and Jonathan Weisman. 2003. "GOP Seeks to Change Score on Tax Cuts; Dynamic Method Can Cut Costs—and Backfi re." Washington Post, February 6, A35.

330. Varian, Hal. 1980. "Redistributive Taxation as Social Insurance." Journal of Public Economics 14, no. 1 (August): 49–68.

331. "Vendor Collection of State Sales and Use Tax." 1993. Tax Administrator News 57 (August):88.

332. Vickrey, William. 1977. "Design of Taxes to Minimize Evasion." Paper presented at a conference on Tax Losses in Turkey and Preventive Measures, Istanbul, October.

333. vos Savant, Marilyn. 1994. "Ask Marilyn." Newsday (New York) Parade Magazine, April 10, 12.

334. Warren, Alvin C. 1996. "How Much Capital Income Taxed under an Income Tax Is Exempt under a Cash Flow Tax?" New York University Tax Law Review 52 (Fall): 1.

335. Weisbach, David A. 2000. "Ironing Out the Flat Tax" Stanford Law Review 52, no. 3 (February):599–664.

336. Whitney, Craig R. 1990. "London's Tax Riot Is Called the Work of a Violent Minority." New York Times, April 2, 11.

337. Wilson, John. 1999. "Theories of Tax Competition." National Tax

Journal 52, no. 2 (June):269–304.

338. Witte, John F. 1985. The Politics and Development of the Federal Income Tax. Madison: University of Wisconsin Press.

339. Yitzhaki, Shlomo. 1974. "A Note on 'Income Tax Evasion: A Theoretical Analysis'." Journal of Public Economics 3, no. 2 (May): 201–202.

340. Ziliak, James P., and Thomas Kniesner. 1999. "Estimating Life Cycle Labor Supply Tax Effects." Journal of Political Economy 107, no. 2 (April): 326–359.

